創造的経験

Creative Experience

M・P・フォレット

Mary Parker Follett

三戸　公　監訳

齋藤貞之・西村香織・山下　剛　訳

文眞堂

「人間は個人的・組織的行為存在である。そこに全く同じものはない。差異は対立・紛争を生み、相手の降伏にまで進む。この動向が全世界のあらゆるレベルで進行している。だが、違い＝相違こそ男女の差異をあげるまでもなく、創造性＝豊かさの源泉である。対立の深化ではなく逆に妥協を超えた統合への道こそ、人類史の『創造的経験』である。」

―三戸　公―

Creative Experience

by

Mary Parker Follett

1924

監訳者の辞

メアリー・P・フォレット（一八六八－一九三三）とは、いかなる人物であるか。

ドラッカーは、次のように評している。「彼女のコメントは、そのどれをとっても、新鮮で、適切で、洞察力に満ちている。しかし、彼女の本当の重要性は、そのビジョンにある。フォレットは、組織社会とマネジメントを見通していた。即ち、そのいずれもが現実に存在するはるか以前に、一般的機能として、また特別な器官としてマネジメントを理解していた。彼女は〈体系的な哲学者〉であろうとはしなかった。思うに、彼女は、そのような体系的哲学者となることを知的傲慢さと考えていたのであろう。彼女を単なる重要人物ということはできない。フォレットはマネジメントの予言者であった」。

また、ハーバード・ビジネス・レビューの編集長も勤めたカンター教授は次のように評している。「われわれは、たとえ人間の善意に対する信頼には限界があると知ってはいても、組織的進歩の可能性に向かってさらに遠くを見るためには、フォレットの力を借りなければならない。われわれが、国や制度の激変から会社やコミュニティの新しい挑戦へ、というグローバルな経済状況下における社会制度の驚くべき転換に立ち会うとしても、われわれは行動に関する不変の真実を思い起こすべきである」。

彼女の主著 *Creative Experience*, 1924 の邦訳が出版されようとしている。次々に思い起こすものがあり、書かずにはおれない。

戦後、経営学を学びはじめた者がフォレットを読むようになったのは、日本の経営学を経済学・社会学に比肩する内容と体系をもった学として構築することを語り書いて指導的役割を担っていた一橋大学教授藻利重隆に大きくよると言ってよかろう。私もその一人である。

戦前に学を為した人達（第一世代）によってつくられた馬場敬治責任編集の経営学全集の第四巻『米国経営学』（中）、東洋経済新報社、一九五七年の中の藻利重隆「フォレットの経営管理論」は、多くの人が読んだ。フォレットの本の最初の邦訳者は大分大学教授の斎藤守生訳『フォレット経営管理の基礎—自由と調整—』ダイヤモンド社、一九六三年、Urwick, L. ed., *Freedom & Co-ordination*, 1949である。藻利先生はその本の「はしがき」に、訳者は明治大学大学院を出て大分大学助手の時、藻利先生のところに内地留学し、この訳の仕上げをされたと記しておられる。また、巻末に解説として先の論文も再録されている。

この訳書を、久しぶりに開きあらためてこの本が最初に訳出されたことの意義を思う。この第一章「最終的権限の錯覚」は一九二六年一二月一〇日、ニューヨークにおけるテイラー協会の会合での講演、そしてそれに続く命令の授与・権限の基盤・指揮の本質・調整・管理の過程の五つの章は「一九三二年のはじめにロンドン経済大学の経営学科新設時に『経営における組織と調整の問題』という総合論題のもとにおける講演」と付されており、まさに「管理とは何か」についてのフォレットの最晩年の体系的論述である。アーウィックの巻頭の序説の〈神から特別に選ばれた人〉ともいうべきフォレット評は、今もなおいささかも古くなく新鮮である。

フォレットの本で、次に邦訳されたのは、Metcalf, H. C. and Urwick, L. eds., *Dynamic Administration: The Collected Papers of Mary Parker Follett*, 1941である。訳者は米田清貴・三戸公、未来社、一九七二年である。この訳本が出来るには若干の経緯がある。立教大学で労務管理を担当しておられた米田先生との共訳は、この本が二冊目である。最初の本は、Baritz, L., *The Servants of Power: A History of the Use of Social Science in American Industry*, 1960 米田・三戸訳『権力につかえる人々、産学協同批判』未来社、一九六九年である。米田先生が「あとがき」にこの本と自分の深い縁を語り、この本の意義について語られたあと、私は次のように書き始めている。「米田教授が熱意をこめてこの本の翻訳にあたり、未完の訳稿に一文を付し、あとを私に託してアメリカに渡ってから、まる二年になろうとしている」と。定年を前にして渡米、そして邦訳本が出た時、先生は私に「今度は三戸が選んだ本を共訳しようではないか」と提案されたのである。その頃、私はフォレットを外書講読のテキストにようやく選んでいた。その前にはドラッカーのものをやっていた。フォレットをやり始めて以来、定年まで他のものは使わなかった。

書名を『動態的管理』としなくて、それを副題として『組織行動の原理』としたのは、主に編者の次の箇所に拠った。

「女史が死去する前に、女史は遂に、人間組織の基礎をなし、すぐれた組織の在るところでは必ず存在するいくつかの明確な原理に到達したと考えた。本書の最後の論文のなかで、女史はこれらの諸原理を要約しようとつとめている。しかし、それらの原理は、前の方の論文に示されているように、それらの原理に導いて行った長い知的探究に照して学ぶのが最もよい」。

この度、メトカーフ（米）とアーウィック（英）の二人の長い序言を読みかえし、感じ入るところ少なくない。*Biographical Dictionary of Management*, 2001 に、それぞれ度々名を出す有力な学者であるが、次のような評をみて「その通りだ」と語っている。「この二人は他に何等かの業績をあげていなくても、このフォレットの論文集の編集を出したことだけで、経営学に大きな功績を残したと言える」。この序文は次のように締め括られている。「メアリー・フォレット女史の築き上げた思想体系は巨大でもなければ、手に負えないといったようなものでもない。むしろ、驚くほど単純である。しかし、それは深く掘り下げられたものであって、産業の問題と同様に、国家の問題、国際的な問題の解決におけるその基本的意義と価値とは今日測り知れないものがある」。

マルクスにうちこみ、経営学を経営経済学と捉え、個別資本説に立って展開し、ブルジョア経営学の代表的存在としてのドラッカー批判の論文を書いていた私を、経営学を組織論に立った管理論として捉えて学ぶようにならしめたのは、フォレットでありバーナードである。そして、ドラッカーは批判の対象ではなくなった。だがその後、個別資本説のマルクスも私から離れたことは無い。

Dynamic Administration『組織行動の原理―動態的管理』を読むほどに、私は講演集ではなく、彼女の著作 *The New State, Creative Experience* とくに後者を読みたくなった。その頃、同志社の正木久司教授がハーバード大学に一年間行くと言うので、是非手に入れて欲しいと頼んだ。彼は早速その依頼を果してくれた。私は、同じく同志社を出て立教の大学院を出て北九州大学に赴任していた上田鷲教授にコピーを渡し、訳して紀要に連載したらどうかと勧め、彼は積極的に応じた。

一九八六（昭和六一）年に、三戸公・榎本世彦著『フォレット』を同文舘より出している。「経営学――人と学説」と付されている。出版されて、しばらくの間版を重ねているのは、多分日本ではじめてのフォレット、人と学説の概説書だった故であろう。そして今よりもっとフォレットに関心をもつ経営学者が多かったせいであろう。その目次は、次の通り。

プロローグ――フォレット頌、フォレット理論の性格、付・日本におけるフォレット研究。本論――フォレットの生涯、業績、フォレット論。エピローグ――フォレットの経営学上の位置、フォレットとテイラー、バーナード、ドラッカー、そして年表。プロローグとエピローグを三戸、本論と年表を榎本が書いている。なお、アーウィックからフォックスに手渡され、それを榎本がもらった実に古い写真が載っている。

私は「付・日本におけるフォレット研究」を読み返し、忘却の彼方のものが昨日のことのように甦る。文末に、次のように書いている。「ここまで書いたところで、フォレットに打ち込む榎本世彦教授に出会った。ある学者はテイラーに、ある学者はバーナードに、ある学者はファヨールにと、打ち込む。だが、榎本教授の打ち込みようの凄まじさに、わたくしは以下、フォレットの人と学説を本論にあたる第一章から三章までを書いてもらうことにした」。

そして、この本を出すに到った経緯についても想起した。同文舘の吉川時男君の長年月のかわらぬすすめが『経営学』（一九七八年、一九八〇年一三版）となり、彼との提案で『経営学――人と学説』叢書を企画し、その最初の本がこの『フォレット』で、続いて出たのが市原季一の主研究である『ニックリッシュ』を生んだ。しかし、吉川君の同文舘退社とともにこの企画はなくなった。私と榎本さんとの機縁は豊かに共同作業となって続いた。

日本フォレット協会（The Follett Association of Japan）を生み、会誌『ＦＯＲＵＭ』の第一号が、一九八七年六月五日に出ている。その目次は、次の通り。

巻頭言・三戸公、フォレット、バーナード、マーチ＝サイモン、原沢芳太郎。フォレット協会の運営について――高沢十四久、フォレットと私――横川義雄、設立記念講演会――司会・島袋嘉昌、講演・三戸公、北野利信、討論司会・藤芳誠一。ＦＯＸ博士を偲んで（英文）、榎本世彦。編集後記（榎本）。事務局・高沢十四久・上田鷙・榎本世彦。

第二号以降、定期研究会の報告を主として編集されているが、最終号となった第九号（一九九六年六月）の目次は次の通り。巻頭言・三戸公、第一〇回研究会〈プラグマティズムとフォレット〉が、司会・高沢十四久、報告、パースのプラグマティズム――安部香、ジェイムスのプラグマティズム――天野了介、質疑応答。安部香さんによって起されたテープは、今読んで臨場感溢れる。なお「訃報」に、山本安次郎、横川義雄、飯野春樹、松岡盤木、田島司郎諸先生の名、それぞれ寸言が付されて、「御業績を受け継ぎなおいっそう展開すべく、諸先生の御霊にお誓いするものであります」とある。あのバーナード協会も飯野さんの健康に左右されたように、フォレット協会も榎本さんの健康とともにしている。

会誌『ＦＯＲＵＭ』の巻頭言に毎号書かせてもらったが、「フォレットと論語」、「統合と二義円満」、「不二は統合か」等の題が示すように、私はその頃東洋思想とフォレットとの比較を考えていたようである。そして、第八号には、「Pauline Graham 女史と Joan C. Tonn 女史」と題して、懐かしいお二人について書いている。懐かしいというのは、二人に会い若干の交流があったからである。

英人グラハムさんは、フォレットを再興する素晴らしい本を編集した。*Mary Parker Follett: Prophet of Management*, 1995 である。この本は、私と門下生の多くをすぐれたフォレット研究者として輩出させた坂井正廣教授との監訳で『Ｍ・Ｐ・フォレット：管理の予言者』文眞堂、一九九九年で出版された。この本の書名は序説を書いたドラッカーのものであり、前書はハーバード・ビジネス誌の編集長カンター教授、そして経営学者なら誰でも知っているウォーレン・ベニス、ヘンリー・ミンツバーグ等々当代一流の名を連ねた論文集であり、嬉しい事に日本からは榎本教授が加わり、フォレット思想の体系的論述が試みられている。

なお、グラハムさんの *Dynamic Management: The Follett Way*, 1987 はＰ・グラハム『フォレットの管理論』と題して、上田鷲教授によって、北九州大学『商経論集』第二九巻第一・二・三号（一九八八年）誌上に訳出されている（この度、この本をサイン入りで貰い忘れ、見失っていたのが出て来た）。そして、Graham, Pauline, *Integrative Management*, 1991 は、榎本世彦訳『統合的マネジメント』同文舘、二〇〇〇年をみている。グラハムさんは日本語版の序文に榎本さんによって訳出されたことの心からなる喜びと感謝の意を表しておられる。その中の次の行を引用したい。

「十何年か前に、私は、英国の友人に以下のように話したことがあった。それは、フォレットがいまや完全に忘れられてしまっているのはなんとも悲しいことではないか、今日の時代にこそ彼女を甦らせたいものだと思っている、というようなことであった。すると、彼はこう語って私を驚かせた。『ああ、それは良いことだ。でも、日本人達が彼女について全てを知っているよ。彼らは彼女について本を書き、彼女の研究会も作っているよ』と。そこで、私はすぐに『フォレット』同文舘、一九八六年を取り寄せた。三戸公教授と榎本世彦教授が書いた同書の最も重要な何章かを英語になおしてもらって読む機会を得た。それから、私は、三戸教授に彼らの深い学識とこの開拓者的仕事を果たした人への理解とに賛辞の言葉を伝えた。それらは、今日、彼女が生まれた国でも、また、一般に、西洋世界でも、全く無視されてしまっているのである」。

このようなフォレット研究世界の認識を当時一九九一年にもっていたグラハムさんだからこそ、あの *Mary Parker Follett: Prophet of Management*, 1995 の編集を仕上げることになったのであろう。そして、フォレット研究の世界的現状を再認識されたことであろう。

ところで、上田教授に勧めたフォレットの著作 *The New State* と *Creative Experience* の和訳の件であるが、彼は直ちにその仕事に着手し、先ず「M・P・フォレット、創造的経験―M. P. Follett, *Creative Experience*, 1924 訳」(1)を北九州大学『商経論集』第一六巻第一号、一九八〇年八月を皮切りとして、その後毎号(2)(3)(4)と掲載しつづけ、一九八三年三月、第一八巻第二・三・四号に(7)を出して訳し終えた。なお、その後、三・四章と九章については、それぞれ一九九七年九月、第三三巻第一号と一九九九年一二月、第三五巻第一・二号にもう一度改めて訳し直したものを載せている。そして彼は第一八巻第二・三・四号に「M・P・フォレット、新しい国家―M. P. Follett, *The New State*, 1918―訳」(1)を載せ、毎月欠かさずその(2)(3)(4)を載せ、一九八六年三月の同誌第二一巻第四号にその(9)を掲載してその訳業を終えた。なお彼は、P・グラハムさんの *Dynamic Managing: Follett Way*, 1987 の訳を一九八八年八月同誌第二四巻から毎号(1)(2)(3)と訳を載せていることは、既に記した通りである。彼は、この時全部訳し終えているが、論文の長さ制限のため、分けて載せることになると言っていた。

上田教授の *The New State* 訳が呼び水となり、三戸公監訳、榎本世彦・高沢十四久・上田鷙訳『新しい国家』文眞堂、一九九三年一二月刊が出来上がった。上田訳を素訳として榎本さんが訳し直し、高沢さんが綿密な検討を加えて出来上がったものである。高沢さんは三戸・榎本の『フォレット』が出されたとき、長文の有益な書評論文を有難く読んだときが親しくなったはじまりか、この四人はフォレット協会で一緒に仕事をした仲でもある。それにしても、この本における寄与は少ない。それは、私はフォレットのこの本に対する読みは浅く、この本に対して積極的な発言をするだけの素養を未だもっていなかった。この度、会誌『FORUM』第八号、一九九五年の第九回研究会、第一報告高橋公夫「フォレットとヘーゲル」を読み、思いを新たにする。

なお、この『FORUM』第八号で、グラハム女史とトン女史について書いたが、トンさんにはボストンで偶然会い、中京大学に招いて話をしてもらい、その時も榎本さんが付きそって下さったことについて書いている。その時、トン女史は六〇〇ページを超すフォレットを書いているが、「長すぎて出版が…と言っておられ本になったら出版を」と言っておられた。この本は遂に二〇〇三年に出版された。

そのことにちなんで、三井泉教授の『社会的ネットワーキング論の源流――M・P・フォレットの思想』文眞堂、二〇〇九年の「まえがき」に、P・グラハムさんと一緒に次のように書いておられる。「それを裏付けるように、彼女の著作は一九九五年にP・グラハム（Pauline Graham）の編集により *Mary Parker Follett: Prophet of Management* としてハーバード大学出版局から出版され、英米で大きな反響を呼ぶとともに、わが国でも三戸公・坂井正廣監訳による『M・P・フォレット：管理の予言者』（文眞堂、一九九九年）として出版された。また二〇〇三年にはJ・トン（Joan C. Tonn）により *Mary P. Follett: Creating Democracy, Transforming Management* という六〇〇ページを超える伝記がイェール大学出版局から出された。一九九八年に筆者自身が海外研究で滞在していたイェール大学や訪問先のハーバード大学でも、学生達の必読文献としてフォレットの著作は広く読まれていた。このようなことから、フォレット再考の機運は高まっていたことを強く感じた」。

なお、グラハムさんの *Integrative Management: Creative Unity from Diversity*, 1991 の和訳に榎本世彦『統合的マネジメント』同文舘、二〇〇〇年があるのは先述した。

さて、和書として一番読みたいとかねて思っていたフォレットの著作 *Creative Experience* について、書くことになった。その前に、私の本棚にあるフォレット研究の和書で、ここまで名を上げていなかったものを、書名だけ列記しよう。

垣見陽一『動態的経営学への道――フォレット学説の研究――』税務経理協会、一九六二年
岡本仁宏『〈基礎的組織〉と政治統合――M・P・フォレットの研究――』滋賀大学経済学部研究叢書、一九八六年
数家鉄治『コンフリクト・マネジメント――紛争解決と調停』晃洋書房、二〇〇五年
榎本世彦『フォレット理論――現代経営学の源流――』新進社、二〇〇九年
三井泉編著『フォレット』経営学史叢書Ⅳ、文眞堂、二〇一二年

Creative Experience の訳業については、先述の上田教授によるもの以外に、酒井甫教授、守田峰子教授による一連の訳業が存在する。まず一九九三年~二〇〇〇年にかけて酒井甫教授によって *Creative Experience* 第Ⅰ部の訳が『佐野女子短期大学　研究紀要』第三号~第五号、『佐野国際情報短期大学　研究紀要』第七号~第九号、『青森中央学院大学　研究紀要』創刊号~第二号に発表されている。この酒井教授の第Ⅰ部の訳は、われわれが調べた限りでは、第Ⅰ部第七章までのようである。この酒井教授の訳に並行して、守田峰子教授による第Ⅱ部の訳が一九九九年から二〇〇〇年にかけて、『日本福祉大学　研究紀要』第一〇〇号、『日本福祉大学研究紀要―現代と文化―』第一〇一号、第一〇三号に順次発表されている。しかし、守田教授の訳も、*Creative Experience* 第Ⅱ部の第一一章~一三章までで終わっている。

やっと、*Creative Experience*, 1924 の訳書出版について語るところにきた。

既に書いてきたように、フォレットの思想は、メトカーフとアーウィックによってまとめられた *Dynamic Administration*, 1941、アーウィックにまとめられた *Freedom and Co-ordination*, 1949 の二冊の講演集によって十分に表白されていると言って差し支えないとも言える。だが、彼女の思想の核・原型とも言いうるものの心理学的・哲学的な理論書とも言いうる彼女自身の著述については、関心を強くもたざるを得ない。

原書のコピーを渡した上田教授のひたすらフォレットの訳業に専心した彼の驚異的な結果については、既に紹介した通りである。だが、彼は自分の訳に固執して他人の手が加わることを良しとしない気があり、とくに *Creative Experience* については、そうであった。同じ大学に後から職についた齋藤貞之教授もまたフォレットに関心をつよめ、アメリカ留学の時に原書を持ち帰り、フォレットから離れられぬようになり、勉強会をもち、九州産業大学の西村香織准教授とこの本を一章一章自分たちの理解を深めながら丹念に読み進め訳すようになり、やがて、北九州市立大学に赴任した山下剛准教授も加わり、遂に訳業がようやくその第Ⅰ部を終えた。第Ⅱ部は法・政治の領域に論が進められたものであり、また量的に多くもあり、とりあえず第Ⅰ部だけでもということも考えられた。だが、今こそ必要と感じさせる時代の流れに、第Ⅱ部も加え完訳に向った。

終えるに当って、最初にとり上げたドラッカーとカンターの評について言及したい。

経営学の領域で、このような畏敬の念に満ちた人物評をされた者があるであろうか。フォレットは過去の一時期を代表した業績をあげた人物として取り上げられる人物ではなく、この変転きわまりない百年前に生きた彼女の言が、現在そして未来に向って必読されるべきだ、と評されているのである。

この二人の言は、先にあげたグラハムさんの編した『M・P・フォレット：管理の予言者』のブック・カバーに引用されたものであるが、そこには私の一文もある。「最高の経営学史家レン教授は「明るい未来の展望はフォレットを読む人の多少にかかっている」と評しているが、社会環境・自然環境の止めどもなく悪化しつつある現在、フォレットのこれ以上ない入門書の出版に思いや切なるものがある」と。

百年前の経営学者フォレットが、どうして動乱の度を深めつつある二一世紀に進むべき道を指し示した予言者たりえたのであろうか。その秘密は、ここに今、訳出された本の書名『創造的経験』に示されている。

経験とは何か。考えてゆくと、これほど奥深い言葉は無いように思えてくる。人は生きる。生きている限り、その人は経験をもち、死んだらその人の経験は、そこで終る。人は家族の一員として生れるが、家族という血縁共同体、自然の一部として生きる地縁共同体もまた経験をもつ。一切の組織体＝協働体、国家も企業も学校も文化・体育の諸団体もそれぞれの経験をもって生きやがて死しその協働体の経験も途絶える。

人間は意識的・精神的存在として、〈何を為し如何に生きるべきか〉を、先人の経験を学び承け継ぎ、更に新しいものを創造して数万年を生きて来た。言語＝文字を創り使いこなし、道具を様々に創り出し、使って来たが全て経験的事象である。人間は先人の経験を学び、自分の経験をみがき豊かにする日日を人生を送って来た。

だが、たったここ三百年の間とくにここ百年の間に急速に、〈何を為し、如何に生くべきか〉を問う知的領域・学問領域に激変をもたらした。何故か。一七世紀の後半に起った産業革命によって、人間の生存基盤に大変革がもたらされたからである。人間は血縁共同体・地縁共同体の一員として動物として言語と道具を使って経験知を広げ深めて生きて来た。産業革命は生産の領域における道具から機械への飛躍である。この飛躍を可能にしたものが経験知から科学知への変革である。

科学的管理はテイラーの提唱した〈経験から科学〉と〈心からなる兄弟のような協働：対立から協調へ〉からなる科学的管理の定義に象徴的に表現されている。これが管理革命である。そして、第三波は二〇世紀の終り頃急速に展開して来た情報革命のコミュニケーション領域の科学化であり、コミュニケーションは知能のはたらきとその伝達とからなる。

科学を真理追求から機能性・利便性追求の学へと進行させた産業革命はどうして起こって来たのか、それは労働生産物の商品化・貨幣の出現・市場の形成・商業資本の成立・市場の拡大・重商主義時代の到来、そして労働力・土地資源の商品化――産業資本の成立、その結果としての共同体の覆滅・資本制生産社会＝資本主義社会の成立、これである。

資本制社会とはいかなる社会であるか、それは、人間の創り出した一切の物が貨幣によって売買される社会であり、人間と人間が直接的に相応接する社会ではなく、貨幣によって売買され結合する社会である。貨幣なくして生存することは出来ない社会である。売買の場である市場にはルールがある。それは〈より良い品物をより安く〉の競争の場であり、〈マーケティングとイノベーション〉を競う場である。そして、驚嘆すべき繁栄社会を現出した。だが、市場という競争の場は優位に立てば立つほど、より大なる貨幣所得を大きくするが、劣位に立てばその場から脱落せざるを得ず、それは貨幣を得る事が出来なくなり、生存不可能となり、誰かから恵ぐんでもらわねば死以外に道はない。

今、人間は人と人とが直接にコミュニケーションする社会と貨幣を媒介して結合する二種のコミュニケーション社会に生きている。そして、コミュニケーションが情報革命によって、人と人との直接的結合から情報機器によって媒介される科学＝技術社会に生きている。

これが、人類の経験の大筋と言うことが出来よう。この経験をもつ人類はこの経験をいかに生かすか。

全ての競争はより良きものを生み出す。それは、同一性に立ちながら、差異を生み出しそれを重視する所為である。だが、同時に競争は優劣の序列化、階層・格差化を随伴する。市場という優劣を競う場は、敗者は市場という場からの脱落である。階層・格差社会の底辺は自力で生存出来ない社会である。格差化は差異性の問題であり、差異性は同一性のないところには存在しない。人類はこの問題を最重要のものとして経験し、今ようやく真正面から向き合わねばならなくなったのではないか。

そして今、市場が世界中の国家とそれを構成する全ての組織と個人を直接的・間接的に巻き込んで単一化したグローバル市場の競争要因と化した。競争は進化とともに対立・紛争の激化を生む。それは文明の転換・人類史の危機とさえ言われるようになって来た。これまで、対立・紛争に如何に対処すべきであるかを、真正面から論じた本があったであろうか。それが、メアリー・P・フォレットのこの『創造的経験』である。この本を「未来はこの本にかかっている」、また「予言の書」と言った経営学の先学達に敬意をいだく。

なお、この訳書については書くことがある。先に述べた上田訳（原書は当時アメリカ留学中の正木久司君に頼んで送ってもらった）が北九州大学『商経論集』に一九八〇年に出たとき、齋藤貞之教授があきたらず読み始め理解を深めるべく勉強会をもち、西村香織准教授と訳をもちよって勉強し、更に山下剛准教授も加わっての長い勉強会の結晶である。私の知るかぎり、これほどうち込んで年月をかけた訳書を知らない。有り難うという言葉以外にない。お三人の学業が更に更に多くの方々のものとなること、切に祈る。お気付きのこと、より適切な訳などお教えいただきたい。

最後に、この本の出版については文眞堂さんにこれまでにない御配慮をいただき、お手数をおかけしました。前野隆社長・前野眞司出版部長他皆様に厚く厚く御礼申し上げます。有り難うございました。

二〇一七年六月吉日

三　戸　　公

目次

凡例

1　原文で" "（ダブルコーテーション）にて囲まれた部分は、「 」とした。

例："balance of power"（原文ix頁）→「権力のバランス」（序論1頁）

2　原文では、強調・英語以外の外国語・書名・論文名が同じイタリック体で表記されているが、以下のように訳し分けた。

①強調のためにイタリック体で表現された語（英語）には、傍点を付した。

例：the most modern *method* of study（原文ix頁）→最新の研究方法（序論1頁）

②英語以外の外国語についても原則としてすべてイタリック体で表記されているが、それらについては、傍点を付していない。また、必要な場合には訳注をいれている。

例：*a pis aller*（フランス語）（原文171頁）→最後の手段（第9章178頁）

③書物名を表すイタリック体については、『 』を付している。

④論文名を表すイタリック体については、「 」を付している。

3　原文で-（ハイフン）にて結ばれた語は、フォレットの造語として訳している。

例：participant-observers（原文xi頁）→参加観察者（序論3頁）

4　原文で［ ］にて囲まれた文は、著者が引用した文の中で著者が説明のために付け足したものと考えられるが、訳文としての読みやすさを考えて文章の内容に沿って表し、特に［ ］を付していない。

例：As Mr. Justice Holmes says, "[it is not] the acquisition of facts [which is important] but learning how to make facts live … leap into an organic order, live and bear fruit."（原文12頁）→連邦最高裁判所判事であるホームズ（Holmes）が述べているように、「重要なのは、事実を手に入れることではない。そうではなく、重要なのは、事実をいかにして生きたものにするかを学ぶことである。…すなわち、事実から有機的な秩序を浮かび上がらせ、事実を躍動させ、事実から果実をいかに生み出させるかを学ぶことである」（第1章24頁）。

5　人の名前の表記については、原則として以下のように表現している。

①　Mr. や Miss が付されている場合には、謝辞の部分および訳者が必要と判断したところを除いて、基本的には敬称を省略している。

②　Professor 等の職位が付されている場合には、「教授」等の敬称を付けたり、職位を表す言葉を付けて表現している。

例：As Mr. Justice Holmes says（原文12頁）→連邦最高裁判所判事であるホームズ（Holmes）が述べているように（第1章24頁）

なお、どちらの場合にも、最初に名前が出てきたときに、（　）内に名前のつづりを付している。

6　本文の傍らに付した（1）（2）（3）…は、原注の番号を表わす。原注は章末につけている。

7　本文の傍らに付した［1］［2］［3］…は、訳注の番号を表わす。訳注は章末につけている。

序論

社会科学は、近年の思想の発展がもたらした成果を十分に採り入れているとはいえない。たとえば、最新の研究方法は、抽象的な思索を完全に捨て去り、人々の行動を研究しようとしている。しかし、社会科学は、こうした新しい研究方法を採り入れる場合でさえ、十全なものにはなっていない。たとえば、多くの政治学者が、権力の授与について言及する。しかし、彼らは権力そのものを研究することはない。また、多くの経済学者が、産業界の労働者代表制について言及するものの、代表することとは何かを具体的に分析することはない。さらに、個人的利益と社会的利益とについて言及する社会学者がいるものの、彼らは、個人の利益と社会の利益との相異（仮に相異が存在するとして）について十分な分析をすることはない。最近出版された政治学に関する書物の中で、わずか三行からなる文章に四つの言葉が使われていた。権力（power）、目的（porpose）、自由（freedom）、奉仕（service）という言葉がそれである。だが、この著者はこれら四つの言葉が何を意味するのかについて何ら語ることはなかった。したがって、われわれには、いまもって、これらの言葉で著者が何を語ろうとしていたのかは理解できないままである。権力、目的、自由という言葉の意味は、数多くのケースにおいて、これら権力、目的、自由がどのような働きをしているかを注視することによってのみ、すなわち、人間の行動を実際に注視することによってのみ本当の意味が見出せるのである。

今日、最も必要とされているのは、人間の相互関係（human relations）に関する洞察力に富む、分析的で客観的な研究である。われわれは、最高の道徳的な生き方として「妥協（compromise）」を説き、現代の政治的、国際的な信念として「権力のバランス（balance of power）」を賛美する。また、われわれは、国家間の「均衡（equilibrium）」を確立するためにわれわれの資産を差し出し、自分自身をも犠牲にしようとする。だが、妥協とは個人の高邁なる品性（integrity）を犠牲にするものであり、権力のバランスとは、すでに存在しているものを単に置き換えるにすぎない。妥協からは何ら新たな価値は生み出されないのである。人間にとってよりよい生活が、こうした理論から生み出されたためしはない。妥協という考え方は、新たな価値は生み出さないという等価（equivalents）の考え方である。われわれが自らをこうした等価の考え方に縛ってしまう教義に固執するかぎり、われわれは経験によって得られるプラスの価値、すなわち昇価（plusvalents）を追求しなくなる。もし、経験するとは、人間が前進することであるとするならば、これとは異なる人間結合の別の原理が発見されなければならない。私は、その原理を探し出す唯一の方法を知っている。政治学・経済学・社会学の諸概念は、それら概念がいまだ人々の生活の中で息づいている間に研究されるべきなのである。われわれが研究すべきは、一般意思（a general will）という「概念」ではなく、具体的な協働する人間活動なのである。もちろん、私はこうした概念に関するこれまでの見解を無視するつもりはない。しかし、いまこそわれわれは、日々の業務に携わっている人びとの活動に目を向けるべきである。工場や店舗で、さらにはタウン・ミーティングや議会において、日々の業務に携わる人々の活動に目を向ければ、われわれが学ぶべきことが何であるかが理解できよう。また、議論する際、われわれは往々にして、単に主張する側と反論する側とのどちらかの立場に立とうとする。しかし、こうした考え方は捨てるべきである。また、われわれが使う言語にあっても、われわれは日常的な具体的な出来事に即した言語を使うべきである。なぜなら、われわれが現在使っている言葉は、前もって判断された倫理的な言外の意味を持っており、言葉自体の中に、個人とか集団、あるいは国家に対して賞賛あるいは非難に結びつく言外の意味を含んでいるからである。

生物学者・生理学者・実験心理学者は、実験室で「反応（response）」に関する研究を進めつつある。幼児の行動、動物の実験室内および野外での行動、さらに原始的部族の行動など、これらすべての行動はこれまで丹念に観察研究が行われてきた。これに比べて、文明社会における成人間の相互関係についての研究は、はるかに少ない。これまで数多くの研究者達が、鳥が巣を作るのを観察し、これらの鳥が巣を作る「目的（purpose）」について報告してきた。しかし、これと同様の研究が、人間の相互関係における目的については、行われてこなかった。しかし、これこそが、おそらく社会心理学の最も重要な概念なのである。

私が思うに、われわれは、人間の行動についてすでに十分に理解し尽くしており、人間の相互交流をどのようにすれば人間の究極目的に役立たせるかを分かっていると思い込んできた。しかし現実には、ジェノバ会議は決裂し、労働側と資本側との関係は和解に達するに程遠く、農場主は仲買人に対して激しい戦闘状態にある。確かに、社会学は群集（the crowd）について多くのことを語ってはいる。しかし、人間が生み出す豊かな成果は、群集という人間結合から生み出せるものではない。哲学はどうかといえば、いまのところ、成熟の域には達していない。観念論は不評をかっており、プラグマティズムはいまだ健闘している主知主義の名残を残している。さらに、現実主義は自らの居場所をいまだ見出せないでいる。いまこそ、人間の相互関係、社会的状況についての経験主義的研究を行うべき時機が熟していると言えよう。

　しかし、われわれが望んでいるのは、ただ単に経験を観察（observe）することではない。われわれの経験をただ単に観察するだけでなく、それ以上のことをすることを望んでいるのである。われわれは、経験することが、われわれがもっと豊かなものを生み出すことにつながることを望んでいる。観察するだけでは、単に消極的な結果がもたらされるにすぎない。また、観察するだけでは、都合のよい憶測をひき出したり、関心のある預言が示唆されるにすぎない。さらに、社会調査がわれわれにとって価値あるものを生み出すことであるとすれば、われわれは次の事実を直視しなければならない。すなわち、人が化学的実験を見守るのと同じように、社会的状況を「観察」することはできないのである。なぜなら、観察者の存在自体が、通例、その社会的状況そのものを変化せしめるからである。したがって、われわれには、集団の一員となって参加し、かつ状況を率直かつ客観的に観察できる人、すなわち参加観察者（participant-observers）が必要となる。[1] ここに言う参加観察者とは、人々の相互作用を生産的なものにする実験（experiment）を繰り返し試み、その結果を記録に書きとめる人のことである。こうした参加観察者は、人間の相互作用が生じる様々な場において活動することができる。例えば、工業や商業の場において、立法的委員会や行政的委員会において、職能別労働組合や職場委員会さらには労使共同調整会議において活動できる。また、体育競技委員会や大学教授会においても、さらにはわれわれの家族においても、内閣や国際会議においても、参加観察者の存在が必要とされるのである。才気あふれる経験主義者達が、これまであざけりの対象としてきたのは、何であるか（what is）を語ることなく、漠然とこうあるべきである（shouldbe）と語る人たちのことであった。われわれが求めるものは、いずれでもない。両者以上のものを求めているのである。すなわち、われわれは、そうなるかもしれないもの（what *may* be）、つまり、いま、われわれの前に開かれている可能性は何かを見出すことを求めているのである。これは、実験を通してのみ発見しうる。観察が科学の唯一の方法であるわけではない。自然科学の方法は、観察と実験であり、この両者が社会科学の方法でもあるべきなのである。

　なによりもまず、現代の諸問題を解決するにあたっては、善意だけでは十分ではないことを銘記すべきである。労働者への共感だけでは、労働問題の解決にはならない。すなわち、相互理解に基づかない労働者への共感だけでは、往々にして事態をこじらせるばかりとなる。なぜなら、産業民主制を実現しようとするいかなる試みも、まずは、そこに関わる者たちの利益が相互に異なることを率直に認めることから出発し、相互に異なるものとして対処されなければならないからである。人間の利益は同じであると唱えるのはセンチメンタリストの道徳律にすぎない。仮に人間相互の利益が同じということになれば、人生とは活気のない味気ないものとなるであろう。表面的な改革に向けた手軽な処方箋など効果がないことは、これまでの経験から明らかである。われわれが求めているのは、どのようにすれば人間は今よりもっとうまく相互に影響し合い、協力し合えるかを知ることである。すなわち、(1)お互いがいだく究極の意図（ends）を保証し、(2)それぞれの意図を理解したうえで、その究極の意図をより視野の広いものにすることを求めているのである。

　社会関係の中心課題とは何か。それは権力（power）の問題である。権力は、産業界の課題であり、政治の課題であり、さらには国際問題にかかわる課題でもある。しかし、われわれが解決すべき課題は、権力をどこにゆだねるべきかを学ぶことではない。そうではなく、権力をどのようにすれば発展成長させうるかを学ぶことである。昨今、現代社会の病を解決する万能薬として、権力の「譲渡」（“transferring” power）をよく耳にする。権力を、それを職業とする職業集団に譲渡せよ、そうすればすべてがうまくいくだろうというものである。しかし、権力の譲渡は、これまでの歴史がたどってきた道である。権力は、聖職者、王あるいは貴族へと次々に渡ってきたし、いまは評議会ないし代表者会議へと譲り渡されている。われわれは、こうした陣取り遊びゲームを続けることに満足しているのだろうか。権力の譲渡が、前進への道だとわれわれが考える限り、きっとこのゲームは続けられることになろう。

真の権力とは、育てられてのみ、生み出されるものである。真の権力は、権力を手にいれようとするあらゆる専制者の手から、逃げ去ってしまう。なぜなら、真の権力とは、強圧的な統制（coercive control）ではないからである。共働して生み出す統制（coactive control）こそが真の権力なのである。強圧的権力（coercive power）は全人類にとって災禍であるのに対し、共働的権力（coactive power）は、あらゆる人間の魂を豊かにし、進歩をもたらしてくれる。

　われわれは、個人の高邁なる品性を保持することに基礎をおく人間関係の技法を必要としている。ここ数年、かなり頻繁に耳にするようになったのは、その存在自体が目的であるような集産主義的生活（collective life）である。だが、果たして誰が、「集産主義的生活」なるものを望むのだろうか。それは通例、単に空虚な標語にすぎない。われわれが関心を持つのは生産的な生活（*productive* life）なのである。すなわち、その集産主義的生活が果たして生産的な力があるのかどうかである。その第一の試金石は、その集産主義的生活が個人を成長させる栄養源となっているかどうかである。そして第二の試金石は、個々人の貢献が、果たして実り豊かに結合されうるかどうかである。多くのモラリストが、おのれを全体の利益のために捧げよと説く。しかし、われわれが必要としているのは、ばらばらなものの寄せ集めである全体の利益を超えるものを知ることであり、全体の利益を超える何ものかを実現することである。われわれが描く社会の理想とは、ばらばらなかけらを寄せ集めた万華鏡のような社会ではない。

　一九世紀には、人民の「意思（will）」、人間の「権利（rights）」が論じられた。二〇世紀の初頭には、社会が前進することの期待を利益（interests）という理論に基づかせることとなった。しかし、この利益の理論への熱がさめきってしまう前に、他の新たな理論が出現してきた。「願望（desire）」というキーワードがそれである。現在、心理学が、現代の個人生活を説明するキーワードとして、この「願望」という言葉を使っている。社会関係に関する研究者たちは、願望をすべての人間の行為や人間の相互作用の土台をなすものとみなしているのである。この願望という用語は、パウンド（Pound）学部長が法に関する最新の著書の中で用いた言葉である。それ以後、社会科学者は、次のような重大な意味を孕んだ問いに答えなければならなくなっている。すなわち、われわれは権力を掌握した者の願望によって支配されるべきなのか、あるいは権力社会（a Power-Society）に生きるべきなのか、あるいはまた、諸々の願望が相互に交織する（interweave）ことができるなんらかの過程がありうるのかどうか、という問いである。この問いは裁判官や政治家にとっての難問ではある。経済決定論から解き放たれる道は、経済決定論そのものを否定することによって得られるものではない。同じく、多数派による支配を弱体化する道は、多数派を非難することによっては得られないのである。

本書の目的は、次のことを示唆することにある。すなわち、どうすれば人々の願望が交織するのか、その方法を探し求めることである。すなわち、個人の高邁なる品性を保つことが、同時に社会的前進を伴うものになるにはどうすればよいか、その方法を探し求めることである。つまり、われわれの日常的な経験をとおして、より大なる精神的価値をどうすれば生み出していけるのか、これらのことを示唆するのが本書の目的である。多様な諸々の願望に正面から向かい合うこと、それによって、願望の根底にあった「諸々の価値」が表出することとなり、その結果、われわれは諸々の価値を再評価できることになる。こうして多様な願望が一つにまとめ上げられた場合、われわれはそれを喜んで受け入れる。なぜなら、こうしてまとめ上げられた統一は、より高い社会レベルで次なる新たな多様性を創発することを意味するからである。これが、前進（progress）というものである。多くの著述家の意見によれば、「調整・調節（adjustment）」が社会科学の支配原理とされてきた。しかし、調整・調節という考えは、われわれが今日手にしたばかりの用語によってすでに拡張され発展させられてきた。すなわち、統合（integration）という用語がそれである。統合というこの表現は、幅広い意味合いを含んでおり、この意味内容については、本書において論じられている。調整・調節という言葉に固執すると、この言葉がかつて言外に意味していた考え方に捕われてしまうことになる。ところが、われわれの考え方は、すでにこの段階をはるかに超えている。われわれは、資本主義を労働組合主義と「調整・調節」させようとは望んではいない。われわれが求めているのは、両主義のいずれよりもさらに優れた何かである。われわれが求めているのは、コンフリクト（conflict = 対立）がもつプラスの価値なのである。こうしたコンフリクトをプラスに導く営みを、依然として調整・調節であると言いたいのであれば、それでもいい。しかし、この内容は、古い意味での調整・調節よりもはるかに豊かな意味をもっている。もっと正確に言えば、われわれが社会科学において科学的な正確さでもって調整・調節という言葉を使用するのであれば、この言葉はいまなお有効な言葉ではあろう。しかし、コンフリクトが生じた場合の解決策としての、調整・調節という言葉は、社会科学においてはあまりにもあいまいに使われてきた。すなわち、この言葉は、進化への道筋を意味するよりも、むしろ、関係する相互の人間が互いに何かを放棄することを意味している。この互いが何かを放棄するという考え方のもとになっているのは、何らかの引き算の仕組みが、魔法によっていつのまにか足し算の過程へと変わっていくというような考えなのである。

私が本書の中で伝えようとしてきた円環的行動（circular behavior）あるいは統合的行動（integrative behavior）という理論が受け入れられるならば、調整・調節に新たな意義が加えられることになる。この円環的行動あるいは統合的行動という理論こそ、かの「神秘の瞬間」が現れてくる手がかりをわれわれに与えてくれるのである。ここにいう神秘の瞬間とは、既存のものから新たなものを導き出すことである。ともあれ、円環的行動あるいは統合的行動という理論は、前進する経験（a *progressive experience*）を示す理論であり、個人の成長発展と社会の成長発展とが両立する道へと導く理論なのである。なお、われわれがこのような見解を抱くようになったのは、心理学の研究分野からの影響だけではない。広範囲にわたる異なる研究領域の成果が互いに交わり接近するにいたっており、こうした研究の相互接近は、意義深いことであると同時に感銘深いものがある。精神生物学者と政治学者、生理学者と哲学者、さらには法学者と心理学者との間では、相互の研究分野にはきわめて示唆に富む類似点があるという結論に達しつつある。そして、これらの結論から導き出されるのが、創造的経験（creative experience）という概念である。おそらくこの概念は、われわれの将来の思考様式にきわめて大きな影響力をもつ概念であり、社会科学に大きな影響を与えることが確実に運命づけられた概念であろう。

上述したような研究分野の相互の結びつきが形成されたのは、偶然なことではなかった。政治学者のリップマン（Lippmann）は心理生物学者のケンプ（Kempf）を引用しているし、オランダの生理学者のボック（Bok）は、哲学におけるある理論趨勢と彼の結論との間には関連があることをそれとなく言及している。最も前進的な法学的思考方法は、最近の心理学的思考との近似性を示している[1]。また、ケーラー（Köhler）は、彼の研究結果から判断して、精神科医の観察結果とはきわだった類似点があることを示している[2]。あるソーシャルワーカーの研究結果は、現代の何人かの心理学者が導き出した結論とある側面では、きわめて興味深いほど近似している。これと同様のことは、ある成功した労務管理者[3]によって解き明かされた行動様式に関する見解についても言える。彼によれば、労働者からの苦情にどう対処すべきかに関する調査を通して明らかになった原理は、関係性（relation）についての今日の心理学的概念と類似しているという。これらの概念については、本書の第3章、第4章および第5章において論述している。しかし、心理学という研究領域は、それ以外の多方面にわたる分野の研究者にとっては途方に暮れてしまうほど専門用語が多い。このため、私は、あえて難しい専門用語を使うことをせずに、最近の心理学的思考の中でわれわれに密接に関係する内容のみを説明することとした。しかし、ときには、こうした専門用語をどうしても使わざるをえない場合がある。その際には、こうした専門用語を使うことによって生じる危険性から免れることができない。そのような場合には、次のように認識していただきたい。わたしは心理学について語っているのではない。そうではなく、単に、示唆に富むと思われる異なった分野における思考方法の類似性を指摘しているにすぎない。わたしは、こうした類似性を過度に強調するつもりはない。あるいは、アナロジーに過ぎないものをアナロジー以上のものとして論じたいのではない。われわれが常に抑制しなければならないのは、社会関係を観察することをせず、個人に関する心理学的研究からえられる安易で興味をひくアナロジーで自らの観察に代用しようとすることである。われわれは、一つの研究領域で得られた研究結果で理論武装をし、その研究結果をそのまま他の一つの研究領域に「応用する」ことはできないのである。しかし、今日の多くの社会科学に関する研究者と同様、わたしも新たな研究方法を探究することに強い関心をもっている。したがって、きわめて重要と思われる研究方法が見出せた場合には、いつでもこれらの研究方法の実例をとりあげた。すなわち、研究方法に対する新たな考え方の徴候がみられるようになった一定の相似性をもつ研究方法があれば、それを例証的資料として使用している（もちろん、わたしは、彼らの研究的視点が相似していると強要するつもりはない）。社会科学は、ある側面ではニュートン以前の物理学の状態にとどまったままである。ニュートンが物理学に与えた最大の貢献とは、彼が定量分析に対する定性分析の関係を明らかにしたことにある。社会科学は、この定量分析と定性分析の相互関係をこれまで理解してこなかった。社会科学は、この相互関係を解き明かすべきなのである。

本書において言及したいくつかの問題に関する私の説明の仕方は、ややもすると誤解を招くかもしれない。そこで説明する際の私の姿勢について書き加えておきたい。社会現象を論ずる場合、私の性向として、その問題について哲学的な論議にときおり言及することがある。その際には私はしばしば心理学的調査研究の成果に言及するようにした。なぜ、そうしたのか。その理由の一つは、私には実験的検証がきわめて価値あるものと思えるからである。心理学によってもたらされた実験的検証が、哲学の概念に影響をもたらしつつあるのである。さらにいま一つの理由として、社会心理学と呼ばれる分野がますます研究の主題として確立しつつあるからである。本書において一つの考え方に言及するにあたっては、現在の心理学的データと社会的データをできうる限り結びつけることが有益であると私には思える。このことに加えて、私は次のように考えるにいたった。異なった研究分野での、それぞれ完全に独立した観察結果の間に相関関係があることは興味深いことであり、また、一つの研究分野で得られたある概念が他の研究分野でも価値ある概念であると認識することによって、一つの研究分野における概念が含意する本当の意味を理解できるようになるのである。さらには、現在、われわれの考え方の中に起こりつつある、いわば異花受精とでもいうべき異質な思想の相互の交わりは十分な認識に値すると、私は考えるにいたった。

以上のように、私は本書を書くにあたって、私自身の研究分野を超えた他の分野にも入り込んだため、通常よりも多くの謝辞を述べなければならない。非常に多くの人々が、多大な時間を割いて、特定の問題を議論してくれたり、原稿を読んで批評を加えてくれたりした。したがって、これらの人々の名前のリストをつくればあまりにも長くなってしまうため、すべての人の名をここに掲載することはできない。それでもなお、その方々が私に与えてくれた多くの示唆に対する私の感謝の念は多大なものがある。

シェフィールド（Sheffield）教授からは、特別に言及しなければならないほどのご助力をいただいた。というのは、シェフィールド教授は、自分自身の研究主題、すなわち論じ合うこと[4]という主題についての広範囲にわたる着想をすでに抱いていたからである。教授が解き明かそうとしていた手法は、社会的コンフリクトを研究しているすべての研究者にとり、きわめて価値あるものであるため、教授との会話は私にとってきわめて大きな助けとなった。教授はまた、私の原稿の全体に目を通してくれ、多くの示唆をあたえてくれたし、追加すべき事項についての助言もいただいた。

私の研究は、E・C・リンデマン（E. C. Lindeman）教授とよりいっそう密接な関係がある。リンデマン教授は、二年間にわたり販売協同組合の研究に従事しており、その研究は協同組合運動の情勢を調査するという目的のためだけでなく、社会的コンフリクトの厳しい実態を観察するためにも行われてきた。このコンフリクトとは、農場主と仲買人との社会的コンフリクトである。リンデマン教授と私とは、この調査を通してある希望を分かち合っている。それは、この調査によって、社会的コンフリクト一般に関する価値ある一定の結論が導き出せるだろうということ、さらには社会学的思考の全般的な前進とあいまって社会的調査研究上の有益な方法論になんらかの有益な発展をもたらすであろうという希望である。われわれは、その目指すところに多くの共通点があるとの認識のもとに、仕事上の関係をより密接に保ち続けることが有益であろうと判断した。そこで、われわれは時々、討論を重ねることとしたが、この討論は、私にとっては学ぶことの多いものであった。その上、リンデマン教授は、非常に親切なことに、教授の資料を私の好きなだけ自由に用いることを許してくださった。その資料は教授の優れた眼識を示すものであり、それは劇的な瞬間の出来事と微妙で感知しにくい動きを示すものとの違いを見分けることができる資料なのである。しかもこの微妙で感知しにくい動きこそ、往々にして状況における真の価値を明らかにしてくれるのである。私は、教授が提供してくれた信頼できる特定の実例を本書で使ったが、その他にも、教授が私に送ってくださった厖大な印刷物から得られた実例も使っている。教授から送られた印刷物には、協同組合のニュース機関紙、プロパガンダ用のパンフレット、契約書の書式、紛争中の事例などである。リンデマン教授自身の近刊書『社会的発見：職能集団研究に関するアプローチ』(*Social Discovery: An Approach to the Study of Functional Groups*) は、今日非常に必要とされている社会調査研究に関する新しい手法を探究した価値ある貢献である。

ハーバート・クローリィ (Herbert Croly) 氏に対しては、氏が私の仕事に示して下さった関心に感謝するとともに、全力を注ぐよう私を鼓舞するだけでなく、私が傾けるべき努力の方向づけについても援助をいただいた。氏による惜しみのない激励に対して深い感謝の念を捧げるものである。氏の著作である『前進する民主主義』(*Progressive Democracy*) と『アメリカ的生活の将来性』(*The Promise of American Life*) は、私の思考に大きな影響を与えている。なぜなら、これらの著作は、私の視野を大きく広げてくれ、民主主義の発展の可能性や市民権の重要性に関するまったく新しい展望を開いてくれたからである。

私の友人、イソベル・ブリッグス (Isobel L. Briggs)

さんには、筆舌に尽くしがたいほどの恩義を負っている。来る日も来る日も、思考とその表現の両面で難しかった点について私とともに熟考してくれ、また、原稿を準備し、その校正刷りを読んでくれたりした。彼女の疲れを知らない助力に対しては、大いに感謝をしている。

［原注］

（1）pp. 268-9. 参照。
（2）pp. 105-7. 参照。
（3）pp. 79-80. 参照。
（4）Alfred Dwight Sheffield, *Joining in Discussion*（アルフレッド・ドワイト・シェフィールド『議論への参加』）を参照。

［訳注］

［1］participant-observers という表現は、participant-observation に由来している。ランダムハウス英和大辞典によれば、participant-observation とは、「参与観察」「参加観察」という訳が使われており、「文化人類学や社会学の研究者が、参与観察者としてある共同体に入って生活を共にし、その集団の生活を観察するフィールドワークの方法」である。典拠：『ランダムハウス英和大辞典（第2版）』（小学館、一九九四年）。

第Ⅰ部

自己維持と自己成長過程としての経験

Experience as Self-Sustaining and Self-Renewing Process

第1章　代替的経験：専門家は真理の明示者か

Vicarious Experience: Is the Expert the Revealer of Truth ?

今日の思想の際だった特徴は、客観性追求の傾向が強まっていることである。心理学はすでに行動主義を表明している。政治学者は現代のあらゆる難問を解決するものとして「正確なる情報（accurate information）」を強調する。また、法学者は、法は抽象的な原理ではなく社会的事実に立脚すべきであると説く。

　専門家（the expert）に対する今日の極端な崇拝、「事実（facts）」に対する異常なまでの支持については、少々分析しておく必要がある。民主主義の問題を、次のような仮定のもとに議論されることがよくある。すなわち、われわれは現代の情け深い専制君主である専門家による支配を選ぶのか、あるいは支離滅裂で無知な「民衆」による支配を選ぶのか、そのいずれかの選択を余儀なくされているという仮定である。だが、問題がそれほど単純であるならば、現代がかかえる難問のほとんどは解決しているはずである。ことがそれほど簡単であれば、われわれは、ワシントンに必要なだけの情報局を設置し、工場にあっては科学的管理を大いに導入実施すればよい。また都市にあってはできるだけ多くの専門技術者（衛生や運輸など）を配置し、農業地域では農業大学が提示する処方箋を十分に実施しさえすればよいことになる。そうすれば、世の中のすべてはうまくいき、すばらしいものとなるはずである。なぜならば、ここで仮定されているのは、次のことであるからだ。すなわち、民衆に事物、すなわち、正確で、信頼でき、かつ客観的な事物（things）をただ示しさえすれば、民衆は喜んで自動的に指示に従うことに同意するだろうという仮定である。ただし民衆がこうした正確で、信頼できる、客観的な事物を手に入れることができるのは、民衆が専門家と称される優秀な人種を支持し、民衆が自らの経験をとおして考えることを放棄することによってなのである。

その一方で、私は次のことも確信している。今日の「事実」に対する評価の高まりのおかげで、現在混迷状態にある世界の問題を解決する最も有望な糸口をわれわれは手にしており、現在、われわれが陥ってしまっているある精神的態度に最も必要とされる矯正法を手にしているのである。さらに、事実によって確かめようと思えば容易に確かめられる事柄について、会議の議論でいかにわれわれが無駄な時間を費やしているかを、私は経験を通して知っている。だがしかし、である。それにもかかわらず、事実について記憶に留めておかなければならないいくつかの問題点がある。事実を発見することは重要ではある。それと同じように重要なことは、それらの事実にどう対処するかを知ることである。われわれがなすべきことは、役割を割り当てることであって、役割を人から奪い取ることではない。「民衆」には彼らの果たすべき役目がある。その役目とは何なのかが問題なのである。さらにまた、われわれは次の点につき自らを戒めなければならない。すなわち、われわれが専門家にすぐに頼ろうとする気持ちが少しでも起こる場合は、それは責任を放棄しようというわれわれの願望からきている。人生に誠実に立ち向かうことをせずに、絶えず人生から逃避しようとする願望が、専門家に頼ろうとするわれわれの気持ちを生み出しているのである。専門家とは、多くの人にとっては聖職者のようなものではある。すなわち、専門家とは、完全にものごとを知っており、何をなすべきかをわれわれに告げることができる人と考えられている。これまで、君主、それから聖職者、そして専門家が、かわるがわるわれわれの忠誠心を獲得してきた。だが、われわれが、彼らのいずれかにわれわれが果たすべき役割を委ねている限り、健全な社会は実現せず、個人の前進も、全体的な前進もありえない。

専門家の重要性を過度に強調してはならない。われわれは専門家が社会にとって価値ある存在であることは十分に認識している。しかし、考慮すべき課題が依然として残る。それは、専門家と民衆との間の正当な関係をどう考えるかである。ここ十数年にわたり、調査、専門的研究、都市調査、科学的管理、社会工学等々という言葉がスローガンとして唱えられてきた。しかしながら、こうした事実に対する理解が着実に高まるにつれ、これまでわれわれの心のなかに何度も繰り返し浮かんできた疑問が、よみがえってくる。すなわち、こうした事実の理解が高まることが、果たして現場の従業員や一般民衆とどのような関係にあるのかである。この疑問は、製造工場の社長が部下である科学的管理者から提出される報告書を読む際に、心のなかに次第に浮かんでくる疑問である。また、この疑問こそ、なんらかの地方自治体の改革に参加したことのある人の誰もがいだく疑問点の核心部分である。

私は、この問題の解決法を「被治者の同意」として知られる例の理論の中に見出せるとは思わない。この理論は社会を二つに分割する。すなわち、一方に、専門家および専門家の報告書に基づいて統治を行う統治者を置き、他方には同意をする民衆を置く考え方である。こうした社会を二分する考え方は、結果として大きな不幸をもたらすやり方であると私は考える。しかし、だからと言って、私は「民衆」の地位を不当に高めるべきだと言うつもりはない。かつては、民主主義の支持者たちは統治機構に関心をもち、「民衆」の声を聞き入れる何らかの方法を見出そうと努力した。しかし、現在にいたっては、われわれは、こうした考えに思いをいたすことは殆んどなくなった。例えば思想家たちは疑いもなくこうしたことは考えていない。また、ほんの二～三の例に言及するにすぎないが、コミュニティ・センター運動、労働者教育運動、協同組合運動は、その運動の前提として、民衆の意思は「生来的に」善であるという考えに立っているわけではない。さらにこれらの運動は、現代の諸制度が単に民衆の意思を把握し、その声を聞き入れるために存在しているという考えに立っているわけでもない。現在の最も民主的な運動の本質的なねらいとは、われわれ自身を訓練し、専門家の仕事をいかに使いこなすかを学びとり、そしてわれわれの意思を発見し、その意思を育み、そしてわれわれの意思を統合することにある。

今日、同意の理論（the theory of consent）が採用している理論枠組みには、最大の弱点がある。すなわち、この理論枠組みは、科学的調査を行えば自動的に相異が克服されるという仮定に立っているからである。このような見解に立てば、多様性がもつ重要さを理解することができない。しかも、情報を蓄積するだけでは多様性を克服することにはならないという事実を無視することになる。私には、この点は、検討に値するかなり重要な論点であると思われる。われわれは、毎日、いや毎時間と言っていいほど、事実が必ずしも意見の一致をもたらさないことを経験している。現代の連邦最高裁判所は、個々の訴訟において事実を得ることに誠意をもって取り組んでいる。しかし、結果は、満場一致による判決にいたることはない。また、専門家を委員に採用する各種委員会がひんぱんに開催されている。こうした委員会では、得られた事実を検証し、その事実についての論議が行われる。だが、こうした委員会の委員となったことがある人であればわかるように、議論を通して意見の相異が克服されたためしはない。委員会においてて、自分の持っている「事実」を示せば、先の会議で袋小路に迷い込んだ案件が解決されるだろうと期待するのは、きまって経験の浅い世間知らずの人間である。あなたのこれまでの記憶をたどってみて、このたぐいの人間に出会ったことはないだろうか。こうした人間はこの幸せな期待をもって、自分の仲間に次つぎに微笑みかけるのだが、その期待が裏切られるにつれ、次第にその笑みが消え失せていくのである。

われわれは専門家を必要とするし、正確な情報も必要である。だが、その目的は相異（*difference*）を失くすことではない。そうではなく、混乱（*muddle*）を失くすために必要なのである。事実の認識が欠けているために、あなたと私が異なった状況にそれぞれが反応する場合がある。すなわち、同じ状況にたいして、あなたはあなたが想い描いた状況に反応し、私は私の想い描いた状況に反応する。このような場合、当然のことながら、われわれは合意に達することはない。正確な情報がなしうることとは、真の相異を明らかにするための基礎を提供することにある。そうすれば、合意の形成が、確実にとまでは言わないものの、可能となろう。正確な情報の目的とは、相異を克服することではない。相異にたいし、正当な働きをさせることこそがその目的である。もし、私が黒い蛇を見ていると思い込み、あなたはそれが落ちてきた木の枝だと思い込んでいるとすれば、二人の会話はただ単に混乱するだけであろう。だが、われわれ両者が、それが蛇であると分かり納得したとしても、それで直ちに、その蛇をどう処理するかに関して二人の合意が自動的にできあがるわけではない。あなたと私とでは、それぞれが「黒い蛇」に対してまったく異なった反応をするからである。ただちに逃げ出そうとするか、それともその蛇を殺そうとするか、あるいは、その蛇を家に持ち帰り、ネズミを捕るためのペットとして可愛がろうとするか、などわれわれの反応の仕方はまちまちである。ここまで考えてはじめて、相異を意味あるものにするための条件が整うのである。不正確な情報に基づいて生じる相異は、無意味である。われわれは、相異を取り除いてしまったのではない。そうではなく、いまやわれわれは相異を実りあるものにするための可能性を準備したのである。

確かに、この黒蛇にどう対処するかを決定する際には、われわれには科学的な情報が必要である。黒蛇が毒蛇ではないことを学習すれば、むやみに逃げ出すことはなくなるであろう。しかし、その後、この蛇が動物を絞め殺す類の蛇だということを学べば、たとえその蛇が毒蛇ではないとわかっていても、その蛇を自分の喉の周りに巻きつけることをためらう人も出てこよう。しかし、この蛇が害を与える危険性はほとんどないことが分かり、しかも、わが家ではネズミが依然としてはびこっている状態であるとする。こうした状況で、別の科学者が、黒蛇をペットにしても大丈夫であり、しかも黒蛇は現代の最高のネズミ捕りであると説明したとする。すると、わたしたちの対応はまた、変わってくる。このように、科学的な情報を得れば、それに応じてわたしたちの決定は変化しつづけていくのである。

私がこの点を長々と述べているのは、次のことを明らかにしたいからである。つまり、われわれが賢明な決定をなしうる可能性は、どれほど多くの科学的な情報を入手できるかによって決まってくる。こうした科学的な情報なしに、人々が日々の決定を躊躇なく下していることがいかに多いかは驚くばかりである。しかし、である。いかに取得可能な情報を最大限に獲得しようとも、依然として相異は存在する。そして、相異にいかに取り組むかこそが、社会的過程の主要部分であると、私は考えている。ハーバード大学のローウェル（Lowell）学長は、近著『平和時と戦時の世論』（*Public Opinion in Peace and War*）[1]において、次のように述べている。「偏見も先入観も抱いていない同等の知性を備えた人たちが、同一の証拠にもとづいて決定を行えば、同じ結論に到達するだろうと思われている。だが、このことは必ずしも常に正しいわけではない」。事実というものが、われわれに与える影響とは、自動的なものでもなければ即時的なものでもなく、人々の考えを同一にするものでもないのである。

さらに、正確な情報を確保すること自体が、きわめて難しい。このことは、専門家同士の意見が食い違うことが頻繁に起こることからもわかる。二人の専門家が何かを論じている場合、われわれには、彼らの意見が一致すると思えることはほとんどない。われわれの多くは、議会の公聴会で意見の異なる双方の立場に立つ専門家が提出する「事実」をこれまで聴いてきた。また、現在おこなわれている裁判の記録のすべてを調べれば、当該専門家についてのおびただしい数の証言内容がえられる。業務上過失で争った訴訟事件での証言内容を思い起こしてみるといい。数か月前、エレベータでの事故によって起こった訴訟で、二人の専門家がケーブルの抗張力についての判断を要請された。ケーブルの撚りの状態を二人は検査したが、両者の証言内容はまったく逆であった。一方の専門家は、ケーブルの撚りの状態を検査した結果、そのケーブルの状況は、破損することはないと考えるのが妥当であると証言した。しかし、もう一方の専門家は、まったく逆の証言を行ったのである。もう一つの例をあげてみよう。合衆国工業用アルコール会社が所有する巨大な糖蜜用タンクが爆発し、近隣住民の生命や財産に多大な損害を与えた。その結果生じた訴訟では、ハーバード大学の専門家とマサチューセッツ工科大学の専門家が証言を求められた。一方の専門家は、そのタンクを構成している鋼板の破片から判断して、爆発を起こした力はタンク内部から発生したと証言した。しかし、他方の専門家は、爆発の原因はおそらく爆弾と思われるので、その力はタンク外部から発生していると、証言したのである。もちろん、この事件の損害賠償の問題は、こうした証言内容に大きく左右されることとなる。医療の専門家の事例をあげてみよう。訴訟において、同じくらいに声望のある二人の医者が全く正反対の証言をすることがある。こうした二人の医者の証言内容が異なるような事実があるため、事故から生じる多くの訴訟事件では判決を下すのを難しくしている。しかし、われわれは、法廷での専門家が証言する内容がいかに多様であるかを、これ以上詳しく説明する必要はない。弁護士や裁判官にとっては、こうしたことは毎日経験していることなのである。(2) 事実発見(fact-finding)とは、実に困難に満ちた作業である。次に、この事実発見に関連して実際にはどのような困難がともなうかを検討することにしよう。(3)

専門家とは完全に人間的属性を取り去った存在であると、多くの人が考えているようである。感情もなく、興味関心もなく、思い出や親密な人間関係もまったく持たない存在、それが専門家であると考えられている。このような人種が住んでいる島が、いったいどこにあるだろうか。(4) だが、論点を整理するために、さしあたりは次の諸点については、しばらくの間、考慮しないことにしよう。すなわち、専門家が異なれば、同じ状況にたいして全く異なった報告をするのが専門家であり、また、専門家は、自分自身の偏見、利害関係、固定観念をもっている。さらに、彼ら専門家もまた、生身の人間であり、彼らはつねに見たいと思うものを見るのである。つまり、彼ら専門家は「自分に備わったものの見方の習癖」を通してものを見、自分の哲学、自らの道徳律にぴったりとくるものを見ようとする存在なのである。さらに、次の点についても、さしあたりは考慮しないことにする。すなわち、われわれも知っているように、国の委員会等にあっては、必要とされる情報を収集するために選抜される専門家は、前もって、彼らの偏向性を予想し、その性向を知ったうえできわめて慎重に選ばれているのである。だが、これらすべての点を無視したとしても、事実発見にからまる困難さは依然として生じる。

まず第一に、事実は、静止した状態にとどまることはない。状況とは、その内容について報告がなされる時点ではすでにその状況そのものが変化してしまっているのである。状況をつくり上げている一定の諸要因は常に新たな状態に発展しうることが敏感に感じとられなければならない。そうすれば、われわれは状況の静止状態を示す一画面（a picture）としての報告書ではなく、状況が発展する過程を示す報告書を手に入れることができる。そして、こうした発展する過程の一段階にある状況を報告する必要がある場合には、その段階の報告は、あくまで連続的に変化する諸過程の一段階を示していることがわかるように報告されるべきである。パウンド学部長[1]は、一九世紀末の法政史に関する著書を語る際に、次のように述べている。「法的、政治的諸制度に関する細部にわたる記述がなされた。……これらの詳述は、ある時点での事実内容を忠実に記述していたものの、その時点での記述内容は、その書物が印刷される前にはすでに時代遅れになっていた」[5]。

さらに、もの事につけられる名称についても、同じことが言える。その名称が表象している内容がすでに変化してしまった場合でも、同じ名称がそのまま使われることがある。このことを感知するには、鋭敏な知性が必要となる場合が多い。

そのほかに重要なのが、専門家がつけるラベルの危険性である。ある事物を見せられて、これが専門家による正確な画（pictures）であると説明される場合がある。このような場合、われわれは次のことを思い起こす。降神術の会に自分のカメラを持ち込み、自分の撮った写真を精霊の顔の決定的な証拠である、とわれわれに見せてくれる人たちがいる。なるほど、これらの写真は正確な画ではある。なぜなら「カメラは嘘をつかない」からだ。あなた方の眼の網膜もまた、嘘をつくことはない。しかし、もし、あなたが、ある人が彼の友人の顔を叩くのを見たとしよう。その場合、ことによるとその人は友人の顔に止まった蚊を殺そうとしていたのかもしれない。あなたはこのことを見極めるまでは、怒る心を抑えておいた方がよい。また、何ら先入観をいだかない研究者が、「私は、あなたがたに八時間労働制の実現のために闘っている人たちの画を見せているのです」と語ったとする。だが、ひょっとすると、この人たちは高賃金の実現、あるいは自主管理の実現といった何か他のことのために闘争していたのかもしれないのである。専門家は自分が用いた画にラベルをつける必要はないのではと、あなたは思うかもしれない。だが、専門家が、これまでラベルづけをしなかったためしは全くと言っていいほどない。なぜなら、われわれが使っている言語、まさにこの言語自体が、自分たちの考えや感情を表すものとしてできあがっており、こうした言語の働きがあるからこそ、専門家はラベルづけをしないことの方が難しいのである。

さらに、われわれが記憶に留めておくべきは、専門家ないし役人というものは、二つの事実のうち、どちらの事実をわれわれに報告するかを選択しうるということである。専門家は事実を仕分ける際、党派的な偏った仕分けを行うのはいうまでもなく、当面のニーズや利害になじむ方の事実を強調する。例えば、漂白小麦粉が不足している場合には、無漂白小麦粉の方が漂白小麦粉よりも栄養価が高いと説明する。しかし、漂白小麦粉が豊富にある場合には、漂白小麦粉の方が消化されやすいので、実際にはより高い栄養価を摂取できると説明するのである。

わたしたちはこの考え方をさらに立ちいって検討することにしたい。なぜなら、この考え方は、ある観点から判断して、事実発見による分析を行う際に心にとどめておくべき最も必要な事柄であるからである。言いかえれば、事実の解釈とは、必要性に左右されるということを記憶に留めておく必要がある。存在するものをどう解釈するかは、つねに、われわれの必要性にかなうように行われてきたし、今後も常にそのように解釈されるであろう。事実を知覚すること（perception）、すなわち「注意力（attention）」とは、われわれの必要性ないし願望によって決定されるのである。例えば、アメーバは、自分の内部に空腹の衝動を感じとると、その飢えを和らげるなんらかのものの周りに自らをからませる。そして、その後は、これがこのアメーバの「食べ物」となっていくのである。アメーバは、食物と水たまりの上部にある酸とを識別したことになる。われわれ自身の生活においても、その過程ははるかに複雑ではあるものの、やはり同じことである。すなわち、ものごとの識別は、つねに、必要性と並行して発生するのである。人間の必要性を満たすことが、人間存在の基本法則である。「願望（wish）」というものの重要性は、フロイト（Freud）以来、誰もが知りうるものとなった。だが、事実発見を擁護する者の多くは、フロイト学派が説く「願望」の意義、すなわち事実の解釈との関連でとらえた「願望」の意義をこれまで理解してこなかった。

この点はきわめて重要であるので、少し異なった角度からもう一度述べることにしよう。事実というものは、われわれがその事実に注意を向けた時にはじめて、わたしたちにとって意味のある事実となる。事実に注意を向ける行為と、その場の状況とは密接に結びついているのである。事実崇拝者が絶えず追求している類の客観性なるものは、彼らには永遠に見い出すことはできないであろう。われわれは、事実についての「偏見のない」「個人の感情を交えない」調査研究を望んでいると、唱えはする。だが、こうした公平かつ感情を交えない事実とは一体何を意味しているのか。それは、「公平無私」な調査研究を求めようとするわれわれの「願望」の一面が現れているに違いない。この世のあらゆる既知の諸法則に照らしてみて、事実に関する公平無私な調査研究などはありえない。フロイトの説く「願望」を基礎とする心理学は、多岐かつ幅広い意味内容を含んでいるのである。

また、われわれは、事実を構成する部分と、全体としての事実とを混同してとらえることがよくある。いかに正確な情報であろうとも、その情報が部分的なものであるならば、こうした情報を根拠としてなされる決定は、悲惨な結果をもたらすことになろう。ビジネス教育に関するある書物の中に、学生用の練習問題として次のような一つの設問があった。その設問に解答するにあたっては、与えられた「事実」にもとづいて解答するよう求めており、本文のなかでは次のような一つの「事実」が明白に述べられていた。すなわち、一個の石鹸を七セントで売るよりも六セントで売った方が沢山の石鹸を売ることができる、という一つの事実をよりどころに解答せよというのである。私の知人のあるビジネスマンが、この問題をみて、笑って面白がっていた。彼によれば、この設問には、他の会社すべてがその間に倒産することが仮定されている、と言う。実際のところ、石鹸を七セントから六セントに値下げした場合、「事実」として何が生じるのか。競争相手がその石鹸を五・七五セントに値下げするのである。したがって、問うべき設問は、そういう事態になった場合、あなただったらどう対処するつもりかということになる。ある活動が生じれば、他の活動を引き起こすのである。したがって、「事実」なるものは、子供のゲームの当て物遊びと同じように、つかまえにくいものである。私は、他の誰にも劣らないほど事実発見に対する熱心な支持者である。だから、私が強調したいのは単に次のことにすぎない。すなわち、与えられたいかなる状況にあっても、われわれは「事実」を用いて何を意味づけようとしているかを知っていなければならないのである。また、われわれは、行動するにあたって、特定の分野の事実に基づくあまりにも狭い視野を基盤にして行動してはならないのである。おそらく、この点は、次のように要約することが最善であろう。すなわち、事実を他の事実との相互関係の中で見ることがきわめて重要であり、そして、事実発見や事実表現にあたっては、この点を十分に考慮しなければならない。

さらに進めて、次のように言うこともできよう。それぞれの事実がもつ価値とは、変化する世の中全体の中でその事実をどう位置づけるかによって決まってくる。そして、それぞれの事実の価値は、他の事実との数限りない関係性と切り離しては捉えられないのである。もっと進めて、次のように言うこともできよう。関係性から離れた事実とは、事実ではないのである。だが、すべての専門家がこの関係性を理解できているわけではない。アメリカの法廷が下す判決を優れたものにしてきたのは、これら判決の起草者たちが、目の前に提出された事実と、社会生活の現在の発展段階やその理想像をも含めた社会生活の全体構造との関係性を考慮して判決を下そうとしてきたからである。連邦最高裁判所判事であるホームズ（Holmes）[2]が述べているように、「重要なのは、事実を手に入れることではない。そうではなく、重要なのは、事実をいかにして生きたものにするかを学ぶことである。……すなわち、事実から有機的な秩序を浮かび上がらせ、事実を躍動させ、事実から果実をいかに生み出させるかを学ぶことである」。

上記のホームズが指摘している点を、次の論点に結びつけて考えてみたい。その論点とは、事実なるものを、状況との関係性を抜きにして取り扱うことから生じる問題点である。そもそも、ある事象が「事実」であると認識されるには、同一の活動範囲（field）の下での事実でなければならない。例えば、火とはものを燃やし尽くしてしまうものである。このこと自体は一つの事実である。しかし、火がものを燃やすというこの事実は、本書にとっては意味ある事実ではない。このように考えると、統計上のデータと事実とは、必ずしも同じことを意味するものではない。そうではなく、その状況に対して何が事実であるのかを決定するには、明晰な判断力が必要であり、総合的な洞察力が求められるのである。

さらにこの問題を考えてみよう。結論とは、つねに正確に測定されたデータのもとに導き出されるべきであるという人がいる。このようなことを望む人は、現代社会がかかえている問題の多くは、正確な測定値では測りえないことを見落としている。例えば、一人の女性労働者が「健康で人並みの生活」（これはマサチューセッツ州の最低賃金法において用いられている表現である）をすることができる最低賃金の値とは一体いくらなのであろうか。

事実発見にあたって、もう一つの考慮すべき難題がある。すなわち、単なる観察者であった場合は、発見できる事実は限定されることになる。単なる観察者ではなく、状況の中に参加しながら観察を行う参加観察者であれば、単に観察する場合よりも様々な異なった事実を引き出すことができるのである。つまり、単なる観察よりも実験

(experiment) の方が、往々にして事実をより明らかにするのである。さらに正確に言えば、実験こそが事実をつかむ最良の方法なのである。参加観察者の実例として、ウィリアム・Ｚ・リプリー教授 (Prof. William Z. Ripley) の行動をあげることができよう。教授は、大戦中、国家調停委員会の議長を務め、事実を聞き出し、事実を処理し、そして事実を創造したのである。

次に述べる警告は、おそらく無駄なことと思われるかもしれない。しかし、私は警告することが必要だと思われる経験を幾度かしてきたので、あえて行うことにする。ある専門家の報告書を読んでいた時のことである。その報告書は、ある状況を形成している外面的な骨組みにすぎないものが、事実を構成しているという考えの下に書かれていたのである。事実とは、全体状況 (total situation) として理解されなければならない。感情や信念、理想などの全てがその中に入り込んだ全体状況として理解されなければならないのである。労働組合についての事実とは、外面的にとらえた組織、つまり組合の定款や内規ではない。ましてやストライキでもない。労働組合についての事実とは、こうした外面的特徴のなかにあるのではない。これらは、労働組合主義に関する事実の単なる外面的な骨組みにすぎないのである。このことが、これまで研究者たちに十分に理解されてこなかった。こうした理解の不十分さが、労働組合主義に関するわれわれの誤解を招く何らかの原因となっているのである。

事実発見をする際に生じるきわめて現実的な危険性が、もう一つある。あなたと私の両者が事実にたいしてともに反応している一方で、実はわれわれは全く性質の異なる事実に反応している場合がある。例えば、私が昨年の冬、ある委員会の委員となった時のことである。この委員会は、雇用者と従業員そして一般人とが協力して賃率を決定するものであった。賃率決定にあたっては、特定の産業分野が賃金負担に耐えられるよう配慮したうえで、生活費をもとに決められることになっていた。しかしながら、この委員会での議論はただちに次のように展開していった。この委員会に出席している多くの人にとっては、生活費や当該産業部門がかかえる事情は状況を判断する上での主要な事実となることは決してなく、状況判断の主要な事実となったのは、その時点での労働者と資本家との相対的な力関係であった。委員会のメンバーは、二一・四〇ドルという最低賃金要求額を提出したが、提出されたこの数値は、一九二二年当時のボストンでの生活費を表わしているのではなかった。そうではなく、この数値は、一九二二年のボストンにおける労働者側の強さの評価を表わしたものであった。だが、この力関係もまた、疑いもなく事実なのである。われわれは、事実なるものを、単純に鵜呑みにすぎることのないよう心がけねばならない。

事実は、権力の問題全体と密接に関係している。事実の利用のされ方の歴史は、権力の行使のされ方の歴史と並行して記録されるべきである。倒れ伏した敵を見下ろすように立ちふさがっている石器時代の穴居人を想定してみるといい。ひれ伏した方の穴居人が、もし熱心な事実発見の信奉者であるならば、彼はこう言うであろう。「事実を見ようではないか。ここにあるのはとても大きな熊だ。われわれは、この熊を分け合うことができるではないか。しかも、肉はわれわれ双方にとって十分なほどあるんだ。その上、もし、おまえが、熊の肉がもつ栄養分の質を科学的に記した計算表を調べれば、おまえが考えているほどは、この食べ物を必要とはしないことが分かるだろう」。だが、見下ろすように立っている方の穴居人は、きっと次のように答えるであろう。「お前が事実を重んじたいのであれば、お前が注意を払うべき最も重要な事実とは、俺はお前をすぐにでも殺してしまうことができるという事実なのだ。つまりは、熊の全部を俺にくれるという事実のことだよ」。これが、現在の国際会議やその他の多くの会議が運営されているやり方である。このことからして、事実発見、あるいは少なくとも統合を生み出すような事実についての決定的な研究はいまだなされていないことは明白であるように思われる。事実と権力とを統合することと（integrating）は可能である。しかし、この統合には、現在、わたしたちが生活するうえで則っている道徳通念とは異なる道徳通念が必要となることを意味している。国家は、現在のところ権力機構である。また、労働組合も権力機構であり、製造業者協会も権力機構である。「事実」がわれわれにとって豊かな価値をもちうるためには、これらの権力機構は、他の何ものかに作りかえられなければならない。興味深いことに、いかなる論争でも、とりわけそれがかなり長引く論争の場合、当事者間の力関係が変化するにともない、「事実」が変化するのである。このことを念頭において、様々なコンフリクトを観察すれば、実りある成果が得られるであろうと、私は信じている。

もう一つの、ときおり見落とされている点は、事実発見には、それに適した時と場所があることである。私がこのように主張するのは、事実が単に戦略的に重要な時点で生み出されるべきであるということだけではない。私は、それ以上のことを主張したいのである。英国首相ロイド・ジョージ（Lloyd George）が抱えた問題とは、多くの場合、多量の事実を受け取り、それらを携えて第一次大戦後のパリ講和会議に臨んだことである。しかし、フランスもロイド首相同様、多量の事実を携え会議に臨んだのである。そのおり、両国はそれぞれ自国が収集した事実を相互に対抗させて争うこととなったが、両国が提出した事実は一致することはなかった。一致しなかったのは当然である。なぜなら、これらの事実は、会談中に明らかになってきた状況を反映させた事実ではなかったからである。最低賃金委員会での私の経験からして、当事者が協力して事実を収集することは可能だと考えている。こうして事実を収集すれば、双方のそれぞれが別々に事実を収集し、その後にそれらの事実を統合しようとするよりも、より一層コンフリクトを解決するのに役立つのである。なぜなら、当事者双方がそれぞれ別々に事実を手に入れる場合には、それぞれの側が自分自身で集めた特定の事実に固執してしまいがちになる。かつて次のようなことが起った。労働者の生活費を計算するにあたって、被雇用者側は生活費の中にある項目、つまり衣服費を計算に入れようとしていた。しかし、雇用者側は他の項目を生活費の中に入れようとしており、公益代表者側は、また別の項目を計算の中に入れようとしていた。この時、これら三者から成る小委員会が設置され、この小委員会には各グループからそれぞれ一名が委員として入り、協働して事実を収集することとなった。次の会合では、こうして協働して収集された事実をもとに提出された数値が、当委員会で承認されたのである。そしてその後の議論は、これらの数値をもとに行われることになった。

このようにすれば、事実は、会議の際に適正に利用することができ、党派的な考えを助長するために用いられることはない。さらにまた、事実を収集したり、状況を報告するにあたっては、正直さや公平性などの精神的態度以上のものが求められる。すなわち、知覚する際の卓越した繊細さ、語られる言葉の含意を読み取る傾聴力、さらには印象に左右されない心と同時に印象そのものを鋭敏に感じとる感受性等、が求められるのである。したがって、われわれが求める正確な情報は、常に数多くの人によって収集されなければならないであろう。さらにまた、論争を行っている当事者双方が持ち寄る事実は部分的には異なっていることも認めなければならない。したがって、事実発見が共同活動として行われないかぎりは、両者の事実の相異は残ったままとなろう。また、たとえ事実を協働して収集しえたとしても、やはり、われわれはそれらの事実をそれぞれが別々に解釈すべきである。だが、その場合には、当初に経験した困難な状況は避けることができる。なぜなら、われわれは、少なくとも同じ事実に向き合っているからである。当事者双方の注意が自分の事実に固執している場合には、議論はむしろ絶望的なものとなるのである。仲買人が農場主にあることを伝え、米国農事改善同盟の役人が別のことを伝える場合、たとえ双方が告げる一連の情報が「事実」であったとしても、この農場主は当惑することになろう。

統計が自分の目的に合わせて利用される点については、これまで何度も言及されてきたのでその詳細についてここで取り上げる必要はないであろう。だが、事実を協働して収集するにあたって、統計を自分の目的に合わせて利用するという点に関連するきわめて興味深い事例が出てきたので取り上げることにしたい。あるタバコ生産協同組合の調査部門が、協同組合設立以前のタバコの値段の数値を出すよう求められた。そこでこの調査部門は、一八六六年を初年度として五年間の平均値を取り出し、その平均価格は十一セント以下であると説明した。次に、ある独立した調査官が同じ分析を行い、同じく五年間の平均値を基に数値を出した。しかし、この分析では初年度を一八六八年としたのである。結果はどうか。その平均価格は、協同組合が出した価格よりもかなり高い結果が出たのである。もちろん、この組織の設立以前と以後との価格のずれを出来るかぎり大きくすることは、この協同組合にとって都合のよいことではある。だがこの価格のずれは、人を欺くために計算ずくで操作されたものではない。それは、できるだけ最善のものを示したいという一般的な性向を示しているにすぎなかったのである。このように、できるだけ最善のものを見せようとする性向は、あらゆる論争において当事者双方が意図するところである。今回の事例では、調査の結果出てきたのは、二組の相反する数値であった。こうした相反する数値がでることは、調査を共同業務とすることで避けられたはずである。その場合には、どの年度を初年度とするのが公正であるのかは決められたはずである。その際の決定にあたっての公正さとは、当事者の双方の「側」にとって何が公正であるかではなく、いずれの「側」とも関係のないタバコ価格の公正な判断のことである。

事実発見にあたっての最も難しい問題の一つは、あまりにも明白であるため、言及する必要はないように思われる。その問題とは、事実を意図的に隠すことである。相場師にとっての最大の武器は、事実を一般大衆から遠ざけておくことである。相場師は、一般大衆に品不足であると思い込ませることができるならば、彼らにとっては好都合である。この類の問題に関しては書こうと思えば多くのことを書くことができよう。なぜなら、一般大衆に対して業務記録を公開すべきか否かをめぐって、賛否両論にわたるありあまる程の資料があるからである。事実を示すことを保留することについては、権力の追求の問題と関連づけて考えなければならない。この点に関して、協同組合はどのような態度をとるかを考えてみよう。組合は、業務内容の公開に関して、同時に二つの立場に立とうとしている。すなわち、組合会員に対しては業務内容を公開するという立場に立ち、一般大衆に対しては業務内容は伏せておこうという立場に立とうとしている。ただし、このような二つの立ち位置を維持することは困難なことである。全国ミルク生産者連盟の大会がイリノイ州スプリングフィールド市で開催されたが、この大会で多くの様々な発言者によって強調された有力な諸原則の一つは次のようなものであった。すなわち、それぞれの協同組合組織は、そのメンバーに対し、全ての組合方針や業務内容の詳細について十分に知らせる必要があるというものである。ここで主張されたのは次の点であった。一般的には、規模の大きな組合組織や企業は競争相手に情報が渡るのを恐れるため、情報を隠したがるのが特徴である。しかし、この協同組合はそれとは異なる方針を採用すべきであると主張したのである。だが、南部の協同組合組織のある組合は、個々の倉庫の売上高を公表することを拒絶した。売上高の公表が相場に影響するのを恐れたからである。また、この組合は、組合の支払能力に関する情報提供をすること、あるいは年度末の相場を公開することを拒絶したのである（農場主への支払は分割払いとなっていたため）。この組合は、いまだに間接費や組合員数、契約違反件数、あるいは利用可能な預金残高を公示していない。この組合は、こうしたいかなる情報でも公開すれば、彼らの対抗者の手に権力を与えることになる、と考えているのである。

これまで事実の収集についていろいろと検討してきたのだが、その上でなお、注意しておかなければならないことがある。それは、専門家が発見する事実は、多くの場合次の二つの事実に分けられることである。ひとつは議論の余地のない明白な事実である。そしていまひとつは、人が異なれば異なったように捉えられる事実である。実例をあげて説明してみよう。様々な農業大学の専門家が協議会を開き、乳牛にとって最もバランスのとれた一日の飼料の配合について結論を出すとする。この場合、その飼料配合の製法には、二つの異なった性質の情報があることになる。すなわち、(1)蛋白質、炭水化物、脂肪そして食物繊維の比率を示した種々の穀物の分析による情報と、(2)それぞれの穀物の配合の組み合わせをする場合、どのような割合が乳牛にとってのベストな配合をもたらすのかという情報である。この二つの区別をすることが何よりも重要である。

農場主は、第一番目の情報については口をはさむ余地はない。仮に、二人の農場主がカラス麦に含まれる蛋白質の比率について言い争ったとしても、無駄なことであろう。彼らができることといえば、化学の専門家に意見を求めることぐらいである。だが、農場主は、自分の飼っている牛の飼料配合の製法がもたらす効果を観察することができる。農場主は、飼料の配合を変化させることができるし、その結果を記録することができる。こうしたことを行っている多くの農場主が相互にその結果を比較しあい、その結果を農業大学に情報提供することもできる。このように、ひとりひとりの農場主が当該問題の解決法を共有していけば、単に、本人が飼っている牛の最良の混合飼料が得られるだけではなく、その飼料の製法の改良にも貢献することにもなる。かくして、飼料の製法は、参加するすべての人たちの経験とともに変化していくことになろう。ここで一言つけ加えておきたい。偶然と言うか、暗示的とでもいうべきであろうか、ここでいう経験（experience）という言葉は、専門家（expert）という言葉と同じ語根に由来している。ともあれ、参加するすべての人たちの経験を通して解決策を見出していくこと、これこそが民主主義が意味しているもののすべてである。すなわち、民主主義には、あらゆる人々の経験が必要なのである。飼っている牛にいかに飼料を与えるかという知識は、生れながらに人間にそなわっているわけではないし、理論的に正しいものがあるわけではない。われわれに分かっていることは次のことである。それは、人々の考えが次々に足されたもの、つまりプラス・アイデア（plus-idea）という考えこそが、人間がこれまで考えついた最良の考えなのである。この考えは、他のどの領域に劣らず、政治の領域においても正しい考え方である。民主主義とは、「理想主義」のことを言うのではない。民主主義とは、誰もが実践できる普通の常識なのである。

ここ二〇～三〇年の間に、われわれの政治上の考えが変化するのと並行して、牛にいかに飼料を与えるかということの問題についても変化があった。数年前までは、農場主の態度は「自分の牛にどのように飼料を与えればよいかくらいは知っている」というものであった。このような態度は、「すべての人間が統治することができる」（the every-man-can-govern）といった類の民主主義の考え方を思い起させる。現在の農業専門家の多くが目標としているのは、彼らが作成した飼料の製法を農場主に盲目的に受け入れさせることである。この考え方は、全ての面で専門家を過度に重視する今日の傾向と一致している。しかし、より良い方法とは、いかにして農業大学の経験と農場主の経験とを結合させるかを見出すことにある。賢明な農場主であれば、大学が作成した飼料の製法を、あたかも明示された真理のごとく受け取ることはしない。そうではなく、彼らは、そうした大学が作成した製法を自分自身で観察を始めるための基礎資料として利用するのである。賢明なる農場主は、専門家を神のごとくすべてを知り尽くした存在とはとらえない。こうした農場主は、専門家のことを、自分たちの経験に付加されなければならない異なった種類の経験を持つ存在と認識している。すなわち、彼らは、専門家も農場主も双方が、それぞれが果たすべき役割をもっているのだと認識しているのである。

この実例をもう少しわかりやすくするために、この過程には三つの部分があることを強調しておこう。第一は、もっぱら専門家にかかわる問題である。これは、穀物に含まれる蛋白質の比率等が関連する。第二は、専門家に農場主を加えた双方の問題である。具体的には、最良の飼料の配合割合に関連する問題である。そして第三番目は、もっぱら農場主にかかわる問題である。すなわち、二つの飼料製法があり、どちらも蛋白質などの割合は同じだが、双方の製法では用いる飼料が異なっている場合がある。その場合、どちらの製法を利用するかを決定するのは農場主の役割である。

私は、これまで専門家と農場主との間の牛の飼料配合に関する実例をながながと述べてきた。その理由は、この実例が政治や産業を理解するうえで重要な示唆を与えてくれるからである。政治にあっては、われわれは先に述べた三つの異なった種類の情報を区別してはいない。政治の領域では、われわれはいつも蛋白質と炭水化物の割合を変更しようとしている。こうした慣習を変えていくことこそ、われわれの目的とすべきなのである。そして、産業界にあっては、いわゆる民主的組織なるものをつくろうとしている。しかしわれわれが目指すべきは、労働者が何も知らない事柄について彼らに投票権を与えることではない。そうではなく、労働者の経験が専門家の経験に付加されうるように工場組織を編成すべきなのである。われわれが理解しなければならないのは、どういった場であれば、労働者の経験がプラスに作用するかである。そして、われわれは、労働者が産業界全体についてもっともっと経験的に学べるよう計画づくりをしなければならない。現場で働いている者が、自分の担当している機械の持ち場から離れてやってきて、その企業の経営がどうあるべきかについて賛否の意思表示を的確な判断のもとに行えるだろうか。そのように考えるのは、われわれが政治の分野で犯してきたのとまったく同じ誤りである。産業界における多くの管理者が抱える難題とは、彼らが労働者に関する「客観的な評価法」を手に入れたとしても、それをどのように用いるかということである。すなわち、管理者が用いる評価法の客観性をいかに保つことができ、しかも、いかにすれば労働者の意思を無視するのではなく、労働者の意思を介してその評価法を有効に作用させることができるかである。

ハーバード大学のローウェル学長がきわめて適切に指摘しているように、技術的知識や機械的発明が深化拡大するごとに、われわれの専門家への依存度は高まっていく。専門家が必要であることはみなが認めるところではある。われわれが必要としているのは、われわれ自身と専門家との関係をもっと明確に理解することである。

専門家が発見した事実と一般民衆の意思とを結びつけることには、多くの困難さがともなう。その困難さの最たるものは、おそらく、専門家が事実を提示する際に、好んで用いようとする方法に由来している。専門家は、自分が「正しい」と信じ切っているため、彼は一般民衆に自分の意見を押し付けることに何のためらいもない。われわれは、専門家とは自分の意見に凝り固まったりせず、偏見をもたない観察者であってもらいたいと願っている。だが、それにもかかわらず、専門家が一般民衆に提供する情報には、カフェインのような一時的な興奮作用を引き起こすものが含まれてないことはほとんどない。その一方で、専門家に対し公平さを保つために、私は次のことを付け加えるべきであろう。すなわち、民衆側の方でも、たとえ栄養になるにしても、何らかの刺激がないものであれば、そうした情報を求めようとはしないのである。だが、それが専門家の熱意によるものであれ、あるいは民衆の要求によるものであれ、専門家の意見を群集方式（crowd methods）を用いて説き伏せようとする、人心を害する風潮があることは事実である。ここにいう群集方式とは、民衆を育てるのではなく、民衆を駆り立てて専門家の意見を普及させようとするやり方である(6)。実のところ、こうしたやり方は、他の場合よりも、選り抜きの専門家集団においてより多く用いられる傾向がある。専門家ではないわれわれのような人間は、自分の意見についてはやや控えめになるし、自分の意見を他の人間に押しつけることにはやや抵抗がある。専門家にあっては、そうではない。全米衣料労働者合同組合の全国大会での会合に先立って行われた演説を聞いた時のことである。これまで優れた調査研究を行ってきたアメリカの第一級の経済学者の一人が、実に巧みに、聴衆に取り入るように、かつきわめて器用に、この群集方式を使いこなして演説しているのを見た経験がある。さらに、世界大戦後、国際連盟の宣伝が始まった頃のことである。ある都市に訓練を受けた思想家たちで構成されたある委員会が存在した。この構成員の一人は少なくとも国際問題の「専門家」であった。これら思想家たちの宣伝計画の一部に、彼らが「旋風キャンペーン」と名づけたものがあった。彼らは、このキャンペーンを、その都市の様々な場所にあるスクールセンターで開催しようと計画しており、こうしたセンターは市民集会が催される施設であった。彼らはキャンペーン開催の許可申請にあたって、次のように述べた。「われわれが望んでいるのはただ一つのことです。それは、国民が、国際連盟について支持する立場を、はっきりさせることです」と。しかし、この申し出に対し、このセンターの後援者の一人は、自らの意見を次のように述べたのである。「このセンターは、賛成の立場をはっきりさせる人たちのためにあるのではありません。センターはそうではなく、自分の意見を冷静に熟慮する人たちのためにあるのです」と。この国際情勢の専門家が、聴衆にたいして、国際連盟を支持する投票をするよう「旋風を巻き起こそう」とする場合、彼は、扇動政治家とまったく同じ方法を用いようとしているのである。

この点に関しては、表面にあらわれている以上の考慮すべき問題がある。専門家に群集方式を使わないように説得するだけでは決して十分とはいえない。専門家は、群集方式と非群集方式（non-crowd method）との違いとは何かを、まずもって理解しなければならない。この両者の本質的な違いは、群集方式が全体（wholes）を創り出すのに対し、非群集方式は全体を解体する。分かりやすく説明しよう。群集方式を用いる演説者の目的は、全員の合意を獲得することにある。彼が全員の合意を得るやり方とは次のようなものである。ある状況があったとする。その状況についての捉え方は人によって異なるかも知れないし、実際には異なるものである。群集方式を用いる演説者は、まず、こうした状況に対する異なった側面のすべてを頭に入れる。その上で、彼は、こうした異なった側面を誰もが同意しやすい漠然としたものにまとめ上げていくか、さもなくば、これら異なったものをただ一つの感情の中に取り込んでいく。一つの感情が、無数の人間の異なった考えを包み込んでしまうことになる。この点は、リップマンによって見事に指摘されている。非群集方式は、この群集方式とは全く逆のものである。この点については本書の第九章において説明する。ともあれ、非群集方式の場合は、分析し、相異を認識し、相異を理解することから始める。相異をどう理解するかは、専門家が調査結果をどう伝えるかに大きく関わっているだけでなく、専門家の調査方法とも深く関わっている。物事を一般化するということは、解釈するということが事実上含まれている。科学的な厳密さを保つためには、われわれは解釈する用語を慎重に使用しなければならない。判断をほのめかしたり、賞賛や非難を与えたりするような言葉は、使われるべきではない。われわれは感情的な意味内容を含まない言語を探し求めなければならないのである。事実発見のためには、われわれは事実を伝える言語（a fact-language）を創り出さなければならない。いま必要なことは、行動を厳密に観察し続けることと、そして、われわれの言語でそうした行動を記録することである。ある人がわれわれに、この労働者は何々の事を「執拗に」成し遂げようとし続けたのだ、と語ったとしよう。この場合、ここにいう「執拗に」という用語は解釈的な言葉であって、科学的な厳密さをもった言語ではない。もし、状況が科学的な厳密さで報告されるなら、専門家の観察の仕方に対して従来とは異なる多大な影響を与えるであろうと、私は信じている。すなわち、もし、専門家が慎重に事実を解釈から切り離し、そして自分の使う言語をその事実に正確に対応するように使用すれば、専門家はかならず物事を鋭く観察できるようになり、自らの知覚を研ぎ澄ませることができるようになるだろう。だが、このことに気づいている専門家はほとんどいない。

また、われわれ一般民衆の側のことを考えてみると、われわれ自身が、専門家たちの提供する群集用語を好む傾向がある。専門家たちは、これまできわめて多くの神聖視された考えを自分のものにし、どういう言説が民衆の感情を高ぶらせるかが分かっている。そのため、われわれは、専門家たちからこうした群集用語で語られると、無意識のうちに、自分たちに力が与えられたように感じてしまうのである。また、われわれが群集用語を受け入れようとする傾向は、われわれ自身が怠惰であることによってかなり助長されている。言ってみれば、群集用語は、われわれ自らが分析するという面倒な作業を省いてくれるのである。

私は、これまでアメリカ南部における農場主と仲買人との間の論争において、事実がどのように提示されるのかを注視してきた。この二年間の新聞や業界誌、宣伝用パンフレット等にみられるように、南部地域における協同組合運動についての文献を読んでみると、そこに示される「事実」には二つのものがあることに気がつく。一方には、煙草や綿花の協同組合の支持者たちによって農場主に提示される「事実」がある。また他方には、これとは異なる「事実」がある。その事実とは、協同組合に反対する人たち、すなわち、倉庫保管業者、投機家、銀行家など旧来のシステムを維持したいと望んでいる人たちによって提示される「事実」である。販売協同組合の一つが発刊している正式な機関誌は、仲買人たちが提示する「事実」をきっぱりと否認する。この機関誌は、仲買人の示す「事実」を否認するにあたって、時には感情的に訴え、また時には論理的に訴える。しかし、この機関誌では、読者に次のことを納得させようとする努力はまったくされていない。すなわち、相手側から提出された事実を論駁するために使われようとしている当方側の事実そのものについて、だれもがそれらが事実であると確かめられるやり方で収集されてきたのかを説明しようとする努力はなされてないのである。悲しいかな、多くの学問的論争が単なる見解の表明とその反論に終わっているのと同様、事実についての論争においても事実の表明とその反論がなされるにすぎない。事実を提示する方法として、最初にやるべきは、自らの主張が事実であることの妥当性を証明することである。この方法をとれば、コンフリクトの解決の助けとなるとともに、人を育てることにもなろう。

本章で、私は事実の価値について懐疑的な考えを示そうとしているわけではない。それどころか、今日の混乱の多くは、不正確な情報や単なる推測にもとづいた決定や行為がなされているために生じていることを私は承知している。こうしたことは日常的にみられることである。あまりにもありきたりで、わざわざ言及するまでもないと思われるかもしれないが、事例をあげて説明しよう。つい最近、私が、ボストンにおける安下宿がかかえる問題を調査するある小委員会の委員を務めた時のことである。この小委員会は、働く若い女性を、ボストンのような大都市の安下宿に住まわせることは危険である、と多くの人々が考えているために設けられたものである。ところが、調査の結果、驚いたことに次のことが分かった。ボストンで働く若い女性たちは、主に彼女らの家族ないしは友人の家族とともに暮らしていたのである。例外はあった。しかし、これら例外にあたる女性たちは、働く女性や女子学生のための管理・監督が行き届いた宿泊所であるブルックス・ハウスやフランクリン・スクェア・ハウス、あるいはこれに類似した宿泊所で生活していた。ボストンにあるジョーダン・アンド・マーシュ百貨店の従業員福祉担当者の話によれば、この百貨店の二〇〇〇人におよぶ女性従業員のうち、実際に下宿住まいをしている者はひとりもいなかった。彼女らは、近隣の六三の町から通勤していたのである。彼女自身も、安下宿住まいの従業員が一人もいないのを知って非常に驚いていた。なぜなら、彼女は、この百貨店での自分の主な業務のひとつが安下宿問題であろうと予想していたからである。私が所属する小委員会は、こうした事実を本委員会に報告した。しかし、その後数週間たっても、この本委員会はあいもかわらず、次のような想定のもとに議論をしていたのである。すなわち、彼らは、かつては自分たちが安下宿で生活した経験があるので、都市で働く女性たちは、いまでも、主に安下宿で暮らしており、危険に満ちた状態にあると考えていた。こうした本委員会が抱いている誤った考えが議論の中で出てくる度に、われわれ小委員会は、それとなくその考えが誤りであると指摘はしたが、こうした本委員会の考えを完全に変えることはできなかった。しかしながら、この問題を調査するために小委員会が任命されたという事実があったからこそ、「正確なる情報」へ向かう第一歩を踏み出すことができたのである。

もう一つ、興味深いことがある。すなわち、われわれは、確かめることのできる事実はどこまでか、その境界線の幅を押し広げようとしている。われわれは、事実の問題を、意見ないし見解上の問題としては論じないように主張してきた。しかし、その一方で、われわれは、単なる意見ないし見解にすぎない領域から、ますます多くの議論すべき主題が引き出され得ることがわかってきたのである。ある大規模工場の製造業務委員会のある会合でのことである。この委員会のメンバーたちはクリスマス商戦にはどのような広告をすべきかについて議論をしていた。問題は、雑誌に三行の広告文を六週間にわたって掲載する場合と、それより長文の広告文を短期間に掲載する場合とでは、どちらの広告文の方が読者の注意を惹きつけるかであった。広告文の雑誌掲載は、アメリカ全土にわたるものであったため、広告費用が検討にあたってかなり重要な要素であった。この議論は、延々と続けられ、宣伝方法の様々な側面が取り上げられた。しかも、この議論は、この会社の社長が会合の場に入ってくるまで続いたのである。社長は、会合の場に入ってきて、どんな話が続けられているのかを聞いたうえで、次のように述べた。「なぜ、解決できるはずのことを議論しているのかね。私はコロンビア大学の心理学部にお願いして、この問題を取り上げてもらうつもりだ。この学部の学生に長期間にわたって雑誌の広告文を読んでもらい、何が彼らを惹きつけたかを念入りに書き留めてもらうのだ。そうすれば、われわれは、この問題に関するなんらかの情報をうることができるだろう。それまでは、われわれが何も知らないことに採決を下し決着をつけるといった馬鹿げたことはしないようにしよう。われわれが評価を下す基礎となるようなことを手に入れるまでは、これまでやってきたことを続けていこう」。

私は、「正確な情報」という理論を完全に支持する。正確な情報に注意をはらうことがいかに重要かは、われわれが日常的に経験していることである。例えば、つい最近、耳にするようになった理論に「応用心理学（applied psychology）」なるものがある。この応用心理学が説いているのは、次の点である。多くのビジネスマンにとって考慮すべきは、特定の状況、すなわち事実にたいして個々人がどのように対応するかという責任ではない。それよりも、むしろ、それぞれのパーソナリティが相互にどのような影響を与えあっているかを考慮すべきであるとこの理論は説く。政治家もまた、彼が「心理（psychology）」と呼ぶものに頼ることがある。その場合、政治家が心理と言っている意味は、状況、すなわち事実に自らが直接向かいあうことをせずに、人間をいかに操作するかである。また、残念なことには、国際間の外交の弱点は次の点にあることは明らかである。すなわち、外交にあっては、当該問題に関連するあらゆる事実を理解することに比較して、あまりにも不釣り合いなほど相手国の外交官の「心理」の理解を重視している。もちろん、当該問題に関連する個々人の「心理」もまた、いかなる状況にあっても、ひとつの事実であり、重要なものではある。しかし、私がここで批判しているのは、この種の特定の事実を、唯一のものとして使いすぎることである。

これまで、専門家と一般民衆とについて語ってきたものの、政治において中庸の立場にある人たち、つまり行政職の役人については触れないできた。こうした行政官についても、いくつか心に留めておくべきことがある。

第一に、行政が目的とするところは、通常、事実を超えたところにある。実際、行政官が事実にたいし熱狂するほどの意気込みを見せ始めるのは、たいていの場合、彼らがその事実そのものを変えたい時なのである。

第二に留意すべき点は、調査を強調しすぎると、資料の収集とその資料の解釈との間に、境界線がひかれてしまうことである。すなわち、専門家は資料収集を担当すべきであり、行政官は資料解釈を担うべきであるということになる。しかし、このように役割をはっきりと分けてしまうことは、不可能である。どんな場合であっても、資料を収集することは、それ自体が資料を解釈することである。解釈することは、観察することの一部をなしており、観察した結果、解釈が生まれるというものではない。実際、どこを探せば、事実と意見とが分離した状態を見いだせるであろうか。そんなものはありはしない。ＦＰ通信社（the Federated Press）は事業をスタートさせる際、ＡＰ通信社（the Associated Press）には党派的な偏向がみられるのに対して、わが社はそうした党派性に偏らない通信社を目指していると言っていた。すなわち、ＡＰ通信社は読者に意見を提供しようとするのに対し、ＦＰ通信社は事実を読者に提供するつもりだと語っていたのである。現在、われわれは、ＦＰ通信社が創業時に語っていたこうした誓いが、どれほどこの両通信社によって守られてきたのか、その現実を知っている。

その上、事実は、行政官のもとに未整理のまま提供されるのではなく、最初に一定の処理をされたうえで提供されるのである。つまり、事実の分析（fact-analysis）はある程度は事実の解釈（fact-interpretation）となる。要約するとは、事実上、解釈することが含まれている。それにもかかわらず、行政官は必ずと言っていいほど、専門家に事実を要約された形で提出するよう求めるのである。

正確な情報、行政政策、そして民衆の合意という三つの部分が一体となっているのが政治的過程であるとわれわれに説く人たちがいる。こうした人たちは、往々にして次のことを見落としている。すなわち、彼らが事実を過度に賛美することが結果として、行政官を日陰の存在に追いやってしまい、行政官を組織化された情報部門の単なる機械的な付属物にしてしまうことになる。かくして、政策なるものは、同意と同じく、あらかじめ決められたものとなってしまうのである。専門家には果たすべき役割があるが、それに加えて行政官、さらには民衆にもそれぞれが果たすべき役割があるのである。

事実収集（fact-gathering）のシステムをさらに拡充する必要があると主張する人たちがいる。私がこうした人たちに望むのは、事実収集システムを拡充したとして、その後の事実処理（fact-handling）のシステムをどうするかをもっと説明してもらいたいのである。戦争後、ワシントンは、着実に増え続けていく調査報告書が山と積まれる倉庫と化しており、もの笑いの種となっている。例えば、船舶局の一部局だけで巨額な費用を使っており、それによって収集された資料の量を考えてみればいい。もし、現在でもこうした資料を、これらの行政官が利用するつもりであれば、彼らはこうした資料をわれわれの目に触れないところに隠しておいていたはずである。

専門家と一般民衆とのあいだには、相互理解するには困難な深い峡谷が立ちはだかっており、この谷間を橋渡しするには、同意という薄っぺらな板でつなぐしかないという説明がなされてきた。私にはこうした説明の中には多くの欠点があるが、なかでも最も深刻な欠点については指摘せずに最後まで残してきた。しかし、詳細な説明は後の章で行うとして、私は、ここでは単に次の点について述べることにしたい。第一に、「民衆の意思（will of the people）」というものは、すでに専門家が調査している状況そのものの中に存在している。第二に、専門家による調査によって状況そのものが変化することがよくある。例えば、生活水準の調査を始めると、往々にして、生活水準が向上することがある。さらに、第三に民衆は、彼らが状況に反応することによって、自らが反応しようとしている状況そのものを新たに創りだし、発展させることを手助けしているのである。専門家の意見、行政官の意見、民衆の意見、これらすべてが状況に影響をおよぼすこととなる。そのため、専門家が報告を終える前に、行政官が判断を下す前に、そして民衆が「自分の意思で何かをしよう」とする前に、状況そのものはすでに変化してしまっているのである。要するに、政治過程における民衆の役目とは黙従することであるという考えに私が異を唱えるのは、次の三つの事実がその論拠となっている。第一の論拠としている事実とは、私の意見の基礎をなし、きわめて重要と考えていることである。すなわち、政治過程において必要とされる情報には、専門家からの正確な情報と民衆からの正確な情報といった種類の異なった両者の情報が必要であるということである。第二の論拠は、事実状況の性質が時々刻々と変化していくということである。そして第三の論拠は、民衆の活動そのものが、変化する状況とあいまって全体を構成する要素をなしていることである。

専門家は、自らの役目を社会的過程そのものの内部に見出さなければならない。専門家が、社会過程そのものにとって代わることはできない。専門家の専門上の経験は、だれもが利用できる経験の一部分をなすものとされなければならない。われわれが社会過程を次のように理解できるようになったならば、真の民主主義の展望が開けてくる。すなわち、専門家、行政官、立法者、裁判官、そして民衆、これらすべての人が社会的過程の全体を構成する不可欠な部分であるとみなし、しかも、こうしたすべての人が、どうすれば事実を発見でき、どうすれば事実を理解でき、どうすれば事実を判断するための基準を発展させうるかを経験的に学ぼうとしているのだとみなすようになれば、その時こそ、われわれにははじめて真の民主主義の展望が開けてくるのである。われわれ自身がすべての問題についての専門家になるべきか、専門家の報告書をうのみにすべきか、いずれかを選択する必要はない。市民を養成するには次の二つを含む必要がある。ひとつは、専門家による報告について、いかにすれば自分の意見をまとめあげるかを学び、いま一つは、いかにすれば自分自身の経験を注視し、そこから結論を導き出すことができるかを学ぶことである。

私は、本章の間接的な要約として、次のことを述べておきたい。エキスパート（expert ＝専門家）という言葉は、かならずしも特権階級による情報の収集のことを意味するのではない。そうではなく、エキスパートという言葉は、むしろわれわれの誰もが獲得できる精神的態度を表した言葉なのである。私は、本章を通じてこうした意味でエキスパートという言葉が理解できるようになればと願っている。今後、われわれにはさらなる科学的な観察が必要であることは、十分に承知している。しかし、その一方で、われわれが特に必要であると信じていることがある。すなわち、現在、われわれが必要としているのは、専門家の専門性をよりいっそう高めることではない。そのようになれば、合意という意見一致が自動的に増大するだろうとの期待をいだいているが、専門家の専門性が高まったからといって、自動的な合意が形成されるわけではない。われわれの誰もが必要としているのは、われわれが科学的な精神的態度を身につけることである。すなわち、われわれの生活の基盤を、先入観に基づかせるのではなく、生き生きとした実際の経験に基づかせることである。ここで言う生き生きとした実際の経験とは、自分自身の経験と他の人たちの経験とがプラスされていくことである。現在、われわれが専門家に対していだいている不満の多くは、実はわれわれ自身の「防衛反応」、つまり、われわれの弱さから生まれているのではないかと危惧している。われわれの多くは、専門家に助けを求めようとしている。なぜなら、わたしたちの多くが、混乱状態の真っただ中にいることに気付いており、誰かにこうした混乱から救ってほしいと願っているからである。現在、われわれが求めているのは、実のところ、「情け深い」専制君主なのである。しかし、われわれが求めているのが専制君主であるというのがためらわれるので、われわれを救ってくれるのが科学的調査員とか社会工学者などの専門家であると言っているにすぎないのである。われわれの多くは、もつれた編み物を母親のもとに持っていく少女のようなものである。その少女が母親のもとに行くのは、編むことを習うためではなく、苦境から抜け出すのを助けてもらうためである。われわれがやるべきことは、専門家がもたらす調査結果をいかに活用するかを学ぶことである。その方法は、その調査結果を盲目的に受け入れることではない。また、その調査結果をわれわれの生まれ持って備わった「生得的な」考えにバランスよく均衡させることでもない。そうではなく、われわれがやるべきは、いかにして経験と経験とを結びつけ、統合していくかを学ぶことである。

社会的過程とは、まず第一に、科学的調査のことではない。第二に、社会的過程とは、一般民衆に、自分自身の経験や考え方を放棄するよう説得する方法ではない。そして最後に、社会的過程とは、拍手喝采する大衆のことでもない。社会的過程とは、協働し続けていく経験の過程（a process of coöperating experience）のことを言う。しかし、このことを実現していくためには、われわれの全てが、まず、科学的な精神態度を身につけなければならない。しかし、科学的な精神態度を身につけると言っても、われわれがプロフェッショナルな専門家になることを意味するものではない。そうではなく、われわれが科学的な精神態度を身につければ、プロフェッショナルな専門家とともに仕事をすることが可能となるのである。しかも、あらゆる人の経験が必要とされる社会にあって、われわれ民衆の役割は何かを見いだせることになる。そして、こうした精神態度をわれわれ民衆が身につければ、すべての人間の経験を体現する社会を建設することが可能となろう。

[原注]

（1）一五頁。ローウェル氏は、このことを例証した後、次のことを付け加えている。「意見の多様性は、大部分は、問題の中にある様々な要素にたいして異なったウェイトづけを行なうことから生まれてくる」と。ローウェル氏による意見と事実との関係に関する論議は、この疑問についての興味ある視点を投げかけている。

（2）大陸法の法学者として最も高名な学者の一人であるケーラー（Kohler）の著書『法哲学』（*The Philosophy of Law*）の中の「証言の哲学（the philosophy of testimony）」を参照。

（3）事実発見（fact-finding）とは包括的な用語（generic term）であり、事実収集（fact-gathering）、事実分析（fact-analysis）、事実解釈（fact-interpretation）、事実操作（fact-handling）、事実表現（fact-presentation）などを含んだ用語である。

（4）リップマンが、この固定観念に関して論述した素晴らしい章において、こうした思い違いを完全に一掃している。ウォルター・リップマン（Walter Lippmann）著『世論』（*Public Opinion*）を参照。この著作において、氏は、不十分な情報や伝統、情緒に基づいて形成された世論や「固定観念（ステレオタイプ）」について洞察的な分析を行っている。

（5）*Interpretations of Legal History*（『法律史の解釈』）, p. 70.

（6）私は、社会福祉事業団（settlements）やソーシャル・ワーカー一般が行っている教育的方法と同じく、赤十字（Red Cross）やその他の社会集団による教育的方法のことを無視しているわけではない。

[訳注]

[1] パウンド(Roscoe Pound)は、アメリカの法学者で、一九一〇年ハーバード大学法学部教授、一九一六年、ハーバード大学ロースクールの学部長に就任している。(『ブリタニカ国際大事典　小項目事典』)

[2] ホームズ（Oliver W. Holmes）は、一八八一年に公刊された*The Common Law*によって、ハーバード大学教授に迎えられ、マサチューセッツ州最高裁判所判事（一八八二〜

一九〇二）を経て、一九〇二年には、連邦最高裁判所判事となった。（『ブリタニカ国際大事典　小項目事典』）

第2章　代替的経験：法秩序は真理の番人か

Vicarious Experience: Is the Legal Order the Guardian of Truth ?

代替的経験のようなものは存在しない。専門家だけが真理の明示者なのではない。裁判官のみが真理の番人なのではない。専門家も裁判官も「民主主義の失敗」に対する治療薬たりうることはできない。

私は、第1章で、事実の中に、すなわち「客観的状況」の中に、現実を探し求めるという今日のあり方は、われわれが探求するものの半分にすぎないと述べてきた。しかしながら今やわれわれは、ある巨大な知の潮流を目にしている。すなわち、それは、統一性＝まとまりの原理（unity principle）と客観的状況とを相互に豊かなものとしようと意識的に奮闘するものである。今日の法秩序（legal order）がわれわれに語るのは、判例とは、時々刻々流れの中で変転していく出来事に照らし合わせて解釈されるものだということである。今日の法哲学は、パウンド学部長のような人々の手によって、法学に対してだけでなく、人間の相互関係の研究に対しても貢献しつつある。

現代の法学理論の創始者、ルドルフ・フォン・イェーリング（Rudolf von Jhering）は、法とは抽象的な原則の体系ではなく、客観的な目的に基づくもの、そうした客観的目的に奉仕すべきものであると述べている。こうした視点の受容は、法学的な思考における重要な一歩を記すものである。そして今やさらなる一歩が踏み出されつつある。というのは、今日ではこうした「客観的な目的」は次のようなものとして理解されているからである。すなわち、客観的目的とは、決して静態的なものではなく、急速に変化する日々の生活に歩調を合わせて変化していくものとして理解されているのである。一つの活動は他の多くの活動に影響を与えている。したがって、いつでも、これらの活動の交織の中にこそ、われわれが探し求めている目的は存在するのである。数多くの事例が、目的がどのように発展していくかを教えてくれる。数年前のイギリス人労働者が実現しようとしていたことについて取り上げてみよう。彼らが実現しようとしていたことは、一日八時間労働、労働組合の承認、機械に対する安全上の工夫、包括的な健康規定、および、炭鉱と鉄道の国有化であった。これらは労働者が保障されることを望んでいた利益であった。しかし、現在では、八時間労働は六時間労働の要求に、労働組合の承認を求める要求は労働組合による管理を求める要求に、それぞれ変わりつつあるし、健康規定は保険法を通じて実現されつつある。さらにまた、炭鉱と鉄道の国有化は、同業組合による管理を求める要求に道を譲りつつある。過去を振り返ってみるとどんな場合でも、目的が進化するという例を見ることになる。協同組合企業のもととなった信用組合は、銀行業者の契約に対する異議申し立てをきっかけに始まったものである。工場閉鎖は、ストライキに対する対抗手段として始まったが、労働組合を解体する手段となった。農場主たちは、価格を上げるために協働していたが、そのうちに、学校をより良くするために動き始めた。職場委員会が成長していく過程をしばしば見かけるが、これは最も重要な例である。私は、ある大きな電化製品の製造工場に職場委員会の何たるかを学びに行ったことがある。その際、その工場長に、職場委員会を始めるにあたっての彼の目的は何かと尋ねた。彼は即座に、「経営方針を理解させることです」と答えた。しかし、これらの委員会をもう少しのぞいてみたとき、私にはわかってきた。その委員会が取り扱っている目的は、彼らの活動のうちに体現されており、そうした目的は、私に述べられたものとは全く違っていたのである。この目的は、以前からもっていたものというよりもむしろ進化していた。これこそが、法秩序が常に考慮に入れなければいけないことなのである。というのは、人が、最終目的の正しさをどんなに「保証して」いても、その間に、生活の方は、元々のものとは全く異なるそれ自身の目的をつくり続けているからである。

　目的論的な心理学（teleological psychology）は、期待から生じる目的に注目する。[1]つまり、個人が何がしかのことを行うのは、その人が何らかの結果を期待するからだと考えるのである。目的論的な社会学は、期待から生じる目的を基礎としている。目的論的な法学は、法の役割を、現在の活動と、以前から持っていた目的とを照らし合わせることだと捉えている。しかし、法秩序がなさなければならないことは、その法秩序のために描かれた青写真に沿って進むことではなく、活動がおのずから表している目的を受け入れることである。だが、裁判官は、判決を組み立てる際に、目的地が示された海図や、建築家が所持する設計図のようなものをもつことができるわけではない。また同時に、進化する状況が法学にとって何を意味するかを考える上でわれわれは次のことを覚えておく必要がある。すなわち、裁判官が判決を下す、判断するという場合には、それは、状況の発展していくという性格に配慮する以上のことである。すなわち、裁判官の下す判決は、状況を発展させるということに寄与しているのである。法秩序の権力は、社会的過程の外にあって、その社会的過程にパターンを与える何ものかとして捉えられ、誇張されてきた。その一方で、法秩序の社会的過程の中での位置づけはしばしば過小評価されてきた。このことは、あとの章でももう一度言及するつもりである。

　しかし、もし目的が進化するという考え方を受け入れるなら、次の問いは、その評価に関するものである。すなわち、様々な目的の価値を判断すべきは誰なのか。この点に関する、法秩序の役割は、いつでも完全なる正確さをもって理解されているわけではないと私は思う。ある研究者は、その法が妥当であるか否かは、「その法が実現しようとしている目的によって決定される」とわれわれに語る。しかし、目的の妥当性を判断すべきは誰なのか。判断するという言葉は、今日、多くの法学関連の文献に出てくるが、われわれは、目的について「判断する（decide）」ことはない。目的は、われわれの具体的な活動からにじみ出てくるものである。また一方、法とは現実の要求に応ずるものだという声をわれわれは耳にする。しかし、「現実の」要求が何であるかを知っているのは誰なのか。さらに、別の法学者は、法において常に問われるべき問いは「それが実用的な目的の役に立つか」であるとわれわれに語る。では、何が実用的かについての判断は誰がすべきなのだろうか。われわれが直面する難問、われわれを本当の意味で困惑させるものがあるとすれば、それは、たいていこの問題ではないのか。われわれは、今日、法を意識的に諸々の理念に合致させるよう試みるべきだという声を耳にする。しかし、そのとき、われわれはすぐさま問うことになる。そこで言う理念とは、誰の理念なのか。そしてそれは、次のように述べられることになる。すなわち、「国家こそがその守るべき価値が大いにあると考える利益を保証するのである」。それでは、最も価値あるものが何であるかということを国家はどのように知るのだろうか。カードーゾ（Cardozo）は、「その利益が道理によりよく基づいており、かつ、より守るべき価値があるならば、その利益の実現が促進されるべきである」と考えていた。その際、彼は、「ある利益が別の利益にまさるとしても、裁判官はそれをどのように知るのか」と問いかける。そして、その問いに対して次のように述べられることになる。すなわち、裁判官は、そのもてる技を実践していく中で、こうしたことを学んでいかなければならないし、「伝統や他の裁判官から、専門職業人の意見を集積することから、全体に浸透している法の精神から」[1]、こうしたことを学んでいかねばならない、と述べられるのである。ただし裁判官が諸々の利益のそれぞれの重さを量る方法を学ぶことができるのは、法的な伝統、法的な道理、法的な活動だけからではない。もちろんこれは、カードーゾも知っていたことである。

手短に言えば、次のようになる。われわれは今や、問題は価値づけること（valuing）、すなわち、諸々の利益の相対的価値の基準を見つけ出すことなのだということを知らされる。そのとき、われわれが最初に考えるべきことは、この価値づけはどのようになされるべきであり、誰がそれをなすべきなのかということである。オリバー・ウェンデル・ホームズ判事は、社会的という語をとり入れる。彼は、「社会的な願望の正確な測定」に基づいて法の根本原理を確立すべきだと語る。われわれはある法理（principle）の領域を拡張させると、別の法理の領域を徐々に縮小させていくが、それは、われわれのさまざまな社会的な目的の重要度が相対的に評価されていることがその理由であると語るのである。ここで再びわれわれが自然に問うことになるのは、「正確に測定する」のは誰なのか、「重要度を相対的に評価する」のは誰なのかということである。しかし、ホームズは、これらの願望が評価される過程についてのいくつかのヒントを与えてくれる。すなわち、彼によれば、法が正当化されるには、何らかの意味で役に立つ必要がある。つまり、何らかの意味で役に立つものを「その法が、社会的目的の実現に向かう形で与えること、しかもその際、その社会的目的を、そのコミュニティーの統治権力がおのずから欲するものとして、その実現を決心すること」が必要だと述べる[2]。誰もホームズ以上に語ることはできない。しかし、法は、強者の武器や弱者の保護以上のものである。社会的利益（social interests）とは、ただ統治権力の利益のみを指すのではないし、あるいは、法秩序によってのみ表明されるものでもない。諸々の利益をどう評価するかは、相互作用する人々の心理的な成長に関わっている。諸々の利益の評価は、裁判官がその成長に関与する場合を除けば、「裁判官の知恵」に依存することはない。

さらに考えてみよう。個人的利益と社会的利益という区別は、注意深い分析を必要とする。社会的利益という言葉は、確かに、現在では、法学によって正確に定義されている。しかし、その法的な意味は、これまでのところ、世間一般で使用できるものとはなっていない。したがって、ある種の思想的混乱が生じてしまっている。その上、利益という言葉は、今日でこそ、法学者によって心理学的な意味で用いられているが、つい最近まで、経済学者はもちろんのこと、法秩序＝法律世界の中でも、心理学的な意味で用いられることはなかった。それは、経済的な利得を表す言葉として、用いられてきたのである。パウンドが指摘したように、多くの法学者は、経済的な利得という言葉は、自分たちには関わり合いのない言葉であると表明することで、その最も差し迫った人間の要求から免れることができると考えてきた。ここで、その多くの法学者が自分たちが関わり合っていると考えていた利益とは、特定の法学者たちによって、その関係者が必要とするはずだ（*ought to* need）と考えられたものであった。ただし、言い換えると、それは、その関係者が欲するはず（ought to want）のものであって、これらを理論的に把握すれば、結局、それはそうした関係者の経済的な利得であるはずのものなのであった。しかし、今日、法秩序の中で語られる「利益」は、ただ、具体的な諸個人の事実上の要請と願望であるにすぎない。こう考えれば、「社会的利益」とは、それらの要請の総合化されたものである。だが、もしたとえ利益という語がもはや法学者によって経済的な利得という意味で用いられることがないとしても、たとえ社会科学全てに対する現代法学の貢献の一つが「孤立した個人（individual in vacuo）」（決して対立することのありえないあの絶対的な権利）からの解放であるとしても、私は社会的という語については次のように考える。すなわち、未だ社会的という言葉がスピーチや文献一般で漠然と用いられていることから、もしそれが可能な場合には、法律関係の文献においては社会的という語の使用を避けた方がよい。さもなければ、その語の意味がより十分に説明されてから用いられた方がよいと考えるのである。一般的な文献において、社会的という言葉はしばしば、純粋に抽象的なものとして用いられる。さもなければ、それは、特定の一個人の評価を表現するために用いられる。その場合、ある人がそのとき考える実行方法の中で最もよいと考えるものについて、その人自らがその方法を社会的な見地からしてよい方法なのだと言うことによって威厳を与えるのである。また社会的という語は、自分たちが言わんとしていることが本当のところ何なのかを最後まで考え抜くのが非常に面倒だと感じる場合に、いろいろなものを包み込む表現としてよく用いられる。さらに社会的という語は、これまで数えきれないほどたびたび感情的に用いられてきている。それゆえ、現代の法学者は、社会的という語を感情的あるいは主観的に用いることはないし、抽象的なもの、あるいは何かもっともらしい理由をつけるためのものとして扱うこともない。そうではなく、ただ、上述したように、具体的な要請、願望の総合化されたものという意味で用いるのである。こう考えてくると、やはり、私には次のように思われる。すなわち、個人的利益と社会的利益の区別のように、多くの人に漠然と不正確に捉えられている区別というのは、何か他のものに、おそらくは、長期的視点と短期的視点における相異という区別に代えられる方がよいであろうと思われるのである。

この議論においては、気づかれねばならない重要な点が一つあると私は思う。すなわち社会的という語の使用でわれわれが迷走してしまう理由である。社会的という語の使用についてわれわれが迷走してしまうのは、その語にさまざまな用法が存在するゆえに、いつのまにかある用法が他の用法と溶け込んでしまうからである。それらはいつのまにか溶け込んでしまっているので、同じ状況を扱う二組の人々が気づかぬうちに異なる用法でこの言葉を扱ってしまっているかもしれないのである。本物の社会的利益が存在するのに、それにもかかわらず、社会的という語がもし別の意味で用いられている場合には、それは往々にして「何かもっともらしい理由を与える」ために用いられている。例えば、冬季スポーツは健康によいので、冬季にスポーツ大会を開催することは社会的利益につながると言われるが、しかし、それらがニューイングランドの町で奨励されているのは地域の店やホテルに対して商売の機会をもたらすからだということをわれわれは知っている。ただし、店やホテルに対する商売の機会というのはこれもまた「社会的利益」であり、この場合は、何かもっともらしい理由を与えるために社会的利益という語を用いたわけではない。というのは、この場合の社会的利益という語は、具体的な要請の総合化されたものだからである。もう少し考えてみよう。都市計画が一般市民に示されるとき、それは、次のような形で示される。すなわち、それは、地域の誇りに訴えかける、見た目にも美しい政策として示されるのであり、他の町が何をしているかという比較に基づいて示されるのである。だが、われわれの小さな町の商工会議所は、その多くのメンバーが地域の不動産開発に関心をもっており、彼らは、それが儲かると確信した後に都市計画を受け入れる。その後で、われわれは、議会において都市計画議案の提示を受けることになる。われわれの州の二つの裁判所は、そのような立法は有効であるべきだと宣言した。このとき、彼らは、「社会的」価値を認めたのか、それとも個人的価値を認めたのか。確かにそれは社会的価値だったのである。ただし、それは法学者があの言葉を用いる意味、つまりは、個人的価値の総合化されたものという意味だったのであって、決して、ある法案なり条例を支持しようとしている社会的な改革者、立案者、立法者が有権者に向けて話すときに用いる意味ではなかったのである。社会的な改革者、立案者、立法者といった語り手たちは、「一般的な善」に対してあなたの個人的利益を「犠牲にするように」という感情的、道徳的なアピールとともに社会的価値という言葉を用いる。それゆえ、私は、この社会的という言葉には、二様の使用法という難点があり、したがって、この言葉を用いるのは適切ではないと思う。私には、多くの場合、個人的利益と社会的利益の代わりに、短期的視点と長期的視点という考え方を用いる方がよいように思える。われわれが法学の文献を読むとしばしば、法廷は原告あるいは被告の個人的利益においてではなく、購入品の安全、取引の安全という社会的利益の点で特定の判断がくだされるのだということを知らされる。こうした文献を読んだ場合にはいつでも、われわれは次のように考えざるをえない。すなわち、この判断は的確な判断であるが、それでもなお、大衆演説家の言葉の使い方やあらゆる種類の扇動家から長い間大いに苦しめられてきた一般人は、短期的視点と長期的視点に分けて購入品・取引の安全における個人的利益を考える方を好むであろうということである。コモン・ローを構築することに大きな役割を果たしたゲルマン民族の平和の考え方、すなわち、家屋の平和、公道の平和、祭礼の平和、市場の平和という考え方は、[2]個人が自己主張することから社会的利益を保護しようとするものだったのだと法学者に説かれるとき、この場合でも、われわれは、個人にとっての目先の利益にあたるものと、個人にとっての「長い目で」見た利益という区別の方を好むように思う。イギリスのいくつかの町で、河川汚染防止法を守らせることが難しいという状況に立ち至ったことがあった。このとき、主たる違反者である工場の所有者は、最終的に説得されたのであるが、その際には、社会的利益のために彼ら工場所有者の個人的利益を犠牲にするよう説得したのではなく、河川を清浄にすることが長期的視点では彼らにとっての利益でもあるということを示すことによって説得したのであった。

私が主として何に異議を唱えているのかと言うと、それは自己欺瞞に対してである。「社会的利益」という考え方は自己欺瞞を許し、むしろ奨励さえするのである。私は、カリフォルニアのフルーツ栽培者間の協同組合運動についての記述で次のように書かれているのを読んだことがある。それによると、カリフォルニアには、社会的な考え方をもち、公共精神のある銀行家や商人がいて、彼らは協同組合運動を支援していたという。その理由は、それが銀行家や商人にどのような影響を与えようとも、コミュニティー全体にとってよりよいと彼らが考えたからであり、「すばらしい社会奉仕の機会」を得たと彼らが考えたからだというのである。しかし、これは協同組合運動に彼らが参加した理由ではなかった。協同組合運動に参加したこれらの商人と銀行家も次のようなことを考えていたのは明らかである。すなわち、まず商人は、栽培者が裕福でお金を使ってくれないと、ビジネスにならないであろうということを考えていた。そして、銀行家の繁栄は、長期視点で見れば、農場主たちの繁栄と密接な関係にあることも等しく事実であった。すなわち、銀行預金を増やし、農業を発展させ、実際価値を安定化させてくれるものであれば何でも、それは銀行家を助けるのである。安定した販売活動は、安定した資金調達を意味しており、信用状況における浮き沈みの回避につながる。

ここで表れてきた違いは、明らかに短期的視点と長期的視点の違いである。次のことは確かである。すなわち、かつての「商人」は貸し倒れや長期信用取引を補うために法外な価格をつけていた。彼らがそうすることができたのは、農場主たちを彼らの意のままにすることができたからである。つまり、彼らは何をするにも農場主たちの限界を超えて何事かをなさせることができたのである。しかし、長期の視点から見れば、農場主たちの繁栄によって彼らが利益を得ているということは明らかである。同じことが銀行家にとっても言える。利息の一時的な高いレートは、長期的視点で見れば、銀行家にとって利得にならない。そのような状況は、そのコミュニティーにおける誰にとっての利得にもならないからである。

例は、無数に挙げることができる。小さな町で共同活動を起こしたり、あるいは共同活動を刺激するためになされる何らかの計画は、たいていは、その町の住民の「社会的」な価値の感覚に訴えるような形で彼らに提示される。ここでの「社会的」価値とは、何らかの個人的価値とは反対の意味でのそれである。こうした計画では、住民は個人的価値を「犠牲にする」必要があると告げられる。この陳腐な決まり文句をわれわれはどれだけ頻繁に聞いたことか。しかし、競争活動と共同活動の違いは、短期的視点と長期的視点の違いである。われわれの視野が十分に開け、われわれ個々人それぞれは人々と競争することよりも結びつくことの中でより多くのものを得るのだということを理解できるようになれば、われわれは結びつこうとする。例えば、以前は、小さな町のローカル店は互いに激しく競争していた。現在は、いくつかの地域において、彼らは、共同での活動を行い始めている。すなわち、都市から通信販売によって購入する傾向のあった、辺鄙な農業地区や避暑客との取引を確固としたものとするために、共同での活動を行いはじめているのである。彼らは、まず資本を節約しようとした。つまり、倉庫を共有化し、専門を分けることによって、余計な支出をすることなく在庫を増やそうとした。また彼らは、共同配送などを通じて地域サービスを改善しようとしたのである。

私は、短期的利益と長期的利益が、おそらくは個人的利益と社会的利益という概念よりも自己欺瞞に陥る可能性の少ない概念であると主張するものである。この主張を補強するために、次のことも述べておきたい。つまり、個人と社会などという区別がなされているのを、実際生活の中のどの場面においても私は見出さないということである。私は、今朝、銀行に電話し、私の預金残高を尋ねた。彼らは、私の声を認識できる人が誰かいない限りは私に預金残高を言うことはできないと答え、次のように付け加えた。「これはあなたを守るためです。」また、もし私が、手元にお金を持っていないにもかかわらず、何らかの商品を私にくれるよう頼むとしよう。すると、従業員は拒否し、必ず次のように言うのである。「われわれは、あなたを守るために、こうした規則をもっているのです」。このいずれのケースにおいても、社会的利益という言葉は出てきていない。だが、このいずれのケースにおいても、彼らは、私の現在の利益は、私の長期的視点から見た利益に反しているということを私に示してくれている。私は、実際の経験においては、個人的利益と社会的利益という区分をどこにも見出すことはできないのである。

個人的利益と社会的利益の間の区別におけるもう一つの難しさは、社会的利益という概念の妥当性について結論を出した後でさえ、何が社会的利益であるのかを述べることができるとは限らないということである。例えば、非嫡出子に関するわが国の法は、国内制度の保護という社会的利益に対して、個人的利益を犠牲にしたことを示しているのだろうか。シングル・マザーの子どもを正当化する法によって、社会的利益がより一層保護されるようになったと考える人々がいる。私はこの問題についてしっかり考えようとしているのではない。私は、単に、ここには社会的利益に関する意見の相異が存在するだろうということを指摘しているのである。意見が相異している場合に合意を得ようとすれば、それは、多くの願望や態度、感情や考え方、こういったものの交織を通じて、そうしたたくさんの試行錯誤を通じて、得られるのであって、一人の人、つまりは裁判官の知恵や法秩序＝法律世界の知恵を受け入れることによって得られるのではない。

一つ考察すべきことがある。そのことによって、社会的と個人的という分類の有害さが明らかになるはずである。社会全体が何らかの利益をもたらされている場合に、社会的と個人的という分類をしてしまうと、文筆家の一部の者たちがそれを用いて、「社会精神」、「集団意識」の実体を形成していく傾向がある。「社会的利益」「総合的な安全保障」「公共の安全」、これらは、個人的利益、個人的な安全保障、個人的な安全以外のものでありえるだろうか。われわれが未来のことを考えているならば、社会的利益とは単に、後世の者のための利益、つまりは、個人のための利益と同義語であると言っていい。ケーラーには、彼なりのヘーゲル把握が可能となり、その後の彼にはなはだしく影響を与えた一つの契機があった。それは、彼が社会の発展を個人の発展から切り離して捉え、社会と個人の「各々は、それぞれが自らを完全なものにしようとするものだ」と考えたときだったのである。この考え方が、彼の法哲学に著しい影響を与えている。しかし、個人の発展と社会の発展は切り離すべきではない。

さらに言うと、今日の「社会的目的」について語る文章を読むと、われわれは決定論的に考えることをある程度まで義務づけられているように思える。われわれは、カレン教授（Dr. Kallen）の啓発的な表現を用いるならば、社会的目的はあらかじめ存在しているものではなく、結果として生じてくるものだということに気づくべきである。だが、はたしてわれわれは、そのことに気づいているのだろうか。われわれには、グレアム・ウォーラス（Graham Wallas）が著書『社会的遺産』（*the Social Heritage*）でまれに犯してしまっている過ちと同じ過ちを犯すという危険性があるのではないか。同著において彼は、抽象概念としての「豊かな生活（Good Life）」をときどき引き合いに出しているようである。何が利益であるかを独断的に規定するならば、そのことは、「権利」の理論において権利とは何かを独断的に規定した場合と同じくらいたくさんの失敗にわれわれを導く。仮に、ある利益、意図について、それは「社会的」なもので、それゆえ妥当であり、またあるのはそうではないと表明するならば、そのことは、かつての法学者がある原則を選び取って、それらを「正しい」と表明したときと同様、まったくもって独断的である。何が利益であるかを独断的に選択するということには、何が権利であるかを独断的に前提することと同様、正当性はない。

さて、もしかしたら、社会的利益という表現が最近、やや納得のいかないもののように思えることがあるだろう。そしてまた、先の短期的視点と長期的視点という区分があらゆる場面を扱うには不十分であると感じたり、あるいは、コンフリクトが深刻な形で現われ、そのようなコンフリクトに対処しつつある場合には、この短期と長期の区別を援用している場合ではないようにも思われるかもしれない。このコンフリクトという眼前にある問題は、その関係者に対して、その他のあらゆる思考に影を落としてしまうからである。いずれにしても、以上のように考えられるとすれば、それは、次のような近年の思考の発展に何らかの理由があるように思える。すなわち、近年では、社会的利益という用語の代わりに統合的利益（integrating interests）という言葉、すなわち、個人の諸々の利益を統合するという言葉を用いるようになっており、この言葉自体を用いていない場合でも、社会的利益という用語に、この「諸利益を統合する」というより具体的な意味を与えるようになっているのである。確かなことは、現在、イギリス、アメリカ、ドイツの心理学者、生理学者、さらに物理学者たちまでもが統合（integration）という用語を用いており、この用語のよりよい使用方法について考究されているのだということである。そして、社会科学領域の研究者については、おそらく、この統合という言葉が彼ら自身の観察が指し示す事象を述べるために必要な言葉であるかどうかを模索しているところであると言っていい。ここ数年に限れば、法学は他の社会科学より進んでいるように見える。そして、この法学の領域でもわれわれは、その思索の最前線において、統合という概念を見出す。われわれは、あの現在一つの法理論が現れつつあると考える。それは、あのやや不明瞭な意味で用いられる社会的利益という概念をはるかに超えたものである。[3] それは、社会的利益という概念が、プライベートな利益とか、あるいは一個人の利益という意味での個人的な利益より進歩した概念であったのと同様である。われわれは、法廷で、立法の場で、法学の文献で、この新しい法理論の兆候を見る。この理論は、対立する諸々の利益が必ずしも相容れないわけではないという事実の認識に基づいているものである。

マサチューセッツ州における小額裁判所の裁判官たちは、[4] 法について次のことをわれわれに示すことができる。すなわち、それは、法において、一方が勝ち、他方が負けるという闘争は不可避のものではないということ、むしろ、法とは闘争ではあるが、双方の側がその願望を実現しうるような方法を見出しうる闘争なのだということである。次の例は、そのことを示している。スミスは、パノッティというつつましく営業しているフルーツ販売業者を、四〇ドルの借金のために告訴し、彼の事業を差し押さえた。パノッティは、その総額を返すのでは自分の事業は破綻してしまうと主張した。裁判官は、被告人の収入の中から分割で借金を返済するという裁定をした（一九二一年一月に、ある法が効力を発するまで、その裁判官がこの裁定を下すことはできなかった）。その結果はどうか。スミスは、自分のお金を得るし、パノッティの事業は傷つかない。両者が満たされるのである。あらゆるコンフリクト、つまり人間や国家、階級や人種間のコンフリクトにおいて、この方法が試されるべきだと私は信じている。いつでもスミスとパノッティの場合のような幸せな結末にたどり着くわけではない。しかし、今可能であると考えられているよりも、かなり多くの機会で成功するに違いないと思う。とにかく、ここで示された方法は試す価値があるように思える。私は、最近の法廷が行った裁定（decisions＝意思決定）の研究を誰かが行ってくれることを望んでいる。そこにおいて私が知りたいのは、次のような事実を認識させてくれるような、どのような証拠を見出しうるのかということである。すなわち、法廷にもたらされる諸々の事案というのは、衝突する諸々の願望を示すと同時に、洞察力ある裁判官に対しては、そうした事案がそれ自体双方の願望が実現されうるような方法をおのずから露わにするような可能性をもつものだという事実である。ダイシー（Dicey）は、法の歴史は、「対立する権利」の間の「大雑把な妥協」の歴史であると言う。ここまで見てきて、こうしたダイシーの言葉がいつでも正しいとは私には思えない。私が示してきた例は、妥協ではなかった。もし、先の例でスミスが二五ドルで満足しなければならないのであれば、それは妥協であっただろう。私は、法秩序＝法律世界が今や次のことを学び始めていると信じている。すなわち、鋭く、公正な心をもつ、創意に富む裁判官であれば見出しうるような争議解決の方法がたいていは存在するということ、しかも、そこで発見される方法は、双方の側が真に欲するものを、双方に対して与えるような方法だということである。都市裁判所で裁判官の権力が増大されたということは、このような紛争解決を実現するための機会を与えていると言っていい。

近年、立法を通じて多くの統合がなされている。こうした方向に向かう傾向は、うれしいことにますます広がっているようである。労働者災害補償法を取り上げてみよう。この法を実現すべく行われた雇用者と労働者による積極的な協働は、その法が両者にとっていかに価値があったのかを示している。雇用者からすると、次のような利点がある。以前は、従業員の弁護士が訴訟事件で勝つことに成功した場合は、今よりも多くの金額を支払わねばならなかった。こうした支払いは、事業にのしかかる不確実性であり、それは、もし深刻な事故が生じてしまったなら、事業を破綻させかねないものである。他方において、従業員が、かつての古い法体系の下で働く場合、もし雇用者側に勝たれてしまったら、従業員は何も得られないし、あるいは例え従業員側が勝ったとしても問題があった。なぜなら、そのときがちょうど彼らが傷害や病気でお金を必要とするときであったとしても、判決や支払いまで長い期間を待たねばならなかったからである。今回の補償法では、同僚の従業員の過失の場合も補償対象に含まれることとなったので、従業員は十分守られることとなった。このケースは、個人の諸々の利益を統合した良い例である[5]。

その上、諸々の利益を統合するという考え方は、多くの支持者をもつ、利益をバランスさせるという考え方を不要のものとする。そして、この利益を統合するという考え方は、法とは権力闘争の産物であるというアダムズの理論を修正する。アダムズは、矛盾する判例の存在は支配的な権力の存在を表すものであると指摘し、その際に、次のように述べている。「誰もが知っているように、…法は、いつも決まって、多かれ少なかれ暴力的に、その論理的な筋道からねじ曲げられて、新しく力をもつ者の輩出を促進し、そして、そうした法が、再び、混乱に陥って、今度は、そうして力を手にした者たちを衰退させていくのである。」そして、弁護士は、「論理より権力を体現する法廷の前は、こうした支配的な権力を有する団体の力が勝るであろうということを確信しているはず」だと述べ、したがって、アダムズは弁護士たちに対して、次のように助言する。すなわち、弁護士たちが関与している「争いの渦中にある諸々の勢力のエネルギーを、他の勢力との関係から知的に測定すべき」だと述べるのである[3]。私は、確かにこのアダムズの助言には多くの真理があると思うが、その一方で、完全に真理であるとは考えない。実際、過去一〇年間にわたる労使の争議を観察した経験から、単に権力のバランスによって紛争が「解決」されるような場合は、その紛争は実は全く解決していないのだと私は考えるようになった。権力がほんのわずかに移行するだけで、その解決したと思っていた問題が、怨恨の蓄積と強硬な感情をともなって、再び頭をもたげてくるのである。われわれは、法的な関係、政治的な関係、国際的な関係のどの領域においても、バランス理論から得るところはないのである。

労働者災害補償法の上述の例は、統合に関する重要なことを示している。誰かが損失を統合しようとするとき、損失は減少する。同様に、誰かが利得を統合しようとするときには、その人は利得を増大させているのである。これが、支配（domination）や妥協（compromise）のいずれをも超えた統合という主張の全体像である。[6] コンフリクトを処理するには、統合、支配、妥協の三つの方法があるが、支配と妥協は、いずれにおいても、既存の素材の単なる並べ替えである。それは質的なものではなく量的なものであり、創造することではなく、調整する（adjust）ことである。労働者災害補償法の場合には、損失を分配する以上のことをしたのであり、損失を食い止めたのである。これは創造である。それは、産業界、労働者、コミュニティーの利益をバランスさせたり、重みを量ったりしたのではない。これらの利益を統合することによって、まとまり（unifying）を増大させたのである。[4]

さらに付け加えると、こうした立法の側面のうち、次のような側面は、立法の本質的な機能の一つを示す非常に重要な側面である。すなわち、それは、あるコンフリクトが生じる前に統合の手段を提供することによって、その当のコンフリクトが生じる前のコンフリクトの段階で調整を行ってしまうというものである。この考え方の含意を解き明かすためには、もう一冊別の著書が必要であるだろう。われわれはいまや、政治学の概念を与えられている。われわれの政治にまつわる状況は、現在のところ欲と争いのぬかるみに大いに浸されていると言っていいが、この政治学の概念は、そのわれわれのおかれている政治状況を活性化することができる。

われわれは、諸々の利益の中から選択するという立法に代えて、諸々の利益を統合しようとする立法について考えてきたのである。この観点からすると、われわれは、「労働者による立法（labor legislation）」を欲しているのだろうか。それはそれが何を示すとしても適切とは言えない用語である。労働者による立法は社会的な立法（social legislation）だと言われている。それは労働者による立法、社会的な立法のいずれでもありえない。もしそれが真に労働者による立法であるならば、それは階級による立法（class legislation）ということになる。そして階級による立法は、それが社会的であると宣言する議会や裁判所によって社会的になるのではない。もちろん、社会の相互依存性が、労働者による立法の多くの場面において認められており、それゆえ、それは、労働者による立法ではなく社会的な立法である。しかしこれは、この言葉の危険性を示す一つのよい例である。それは、われわれがよいと考えているものを「社会的」と呼びたくなる誘惑を示している。「社会的な行動」は、たいていその表現を用いる人が是とする行動を意味していることが多い。

私が述べてきたのは、われわれは今や、利益を統合するという理論が、実際の立法や法的な裁定においてはもちろんのこと、法学の文献においても現れつつあることを見るということである。私は主として、パウンドが関係性について書いてきた文献に注目する。彼が関係性について述べていることは次のことに尽きる。すなわち、われわれは、次のような人間結合の様式を探し求めなければならないし、そうした様式を活用していく必要がある。それは、背後に隠れている共同的な利益を表出させてくれるような人間結合の様式である。ここでの共同の利益とは、すなわち、雇用者と被用者、家主と借用人、主人と召使いの間の共同の利益である。パウンドが言うには、法は、関係性の本質的性質を見出さなければならない。このパウンドの言明は、社会的な利益についての少々曖昧な理論よりも、深遠な真理であるように私には思える。その上、パウンドは社会的利益を「社会の存在に必然的にともなう要請あるいは要求」であるとしている。ここには曖昧性や抽象性は一切ない。「個人の抱く社会的利益」、「社会に内在する個人的利益」は、どちらかが優位なのではなく、同等の価値をもつ表現とならなければならない。こう考えると、個人は、現代におけるあらゆる「社会的」理論があってはじめて、その品性・誠実さ（integrity）を守ることができる。そしてまた、このように考えてくると、われわれは、単に、一九世紀の抽象的な人間の概念を捨ててその地位に抽象的な社会の概念を置くようなことはなくなる。社会的な利益とは、人々の利益（interests of men）である。すなわち、それは、多様な、そして常に変わりつづけていく諸々の関係性（*relations*）の中にある、人々の利益なのである。

パウンドは、次のように述べている。すなわち、現代法においては、関係という概念が契約に取って代わりつつあるということ、公益事業会社の義務は、合意から生まれる契約的な義務ではなく、公務員がその職に義務感をもち没頭することから生まれる疑似契約的義務であることを述べているのである。有り難いことに、社会的という概念が、そのいっそう具体的な意味において広く受け入れられつつある。つまり、相互依存という意味における「社会的」概念、そして、その権威は関連する活動から生じるものであるという「社会的」概念の考え方が広く受け入れられつつあるのである。何らかの救済を志向した立法の多くは、ますますコミュニティー生活の相互依存性に対する理解に基づいてなされるようになっている。数年前、マサチューセッツにおけるある銀行業者と福祉機関が、高利貸しは制限されるべき社会的な悪であるという結論を下し、少額ローン法を議会で通過させるために一致団結したとき、それは直接的には彼らのたすけになったのではなく、借り手である労働者グループのたすけとなったのである。だが、全体としてのコミュニティー生活はこの方がより健全であると感じられた。パウンドは、建築法上の制約、返済を厳しく取り立てる債権者の仕事に対する制約、水利権についての制約などのような数多くの例を出して、諸利益のコミュニティー（community of interests）の存在を認識させてくれる[5]。諸利益のコミュニティーは、諸々の利益をまとめ上げ、個人をたすけ発展させるものとして理解されるものであり、それは、真の社会的利益である。この意味で、財産の社会的な役割という考え方、産業の社会的な役割という考え方は、過去二〇年の進展の中で非常に価値あるものである。なぜならそれらは、「特権的な」利益、および「プライベートな」利益に抗する働きをしたからである。

おそらく、個人的利益に対する偏見は、われわれが「特権的な」利益に抱く悪い意味から生じてきている。しかし、個人的利益をこのように捉えるのは不適切である。もし数年前から、われわれが社会的という言葉を、「プライベートな」ものとか「一個人の」ものとか「特権的な」ものではない何かを意味する包括的な言葉として用い始めたとしたら、そして、その結果として、具合の悪いことに、社会的という語が個人的という語の反対物と考えられるようになってしまったならば、確かに今こそより厳密な分析をすべきときである。われわれが理解すべきことは次のことである。すなわち、あらゆる特殊性（particularity）の反対物は、あらゆる個を保持しつつその統一性（oneness）を保っていくものだということ、事実においてその統一性の権威の源泉は、交織しつづけていく個人の活動以外にはないということである。

おそらく社会的という言葉に対して反対する最も大きな理由となるものについて、ここまで触れずにきた。われわれは、今日、権力社会に生きている。それゆえ、社会的利益は、まさにその語が表しているところにしたがうと、最も権力のある階級の利益あるいは最も権力のある個人の利益を意味するかもしれない。また、われわれがときおり聞く「個人的利益の社会的な認識」と呼ばれるものは、単に、著しくプライベートな利益を法的に正当化したものであるかもしれない。われわれが権力社会を捨てるとき、不明瞭なところなく社会的利益という表現を用いることができる。そしてそのとき、この言葉は、関係それ自身にかかわる利益、関係それ自身によって進化していく利益を意味することができるようになるのである。

さらに言うと、もし社会的利益という概念に代えて、諸個人の利益の統合という概念を用いるべきだとすれば、その際には、われわれは、「可能な限り多くの利益が保障されるべきだ」という考え方にまつわる誤りをしないようにするべきだと思う。というのは、ここで危ういことに、われわれは、社会的利益と個人的利益に関して、ルソー(Rousseau) が行った一般意思とあらゆる者の意思の区別という問題に首をつっこもうとしているからである。社会は、個人の人間的な願望の実現を通じて豊かなものとなる。ただし、それは、可能な限り多くの願望の実現を通じてではなく、人間的な願望を交織させせつづけていくことを通じて、豊かなものとなるのである。

ここまでの内容を要約しよう。社会的利益という用語に対する反論には、主として次のものがある。第一に、非常に熱狂的な支持者がいるのは、社会的利益という言葉は個人の放棄を意味しているという反論である。第二に、何人かの支持者がいるのは、その言葉がわれわれすべての中に棲みついている感傷的な考えの扉をあまりにも簡単に開けてしまうという反論である。つまり社会的利益という用語は、演説や主義・思想の宣伝に利用されることによってその価値を損なわれてきたし、少なくとも弱められてきたのである。そして第三に、とりわけ、社会的利益と支配階級の利益を結びつけずにおくことは相当に難しいという反論がある。私には、個人的利益の統合という言い回しが、コンフリクトのもたらしうる結果、つまりコンフリクトがどのような結果をもたらしうるのかということとコンフリクトの予測、つまり今後、コンフリクトがどのように生じてくるかということの両者に言及するものであり、価値の尺度と価値を向上させることの両者に言及するものであるように思える。それゆえ、私には、個人的利益の統合という表現の方が社会的な利益という表現よりも豊かで正当な表現であるし、近年の法的・心理学的な考え方はもちろんのこと、われわれの最も深遠な哲学によっても支持されている表現のように思える。社会的という言葉の最も重大な危険性は、社会は、抽象的なものとなるには、あまりにもわれわれの身近にありすぎるということである。社会的利益という言葉は、しばしば抽象的なものか、もしくは「何かもっともらしい理由を与えるもの」となってしまう。これに対して、諸々の利益を統合しつづけていくというのは、具体的であり、本物である。

ただし、私は、哲学的にも、実践的にも、社会的という言葉は利点をもっているということを理解している。すなわち、哲学的には、統合とは単なる調整 (coördination)

ではないということを含意する言葉をわれわれが必要としているからであり、実践的には、新しい用語を発明するよりも古い用語を再定義する方がよい場合が間々あるからである。われわれが社会的という用語を用いる際に注意しなければならないことは、われわれはそれを注意深く定義しているということである。おそらく、われわれの考えを社会科学に浸透させるために、現代心理学の二つの理論、すなわち、ゲシュタルト理論と私が円環的行動の理論と呼ぶものについて述べる時間があれば、われわれは、これまで述べてきた社会的という語に対するいくつかの反論から解放されるだろう。というのは、これらの理論が示唆するものが、社会的領域における、つまり個人と社会とはひとまとまりのものであるということに関するわれわれの哲学的な思索と経験的な観察を裏づけてくれるからである。社会的利益という考え方を採る多くの人々は、社会に対して個人を「犠牲にする」ことを支持する。しかし、社会的利益が、何らかのものに対して「犠牲にされる」べきもう一方のものと全く相容れないということは決してありえない。なぜなら、社会的利益は、単に、諸々の個人的利益の交織ではないからである。それは、諸々の部分による交織であると同時に、そうした諸々の部分が保持されたまま交織することなのである。こう考えると、個人と社会を互いに対立するものととらえることは不可能となる。同時に、この考えは、個人という言葉において原子論（atomism）を連想させること、社会という言葉において抽象的なものを連想させることからわれわれを守ってくれる。

　さて、われわれは今や、本章の冒頭の問いに答えることができる。同時に今こそ、われわれは、法秩序の機能と、どのような意味でその機能が限界をもっているのかを理解する。社会的利益は、本章で明らかにされてきたように、何らかの過程を通じて社会的利益として立ち現れる。裁判官の極めて重要な務めは、この過程に対する道を開き、それを促進することである。裁判官は、それ以外の段階を踏むことは決してできない。彼らは、彼ら自身をその過程に代えることはできない。裁判官は、彼の日々の生活を理解しなければならないが、誰かのために生を生きることはできない。裁判官の知恵ではなく、専門家の言う事実ではなく、「民衆の意思」ではなく、生活それ自身に、われわれは信頼をおいているのである。今日において必要とされていることは、人々の日々の生活の相互作用の分析がますます浸透していくことである。

　もちろん、裁判官は、次のような三つの本質的要素のすべてを知り、よく考えなければならない。すなわち、⑴法理、⑵判例、⑶目下の個別の事案である。このうち、判例は、法理の適用と法理の創発を含意するものであり、この判例の二重の側面に注意することは重要である。ある独占禁止法の解釈は、法的な活動から法理が創発された例である。独占禁止法は、その制定後の初めての事案においては、その適用が、企業結合のある有用な形態の採用を妨げるように見えた。それゆえ、裁判所は、合理性の原[7]則と呼ばれるものに訴え、そのケースに限って、その独占は、利益をもたらすものであり、続けることが認められるべきだと裁定した。裁判官が賢ければ賢いほど、彼は法理と判例と目下の事案をまとめ上げる能力をますます示すことになる。法の歴史がわれわれに示すのは、法秩序が法理と判例と目下の事案をまとめ上げることができないとき、法理は判例によって窒息死させられる傾向にあるということである。したがって、法の源泉についてのわれわれの考え方は、裁判官が彼らの日々の社会的事実に密接に触れ合うという義務を減ずるものではない。むしろ反対に、それは多くの場合、その義務を増大させる。しかし、われわれはしばしば忘れてしまうのだが覚えておかねばならないことがある。それは法理と事実の統合は、その問題が裁判所にもたらされる前にある程度生じているということである。法は、われわれすべての具体的な日々の活動の中にその源泉をもっているのである。

われわれは、レッセフェール＝自由放任主義なる理論に自らを委ねる必要はないし、他方で、法秩序に対して、われわれの「権利」や諸々の利益のあまりにも全面的な保護を任せる必要もない。もう一つの別の理論が現れつつある。社会において法を実施していく機関は、民主的過程の外側にある何ものかではないし、「意思」が誤った方向に向いていないかをチェックするために設置された安全装置ではない。いわんや、社会的に見ていつでも妥当と言える鋳型が存在し、それがときどき呼び出されて時々刻々変転していく秩序に押しつけられ、その秩序の逸脱を修正していくなどと考えることはできない。法は、社会秩序と統合されていなければならないのである。

　それでいて、このことは、法的な専門職の役割を減ずるものではなく、むしろその役割を増し加えるものである。法秩序は、諸々の目的の統合を促進することによって、より大きな目的の創出を促進することになる。裁判官の裁定は、この過程を見越してなされなければならない。それは、例え、より大きな目的というものが裁判官の裁定がくだされるまでは存在しないとしても、それにもかかわらずそのより大きな目的を直視していなければならないのである。そうなれば、表立って言明される目的と事実上の目的の間の相異は、これまで思われているよりもわずかなものとなる。こう考えると、裁判官が仕事をするのは、次のような目的に向かってである。すなわち、その時点では目的として存在せず、例外なくその裁判官がその目的に向かって仕事を始めた後に現れてくるような目的に向かって、裁判官は仕事をしているのである。

[原注]

（1）Benjamin N. Cardozo, *The Nature of the Judicial Process*.（ベンジャミン・N・カードーゾ『司法過程の本質』。）

（2）*Law in Science—Science in Law in Collected Legal Papers*.（「科学における法—法における科学」『法学論集』所収。）

（3）Brooks Adams, 19 *Green Bag*, 32–33.

（4）このことは、第3章と第4章で詳細に取り上げられる。

（5）*Herv. Law Rev.*, 28, 195–234.

[訳注]

［1］目的論とは、哲学の用語であり、『岩波　哲学・思想事典』によれば、「事物や事態を目的という観点に従って説明する方式のこと」である。次のいくつかの点が目的論に属する。「①結果を目的とみなして事態をこの結果の方から説明する方式。②前件を手段、後件を目的として、この両者の間の結合関係を把握する方式。③事物の全体を全体として把握する方式（この場合は、全体が目的となる）」である（『岩波　哲学・思想事典』）。

［2］『現代法律百科大辞典3』（ぎょうせい）によると、コモン・ローは、「最広義では、法系として大陸法と対比される英米法全体を指し」、普通には、「コモン・ロー裁判所とよばれる国王裁判所が形成した判例法を意味する」（二五六頁）。そして、こうしたコモン・ロー裁判所が運用した法は、「ゲルマンの慣習を基礎として裁判所がかなり自由に作り出したもの」とされている（二五六頁）。

［3］英語の public と private、日本語の「公」と「私」は、必ずしも対応した言葉ではない。「ヨーロッパでは、プライベートなものはあくまでも守られねばならぬものであり、冒してはならぬものである。だが、プライベートなものばかりでは社会は成り立たぬ。皆に関係する部分・分野はパブリックなものとして、皆でその部分を共有し、共同管理する。…（中略）…。これに対して、私は公の前には捨て去り、滅すべきものである。公は〈おおやけ〉であり、〈おおやけ〉は〈ただし〉である。禾＝稲をム＝囲い込み自分だけ得をしようという、正しくない、よこしまな、ねじけたことであり、公はム＝囲い込みを八＝開き、ム＝私に八＝背いた正しいことなのである」（三戸公『恥を捨てた日本人』未来社、七三頁）。

したがって、private は「私的な」ではなく「プライベートな」としている。

［4］少額裁判所（small claims court）とは、「少額軽微の民事事件を簡易迅速に審判するための裁判所」であり、「アメリカの諸州に種々の名称でこの種の下級裁判所が設けられている」（『新法律学辞典（第三版）』有斐閣）。

［5］ちょうど、この時代のアメリカの労働災害と労災補償法について、中窪（一九九五）は次のように記している。「雇用

関係におけるコモン・ローの苛酷さは、労働災害に関する不法行為（ネグリジェンス）訴訟でも顕著であった。基本的に、職場の安全に対する使用者の注意義務の存在は、認められていた。けれども、被災労働者や遺族が安全上の不備・落度を立証して損害賠償を請求しようとしても、使用者のほうは、抗弁として、①一緒に働いている他の被用者の過失に起因する事故に関しては使用者に責任を追及しえないという「同僚被用者」（fellow-servant）の法理、②本人の過失も一因となっている場合には一切の賠償請求をなしえないという「寄与過失」（contributory negligence）の法理、③その仕事に通常伴う危険については被用者はそれを甘受することに同意したとみなされる「危険引受け」（assumption of risk）の法理を援用することができ、賠償を得るのは至難のことであった」（中窪裕也（一九九五）『アメリカ労働法』弘文堂、六－七頁）。このフォレットが示している事例は、上記の①の問題が解消されたことを述べている。

［6］統合については、第9章に詳述されている。

［7］『ローダス法律英語辞典』（東京布井出版）によると、「合理性の原則（rule of reason）」とは、次のように説明される。すなわち、米国シャーマン法一条の下で禁止されている取引制限に該当するかどうかを判断するために、裁判所は、「合理性の原則」または「それ自体違法（per se illegal）」のいずれかの基準を用いるが、「合理性の原則」が適用される場合には、裁判所は調査を経て当該行為が反競争的なものであるかどうかを判断する（二五四頁）。

第3章　近年の心理学から見た経験：円環的反応

Experience in the Light of Recent Psychology: Circular Response

利益（*interests*）を統合するという原則は、まだ法学者や経済学者によって十分に理解され、実行されているわけではないし、権力（*power*）を統合するという原則は、政治科学者によって十分に承認されているわけではない。政治家や労働仲裁人と同様、多くの政治科学者や経済学者は、権力のバランス理論、利益の均衡理論に固執してきた。しかし、人が生きるということは、そうした理論で把握しきれるものではない。というのは、われわれが前進するということはいつでも、われわれがこうした均衡の束縛から脱することだからである。

この統合という視点は、社会的状況のあらゆる最新の研究とともに顕著に脚光を浴びている。この視点は、近年の心理学によって支持されているものである。こうした近年の心理学は、真理の手がかり以上のものをわれわれに与えるものであって、政治学、経済学、法学に対して大きな変化をもたらすであろう。統合に関する真理の核心は、二つの活動を関係づけること（the relating of two activities）、そうした諸活動の相互作用的な影響、およびそれによって生じてくる諸価値、この三者の間がどう結びついているかにある。本章は、この点の考察に、あるいはむしろこの点に関する心理学の貢献の考察に当てられている。別の章（第9章）では、主として例示によって、社会的状況の研究が統合という主題に何をもたらすのかということを取り上げるだろう。ここで言う統合とは、創造的原理（the creative principle）としての統合である。

私が言うところの、前進的な経験（progressive experience）は、関係づけることにかかっている。客観性の追求に情熱を注ぐことこそ事実崇拝者が第一になすべきと考えているものであるが、そのことは、人が生きる上での全体的な課題ではありえない。なぜなら、客観性だけが現実ではないからである。われわれは、哲学的に論争のある難問がいたるところで顔を出すのを目の当たりにしてきた。主観的な理想主義者は主体を過度に強調するのに対して、現実主義者は客体を過度に強調する。経済決定論を否定する歴史学者がいる一方で、それ以上の位置づけを、経済決定論に与える歴史学者がいる。「民衆の意思」について語る政治科学者がいるかと思えば、「意思などはない」という考えを受けて、「客観的状況」が常にわれわれの支配者なのだという考えを提起する政治科学者もいる。抽象的な概念を過大視する法学者がいるかと思えば、「社会的事実」にあらゆる真理を見る法学者もいる。芸術の領域、特に絵画の領域では、「主観主義」と「客観主義」の間の揺れ動きが非常に興味深い形で現れてきている。心理学においては、内省心理学者と行動主義者とがいる[1]。

こうした対立傾向をどのようにすれば避けられるのかということについては、私にはわからない。しかし、われわれは、現実は、主体と客体、いずれの中にも存在するということを知っている。主体・客体の一方から他方へと行き来するにはどうすればよいかということについては、私にはわからない。真理の世界に身をおいて考えようとするからである。しかし、最新の心理学は、このことを超えて歩を進めており、最古の哲学と調和するところに自らを位置づけている。ホルト（Holt）[1]は、おそらく近年の他のあらゆる研究者よりも明快に、現実は関係づけることの中にあり、関係自体の活動（activity-between）にあるということをわれわれに示している[2]。彼は、「行動過程」において、主体と客体いずれもがいかに重要であるかを示し、現実は、これらを関係づけるということの中にあること、これらを関係づけ続けていくという終りのない進化の中にあることを示している。これは、アリストテレスから現在に至るまでの最も深遠な思索をしてきた者たちが磨き上げてきた金の粒なのである。言うまでもなく、客体は、洞察力ある者によって創造されるわけではない。言うまでもなく、主体は、福音の魂[2]でないのと同様に、「単なる反射弓[3]」ではない。あるいは、主体と客体は生命力[4]の「産物」ではない。一世紀もの間、大雑把にいえば、客観的理想主義は、その最も深い部分の真理を示してきた。すなわち、存在（existence）とはひとまとまりの経験（unitary experience）であるということ、結局、このひとまとまりの経験たる存在が、自らを、主体と客体と呼ばれる大きな二つの属性の相異なるものに分解しているのだということを示してきたのである。今日、生理学者と心理学者は、ともに反応（response）の取り扱いにおいてこの視点を採っている。

現在の心理学は、反応の取り扱いにおいて、「全体状況(total situation)」を強調する。この表現は巧みな表現であり、行動過程の構成要素として外部の客体あるいは状況が重要であるということを示すものである。この心理学の反応の取り扱いは、社会研究の学徒の興味を異常なまでに引きつけつつある。全体状況という考え方に、進化しつづけていく状況(evolving situation)という考え方を加えてみるといい。この考え方は、ホルトの公式において示唆され、彼によって別の箇所ではより理解しやすい形で示されているものであり、社会科学に対する重要な貢献である。この公式は、行動を環境の関数(function)[5]として定義し、しかも、思考(目的、意思)も環境の関数と考える。関数という数学的用語の使用は、多くの含意をもっており、様々なことを連想させてくれる。例えば、行動のこの定義について、ホルトがその著書の他の部分で述べたものを含めて考えてみよう。そうすると、この行動の定義は、主体と客体が相互に影響し合っている可能性があることを含意している。あるいは、むしろ、この行動の定義が、数学的な類推から作られた言語に従っているために、このホルトの公式に関する諸々の変数は相互依存の関係にある場合があるということ、すなわち、いずれの変数もその他方の関数である場合があるということを含意している。[3]なるほど、彼は、ある箇所で、環境があたかも常に独立変数(*in*dependent variable＝依存していない変数)[6]であるかのように語る。[4]そして、このような環境概念を用いることで、多くの社会的な状況の中でわれわれが経験することに対して、彼の公式を適用できなくさせてしまっている。例えば、産業の状況は、労働組合の行動に影響を与えつづけるし、その一方で労働組合の行動は産業の状況に影響を与えつづけるのである。しかし、ホルトは、「客体(object)」あるいは「環境という客体(object of environment)」という語を継続的に用いる一方で、たいていは「状況(situation)」「出来事(event)」「過程(process)」という語も用いている。これらの語を用いることでより一層明らかとなるのは、「主体」は「客体」によって影響されつづけている一方で、「客体」は「主体」によって影響されつづけているということである。もう少し付け加えよう。彼は、さまざまな演劇の違いを見分ける若い女性の例を示し、彼女の選択は、「演劇を行っている劇団それ自身の健全な精神的発展」に影響を与えると言う。[5]この場合、この劇団は、独立変数ではなく、二つの相互依存する変数のうちの一つである。それゆえ、われわれがこの公式を用いるときには、その考察中の事例について、環境が独立変数なのかそれとも二つの相互依存する変数のうちの一つなのかを決定しておかなければならない。それぞれの事例についての、この決定いかんで、どのような事実が観察されるかが異なってくることになる。

進化する状況のさまざまな諸要素の交織は、ときおりわれわれの目の前に突然に現れるので、その過程がそう複雑でないように見えてしまう。賃金委員会において、われわれは、一年間、特異な客観的状況におかれて困らされていた。すなわち、価格の下落、失業の兆候がありながら、同時に、ある特定の産業において賃上げの要求があったのである。賃金委員会がベースアップの提案を承認すると予測した、いく人かの雇い主は、相対的に見て腕利きとは呼べない従業員を解雇しつつあった。われわれは、その客観的状況に関する変化を毎週のように問わねばならなかった。こうした客観的状況に関する変化は、われわれの討議の動向に左右されたが、しかし、われわれの討議もまた、これらの変化によって大きく影響を受けていた。われわれは、最低賃金をあまりにも高くすることは、雇う側にとってもよくないと同時に、雇われる側にとってもよくないということを知った。これは単におどしているということではなかった。というのも、われわれは、実際の状況の中でこうしたことがある程度の失業を意味するという証拠を持っていたからである。

この相互に影響し合うということ、この進化しつづけていく状況は、政治学、経済学、そして法学にとって根本的なものである。そのことは、もし、行動過程の記述において、思考（thought）、目的（purpose）、意思（will）という語を、思考している（thinking）、目的を抱いている（purposing）、意思している（willing）という語に置き換えるなら、より明らかとなる。もし誰かがわれわれに、過程としての思考していること（thinking）という概念を与えてくれるならば、ワトソン（Watson）[7]が書いているのは思考についてではなく、思考している過程についてであるのは間違いない。われわれが思考（thought）という語を用いる限り、身体的・生理的メカニズムは思考を表現する機構であり、思考を生む器官なのだと考える傾向が生まれる。しかし、そうした諸々のメカニズム自体が思考なのである（*are* thought）、というよりむしろ、そうしたメカニズムはまさに思考している（thinking）のである。さらに考えてみよう。われわれは、思考を、われわれが思考の過程を終えたときに残るもの、その思考の過程が生み出すモノだと捉える傾向がある。あらゆる静態的な表現は、避けられるべきである。統合された有機体（ある心理学者は「完全に統合された有機体」について語る）は望ましくないものである。なぜなら、有機体とは、自己組織化し、自己維持していく継続的な活動だからである。われわれは、「された（eds）」という受け身の表現に注意しなければならない。なぜなら、それらは「諸々の全体」、「部分への全体の影響」（wholes）」、それも、良くない種類の諸全体、「部分への全体の影響」等の考えに導くからである。[6]「調整された諸々の全体」のような表現は、行動主義者のいくつかの文献に見られるが、それは、もし何らかの説明が加えられないとすれば、行動主義者が立とうとしている真理そのものに反しているように思える。「された（-ed）」という語は、思考が止まる場所である。そして、人がそれ以上何も考えることができないとき、それは危険な状態と言える。神は多くの民族、多くの個人にとって、思考過程が止まる領域となっている。それは、心がしばしば「聖なる無知の領域」であるのと同様である。

行動過程の考察に戻ろう。ホルトは、二つの法則の作用を述べることで、彼の公式を明らかにした。すなわち、生理学からの作用と物理学からの作用である。まず彼は、生理学の法則の重要性をわれわれに示す。すなわち、筋肉が収縮するとき、[7]この筋肉における感覚器官が刺激され、ほとんど同時に求心的な神経インパルスが筋肉の裏側から中枢に流れる。このようにして、円環的な反射が確立されるのである。したがって、筋肉の収縮はある意味で刺激によって「引き起こされる」にすぎない。ただ、こうした筋肉活動は、部分的には、それ自身、筋肉活動自身を引き起こす刺激を生み出している。円環的反射の重要性についてのホルトの評価は、一九一七年の彼のハーバード大学での講義で示されており、おそらく他の人々より時期が早かった。しかし、その講義録は出版されていないので、私はボックから引用することにする。ただし、ボックの論文は、ホルトより後に発表されたものである。私は少し長めに引用する。なぜなら、後の章で、政治的過程について述べる際に、円環的反射にもう一度触れたいからである。観察すれば、この法則が、人間の生物的側面、人間の人格的側面、そして人間の相互作用によって生じる社会というそれぞれのレベルに作用していることは明らかである。

「反射弓は、個体それ自身が機能した結果加えられる刺激の経路である…。」「この視点は、受容器が機能することから始まるのではなく、効果器の活動から始まる。これは、最初はおかしく聞こえるだろう。われわれは、効果器の活動をただ受容器における刺激の結果として見ることに慣らされているからである…。」[8]「目に見える刺激があると、動物は反応しなければならないが、その反応にはその目に見える刺激を変える動きが伴っている…。つまり、刺激が与えられると、その刺激に関するその動物の態度がかなり明確に変化するのである。こうして、反射的反応は、反射的刺激の知覚を改変せずにはおかない。すなわち、言い換えると、反射的反応は、そうした特定の刺激とその刺激に直面する動物との関係をかなり明確に変えずにはおかないのであり、つまり反射的反応が〈反応〉しなければならないのは、この意味での刺激に対してなのである。[8]」

この論述は、われわれが先に与えられた公式を社会心理学に対して用いるようになるときに、この公式の中に含まれている諸変数が相互作用しているということをよりはっきり浮かび上がらせてくれる。それはその公式を一種の類推にすぎないものとしてのみ捉えようと、さまざまなレベルで同じ法則が作用するものとして捉えようと、いずれの場合においてもそうである。われわれは、個人の活動が状況の刺激によって引き起こされるというのは、限定された意味でのみだということを知るべきである。なぜなら個人の活動は、その活動を引き起こす状況の生成を自ら促進しているからである。言い換えると、行動とは「主体」と「客体」を関係づけることではなく、両者の活動を関係づけることである。行動過程を語る上で、われわれは、「外部からの作用を受けて」行動が生起するという一方的な表現（客体からの作用を受けて主体の行動が生起する、主体からの作用を受けて客体の行動が生起する）を断念せざるをえない[9]。行動過程において、中心的な事実は、諸々の活動が相互に向き合うということであり、相互浸透するということである。今や、生理学と心理学がわれわれに教えることは、反応の本質的部分は、いわゆる反応を引き起こしている活動に、反応自らが変化を与えているということである。すなわち、われわれは、刺激しているだけの刺激や、反応しているだけの反応を見出すことは決してないであろう。このことの重要性はどれだけ評価してもしすぎることはない。刺激とは原因のことではないし、反応とは結果のことではない。ある論者は、行動過程を別の方法で正確に語る一方で、結果という言葉を用いている。つまり、その過程が終った後の結果という言葉を用いているのである。しかし、過程が終った後の結果なるものは存在せず、存在するのは、ただ過程の只中における一つの瞬間のみである。反応は、単に、ある刺激に起因する活動ではない。そうした反応は次にはその活動に影響を及ぼす。その理由は、そうした活動に影響を及ぼすというのが反応であり、それが反応というものが意味するものの一部だからである。原因と結果、主体と客体、刺激と反応、これらは今や新しい意味を与えられている。神経経路内の結びつきのあらゆる可能性にわれわれは今や気づき始め、むしろ、パブロフ、ベヒテレフ〔9〕等々の研究を通じてその証拠を持ち始めている。この神経経路内の結びつきのあらゆる可能性は、反応に対する上述のアプローチによって、原因と結果、主体と客体、刺激と反応に新たな光を投げかけている。社会的なレベルで言うと、原因と結果という考え方は、その状況におけるある一つの瞬間を描写する方法であり、過程全体ではない、一つの瞬間だけを切り取ろうとするときに用いる方法である。

こうなると、われわれはその行動過程において、刺激と反応の組み合わされたもの、すなわち刺激と反応が相互に影響を及ぼし合う自己完結的な過程（self-sufficing process）を見ることになる。ここには、心理学的な幻想の痕跡はない。心理学的な幻想とは、単なる抽象化の結果を根本的な物自体（*Dinge an sich*）だと考えるものである。[10] われわれは、経験を細切れにし、主体と客体という生気のない産物を取り上げ、かつそれらを何かを生み出す諸要素としてきた幻想から完全に離れる。刺激と反応の組み合わされた自己完結的な過程という教えの最も価値ある部分は、反射弓は刺激の経路であるが、それはその個体の活動の結果加えられるものだという考えにある。このように考えるとき、経験は自己創造しつづけていく結合体（self-creating coherence）だという考えがわれわれに与えられることになる。

われわれが人間関係、社会的状況を観察し分析するときには、われわれが今、円環的反応とか円環的行動と呼んでいるものを毎日見ることになる。[10] われわれは、欧州会議でそのことを明確に見る。なぜなら、ヨーロッパの状況が静態的でないのは明らかだからである。その上、われわれが刺激と反応を単なる刺激と反応と見ていては、ヨーロッパの状況は決して理解できないということは明らかである。別の例もある。労使のコンフリクトに関するものである。もし、状況が進化しているのに、雇い主の目的と労働者の目的が静止したままだと考えるとしたら、それらはあまりに単純化されすぎているし、実際には決してそのようなものではない。われわれは、同様のことを自分たちの生活においても見る。すなわち、われわれがある行為をやり遂げるにつれ、その働きに対するわれわれの思考は変化するし、そうしたことが今度はわれわれの活動も変化させる。あるいは、次のようにも言える。われわれは何か大胆さを求められることをすると、度胸がついて、さらに勇ましいことをするようになる。リーダーと集団の関係は、反射的円環[11]のよい例である。あらゆる友好的な議論はそのもう一つの例であり、国家と個人はさらにもう一つの例である。[11] あるいは「人間と時間」もそうである。しかし、われわれは、必要以上のことをして、さらに本題を離れていく必要はない。この法則の作用については二人の個人が相互に向き合うことについて取り上げれば十分である。例えば、あなたが「Xさんと話すとき、彼はいつも私を刺激する」と言う。しかしながら、X氏があらゆる人を刺激するというのは正しくないかもしれない。むしろ、あなたの中の何かが彼の中の何かを引き出していたという方が正しいかもしれないのである。これが、上述のように、われわれが、主体からの作用を受けて客体の行動が生起する等の「外部からの作用を受けて行動が生起する（act on）」という表現を断念しなければならない理由である。ここに至って、われわれは、次のことに気づくのではないだろうか。すなわち、ボックを引用するならば、「刺激の経路が将来の反射的反応によって引き起こされ、実現化され、あるいは改変される」ということである。円環的反応を通じて、われわれは、常に互いを創造している。これはあまりにも明白なので触れる必要がないようにも見える。だが、それはどこかで十分に考慮に入れられているのだろうか。最も洞察力のある社会学者の一人であるル・ボン（Le Bon）は、群集についてたくさんのことを語り、個人についてたくさんのことを語る。しかし、個人が創造的に向き合う過程を明らかにしてはいない。

この点を要約しておこう。この点のすべてについての最も根本的な考えは、反応は常に関係づけに対する反応だということである。ボックは、神経筋システムにおいてそのことを見出した。統合的心理学は、われわれに、有機体は、環境プラス有機体に反応するのだということを示す。すでに述べたように、人間関係において、このことは明らかである。私は決してあなたに反応しているのではない。あなたプラス私（you-plus-me）に反応しているのである。あるいは、より正確に言えば、それは、私プラスあなたがあなたプラス私に反応しているのである。「私」が「あなた」に影響を与えることは決してできない。なぜなら、あなたは既に私に影響を与えているからである。すなわち、その二人がまさに向き合う過程において、そのまさに向き合う過程によって、われわれはいずれもが異なる何ものかになるのである。それは、われわれが向き合う前に、どう向き合うかを予測する時点で始まっている。われわれは、諸々の会議の場において明確にこのことを見る。その変化がどの点から始まっているかを知りたい人がいるだろうか。そのような人は誰もいないだろう。われわれが作り出すあらゆる瞬間は、何千もの反射弓から構成されており、こうした反射弓の組織化はわれわれの誕生前から始まっているものである。生理的、心理的、および社会的レベルにおいて、その法則、すなわち反応は常に関係づけに対するものだという法則は通用するものである。正確に言えば、右で用いられた、私プラスあなたがあなたプラス私と向き合うという表現によってさえ、問題は表現しきれていない。それは、私プラスあなたと私の交織が、あなたプラスあなたと私の交織と向き合う、等々、等々ということなのである。もし、われわれが数学的にその問題を表現するなら、単なる足し算や掛け算ではなく、その n 乗として表現することになるだろう(12)。

ここには、豊かな真理がある。つまり、反応とは常に関係性に対するものだということである。ここでの関係とは、反応と、反応がなされる対象との間の関係である。この反応とは関係に対するものだという点については、さらなる考察を必要とする。というのは、このことは社会科学全てにとっての基本的な真理だからである。いくらかの繰り返しになるとしても、この言葉の含意について考えさせてほしい。まず、私の活動は変化していくものであり、その変化しつつある私の活動はいつでも、何らかの活動に対する反応である。その際、その何らかの活動もまた変化しつづけているものである。次に、私の活動における変化は、私が関わっている対象の活動が変化することによって部分的には引き起こされているし、逆もまた然りである。私の反応は、過去の産物を結晶化させたものに対して起こっているのではないし、刺激に向き合った瞬間に静止しているものでもない。私が行動している間にも、環境は私の行動ゆえに変化している。そして、私の行動は、部分的には私が創り出した新たな状況への反応である。こうして、われわれは、第三の点があることを知ることになる。すなわち、反応するということは、単にもう一つの活動に対する反応なのではなく、自己の活動と他者の活動との間の関係づけに対する反応だということである。微積分法の言語を用いる心理学者は、思考が及ぶ全体的な範囲を広げてくれる。というのは、微分の計算法によって与えられるような関係性の原理（the principle of relation）は、人生のこの根本的な原理の明確な理解に向かう手助けをしてくれるからである。例を挙げよう。われわれは、最も単純な日々の経験から一つの例を取り上げることができる。そしてそこから、数学的な思考がわれわれに何をもたらしてくれるのかを見てみよう。少年が学校に行く場面を想起してみる。彼は、単に学校に反応しているのではなく、学校に対する彼自身の反応にも反応している。すなわち、学校に行くことは、彼を刺激し、母とともに家にいるよりもたくさん勉強するかもしれない。彼の活動は、彼と学校の間で構成された活動の関数である。そして、学校もその関係自体の活動によって影響を受けている。少年あるいは少年の母親の学校への要求を通じて、学校は、その行動様式を改善する。こうして交織は続いていく。すなわち、学校が少年を変えれば変えるほど、少年が学校を変えていく機会は増していく。これが、微積分法が示唆する状況というものである。というのは、もし、子供が学校に行くことが彼をさらに勉強に打ち込ませるべく刺激することになるならば、彼の行為の成果は、まさにその行為の成果自身によって継続的に左右されていくことになるからである。したがって、二者の関数的な関係（the functional relation＝機能的な関係）は単に、少年と学校という言葉では表現されえない。両者の間に存在する関係それ自体の活動が常に含まれていなければならないのである。

　したがって、関係づけることは、複利法によってのみ測ることのできる増分（increment）[12]の考え方と関わっている[13]。複利法において、成長するという活動の役割は、さらなる成長を加えることである。このことは、あらゆる有機体の成長と同じである。単純な反応は単利の考え方と似ている。もちろん、これは、もしそのような純粋な反応なるものが存在すればの話である。有機体の世界では、単利のような法則を見ることはできない。有機体の成長法則は複利の法則である。有機体の成長法則は、幾何級数に従っている。これこそが社会的関係の法則である。フランスとドイツは、確かに、単利ではなく複利の法則によって互いに「影響し合っている」のである。われわれは、常に、増分の中から生まれる増分（the increment of the increment）を手にしている。

　この視点から社会現象を考察する前に、心に留めておかなければならない二つの点を記しておきたい。第一は、客観的状況は行動過程の構成部分だということである。第二は、内的な条件づけ（internal conditioning）は、外的な条件づけ（external conditioning）と等しく重要だということである。この二つの点は、社会の研究にとってきわめて重要である。第一の点について言えば、例えば、われわれは次のような工場長がいるのを知っている。すなわち、彼は、ある状況を解決しようとする場合に、自分の部下だけを考察することによって解決しようとしてしまうのである。こうした場合に、工場長が、部下と状況、およびその一方から他方への相互的な効果を考察することによって解決しようとすることは少ない。第二の点に関しては、次のように言える。心理学者が神経と筋肉の相互作用を示す際には、それを明らかにする可能な限りのあらゆる手段を用いる。つまり、彼は、彼が研究する、諸機能を維持し、修正しつづけていくメカニズムの中に含まれている諸々の要素を考慮に入れている。このことと同様に、社会学者は、外的な条件づけとともに内的な条件づけを慎重に示さなければならないし、それを、原因を形成する過程の必要不可欠な部分として捉えなければならないのである。もちろん、われわれは、そのメカニズムにおける内的なものもまた、統合から生じるということを憶えているだろう。有機体が何らかの欠乏を経験するとき、神経システムがかき乱され、それが原因となってその動物に運動を生起させる。ここでの運動とは、その環境からこれらの欠乏を埋め合わせるための運動である。外的な環境に対するこれらの反応は、全身の運動神経が絶えず動いていることによって引き起こされ、内的な刺激と統合される。そして、その全身の運動神経が絶えず動いているということ自体が特定の行為へと変わる。このように考えると、「行動」とは、常に、プラスがさらなるプラスを引き起こすというプラス自体の活動（activity–plus）の表に現れたものである。ホルトは、彼の講義の一つで、この点を次のように述べる。「もし、代謝によって駆り立てられて、われわれの神経システムがかき乱されたとしたら、かき乱された神経システムは、環境に向かって働きかけをはじめる。すなわち、環境をその神経システムが必要とするものを送るような状態にしようと働きかけるのである」[13]。この文章において、相互に関係づけること（interrelating）の効果がさらに明らかとなっている。かつて心理学の多くは、外的な刺激と、神経、筋肉、腺の反応条件を織り交ぜることに十分注意を向けることができずにいた。つい最近になって、私は心理学者が次のように問うのを見て驚いた。すなわち、「行動は内的に条件づけられるのか、外的に条件づけられるのか」と問いかけたのである。内部の有機的な刺激と外部の有機的な刺激は等しく重要であるばかりでなく、固く結びついている。両者は同時的に考慮されなければならない。ここに、われわれはこれ以上なく動態的な心理学を得るのである。行動主義者の神経・筋肉メカニズムの考え方は、そのいく人かの論者（いく人かだけだが）の手によって、かつての「精神状態」と同じくらい静態的なものとされてしまっている。行動「パターン」（behavior "pattern"）という表現は、人に語る際の表現方法であり、必ずしもよい表現ではない。われわれは、慎重にしなければ、行動主義者がかつての心理学における「心（minds）」という概念に感じた困難と同じくらい多くの困難を行動主義者の「パターン」という概念にも感じることになるだろう。

内的な条件づけと外的な条件づけの問題は社会科学においてはぴったりと対応している。内的な刺激、つまりどんな欠乏を感じているのかということと、これらの欠乏によって引き起こされる環境への反応とをどう統合するかを注視することなく、労働運動、農民運動、国際的な諸状況を理解できる人は一人もいない。さらに言えば、いわゆる刺激の蓄積は、心理学者にとって重要であると同時に社会科学者にとってもまったく重要である。社会科学者はその各々の場面において、一人の人あるいは複数の人々が、どの程度まで現在の刺激から活動しており、どの程度までが既存の行為パターンから活動しているのかを考えなければならない。これまでで与えられてきた点全てにかかわる例を取り上げてみたい。

労働者が何に反応しているかを考えると、それは以下の点に対してである。

1. 雇い主に対してである。すなわち、賃金、利益分配、経営参加、工場の状態等に対して反応している。
2. 一般的な条件、すなわち、生活費等に対して反応している。
3. その労働者自身の願望、大志、生活水準等に対して反応している。
4. 最後に、労働者は、その労働者の反応と右記のものとの間の関係自体に対して反応している。

ここで注意すべき重要なことは次のことである。まず第一に、労働者は、外部の何かと同時に、自分自身の何かに反応している。例えば、われわれは、一九一四年当時の労働者の内的な条件づけとして作用した要素に、多くの場合、次のものを加える必要がある。すなわち、戦争による生活や経験（外国旅行も含めて）の変化に起因する不安、軍需景気の惜しみない支出（この支出を労働者は彼の周囲のあちこちで見ている）に起因する労働者の願望の変化、等々である。第二に、彼は、彼の反応とその環境との間の関係づけに反応している。最後に、関連するあらゆる諸々の要素は、諸々の要素を変えていくのであり、したがって、そうしたあらゆる要素は、それらの変化する諸関係の中で研究される必要がある。われわれが考えている行動の定義に微積分法の言語を用いることによって、われわれは、すぐさまあらゆる状況の核心に至る。すなわち、その核心とは、変化する諸々の事物を関係づけ続けていくということであり、その関係づけが関係づけを変化させるということである。チェッカー・タクシー社は今週、料金の値下げを発表した。事業規模を拡大できたからである。このように、同社は事業規模を独立変数にする。他方で、フォード氏（Mr. Ford）が、事業規模を拡大するために、自動車の販売価格を下げたと言う場合、彼が独立変数にしたのは価格である。しかし、この二つの例は同じことをしたのである。すなわち、彼らは、変化し続けていく事物との関連の中で変化し続けていく事物を評価したのである。ここでは、価格と事業規模は互いに同時的に影響し合っていることが考慮に入れられている。

　それゆえ、われわれが社会科学において開発する必要があるのは、変化し続けていく諸活動を注視する際に、その諸活動を他の変化していく諸活動に関係づけて捉える方法である。われわれは、ストライキをする人たちを見て、それから、工場所有者を見ることはできない。われわれは、フランスを見て、それから、ドイツを見ることはできない。われわれは皆、工場所有者の行為は、日々ストライキをする人たちの行為を変えているということ、ストライキをする人たちの行為は日々、工場所有者の行為に影響を与えているということを知っている。このこと以上に、ここで私が強調しようとしているより複雑な点は、工場所有者とストライキをする人たちの間の活動こそが工場所有者の活動を変え、ストライキをする人たちの活動を変えているということである。われわれは、ドイツが変わりゆくことに関連させてフランスが変わりゆくことを研究するだけでなく、フランスが変わっていくというとき、その変化が部分的には、フランスの変化とドイツの変化の関係によって引き起こされていることもまた研究しなければならない。すなわち、フランスはドイツに反応しているのではなく、フランスとドイツの関係に反応しているのである。上述の公式の言葉で言い換えるならば、それはすなわち、フランスの行動は、ドイツの行動の関数ではなく、フランスとドイツの間の交織の関数である。両要素を変えていき、継続的に新しい状況を創造していく交織こそ、社会科学の学徒が研究すべきことである。労働組合主義なるものは今日、資本主義に反応しているのではない。労働組合自身と資本主義の間の関係に反応しているのである。このことをつねに頭に入れておくことは、最も重要なことである。責任（responsibility）の概念は、社会科学の中に円環的反応の考えを導入することで、まったく新たな意味を帯びるようになる。農場主は仲介業者に反応しているのではない。あるいは、仲介業者プラス経済状況や、仲介業者プラス経済状況プラス彼らの願望に反応しているのでさえない。そうではなく、それら自身とその包括的な全体環境との間の関係性に反応しているのである。もう少し正確に言うと、その両者の関係づけという活動自体も全体環境のもう一つの要素となっていくのである。

　こうなってくると、第一章の主題、すなわち、社会的過程に対する「事実」の関係性に多くの光が投げかけられることになる。しばしば、労働者の「心理」、雇い主の「心理」を研究し、その後で、その状況の「諸々の事実」を研究することが、調査の過程であるように思われているが、われわれにできるのはこのように個々をばらばらに研究していくことではない。われわれは、労働者や雇い主が諸々の事実とどう関わっているかを考えて彼らを研究しなければならない。そして、そのときには、諸々の事実はそれ自身、「全体状況」の他のどの部分にも劣らないほど活動的なものとなるのである。われわれは、状況が進化し続けていくということを考慮に入れることなく、全体状況を理解することはできない。そして、状況が変化するとき、われわれが手にしているのは、古い事実の下に生じた新たな変化ではなく、新たな事実そのものを手にしているのである。

ある哲学の教授は、私と話すと目まいがすると言う。なぜなら、彼が言うには、彼はつねに、できるかぎり、変化しているものを静止している何かと比較したいと考えているからである。しかし、もし誰かがこの哲学者のために、速度に対する燃料消費の関係をじっくり調べて、そこから、変化率（この変化率は、それ自身諸々の変数に影響を与える関数である）を正確に計算しないならば、この哲学者は夏休みに最も経済的にヨーロッパに行くことはできないのである。ある男子生徒が彼の微積分の教師に言うであろうことを考えてみよう。「先生と話すと、私はめまいがする。先生が、比較のために、何か静止しているものを与えてくれないならば、私は比較することができない」。彼の教師が答えうることはただ一つである。「そうであっても、あなたは、この世界を生きていかなければならない。この世界においては、われわれは、たいてい変化というものを他の変化との関係で経験するのであり、状況とはそうしたものであるという観点をもって、変化を考え学ぶことを義務づけられているのだ」。すなわち、もしわれわれが微積分法で、変化している活動をそれ自身もまた変化している活動によって評価するならば、また、もし複雑な変化率なるものがあり、さらに変化率の変化率もまた存在するならば、こうしたことは、人生全般に通じるものである。しかし、心理学はときに人が生きていく姿を抽象化する。例えば、行動主義者は次のように言う。もしある人が鉄道で危険信号の赤旗を無視して、列車の目の前で線路を横切るなら、彼は罰金を科され、刑務所に入れられるであろう。そしてこのようにして、その赤旗は、彼に対してさらに多くの「意味」をもつことになる。もし、彼が手足を失い、あるいは同乗者を亡くしてしまったなら、赤旗には彼にとっての、またさらなる「意味」が付け加えられる。ここで真だと考えられていることは、抽象作用の結果であり、右のことが今回生じたことの全てだという推測に基づいている。この例で忘れられていることは、この間、鉄道会社は活動を休止しているわけではないということである。すなわち、もしかしたらその男が次の機会にその鉄道の踏切で遭遇するのは遮断機であって、赤旗とその赤旗に加えられた意味ではないかもしれないのである。

さらに、子供とろうそくという古典的な例を取り上げてみよう。それは、ろうそくを静止したものと考えている点で、言い換えると、ろうそくを「意味」の中心と考えている点で重要な例である。しかし、ろうそくは必ずしも意味の中心であるわけではない。子供が手にやけどをする。すると、母親は、「子供部屋に電灯をつけなくてはいけない」とか「子供部屋に囲いのない状態でろうそくに火をつけておいてはいけない」と言うかもしれない。母親がこのように言う可能性が、この子供とろうそくの例を用いている心理学者たちによって無視されているわけではない。というのは、彼らが母親について語るとき、その内容が、母親が子供に火について何か大事なことを教えるということの代わりに、子供の手をその火に近づけないようにするという場合でも、そのとき示唆されていることは、子供がやけどをしないようにするという意味では同種のことだからである。それゆえ、私はこの例に異議を唱えたいのではなく、もし赤旗とろうそくを単純に、「意味」というより大きなボールの中に一括りにしてしまうなら、われわれにとって教育という過程がますますお気楽なものになってしまうということに注意を促したいに過ぎない。こうして意味という大きなボールの中に一括りにしてしまう場合、われわれは、まずある対象に向かって行動し、それが済んでからその後に別の対象に向かって行動する方法を学ぶべきであり、その繰り返しで、その教育過程を終えることになる。このことは、確かに、とりわけ幼児や若者における教育の大きな部分を占めているが、それは歳をとればとるほどその意義は小さくなる。われわれは、たいてい、学んだことを、ある経験から次の経験へと適用することはできない。なぜなら、次の経験は、前の経験と異なっているだろうからである。その上、次の経験を異なったものにしてしまうのはわれわれ自身である。おそらく、同じように、やけどをしても、子供が次に自分の手を火に差し出したときには、それは、前のときとは異なるものを発見させるのである。そして、われわれが、その子供が火について学ばねばならないことの全て、すなわち、囲いのない裸の火と囲いのある火の相異、囲いのある火でも熱を伝導する場合と伝導しない場合の相異を理解すること、さらには、火の光る性質、暖める性質、燃やす性質を区別すること、これらのことを思い起こすならば、その問題がいかに複雑なものとなるかがわかる。しかし、括弧で等式をどんどん拡張しても、変数の関係を表す条件づけの等式は同じままである。これが、私の引用してきた公式が社会科学にとって有用だと考える理由である。もちろんそれは、もし、われわれが私の引いてきた公式の含意を、すなわち、行動は環境の関数ではなく行動と環境の関係づけの関数であるということを理解し受け入れるならばの話である。

　この考え方は、近年の社会現象の研究のためにわれわれに与えられてきた考え方の中で最も啓発的な考え方であるように私には思える。ホルトの公式は、明示的にはそうした考え方をわれわれに示していないが、しかし彼の円環的反応の取り扱い方はその考え方を明確に示している。すなわち、反射弓を組織としてとらえる重要性と、行動を機能的（関数的）な視点から述べることの重要性について彼が強調しているということ、彼が何か「新しいもの」が生まれる瞬間を進化の「決定的な」瞬間として強調しているということ、行動とは直前の刺激の直接的な関数（機能）ではないという事実を彼が主張しているということ、そして因果関係の機能（関数）理論（the functional theory of causation）を彼が用いているということ、以上のことは上述のような考え方をわれわれに示している。このうち最後の二つの点は、次章で取り上げられるだろう。いまや、われわれは、行動を環境の関数として捉えるのではなく、自己と環境の間の関係性の関数として捉えることになる。活動とは、その活動自身が関数となっているところの活動との交織の関数である。上述のチェッカー・タクシー社による値下げの例で、その料金は、本当は、事業規模の関数ではなかったのである。そうではなくて、料金が事業規模を増大させたのであり、料金は、料金と事業規模の間の関係、両者の織り交ざった関係の関数だったのである。われわれは、われわれの公式が、進化していく状況に適ったものであるということに自信をもつ必要がある。

　おそらく本章で、私が数学的な言語の使用を強制していると思われるだろうが、私はいくつかの理由のために意図的に数学的な言語を用いているのである。第一に、私が採った行動の定義で用いられているファンクション＝関数（function＝機能）と変数（variables）という言葉の含意を明らかにするためである。第二に、微積分法の言語が、この主題に関する私自身の考え方を刺激したからであり、それは他の人にとっても同様であろうと私が期待するほどの刺激だったからである。第三に、ファンクションという語は、今日ではしばしば広範囲にわたって慎重に用いられているので、私は、われわれがその語の由来をしっかり調べているると思うし、われわれは、その語を正確に用いているということを確信するからである。

さて、要約に当たって、三つの原理を繰り返す必要がある。この三つの原理は、社会的状況の研究についてわれわれを導くものであって、次のとおりである。すなわち、(1)私の反応は、固定的、静態的な環境に対するものではなく、変わりゆく環境に対するものである。ただし、(2)この場合、環境が変わっていくのは、環境と私の間の関係性の活動のゆえである。そしてなおかつ、(3)こうした機能（関数）はそれ自身自らによって継続的に修正される、すなわち、学校に行く少年の活動は、それ自体が学校に行く少年の活動を変えるだろう。あるいは、以下のことが加えられるかもしれない。すなわち、反応は常に関係づけに対するものだということ、変わりゆく諸々の事物は、変わりゆく諸々の事物と対比される必要があるということ、幾何級数の法則が有機体の成長法則だということ[14]、機能的な関係づけ（functional relating ＝関数的な関係づけ）はいつでもプラスの価値をもつということ、つまりより高い価値を生むということである。社会科学は、こうしたプラスを扱うことを学ばねばならないし、文字通りそのことを考慮に入れて計算することを学ばねばならない。動態的な心理学は、等価（equivalents）の代わりに、価値を高めること、すなわち昇価（plusvalents）[15]という考え方をわれわれに示す。それは、あらゆる状況においてわれわれが探さねばならないものである。これらは、心理学者の言う進化の「決定的」瞬間における「新規なるもの」である。この点はいくら強調してもしすぎることはない。それは、社会科学に対する新しいアプローチを意味する。農場主と仲買人が対立している場合、昇価が見出されるべきである。フランスとドイツの関係状況の中で、昇価が見出されるべきである。あらゆる政治家と外交官、立法者と裁判官に昇価を発見させよう。それは、政治や産業や国際関係、あるいは、われわれ自身の日々の小さな問題にとって採りうる唯一のアプローチである。あらゆるレベルでの前進的な経験は、昇価の創造を意味しているのである。

われわれは、自然科学において、まったく厳密なものではないものの、興味深い相似性を示す事象をいくつか知っている。それらの事象は、一貫して、関係づけることが価値の向上を生むということを示しているのである。化学において、われわれは、化学的な物質Xが別の物質Yを分解する割合は、Xが分解されない量に比例しているということを知る。同時に、逆反応によって、YがXを分解する割合は、現在のYの量に比例したものである。Xは継続的にYに影響を与え続けると同時に、Yは継続的にXに影響を与え続けるのである。

工学において、われわれは、いわゆる「再生」と呼ばれる技術を手にしている。ラジオの受信機は、そこに達した電磁波からのほんの小さなエネルギーを受け取る。しかし、これは、受信機内にある相当量のエネルギーの出力をコントロールするために受け取られるのである。次に、ラジオ内の何らかの装置において、受信機内のエネルギーの一部が、電磁波からのエネルギーに戻される。その結果、電磁波からのエネルギーが強化され、その出力が増大されるのである。そして、その過程がその過程自身を繰り返し生起させ、おそらくその受信機の力を何千倍にも高める。この「再生」活動は、多くの物理的過程や化学的過程で生じ、工学者によって、機械装置、電気装置などを発明する際に用いられている。

動態的な物理学は、質量よりも活動（activity）を研究する。それは、質量の観点からではなく、活動の観点から事物を定義する。今日の物理学は、事物の活動の変化率は、活動しているものの質量に比例しているのではなく、質量の活動に比例しているということをわれわれに語る。われわれは、こうしたことが理解されるまで、動態的な物理学を手にしていることにはならないのである。かつては、有機体の発育状態について、所与の時間内でその有機体がどのくらい生長するかは有機体自身の大きさに比例していると考えるのが常であった。今では、「有機体」を活動として捉えており、われわれは、活動の大きさと強度という語を含むいくつかの語を用いなければならなくなっている。

この章の結論を述べるとすると、次のようになる。すなわち、近年の思潮において、最も重要なことは、生理学、化学、工学、物理学などのさまざまな領域、さまざまなレベルにおいて考えられてきたことが合致しているということにあると私は考える。哲学は、長い間、経験とはひとまとまりのものであるということをわれわれに説いてきた。あなたが望むなら、そのひとまとまりの経験をずたずたに裂くことができるし、そうすれば、主体と客体、刺激と反応という区別を見出すことができる。もちろん、逆に、そうしたことを拒否することも可能である。その場合には、経験を、諸力の道理に適った相互作用（a rational interplay of forces）、すなわち、自己創造していく結合体の機能化の過程（the functioning of a self-creating coherence）と見る方が正しいと主張することもできる。意識とは、自己生成していく活動の生き生きした相互作用である。さらに言うと、意識とは自己生成していく無数の活動の生き生きした相互作用であるが、ここで言う活動はすべて、それ自身一瞬の相互作用であるその活動自身を生成している。哲学の最も根本的な発想は、考える形式なるものは存在しないという認識であると私は思う。型としての考える形式がある場合には、あらゆる思考は鋳造物となる。むしろ、存在するのは、休みなく不断に自己生成していくという様態そのものであり、これこそが思考である。言い換えると、存在するのは、まとめ上げていく(unifying)という永遠の法則であり、自由なる活動はこのまとめ上げていくという法則に自らを従わせる。法則と自由とはそれぞれが他方のエンテレケイア[16]なのである。社会的状況の研究は、この原理がどのように作用しているかを明らかにしてくれる。心理学と生理学においても、われわれはある結論を見出すのであり、それは、次のように考えるようわれわれを導いてくれる。すなわち、あらゆるレベルの経験は、相互の関係づけと捉えられるということである。この相互の関係づけという概念においては、関係づけという活動が、関係づけの条件を改変し、関係づけそれ自体もまた変えていると捉えられる。政治、産業、法律はこのような思想の潮流に乗る必要がある。かつての社会哲学は、国家間の権力のバランスや、資本と労働間の調整という有害な理論をわれわれに与えた。それは常にわれわれに、等価という発想を与えた。近年の思想は、昇価を創造する方法をわれわれに示す。この点は、経験の創造的側面を取り扱う第9章でさらに展開されるだろう[14]。

ファンクション(function＝機能、関数)という語は、関係性を表現するためにますます用いられているので、何らかの注意が必要である。第一に、われわれは、ファンクションという語を、それぞれの状況の研究を免除させるために用いるべきではない。こうしたことを、私は最近いくつか見てきた。説明の際に、ファンクションをはじめとする何らかの言葉を用いていくつかの説明を省くことは正当なことかもしれない。しかし、調査において、何らかの言葉が調査を省くために用いられるとすれば、それは言いわけの立たないことである。第二に、われわれは、関係としてのファンクション(function as relation)と数としてのファンクション(function as quantity)とを混同してはならない。われわれにとって、ファンクションとは、関係づけるという活動が終えられたときに残される数ではない。ファンクションとは、関係づけるという活動であり、作用そのものであって、結果として出てくるものではないのである。ファンクションとは常に過程である。ファンクションにわれわれの関心があるのは、まさにこのゆえである。第三に、独立変数は固定的な等式の中でのみ独立しているのであって、われわれの等式は継続的に変化している。われわれは、同じ式であれば、時が移ってもいつでも不変であり、式が変わったときにのみ変化する変数と、同じ式であっても変化する変数とを混同してはならない。このことは、社会心理学で心に留めておくべき非常に重要なことである。ある状況の定数は、次の状況の定数ではないかもしれないし、おそらくそうではないであろう。ある何らかの状況を研究する際に、われわれは、この状況の数を定数として見てしまう。変化していく諸々の数の相互効果が研究されているにもかかわらず、である。二つの事実、あるいは二つの個人、これを二つの活動と言わせてほしい。この二つの活動は、何らかの所与の状況に対して、何らかの方法でお互いに自らを順応させる。したがって、状況が変われば、それらはおそらく、異なる方法で自らを順応させるであろう。

経済学の「需要と供給の法則」を取り上げてみよう。この法則によれば、価格は、需要の一定の関数である。すなわち、需要が増せば、価格は上がる。需要が減れば、価格は下がる。しかし、この法則は、ある仮定に基づいてのみ真である。すなわち、供給が固定されているという仮定であり、世にある商品の量が固定されたままであるという仮定である。これは、投機家がいつもこうあってほしいと考えている仮定である。しかし、通常の、合法的な経済活動においては、こうしたことはある一つの状況以外には、めったなことでは実現しない仮定である。おそらく、需要が事業の規模を拡大させていき、この事業規模の拡大が、多くの場合において、製造コストを下げていく。ただし、それは、材料が実際上無制限に調達されうる中で製品が製造されると仮定される場合の話なのである。それゆえ、事実の問題として、需要の増大が意味していることは、仮に他の条件が等しいとすれば、やがて価格は下がるということなのである。このように考えると、一つの状況のために仮定された関数を、別の状況にあてはめることはできない。価格とは、一種の発展しつづけていく状況である。それは交織に依存している。それは独立変数の関数であるばかりでなく、価格と独立変数の間の関係の関数である。このようにして、需要が価格を上げるということは、所与の状況に関する場合を除けば、誤りである。このことを数学的言語（この言語は、ここでの主題に関する現在のわれわれの考察に対して、他のものよりもたやすく応答してくれるように思える）に当てはめて考えてみた場合に、それが誤っているのは、可変的な定数を、絶対的な定数と考えてしまっているということである。何らかの瞬間における商品の量を所与とし、需要を独立変数としてとると、価格は、この需要の関数であるだろう。しかし、状況が移っていけば、供給は変化するのである。経済学者は、ここで何のミスも犯していない。私がこのことを示すのは、現代においてかなり無頓着にファンクション（機能、関数）という語を用いている人がおり、彼らによってときおりなされる、思考上の誤りの本質の例と考えるからである。ファンクションという語の使用において、つねに心に留めておくべきことは、状況は発展しつづけていくのだということである。

［原注］

（1）エドウィン・B・ホルト（Edwin B. Holt）。『フロイト学派の願望（*The Freudian Wish*）』、「現実世界における錯覚経験の位置（The Place of Illusory Experience in a Realistic World）」（『新しい実在論（*The New Realism*）』の中の研究の一つ）、『意識の概念（*The concept of Consciousness*）』。また私は、学生によって書きとめられたホルト教授のいくつかの未公刊の講義を読むという恩恵も受けている。本書には、ホルト教授は同意しないであろうことが多く述べられていることは疑いないし、彼が失敗だと考える推論がいくつか述べられていることも疑いない。しかし、私は、私から見て彼の思想の含意であると思ったものを示しているのである。

（2）『新しい実在論』三六六頁において、ホルトは、実在（reality）を「関係性の中にある項の非常に包括的な体系」と定義している。彼は、明示的にはどこにも示していないのだが、後に、この概念を現実の定義としてより積極的に表現する。実際には、実在という言葉は、今はほとんど使われていない。それは、われわれの現在の思考様式に合わなくなっているのである。

（3）ざっと正確だと言えるにすぎないが、例を示すことによってこのことがより明確になるだろう。ヨーロッパの状況とアメリカにおける金鉱の例を取り上げよう。ヨーロッパの状況と鉱山から採掘される金の量は、二つの相互依存する変数であり、いずれか一方は、他方の関数として捉えられるものである。ヨーロッパの状況は採掘される金の量に従って変化するだろう。すなわち、ヨーロッパの状況は、金の採掘量に「依存している」。そしてそれは、その逆も然りである。というのは、採掘される金の総量は、ヨーロッパの状況に少なからず依存するからである。ヨーロッパにおいて出生率が増加すると、米国アラスカ州のノームという町で、ますます金が採掘されるようになる。ただし、もし、鉱山から採掘される金の実際の量ではなく、一つの鉱山における石英一トンあたりの金の割合を語るべきであるなら、問題は全く異なってくる。ヨーロッパの状況はこの割合の変動によって影響を受ける。しかし、その割合は、ヨーロッパの状況とは無関係に変化する。ヨーロッパにおける出生率が増加しても、一トンあたりの割合は増加しない。われわれは、もはや二つの相互依存する変数というものをもたない。一トンあたりの金の割合は、独立変数であり、ヨーロッパの状況は、それに対する関数である。

（4）*The Freudian Wish*（『フロイト学派の願望』）, p. 95.

（5）*Ibid*., p. 124.

（6）私は、第五章において、この表現をいつどのように用いることが妥当だと考えているかを示そうと思っている。

（7）　感覚器官が刺激され、刺激のエネルギーが神経のエネルギーに変換され、この神経のエネルギーが求心性神経を通って中枢神経システムへと到達し、このことを通じ、さらに遠心性神経あるいは運動性神経を経て筋肉へと配分される。この筋肉において、エネルギーは再び変換され、このようにして筋肉は収縮するのである。

（8）　S. T. Bok, The Reflex-Circle, in *Psychiatrische en Neurologische Bladen*, Amsterdam, Juri-Augustus, 1917.（S・T・ボック「反射的円環」『精神医学・神経学雑誌』アムステルダム、一九一七年七‐八月所収。）次の文献も参照。James, *Principles of Psychology, II*, 582（ジェームズ『心理学の原理Ⅱ』五八二頁）とBaldwin, *Mental Development in the Child and the Race*, 2nd ed., pp. 133, 263 ff., 374 ff.（バルドウィン『子どもと民族における精神的成長　第二版』一三三頁、二六三頁以下、三七四頁以下）。

（9）　これは心理学にとっての重要な意義をもっている。というのは、われわれがある事柄を「外部からの作用を受けて生起する」何ものかとして考える限り、ある点で、不可避的に「感覚上の実験」を考えることになるからである。真に動態的な心理学は、環境と、われわれ自身の両者がいずれも活動であることをわれわれに示すのであり、そのことによって含蓄のあるものとなっている。ただし、その含意は、未だ解き明かされ始めてすらいない。

（10）　円環的反応の知覚局面がその構造上は必要だとしても、円環的反応が継続的に機能していくことにとってどのくらい必要なのかを生理学者は未だ考えていないと私は思う。もし私が、社会研究の学徒が行っているように、生理学的な円環的反射と円環的反応の間の正確な対比を確立しようとするとしても、もちろんそのような問い自体は我々にとって重要であるが、私自身は、そのような正確な対比を意図してはいないということが理解されていることを望む。

（11）　第11章を参照。

（12）　私はこれによって次のことを意味している。もし数学的にその過程を定式化しうるのであれば、われわれは統合によって解決された一つの微分方程式、あるいは微分方程式のセットを手に入れるはずである。

（13）　ケンプも参照。「自律神経の…器官がかき乱されるときはいつでも、それは、投射感覚運動性器官に対して、その環境の中で受容器を調節することを強いるのである。それは、自律神経器官の中に適切な体位の再調節をつくり出す潜在力を有する刺激を捕捉することができるようにするためである」Edward J. Kempf, *Autonomic Functions and the Personality*（エドワード・J・ケンプ『自律神経の機能と人格』）, p. 1.

（14）　プラス価値（plus value）という用語は、私の考えを表現していないのではないかという指摘がある。というのは、私が反対しているものそのものは、まさに、統合ではなく、足していく関係（the plus-relation）であり、一つずつの結びつきだからである。しかし、私が確かに反対している語は、すぐれた（super）という語であり、このことがプラス価値について述べた箇所で提案されているのである。なぜなら、統合という「新しい何か」は、しばしば「全体」についてのものと間違って主張されているが、部分を「超えている

（over）」とか、部分「以上のものである（more than）」とか、部分「よりも偉大である（greater than）」ということではないからである。私は、プラス価値とは私が本気で言っているものに他ならないと思う。なぜなら、私は、諸部分のプラス－プラス関係に言及しているのではなく、統合は価値の追加であり、さらなる価値を与えるという事実を表現しているのであって、必ずしもより偉大な価値とかよりすぐれた価値を表現しているわけではないからである。この点のさらなる考察のために、pp. 98–102（本訳書一〇七－一一一頁）を参照してほしい。この点は、おそらく、人間関係に関する議論全体の中で最も重要である。

【訳注】

［1］　内観とは、「意識される経験を含む自己の直接的な経験を観察すること」をさし、行動主義とは、ワトソンの提唱した「心理学が科学的であるためには、客観的に観察可能な行動を対象とするべきであることを強調」する立場である（『新版　心理学事典』平凡社）。したがって、前者は、内観、つまり人の内面を見て分析しようとする立場、あえて言えば主観性を重視する立場であるのに対して、後者は、目に見えるものを重視する立場、つまり客観性を重視する立場である。

［2］　『岩波　キリスト教辞典』によると、「福音（euaggelion, gospel）」について「原語のギリシア語エウアンゲリオンは「よい」（エウ）と「知らせ」（アンゲリオン）からなる合成語で、元来は「よい知らせ」を意味する」とされ、「福音的勧告（Evangelical Counsels）」について次のように説明している。

「福音に基づいた、より高い生き方の勧め。全信者が守るべき義務や戒めと区別される。広義では、福音の中心である神への愛と隣人への愛を実践し「完全になるように」〔マタ5：48〕というキリストの招きをさす。」

本書におけるフォレットの「福音の魂（evangelical soul）」とは、キリストが告げたことそのものの、「単なる反射弓」とはまったく対照的な非常に高尚な精神だと考えられる。

［3］　反射弓とは心理学で確立している言葉であり、『心理学辞典』によれば、「反射の基礎となっている神経経路の単純なモデルで、これをもっとも単純な行動と見なす心理学者もいる。刺激＋感覚受容器＋求心神経＋介在ニューロン＋遠心性神経＋効果器＋反応で構成される」（藤永保・仲真紀子監修、岡ノ谷一夫・黒沢香・泰羅雅登・田中みどり・中釜洋子・服部環・日比野治雄・宮下一博編『心理学辞典　普及版』丸善、二〇〇五年）。これをもう少し簡単に言うと、「反射において、感覚器官から中枢を経て筋肉・腺などの動作器官に至るまでの一連の伝導路」（『広辞苑　第五版』）となる。

［4］　生命力（vital force）は生物学の概念である。二〇世紀前半頃まで、生物学は機械論と生気論という相反する二つの立場が存在した。前者は「無機的自然について知られている因子およびその組合わせを重く見る論」とされ、後者は「生命現象の合目的性を認め、それが有機的過程それ自身に特異な自律性の結果であると主張する論」とされる（『岩波　生物学辞典　第4版』）。簡単に言えば、前者は、生物を機械のように分解して理解できるという立場、いわゆる還元主義を採るのに対して、後者は「生命力（vital force）に相当する生

物に独特の種々の原理」が主張される。後者の立場では、生物は生命力に相当する生物固有の原理によって成り立っていると考えられているが、本文では、主体も客体も、こうした生命力から生まれているわけではないと述べられている。言うまでもないが、ここでの含意は、だからと言って主体と客体が機械論的に分析できると言いたいわけではない。

[5]『岩波　数学入門辞典』（岩波書店）によると、「ある変数xの値に応じて変数yの値が定まるときyはxの関数であるといい、xを独立変数または単に変数、yを従属変数という。関数は一般に$y = f(x)$のように表す」とされる。ただし、フォレットは、xに応じてyの値が定まるということだけが言いたいのではなく、本文で後述されるが、この関数的な表現がyの値に応じてxの値が変化することも同時に表現しているというのがフォレットの言いたいところである。

[6] 独立変数（independent variable）と従属変数（dependent variable）は対の語であり、「二つの変数x、yの間に関数関係があり、xの値からyの値が決まるとき、xを独立変数、yを従属変数という」（『岩波　数学入門辞典』）。ここでは、「行動は環境の関数である」とすれば、通常は、環境が独立変数、行動が従属変数と捉えられるところを、環境は独立変数ではないと述べている。その意味は、環境は、行動の従属変数でもあるということであり、環境も行動もつねに独立変数かつ従属変数だということである。

[7] ワトソン（John B. Watson. 1878-1958）は、米国の心理学者であり、一九一三年に〝行動の予測と制御〟に基づく理論の一派、いわゆる「行動主義」を形成したことで著名である。行動主義によると、仮想的にすべての行動は学習の産物として説明でき、すべての学習は条件づけから生まれるとされる（藤永保・仲真紀子監修、岡ノ谷一夫・黒沢香・泰羅雅登・田中みどり・中釜洋子・服部環・日比野治雄・宮下一博編『心理学辞典　普及版』丸善、二〇〇五年）。

[8]『岩波　生物学辞典　第四版』によると、効果器とは次のように説明される。「動物体が外界に向かって能動的に働きかけをするための直接的な手段となる器官や細胞。…（中略）…。一般に生体からのエネルギー放出の門戸とも見ることができる。…（中略）…。筋肉と腺とは代表的な効果器である。」本文でのボックの引用は、本来なら受容器が刺激を受け取ってそれが効果器に伝わって効果器からエネルギーが放出される、すなわち受容器から事態が始まると考えられるところを逆に、効果器から事態が始まる現象について説明したものである。

[9] フォレットは、“Pawlov”“Bechterew”と記しているが、現代の書き方で言えば、それぞれ“Pavlov”“Bekhterew”と表記される人物を指していると考えられる。いずれもロシア人であり、英語表記の正誤を問うことはできない。パブロフについては、「パブロフの犬」が有名であるが、ベヒテレフも含め、両者の理論は、いわゆる「条件づけ（conditioning）」の研究に大きな影響を及ぼしたものである（例えば、『新版　心理学事典』平凡社を参照）。

[10]「物自体（Ding an sich）」はカント哲学の用語である。『岩波　思想・哲学事典』によると、次のように説明されている。「『純粋理性批判』の超越論的感性論において、空間と時間が我々の直観の形式であることが明らかにされ、それを通じて、感性的直観の対象に対して、〈現象（Erscheinung）〉

という規定が与えられることによって、「現象するものなしに現象があることは辻褄が合わない」として物自体が導入されるのである。したがって、物自体とは、定義上、感性を必須の要件とする我々の認識の対象とはなり得ないものを意味する。言い換えると、我々が認識することができないものとされながらも、同時に、現象の根底に存するもの、ないし、現象の根拠とされるという矛盾した性格を本質的に担っているのである」（一五九八頁）。

[11]　先ほど引用されたボックの著書のタイトルが『反射円環』である（本章原注(8)参照）。

[12]　増分（increment）とは、「関数 $f(x)$ の $x = a + h$ での値と $x = a$ での値との差 $f(a + h) - f(a)$ を $x = a$ における $f(x)$ の増分という」（『岩波　数学入門辞典』）。

[13]　複利とは、「複利法の計算による利息」であり、複利法とは、「一定期間の利息を元金に加え、その元利合計を次の期間の新元金として利息を計算する方法」であり、これに対して、単利とは、「元金に対してだけつける利息」である（『デジタル大辞泉』）。ここでのポイントは、複利の法則に立つと、「増分」が次の元手に繰り込まれて、さらなら増分に寄与する。したがって、複利の法則は、行動が行動を生み出す状況を創り出すということを表現できるということにある。

[14]　「幾何学」とは、「図形に関する数学」とされる（『岩波　数学入門辞典』）。

[15]　“plusvalent”は、“equivalent”の対語として、フォレットが造語したものである。“equivalent”は「等価」と訳される語であり、これに対して、“plusvalent”は、価値が等しいまでなく、高まっていくことを意味していることから、「昇華」という語にもかけて「昇価」という語を当てた。

[16]　エンテレケイアとは、アリストテレス哲学の重要概念であり、「可能態としての質料がその目的とする形相を実現し、運動が完結した状態」とされる（『広辞苑　第五版』）。したがって、例えば、法則は自由にとってのエンテレケイアであるということは、自由という運動の完結した状態が法則だということである。法則と自由がともにお互いのエンテレケイアということは、法則と自由はお互いがお互いを目的として運動しているということになる。

第4章　近年の心理学から見た経験：統合的行動

Experience in the Light of Recent Psychology: Integrative Behavior

私が前章で述べたことは、次の点である。ホルトは、反射円環の概念と、因果関係の機能理論を用いることで、彼の考え方の動態的な性質を非常に明瞭な形で示してくれた。この因果関係の機能理論は、「あらゆる自然法則は、結局のところ、ある過程もしくは事物と、他の何らかの過程もしくは事物との間には不断の関連づけが存在するということを言い表すものである」と考える。ホルトは、この理論を、彼の心理学の基本的な原理の一つとする。かつて因果関係の「じゅず玉」理論が物理学を席巻し、「それは『状態』が連続しているという観点から因果過程を描写しようとした。すなわち、ある時点での物体の『状態』は次の時点での物体の『状態』と位置の原因だととらえたのである」[1]。このじゅず玉理論は、物理学にとってと同様、心理学にとっても致命的な考え方であるとホルトは語っている。それはまた、社会学にとっても等しく致命的な考え方である。政治家や外交官はときにこの理論によって国家や世界の問題を解決しようとし、そして結局は失敗している。国家と世界、いずれのレベルにおいても、行動は、直前の直接的な刺激によって制御されているのではない。心理学者も社会学者も次の点に注目する。すなわち、行動に必然的にともなって統合される反射がその数を増大させると、直前の直接的な刺激は、視界のはるか後ろに遠のいていき、重要な要因ではなくなってくるのである[2]。刺激となるのは全体状況であり、全体行動は、その全体状況の関数である。心理学者は、ハチが本当にしていることは巣に蜜を蓄えることであり、ハチがこの花やあの花から蜜を吸ってまわるのは二次的なことにすぎないということを発見する。このことと同様に、社会的な人間関係の研究において、われわれは、状況（行動はこうした状況の不断の関連づけの中に存在する）はたいていが相当に複雑であるということを見出すのである。われわれは、行動のあらゆるケースを全体として観察しなければならない。このことは、社会的状況の研究において決して忘れ去られてはならない。次の第5章では、ゲシュタルトの概念を取り上げるだろう。これは、全体性の概念（a concept of wholes）であり、ある心理学者はこの概念について、長い間用いられてきたどの単一の概念よりもわれわれの思考法すべてに影響を与えるだろうと考えている。第6章では、行動は複雑な刺激に対する反応であるという考え方がさらに考察され、調整の概念枠組みにおいて全体環境（total environment）という概念がいかに重要かということと結びつけて考察されるだろう。

このように「全体行動」という概念の重要性を認めるならば、そのことは、われわれを再び、われわれが見出した公式に立ち帰らせることになる。すなわち、それは、人間の意思や目的、あるいは集団の意思や目的は、その人間や集団の活動のうちに見出されるべきだということであり、そして、そうした活動は、その人を取り巻く環境の何らかの側面の不断の関連づけの中に存在し、あるいは、そうした不断の関連づけの組み合わせだということである。前章で私は、この公式は、行動とは有機体の活動と環境の活動との間の交織の関数であるという定義を含意としてもっているということ、そして、このような含意をもつこの公式は、社会科学に対する新しいアプローチをわれわれにもたらすものだということを述べた。このように述べたとしても、私は、既に知られているこの新しいアプローチの多くの徴候を無視しているわけではない。ハート・シャフナー・アンド・マークスの労務部門の管理者である、アール・ハワードが私に述べたところによると、彼は労働者が語る何らかの不平や要求に接したときには、つねに、まずは自らに次のように問いかけると言う。「この工場や産業の状況、あるいは一般的な生活状況において、労働者側のこの態度を引き起こしたものは何か。」この問いかけは、工場主が行う問いかけとは全く異なっている。工場主が私に述べたところによると、彼は、労働者が不平を持ち込んできたとき、誰かに労働者の心理を研究するよう命じたと言うのである。われわれは、ハワードの方法が労使関係にどのような影響を与えるかを推定することはほとんどできない。ただ、このハワードの方法と、現在の心理学によって支持されていることとの類似性は重要であるように私には思える。ハワードは、変わりゆくものを他の変わりゆくものと関係づけて注意深く観察しているのである。彼はまた、「全体状況」のあらゆる要素を考慮に入れてもいる。政治や産業のためのルール、労働組合や製造業者協会のためのルールは、まさにホルト式の人間のためのルールであるべきである。そのルールとはすなわち、「その人の行動がその不断の関連づけの中に存するもの（*constant function*）としての、目標、状況、過程（あるいは、おそらく単に、こうしたものの関係性）を発見できるようになるまで、しっかりその人の動静を注意深く観察せよ」というものである。[3] 今日のアメリカ人の労働者が反応しているのは、第一次世界大戦後の物価の高騰に対してではないし、資本に向かって蓄積された憎悪に対してでもない。アメリカ人労働者が反応しているのは、物価の高騰や資本に対する憎悪といった要因、そしてその他の要因がその部分を構成しているところの一つの状況に対してなのである。

　しかし、覚えておく必要があるのは、私が社会科学の「新しい」アプローチについて述べているとき、私は、意識的なアプローチについて考えようとしているのだということである。人間関係がうまくいくという場合には、いつでも、もしそれが意識的でなく、つまり、何らかの程度、無意識的であったとしても、それは、この意識的なアプローチという今日の心理学思想の原理が用いられているのである。われわれは、今日、膨大な量の意図的な社会分析を手にしているし、また、特定の基礎的原理を意識的に使用する方法を手にしている。

　以上を踏まえると、次のことが明白であるように思われる。すなわち、われわれは、過程それ自身の中に目的を探し出さねばならないということである。われわれは、経験を、諸力の相互作用として捉える。つまり、経験を、その瞬間瞬間にいきいきと関係づけていくことを通じて新たな活動に導いていく、関係づけの活動（the activity of relating）として捉えるのである。経験とは、目的から実行を導き出したり、実行から目的を導き出したりするものではない。経験において、目的から実行への過程と実行から目的への過程には決定的な隔たりは存在しない。目的から実行を導き出したり、実行から目的を導き出すという考え方においては、人生は、あたかもただ外部の人形師にあやつられて機械的なおもちゃが体操しているようなものであり、あるいは、あたかもまったく神秘的な霊魂のエネルギーで動いているかのようである。いつでも、われわれのうちに存するものこそがつねに新たな満足の可能性を創造するのである。欲求とは、その欲求充足の可能性が既にそこに存する場合にのみ欲求として現れる。その過程の中に、目的から実行への過程と実行から目的への過程の隔たりは存在しない。自動車は、必要性を満たすだけではない。それは必要性を創造する。これが、社会学に対するわれわれの公式の意味である。自動車は農場主の問題を解決するために発明されたのではなかった。目の前にある目的は常にわれわれを誤った方向に導いていくであろう。こうして、心理学は次のような発想をわれわれに与えてくれる。つまり、目的とは過程の只中における一つの瞬間にすぎないという発想である[4]。

社会学者が探しているものもまた、統合的行動(integrated behavior)の「そのときどきの時点における」目的である。われわれが追い立てられるのは、現在目の前にあるムチの痛みに対してなのであって、事が終わった後に得られる褒美に対してではないのである。われわれの意図は、その神経筋組織の運動メカニズムの中に存在している。魔法の杖もわれわれの意図を変えることはないだろう。われわれの意図を変えるのは、過程なのである。多くの心理学者は、「何らかの目標に向けて努力する」という表現を使う。しかし、われわれは、自らを追い立てているものはつねに欠乏だということを、日々生きていく中で知ることができる。そしてまた、日々生きていく中で、ひとつまたひとつと手段を試し、そうした欠乏を満たしていくとき、目標が変化していくのだということを知ることができるのである。労働者にとって、彼を追い立てているのは、普通の生活も十分にできないような生活環境それ自体である。労働者の目標が年々変化するのは、彼がこうした生活環境をよりよくするために、ひとつまたひとつと手法を考案していくからである。すなわち、さらなる労働の短時間化、さらなる高賃金、利益分配、経営参画、産業の国有化、等々へと労働者の目標は変化していくのである。現在成長しつつある目的と、以前からもっていた目的との関係性は、その目的の変化に影響を与えるあらゆるもの、その目的の変化ゆえに生じるあらゆるものをも視野に入れて、慎重に見守られる必要がある。目的が発展していくという発想をもたずして、目的を調整することはできない。目的は、その目的が発展していくという過程の中の一つの部分なのである。ある人々は、工場の目的を達成することに対して労働者を参加させたいと思っているが、そうした人々は次の点に気づいていない。すなわち、目的達成に参加するということは、工場の目的を共に創造していくということを必然的に伴うのである。著名な倫理の教師はわれわれに言う。「市民とは、この国の存在目的を実現すべく手助けする者のことである。」だが、市民は、目的をつくることもまた手助けしなければならない。

次のように言うことができる。目的というのはつねに、まとめ上げていく力(the power of unifying)が表に現れたものである。それは、個々の多様なるものに、手段でありかつ目的であるという位置づけを与える。いわば、多にして一なるもの（the One holding Many）である。

私は、以前からもっている目的と現時点の実際の目的とがどう違うかという例を前章で示した。われわれは、日々われわれが見るもの、読むものの中に、われわれ自身にとってのこの両目的の相異性を見出すことができる。われわれが手に入れることのできる目的の中に静態的な目的というものは存在しない。現在のヨーロッパの目的を掴まえてみるがいい。もしできるならの話である。われわれが、社会的過程を考察するとき、目的に関して二つの間違いを犯している。すなわち、われわれは、その状況の只中にある目的の代わりに、知的に導き出された目的を用いようとするのである。あるいは、目的が活動の中から現れてきているのに、おかしな精神的ごまかしでもって、最初にわれわれをつき動かしたものを目的だと考えてしまうのである。しかし、われわれが人間同士を取り扱う方法は、われわれが自然環境を取り扱う方法とそれほど異なるものであるべきではない。昨年の夏、私は、われわれが所有する牧場の中におかしな植物が生えていることに気づいた。私はそれが何であるか知らなかったし、その植物のつける花がどんな花なのかどんな果実なのかを思い浮かべることはできなかった。だが私は、自由にのびのびとできるようその植物を解放した。すなわち、私は、その植物の周囲を掘り返して混ぜ、雨がその根元に落ちるようにその土地を切り開き、空間を広げるためにその植物にからまっていたアザミを取り除き、日が当たるように近くにあったいくつかの小さなカエデの下生えを取り除いた。言い換えると、私は純粋にその植物を解放したのである。どのような人間同士の親交も、この方法で取り扱われることがないならば、その関係は間違いなく報いを受けるだろう。どんな人間関係も、期待から生じる目的に捧げられるべきではない。あらゆる関係性は、「目的」の進化をともなった、自由を実現していく関係性（freeing relation）であるべきである。これは、われわれは何らかの特定の事物に対して祈るべきではないというあの訓戒の下にある真理である。

しかし、人々が犯した大きな間違いは、花が咲き果実が実ったときに、「このために（その特定の花や果実のために）私は働いたのだ」と言ってしまうことである。われわれは、物事が起こってから言及される目的に対していつでも警戒していなければならない。われわれは皆、ある方針を実行に移し始めるとすぐに、その方針に修正が生じるということを経験してきた。法律が、いわゆる一般政策と呼ばれるものを確立させると、この政策が実施されるかどうかを監督するための特定の規制や規定を作成するために委員会が設置されるようになる。このとき、しばしば生ずるのは、その政策には、その法律が反映されていたはずなのに、その法律が反映されていた政策から、異なる目的が発展してくるのを委員会が発見するということである。そして次には、その新しい、あるいは現実に現れてきた目的を体現するような形で法の改変を試みなければならなくなるのである。活動は常に、目的を体現する以上のものであり、それは目的を発展させるものである。この事実を全般的に受け入れるならば、われわれの政治科学・法科学の役割は、書き換えられる必要が出てくるであろう。ある劇的な瞬間から別の劇的な瞬間へと飛び跳ねていくような歴史の伝え方はすべて、その状況を捻じ曲げて伝えるものである。言ってみれば、歴史は、継続的に発展しつづけていく諸々の関係性と捉えられる必要がある。それは、まさにボイラーの中の水蒸気として捉えられる必要があるのである。ボイラーの水蒸気をどれだけ迅速に増大させるかは問題ではない。ただ、それはつねにじわじわと増大していく。

その上、われわれは、目的の何らかの分析において、われわれが目的と呼ぶものはしばしば手段であるということを覚えておく必要がある。鉄道建設のために株式会社形態を採ろうとする会社を取り上げてみよう。おそらく、株を購入する人のうち、この会社の「目的」に関心がある人は誰もいない。すなわち、その会社の目的は、新しいコミュニケーション経路を切り開くということであった。これに対して、ある人はお金が要るために投資を望み、他の人は投機したいと思い、さらに他の人は交通網が作られる方向性に影響を及ぼしたいと思い、またある人は、彼らが関心を持っている不動産価格を上げるために交通網の決定に影響を与えたいと思っているのである。[5]

目的、利益、欲求という問題には、もっと多くの実証的な研究を必要とするし、間違いなくこうした問題に対する一冊の本を必要とする。私はここで、近年の心理学が明らかにしてきた道筋の最も簡潔な示唆、社会科学の最も重要な概念の一つを示すことができるにすぎない。

私が上で述べたことは、われわれは、有機体の統合的な行動のそのときどきの時点についての目的を探すべきだということである。私はこのことを法や政治に関する後の章でも再び述べることになるだろう。政治のリーダーは目的を受け入れるよう人々を説得することはできないし、法秩序が目的を指定することはできない。目的は、人々のそのときどきの時点における統合的な行動に見出されるのである。もう少し言うならば、われわれが、目的とは過程に必然的に伴うものであって、中身のない意思なるものに伴うものではないということを理解するならば、われわれは自分たちの到達すべき目的を「選択する」ことはできないのだということを理解することになる。むしろ、何ものかが目的に忠実に従った動機をわれわれに「選択」させるのである。人が生きるということは、目的の選択よりも豊かなものである。すなわち、われわれは、今や、こうした到達すべき目的の選択以上により大きな責任、より崇高な倫理を有しており、そして目的の選択より決して小さいとは言えない、むしろ大きいとさえ言える自由を有しているのである。選択を断念するのではない。そこからさらに進んで選択を過程の中に戻すのである。われわれがこのことを理解しなければ、選択は、われわれにとって大きな災いを意味するかもしれない。というのは、われわれは恣意的な選択はできないし、選択を後回しにすることもできないからである。われわれは、その瞬間にただちに選択せず、失われた時間を後から埋め合わせるということはできない。選択は、過程の中にその位置を占めている。われわれはその位置がどこであるか正確に学ぶ必要があるし、そうした知識にしたがって行動する必要がある。われわれの神経筋組織の中に「心（mind）」とは異なる何かがすでに存在する場合に、それにもかかわらず、われわれが「心」のある選択をしようとするならば、われわれは不可能という絶望に直面するしかない。したがって、このような考え方をするよりもむしろ、われわれは別の形で自分たちの問題に取り掛かる必要がある。自分たちの運動メカニズムを改変するための仕事に取り掛かる必要があるのである。

それから、人間諸関係のわれわれの観察を通して、つまり心理学の教えを通して、われわれは次のことを学ぶ。すなわち、自分たちの諸活動のための力や道標は、いずれもその具体的な諸活動の中から生まれるということである。経験とは、力の源である。ここでは、意思や目的が生み出される。さらに、最も重要なこととして、ここでは、今言った意思や目的を評価する基準も生まれるのである。男性たちはかつて、妻の直感を当てにしていると語ってきた。しかし今日、妻の方は、家にいながら直感するというよりも、事実を調べるためにますます外に出かけていく傾向がある。われわれは社会的過程と評価基準との関係について長い間勘違いしてきた、と私は思う。例えば、われわれは長い間、自分たちを、素晴らしい理念をもち、それを実現するために努力する理想主義者たちからなる国民であるとみなしてきた。しかし、ニューイングランドの標準的な街を見てみよう。そうした街は、決まりきった日々を受け入れ、何事にも無関心という状態にあった。そこに誰かがやってきて、その街がなすべきことを提案する。その街の市民は、まさにアメリカ人であって、何かを実施する才能をもっている。もう少し言うと、彼らは、実行し、それから、実行したことについて考えるのである。誰かが、あるニューイングランドの村について、その村は社会福祉の部門をもつべきだと言った。住民は、それが何であり、何のためのものであるかを知らなかったが、彼らはそれを組織した。しかも、非常に上手に組織したのであった。それから、彼らは、自分たちとその隣町に対して、彼らの目的が元々何であったかを（あたかも知っていたかのように）語った。そして、その街の誰もが、自分たちはずっと社会サービスの部門を切望していたのだと考えるようになっていたのである。

　われわれの理念は、自分たちの諸活動の中に必然的に含み込まれている。「一つになろう」という話題を例に取り上げてみよう。これは、過去一五年か二〇年にわたってジャーナリズムやあちこちの集会所を賑わせている話題である。つまり、われわれの生活はあまりにも孤立を助長しているということ、そして、われわれはこの事態を改めるべきであるということが仮定されてきたのである。しかし、われわれの生活が孤立を助長しているということはまったくない。われわれが都市や工場、炭鉱において群れをつくって、共に生活することをはじめたその後で、つまり、われわれの有機的組織体全体が共に生活していく用意をし、それに慣れてきたその後で、別々の孤立した生活をやめて（！）、「一つになる」必要があるという声を聞くようになったのである。しかし、われわれは、共に生活していくということが既成事実となるまでは、一つになるというこの義務に対する声を聞くことは決してなかったのである。それなのに見よ、それは熱望の対象となってしまったのだ。しかも、出来事が起こったその後にである。それは、群居本能によるものなのか。あるいは、キリスト教の同胞愛によるものなのか。そうではないのである。事実から理念を作り出すというのはわれわれの避けがたい性向である。われわれには、信用、信頼、協働に基づいた全体的な産業システム、ビジネスシステムがある。その上で、われわれは、そこに目を向けず、「小さな愛すべきアリやハチを例に採ろう、そして、われわれの日々の生活の中に、結びつきや協働をもたらそう」と大きな声で言うのである。しかし、信用、信頼、協働は、いつでもわれわれの日々の生活の中にあるし、それが信用、信頼、協働についてわれわれが考えつづけている理由なのである。ビジネス界における協働は、幾人かの生物学者が熱心にわれわれに説くように、ハチやビーバーを見習うことによって生まれたわけではなかった。環境が変化する中で、ひとつずつ統合がなされ、行動パターンが構築されているのである。

われわれは、目的が先にあって、その目的に自分たちの諸活動を適応させるのではないし、あるいは、諸々の原理が背後にあって、その諸原理に自分たちの諸活動を適応させるのでもない。

私が言いたいのは、活動と目的・諸々の原理は異なるものであってほしいということではない。日々の生活からわれわれの理念と文化を得るということは、そうした理念や文化自身が、日々の生活に逆流して流れ込んでくる、活力に満ちたエネルギーをもっているということを意味している。われわれの多くは、現代の「機械の時代」を恥じており、留められないドレスのボタンよろしく飾りつけで覆って、うわべだけを取り繕う。しかし、われわれは、その日々の生活それ自身がアートになりうるということを理解しなければならないし、商業において文化を、産業において理想主義を、ビジネスシステムにおいて美を、機械工において道徳を、それぞれ見出しうるのだということを理解しなければならない。旋盤という技術に内在する倫理は、相当に根本的な性質のものである。人々はわれわれに、「アートの精神がどんどんと広がっていけば、われわれは現代文明のみじめさを救えるはずである」と言う。しかし、成熟した人々は、木にリンゴを結びつけ、しかるのちに結びつけたリンゴを収穫するなどということはできない。アートの精神が現代の機械時代の根元から生じてくるときにのみ、それは「われわれの文明を救う」だろう。われわれのいわゆる精神生活を日々の諸活動から分離させるのは、致命的な二元論である。われわれは、自分たちが活動しているところの、産業、商業、等々を無視すべきではないし、それ以外のどこか他のところに精神的な発展を探し求めるべきではない。他方で、われわれは、果てしない作用と反作用による以外に、産業、商業、等々の中に精神的発展を見つけることは決してないであろう。もしわれわれが、その物質的進歩に満足してそれを強調するとしても、それは物質的進歩が豊かな交織を可能にする力強さ、たくましさの証拠であるからにすぎない。物質的進歩から湧き出てくるエネルギーが存在するのであり、それは他のエネルギーと結びついて新たな人間と新たな環境を創り出すであろう。

労働時間の短縮化の議論では、多くの場合、このことが忘れ去られ、われわれはある種、魂救済の時間理論とでもいうべきもので物事を考えているのである。すなわち、産業という品性を貶めていく影響を一日いくらかの時間に留めておき、他の時間を何らかの教育的な方面に費やそうというのであり、そして、もし両者をしっかりと競争させるならば、精神を向上させていく影響の方が勝るであろうと考えているのである。しかし、われわれは、自分たち自身をこのような形で分裂させることはできない。労働中の八時間の影響は余暇の時間にも続くであろう。われわれが考慮に入れなければならないのは、労働中の八時間の影響それ自身なのである。

だが、われわれは、自分たちがしているあらゆる実践とあらゆる思索との関係の意義を必ずしも十分に理解していないわけではないという多くの徴候を知っている。なぜわれわれは現在、大学の長として工学者などの技術系の人々を迎え入れつつあるのか。なぜ、現在において、工学者という言葉そのものが「社会工学」等々を思い起こさせるものとなりつつあるのか。その理由は、われわれは、実践しつつ思索する者を必要とするということについて思いを強くしてきたからなのである。

この章を要約しよう。私が示そうとしている、心理学の社会学に対する主要な貢献の一つは、次のような活動が間断なく続いていくということにある。すなわち、特定の反応関係の活動、関係づけるという活動、そしてさらに、これらの諸々の関係づけが進化していくという活動、こうした活動は間断なく続いていくのである。こうした考えをもつ心理学の核心にある考え方は、「解放・救済（release）」と統合すること（integrating）とは同一の過程なのだということである。このことは、生理学や心理学と同様、倫理学にとっても重要である。さらに言えば、社会学にとって、その価値は計り知れない。

いく人かの行動主義者が「知識は筋肉の中で生きている」とわれわれに言うとき、彼らは活動とは間断なく続いているものであるという、より深い真理を閉め出しているように思える。私はここで、ただ、「知識（knowledge）」という言葉に異議を唱えているにすぎない。可能なかぎり、動詞のままにしておくのがよりよいように私は思う。名詞の価値は、主として事後のことを討議するために存在する。ホルトが論文「反応と認知（*Response and Cognition*）」[6]で述べているのはまさにこのことである。その論文では、彼の教えの根本的な部分、すなわち、知る（knowing）という活動は知る者（knower）と知られるもの（known）とを含んでいるということをわれわれに示してくれている。結局、「反応と認知」で行っていることは、知識という概念を廃することであって、知識という概念を説明することではない。知ること、活動、過程という概念を支持し、知識という概念を廃しているのである。知ること、活動、過程は、知る者と知られるものとを必然的に伴っているが、両者のいずれか一方の側から見ている概念では決してない。知る者は知られるものを知る（この

「知る」は、能動詞である）。現実とは知るという過程の中にあるのである。

　われわれがここまでで理解してきた深遠な真理は別の形で表現することができる。すなわち、行為者（actor）という語の意味は、過程の観点からのみ明確にすることができるということである。現代の劇作家はこのことを理解し始めつつある。一方で、われわれ自身は、このことを理解する人によって書かれた芝居や小説の真価をますます認め始めつつあるのである。かつての英雄は、数々の難局を乗り切って、閉幕前に一人きりでお辞儀をしに現れたものである。そのときわれわれは、何を彼が征服したのかには注意を払わず、征服という行為自体によって「興奮させられて」いた。そのとき、われわれが征服と敗北の間の違いを分析することは確かになかった。そして、難解な問題は、たいていは、事実上、外面のはるか下に隠されたのである。しかし、今や、われわれは英雄だけに思いを巡らすことはしないし、あるいは英雄とその英雄の足元に倒れている敵だけに思いを巡らすことはしない。事実、われわれは、屈服した敵たちの中にまぎれている英雄を探さなければならないかもしれないのである。われわれは、人生の非常に多くの関係性の中でその英雄を理解するのであり、彼の時代の何らかの価値観からすると、彼はどのくらい重要だったのかという観点からその英雄を理解するのである。

　私は、われわれが導き出した公式に、そして行動とは環境の関数だという定義に今こそ立ち戻ることができるのであり、さらに、その公式に、より大きな理解をもたらすことができると考える。私は、社会心理学のために、そのことを次のように表現したい。すなわち、思考すること（意思すること、目的を抱くこと）は、相互依存的な諸変数の、つまり個人と状況とのそのときどきの関係づけである。各々の諸変数は、そうした関係づけによって自らを新しく創造し、それらの諸変数を新しく関係づけ、こうしてわれわれに進化しつづけていく状況をもたらすのである。

　心に留めておくべき重要なポイントは次のとおりである。

1　行動は、内的・外的に、その両面から条件づけられる。

2　行動は、有機体の活動と環境の活動との間の交織の関数である。すなわち、反応とは関係づけに対するものである。

3　こうした活動の織り合わせによって、個人と状況は各々、自らを新しく創造しつづけていく。

4　このようにして、個人と状況は、それぞれ自身を新たに関係づけつづけていく。

5　このようにして、個人と状況は、われわれに、進化しつづけていく状況をもたらしつづけていく。

この第3章と第4章の二つの章が、行動主義[7]と呼ばれるものを無条件に支持しているものでないのは明らかである。というのは、行動主義者は、遅れてきた機械主義者であって、遺憾な点が多いからである。一方で、ホルトの考えは、行動主義以上のものであり、より分別があるように私には思える。それは、社会科学にとって含蓄があり、重要である。なぜならそれは、「画（pictures）」ではなく、過程という観点からわれわれの問題を考えさせてくれるからである。ホルトがわれわれにもたらした自己維持しつづけていく過程（self-sustaining process）という考え方は、人間の活動の根本的な法則である。言ってみれば、この心理学は、われわれに対する挑戦であり、かつご褒美でもある。すなわち、この心理学は一方において、その旅で用いるコンパスを与えてくれるし、他方でわれわれが絶えずあらゆる痛みと引き換えに期待しうる唯一の贈り物をもたらしてくれる。つまりは、より大きな痛み、より困難な出来事と引き換えに与えられる機会である。われわれが、自分たちの務めに自らを捧げれば、われわれの務めはより大きなものとなるだけでなく同時にそれは、より深遠で、より崇高なものとなる。あらゆる活動にとって、その報酬とは、その活動がより大なるものとなることなのである。

生きるということを過程として完全に受け入れるならば、そのことは、かつてなされてきた議論からますますわれわれを解放してくれる。私が示唆しようとしてきた考えは、従来の理想主義ではないし、従来の現実主義でもない。それは機械論や生気論でもない。すなわち、われわれは、機械論をその理論自身の範囲内に限れば正しいと考えるし、生命の躍動（*élan vitale*）という概念（この概念では未だ物自体を超えていない[1]）を深遠な真理のいくぶん荒削りな兆候にすぎないと考える。これらのやや部分的な視点の限界からわれわれ自身を抜け出させることが今こそ可能となる。今や、われわれには、考えていくことの新しい様式、行為していくことの新しい様式が与えられているのである。

[原注]

（1）*Op. cit.*, p. 157.

（2）「…単なる反射活動から高度に組織化された行動へと成長するということは、有機体とその反応の対象の間の相互関係がますます重要となってくる一方で、刺激と有機体の間の相互関係がますます直接的でなくなるということである」。
Op. cit., p. 169.

（3）*Op. cit.*, p. 163.

（4）「われわれが何かするのは、「到達すべき目標（end）」という死んだ、静態的なものを達成するためだというのは正しくない。われわれが何かするのは、より包括的な何かをしつつある中において、その何かをすることが、従属的ではあるが必要な機会だからである。そのとき、真に対比すべきは、行為あるいは手段と、思考あるいは目的との間の対比ではなく、部分的な行為と全体的な行為との間の対比である」。「願望（wish）という考え方は、生命は、目的達成のために生かされているのではないということを示してくれる。生命とは過程である…。その運動は前進していく。だが、その動因となる力は、前から（つまり、「エンド（＝目的（end)）」から）ではなく、後ろから、つまり願望からもたらされるものである。願望は、われわれ自身に内在しているものである。」*Op. cit.*, pp. 93-94, 132.

（5）Jhering, *Law as Means to an End*（イエーリング『目的に対する手段としての法』）p. 32 参照。

（6）『フロイト学派の願望』の補論。

（7）ただし、私は、私がワトソンから恩恵を被っていることはしっかりと認めたい。

【訳注】

［1］「物自体」はカント哲学の概念である。第3章の訳注［10］を参照。

第5章　近年の心理学から見た経験：ゲシュタルト概念

Experience in the Light of Recent Psychology: The Gestalt Concept

心理学の思索の近年の発展を考察するに際して、現代ドイツ心理学の顕著な特徴、すなわちゲシュタルト理論（the Gestalt doctrine）として知られる理論に触れずにいることは不可能である。ゲシュタルト理論は、アメリカ心理学に著しい影響を及ぼしつつある。このゲシュタルト理論は、新しい理論だとされているが、それは相当に過大評価であると私は思う。なぜなら、ゲシュタルト理論はもともと長い間、哲学的な思索の中で重要な位置を占めてきたからであり、またそれが心理学の領域それ自身の中で、その理論の登場が予想されてきたからである。だがそれにもかかわらず、私がここで、このゲシュタルト理論を考察するのは、次のようないくつかの理由のためである。第一に、この理論は、統合的まとまり（integrative unity）、機能的全体（functional wholes）の理論に対して、実験に基づいた検証をしてみせたからである。この実験による検証は確かに価値あるものである。第二に、この理論の考え方には、今日、われわれが前進しようとすることに対して深刻かつ悲惨なほどに逆らうあの傾向を修正してくれるという側面があるからである。最後に、私は本書において、全く異なる学問領域における思索の同一方向への発展を示そうとしているからである。そうした思索の発展が私には重要なように思えるのである。さらに言えば、原子論的な概念（atomistic conceptions）から脱しようとする現在の傾向以上に重要なもの、価値あるものはない。こうしたわけで、ゲシュタルト概念について簡単に触れさせてほしい。このゲシュタルト概念は、全体性の理論（a doctrine of wholes）と呼ばれている[1]。

ケーラーは、精神状態と精神過程について語る際に、このゲシュタルト学派の中心的な考え方を簡潔に表現してきた。すなわち、精神状態や精神過程の独特の特性・

活動は、それらのいわゆる部分の特性・活動とは異なっているということである。そのような精神状態・精神過程は、まさにまとまり（units）（ドイツ語で言うところの *Einheiten*）として把握されると言ってよいものだと彼は述べ、フォン・エーレンフェルス（von Ehrenfels）にしたがって、これらのまとまりをゲシュタルトと名づけるのである。[2] この考察は、物的、精神的、社会的状況は、足し算の関係にあるということを否定する。ドイツ語で言えば、単なる「ウント・フェアビンドゥング（*Und-verbindung*＝アンドでの結合）」や「ウント・ズンメ（*Und-summe*＝アンドによる合計）」の関係にある諸要素から構成されているということを否定するのである。

次の点が注意されるべきである。すなわち、ケーラーは、主観的経験だけでなく、環境もゲシュタルトを構成していると考えているのであり、つまり、彼は、ゲシュタルトは客観的に見て確かに存在しており、かつ経験的な観点から見ても確かに存在していると考えているのである。

この理論に対する、断然に価値のあるアプローチは、知覚研究の領域でなされてきたと私は思う。実際のところ、このゲシュタルト理論の概念は、この領域の研究者によって生み出されたものである。これらの研究者の結論は、「単一なる感覚」が経験的な事実であるということを否定している。多くの実験が次のことを示しているように見える。すなわち、知覚は、単一の感覚的な刺激の量的な合計であることに加えて、質としての側面をもっているということである。この質は、知覚の本質を表す。知覚をその諸々の部分に裂いてしまうと、経験の本質が消滅する。コフカ（Koffka）は次のように言う。「われわれが経験しているのは、分割されていない、有機的に関連づけられた全体である。これらの全体を『構造』と呼ばせてほしい。そして、われわれは次のように断言することができる。偏見のない描写がなされれば、あらゆる心理的な経験の基礎をなす事実の中に、そのような構造を見出すことができるのである。…」[3] コフカの実験は全て、彼をして、知覚とは、諸々の感覚の要素から構成されているのではないという結論に導く。言い換えると、彼の結論は、感覚ではなく、知覚こそが心理学的な単位（unit＝まとまり）だということである。

ケーラーの、サルやニワトリを用いた比較的単純な実験の一つは、「構造」の意味をはっきりと示している。その動物が対峙する刺激は二つである。一つは明るい灰色bであり、他の一つは、それより暗い灰色cである。食べ物はbの後ろに隠されており、cの後ろには食べ物はない。その動物は、bから食べ物を得るという行動を繰り返し行わせることで訓練される。次に、実験の条件が変えられる。今度用いられる刺激は、*b*と、もう一つはそれよりさらに明るい灰色*a*である。伝統的な理論によれば、その動物は、食べ物と*b*を結びつけることが予測される。しかし、ケーラーは次のことを発見したのである。すなわち、多くの場合（そして彼は、例外についても説明している）、その動物は食べ物と*b*を結びつけなかった。その動物は、より明るい灰色の*a*を選択したのであった。それは、その動物が先の実験で、相対的に明るい灰色の方を選択してきたからである。もちろん、先の実験で相対的に明るかったのは灰色*b*であった。以上のことは、次のことを意味している。すなわち、その動物は、*b*を知覚していたのではなく、ある場との関係で*b*を知覚していたということである。その動物の知覚は、一つの複合体の知覚であり、関係性の場を知覚しているのである。その動物は、知覚されたもの全体に反応している。

コフカは、ゲシュタルトは単純な刺激の関数ではないということを示す際に、われわれに次のことを語っている。ゲシュタルトという過程は、刺激だけに依存しているのではなく、有機体の「態度（attitude）」にもまた依存しているのである。[1]有機体の態度は、一定の反応様式を前もって有している。これらの反応様式という生理学的な過程は、構造的な現象の基礎をなしており、また、それはそれ自身、構造的性格を有している。コフカがわれわれに語るのは、ゲシュタルトとは、有機体の「運動構造」が刺激に対して関係づけを行うのだということである。多くの場合、運動構造の方が非常に強いので、その関係づけは、完全に不適切だと思われる刺激によって引き起こされることがありうる。この点は慎重に言及されるべきである。というのは、われわれが、感覚は単純な刺激の関数ではないということを知り、そして、知覚、すなわち経験のまとまりは、単純な感覚の関数ではないということを知るとき、われわれは、このゲシュタルト理論の最も本質的な特徴を捉えているからである。コフカは、この「態度」の特殊かつ具体的な性質を、かつての注意（attention）という概念と比較されるものとして述べている。[2]ただし、注意という伝統的な視点は、概してこの国では用いられなくなっている。

ゲシュタルト学派の主な特徴は次の点である。第一に、それは、その学派自身の表現を用いれば、現象の「そうである（so-being）」特性よりもむしろ「そのように機能しつつある（so-functioning）」特性をわれわれに示してくれる。第二に、それは諸々の全体性の、限定された特殊な性格を示してくれる。あらゆる精神状況は、構成部分の「独立的な」性質とは異なった、特殊な性質をもっているのである。第三に、それは、これら諸々の全体性の生理学的な相関現象を示してくれる。すなわち、ゲシュタルト現象の基礎にある生理学的な構造は、それ自身ゲシュタルトなのである。こうして見ると、われわれが行っているあらゆる研究において、つまり、最も単純な知覚経験の研究、あるいはそうした経験の基礎にある生理学的な構造の研究から、パーソナリティ領域の研究にいたるまで、等しく次のことが見出される。すなわち、全体性の研究が必要だということである。なぜなら、全体性の性質は、部分の性質とは異なっており、また部分からは演繹されえないからである。

以上のことは決して新しいことではない。しかし、「新しい」という主張をめぐってその下を覗いてみるならば、この理論は興味深いと私は思う。むしろ、私が面白いと思うのは、理論それ自身よりも、その理論が熱狂をもって迎え入れられているということである。その熱狂は、ゲシュタルト理論が世に出されたときの熱情以上のものがある。こう考えるとき、われわれは、その理論がどのようなニーズを満たしているのかをはっきりと知るのである。ケーラーがわれわれに語るのは、この考え方は、従来精神的な営みにとって基礎的とみなされてきた諸概念よりも大きな科学的可能性を有しているように見えるということである。ケーラーは次のように言っている。「この新しい思考方法、研究方法は、それで具体的な諸問題に接近している場合は必ず、それがすぐれた成果をあげるということを示してくれるだけでなく、驚くべき、重要な事実を明るみに出してくれる。そうした事実は、この理論の導きなしでは、容易に発見されえないものなのである。」

心理学のこの学派について重要なことは、それがその支持を全く異なる研究領域から得ているところにある。ケーラーは次のように述べる。「こうした研究の全てが、現在のところいつでも、様々な立場から、そして様々な領域において、この中核にある考え方に導いていくのである。」クルーガー（Kruger）は、昨年四月のライプツィヒ心理学会議[4]の冒頭に、この心理学の中核にある理論の説明を行った。そして、この概念は、この一〇年の間にときを同じくして四つの方面から育まれてきたものであり、それぞれの方面の心理学者は他の者とは全く独立して研究を行ってきたのだと語ったのである。[5]

この理論に対する最も興味深いアプローチは、パーソナリティ研究の領域でなされている。多くのパーソナリティの心理学的研究は、個々の「特性（traits）」に関心をもっており、次のような事実が驚くほど無視されている。すなわち、パーソナリティというものは、その構成要素である諸特性の研究によっては決して明らかにされえないのであり、その上、単にこれらの個々の諸特性を合わせ足していったとしても明らかにはならない。人間の単一の性格のうちで、それがその人間の他の諸々の性格との関係において理解されることなく意味をもつものは存在しない。より正確に言えば、人間の単一の性格とは、全体的な相互作用なのであり、またこれらの全体的な相互作用によって存在をもたらされている何ものかなのである。全体的な相互作用こそがパーソナリティ全体を形成している。

多くの心理学者は、スターン（Stern）のように、パーソナリティを全体として研究することを今頃になって強調している。われわれの一部には、こうした動きがやや遅いように思う人もいる。われわれの日々の諸問題は、それが家庭においてであれ、事務所、工場、店舗においてであれ、すでにこのパーソナリティを全体として研究するということを迫るものであった。私は、ここ二、三年の間、職業指導課のスタッフを雇うことに若干の関わりをもっており、大学を出たばかりの人が、われわれのところに心理学者としての職を求めてきたことがあった。彼は、自分が用いている手法を私に述べる際に、職業指導課に来ていた少年・少女に実施した試験とそこから引き出された結論を語った。私が記憶しているのは、彼は自分が行ったペットの試験のようなものに大きな重要性があると考えていたらしい。その試験とは、何も疑っていない子どもたちに突然ヘビを出すというものであった。彼は、子どもたちが出てきたヘビを見て飛び上がったり、悲鳴をあげる姿から、その子どもたちをどのように評価するかをわれわれに語ったのである。しかし、私は、彼の評価が何らかの価値をもつとは思えなかった。なぜなら、彼は、この試験を孤立させ、そうして孤立した試験の中から彼の結論を引き出しているからである。われわれはそれゆえ、われわれのスタッフに「応用」心理学者を迎えないことに決めた。実際には、その後、この心理学の領域において大きな進歩がもたらされている。しかし、まだある程度弱点が残っていて、それは、人間の全体性、少年や少女の全体性に十分な注意を払っていないということである。

だが、人間の全体性は、われわれ心理学の一部の研究者によって、響き渡るような明快さをもって説かれている。ドイツの学派は、分割されえない複合物を心理学の対象とすることを強調する。ただし、その強調は、われわれアメリカ人心理学者が強調する次のことと同様、執拗になされているわけではない。アメリカ人心理学者は、われわれに、「人間を全体のまま保持」すべきこと、その人間が「本当にしている」ことを見出すべきことについて語り、人間の行動を、その人間が行っている数千もの個々別々のしぐさの点から述べるべきではないと語る。さらに述べておくと、「人間の行動は、対象・状況・過程（あるいは単に、関係性）の一定の関数なのであり、こうした対象・状況・過程（あるいは関係性）」が明らかになるまで人間の運動を研究すべきだと語られる場合には、われわれは、人間は全体に対して反応しているということを教えられているのである。

人間が本当にしていることを見出す方法は、その人間の行動を観察することであると行動主義者が語る場合、私は必ず次のことを覚えておくようにとつけ加えるに違いない。すなわち、人間の行動は常に、(1)その人間が行いつつあること、(2)その人間が自分が行いつつあると考えていること、(3)その人間が自分が行いつつあると語っていること、この三者を含んでいるということである。集団行動の研究において、われわれは、これら三つの全てが生き生きと状況の中に入り込んでいる場合の興味深い例を数多くもっている。人間結合の「目的」を発見するために、われわれは常にこれらの三つを考える必要がある。心理学者が、社会科学の研究者と手を結ぼうとするならば、それは、人間の諸問題の解決のための預言と希望の日と言えるだろう。

われわれは、社会科学において、あの原子論が犯した失敗の数えきれないほどの例をもっている。ゲシュタルト理論は、心理学のレベルでこの原子論と立ち向かっているのである。おそらく、多くの経済学者による最近の本能（instincts）の取り扱いほど興味深いものはない。[3] これらの経済学者が数年前に、本能という概念を発見したとき、初期においては、彼らは、個々の本能の作用を考察する傾向にあった。しかし、諸々の本能は、互いが互いと無関係に作用しているわけではない。諸本能のお互いに対する関係、諸本能とその全体的な効果を織り交ぜることは、ほとんどまったく無視された。このため、多くの誤った結論がそのいわゆる「本能理論」から引き出されたのである。経済学者たちの考える本能なるものは、全く存在しない。経験は、本能、感覚、反射、その他何であれ、原子論的なものの問題ではない。それどころか、われわれは、諸々の本能が相互に活動しているということだけではなく、全体としての有機体と個々の本能の諸性向との関係性もまた研究しなければならないのである。

しかし、全体性の性質は、様々な解釈が可能である。ゲシュタルト学派の多くの研究者たちは、全体性とは、その構成部分「より以上」のものであると言う。私はこの言葉を危険だと思う。全体性は、部分以上なのではなく、部分と異なっているのである。ある研究者は、ゲシュタルトを、すぐれた（super）現象とか上位の（over）現象と呼んでいる。これらの言葉は、等しく異議を唱えるべきものである。われわれは、ゲシュタルトに対して、すぐれたとか上位という名を与えるべきではない。ゲシュタルトとは、より全体的に、より生き生きとした、より活動的な視点から見ると、それ自身、全体的な過程の部分なのである。より以上（*more*）という言葉をめぐる論争が起こっているのは、私が思うには、量的な意味でのより以上と質的な意味でのより以上に関する思考上の混乱に原因がある。確かに、量的に見れば、一（the one）は個々バラバラの多（the many）より以上である。言い換えると、われわれは「個々と異なる何か他のもの」を有しているのである。しかし、われわれがこのことから進んで、一をして多以上のより大きな価値があるとするならば、われわれは深刻な間違いを犯している。このように考えるならば、間違いなく、われわれは、社会科学において大きく道を踏み外すことになる。政治学あるいは経済学において、全体を部分より以上とかより大なるものと考えるのはかなり危険である。われわれが、国際連盟に反対している一部の人々の心理構成を分解・分析できるならば、おそらく、次の点に気づくはずである。すなわち、彼らが「全体」は必ずその部分「以上」であるにちがいないと考えるために、彼らは国際連盟に対して恐れを抱くのである。そして、私の考えでは、「全体」が必ず「部分」以上であるということが正しいとすれば、国際連盟はアメリカより「偉大」ということになる。アメリカという国はその諸々の州よりも偉大なのだろうか。そうではないのである。しかし、アメリカと諸州は、異なってはいる。そして、そのような相異性がどのような性質のものかということが、思考のあらゆる分野、人生のあらゆる分野においてわれわれが判断を下すために根本的なものなのである。それは、あらゆる人間的な活動にとって非常に重要な問題である。

　それから、全体性にすぐれたという性格を付与する者は、たいてい全体性に静態的な性格を付与する。私は、全体性の真の性質についてのよりよい考え方を、前二章で与えられた円環的行動の理論から得ると考えるものである。というのは、全体と部分の関係性は、円環的反応の関係にあるからである。ゲシュタルト理論の研究者のうち多くの者は、自分たちが立ち止まって考えてみるべき時期にきているということに気づいているし、さもなければ、ともかくも、自分たちの説明に欠落が存在していることに気づいている。彼らは、もしゲシュタルト理論の十全な説明を与えようとするならば、部分同士の関係とともに、部分に対する全体の関係を説明しなければならないということをしっかり理解している。しかし、円環的行動の何らかの記述を含めなければ、彼らはこの関係性を満足に説明できないと私は考える。言い換えると、これらの研究者は、全体性の動態的な性質のより十分な理解を必要とするように私には思える。というのは、彼らが用いている全体性の概念は、諸々の活動間の関係性が停止した瞬間を表しているように見えるからである。われわれは、どんな理論に対しても、それほど即座にあるいはきっぱりと拒否する必要はない。全体性（whole）は、たいていそれ自身、全体過程（entire process）の一部であり、それ自身諸部分と交織している。そして同時に、諸部分は全体を形成するために交織しているのである。個人レベル、社会レベルでこのことを理解することは、計り知れない価値がある。われわれの教育方法は、この理論を受け入れる必要がある。というのは、このゲシュタルト理論が、何らかの習慣形成の理論と結びついているのは明らかだからである。諸々の習慣が形成されている間にも、有機体は個々それぞれの習慣の形成に影響を与えてつづけている。すなわち、われわれが有機体と呼ぶ諸々の活動システムの組織は、その活動システムが有機体を形成しつつあるその最中にも、それぞれ個々の活動システムに影響を与えているのである。パーソナリティの研究においてわれわれは、全体的なパーソナリティがそれぞれの「特性」（よい言葉ではないし、幸いにも現在は使われていない）に影響を与えるが、その間にも、それらの諸特性はまさに全体的なパーソナリティを形成しつづけているということを見出す。さらに見よう。保護観察官は、少年を社会に「適応させ」ようとするが、それは、その保護観察官が少年の個々の諸活動を取り扱うことによって行っているのである。つまり、少年に適した職をみつけ、夜間学校に行かせ、ボーイスカウトに入ることを勧めるのである。しかし、このようにしてなされる「全体的な」調整・適応はこれらの諸活動一つ一つに影響を及ぼしているのである。資本と労働の「全体的な」調整は、賃金や労働時間や作業環境のそれぞれ個々の調整に影響を及ぼす。ともかく、このような例は、枚挙にいとまがないであろう。

すぐれた全体（super whole）や静態的な全体（static whole）という概念の危険性は、価値についての理論のいくつかの取り扱い方に見られるものである。われわれは、ゲシュタルト心理学の中に、われわれがそれまで手にしていた理論よりも洞察力に富む価値の理論（個人の心理と社会の双方の観点を考慮したものとして）を見出すことができる。ただし、それはその全体性のよりすぐれた性質なるものが強調されないということが条件である。ゲシュタルト心理学の中により洞察力に富む価値の理論を見出しうるということは、社会科学の研究者にとってきわめて重要なことである。というのは、ある社会状況において、その社会状況を、それを構成する諸活動に分解・分析することがいかに必要であろうとも、われわれの課題の一つの部分は、価値のまとまり（value-units）、つまり、上記のゲシュタルトの定義を引けば、全体価値（whole-value）を発見することだからである。全体価値は、諸々の部分の価値の合計とは異なるものであり、そして、諸々の部分の価値と同じ様式では取り扱われることのできないものである。価値のまとまり、利益のまとまり、願望のまとまりの創発を注視することが社会科学の妥当な方法でなければならない。この創発を促進すること、創発された価値・利益・願望のまとまりの妥当性を受け入れ、それらに基づいて行動することは、労使関係や国際的な紛争を調整するどんな者にとっても根本的な課題である。政治家や産業界の管理者たちがこのことを行うとき、研究者がこの理論を社会研究の手法に適用するとき、われわれは、社会的・政治的な諸問題を解決するよりよい機会を手にするだろう。これらの全体性のまとまり（whole-units）は、われわれを原子論的な諸価値から遠ざけてくれるものである。これらの全体性のまとまりは、よりすぐれた価値でもなければ、静態的な価値でもない。というのは、そうした全体性のまとまりは、個々の諸価値と継続的に編み合わせることによって、まさにその存在を得るからである。[6] 本書の政治に関する章では、政治科学における連邦制原理（the federal principle）を、私が連邦主義的倫理と呼ぶものと結びつけている。より低い次元でも、連邦主義的原理は有効である。この連邦主義的原理は、統合の理論の本質であり、社会的な発展と同じく、生物的発展、人格的な発展の核心でもある。創造的な経験は、連邦主義的な成長である。

静態的な全体が存在する可能性を考えてしまう誘惑からわれわれを解放するためには、われわれは常に、その全体性が為していることは何なのかを問う方がよい。全体性とは、賑やかな子供たちを慈悲深く見守り、穏やかに恵みを与える者ではない。全体性は、その「部分」の中で身代りとなって生きているのではないのと同様、「部分」のために身代りとなって生きているのでもない。部分は、全体性の創始者でもなければ、全体性の子孫でもない。部分への全体の影響なるものは、漠然とした、神秘的な意味では存在しないし、また、独裁者が「もっともらしい理由をつける」ことによるものとしても存在しないのである。そうではなく、ただ円環的行動を通じてのみ部分への全体の影響が存在するのである。われわれが、「その人間の全体性を保持せよ」、「その経験の全体性を保持せよ」、「常にその全体性を研究せよ」と言うとき、われわれは、このように言うことによって意味していることをしっかり心に留めておく必要がある。というのは、われわれはもちろん、諸々の部分を研究しないというつもりで言っているのではないからである。分解・分析は、統合と同じくらい重要な、心理的・社会的研究の一領域である。心理学者が、そして社会学者が自身の領域でなさなければならないことは、形成し続けていく全体（whole a-making）を研究することである。このことは、全体と部分を、お互いの、活動的かつ継続的な関係性の中で研究することを必要とする。統合的な過程を研究する心理学は、動態的な心理学であり、すなわち、活動と関わっているものである。われわれが活動を注視するとき、全体との関係で部分を見ているのでもなければ、部分との関係で全体を見ているのでもない。そのとき、われわれが注視しているのは、形成し続けていく全体なのである(7)。

しかし、考察されるべきもう一つの点がある。すなわち、環境も、形成し続けていく全体であり(8)、これら二つの形成し続けていく全体を編み合わせることが全体状況を創造するということである。そして、さらに付言すれば、その全体状況もまた、形成し続けていく存在なのである。「心理的状況」は、常に全体状況である。より深い心理的研究、より深い社会的状況の研究は、これら三つの形成し続けていく全体の研究なしにはありえない。もし社会レベルからの例を望むならば、一方で労働組合員たちのお互いに対する関係、他方でその雇用者たちのお互いに対する関係、そして、これら二つの主体のお互いに対する関係、およびこれら二つの主体たる彼らが直面する事情に対する関係を考えてみたらよい。最近、ボストンの電話交換手の女性たちの間で仲間割れがあったが、その件は、この形成し続けていく全体の視点からする研究にとって興味深いテーマである。しかし、事例を取り上げる必要はない。というのは、個人レベルであれ、社会レベルであれ、あらゆる心理的経験において、これら三つの形成し続けていく全体の活動は常に存在しているからである。

ケーラーは次のような問いについて言及している。すなわち、「ある全体の中の、特に特徴的な出来事」というのは諸部分の側の相互作用の結果なのかどうか、あるいは、そうした出来事は、「生活における生き生きとした周囲の状況」に対するそのまとまり（*unit*）の側の反応なのかどうか、という問いである。もちろん、それは両方である。そして両者は同時に生じている。その諸部分の相互作用が進展していくと同時に、そのまとまりは一つの全体として、「生活における生き生きとした周囲の状況」に反応していくのである。このことは、集団の研究の最も興味深い部分である。したがって、われわれは、集団の諸個人間の相互作用は、「生活における周囲の状況」によって継続的に影響を受け、そして、集団と「生活における周囲の状況」との間の相互作用によってもまた影響を受けているということを知るのである。

ゲシュタルト運動が取っている方向性は少々望ましくない。それは、その構成要素よりも全体に対するより大きな関心を含意しているように見えるからである。そのような方向性は、それが存在する場合にはいつでも致命的な誤りである。ゲシュタルト学派の注意は、結果の方に向けられ、過程をやや軽視しているように見える。全体性がもつ独自性、全体性の部分以上という性格にかなり継続的に注意を払うことで、彼らはむしろ、全体を形成していくことについての関心を阻んでいるように見える。その上、統合的な過程のそれぞれの結果に、彼らの注意が引きつけられると、その分、その統合的な過程の継続性が軽視されてしまうのである。過程の継続性こそが、私が本書で伝えようとしている心理学の本質である。われわれが気づいてきたことは、結果よりもむしろ過程が強調される必要があるということであり、過程が継続的なものであるということ、全体を形成することと全体を壊すことが等しく重要だということである。

だが、このゲシュタルト心理学派の結論とそのさらなる含意は、社会科学の研究者にとって価値のあるものである。というのは、われわれが再三、われわれ自身の研究について特に次の点に注意を促しているからである。すなわち、われわれの目の前にある問題は、まとめ上げていくための技術を発見するという問題だということである。専門家を用いることの難点の一つは、たいていは、異なる専門家たちの知識をまとめ上げていくための技術の欠如にある。次の例が、最近私の注意を引いた。カリフォルニアのある村で、セロリの病気の専門家が農場から農場へとセロリを検査に行き、そして芯の腐敗を探した。彼の傍で、一人の農場主が、そのセロリの病気はその作物の栽培方法や灌漑の過程、等々と関係があるといういくつかの証拠をもっていると彼に言った。そして、その農場主は彼に、こうしたことが正しいかどうか尋ねた。その専門家は、私にはわからない、私は栽培のことは知らない、私は病気の専門家だ、と答えたのである。

ソーシャルワーク〔社会福祉関連事業〕は、しばしば、そのそれぞれの仕事をあまりにも専門化しすぎてしまって、苦しむことになる。児童カウンセリング医院において、ある子供に関するいくつかの報告書が提出された。それは、医師によるその子供の健康に関する報告書、ソーシャルワーカーによる家庭事情に関する報告書、そしてあるテストを行った心理学者による報告書であった。しかし、そこには、これらの様々なアプローチの報告書をまとめ上げていく技術が存在していないようだった。その院長は、それぞれの者が次に何をすべきかについての彼の考えを簡単に述べた。そして、それぞれの者はやはり個々別々に子供を研究すべく、再び専門家として世に出ていったのである。

だが、ソーシャルワークの領域において、われわれは、全体性に関する近年の心理学の結論との非常に興味深い類似性をいくつか見出す。伝統的心理学は、経験とは感覚（sensations）、観念（images）、感情（affections）からなるものであるという考えをもたらした。この伝統的心理学との対比における現代心理学の教訓の重要な特徴の一つは、経験は常に一つの複合物だということ、経験は常に一つのまとまりだということである。同様に、現代心理学の教訓の重要な特徴の一つは、まさに、一部の社会科学の研究者たちが自らの観察の中で最も明らかになった部分だと感じているものである。つまり、経験のそのまさに本質は、分解・分析するうちに雲散霧消してしまうと彼らは感じたのである。観察という科学的な手法、表面的な価値を超えて見通す洞察力、および大量データの総合的な処理の成果である、エイダ・E・シェフィールド夫人の事例研究は社会心理学に対する価値ある貢献である。私は、彼女の近著「ケースワーカーが本当にしていることは何か」[9]を、第3章で得られた円環的行動の理論および本章のゲシュタルト理論の興味深い例証であると感じている。私は、彼女のデータのかなり自由な解釈を行ってみよう。ソーシャルワーカーは、若者を引き受ける。その若者が彼女の世話になることになったのは、環境に対する不適応のためである。彼女は彼のために一つまた一つと事を行っていく。つまり、彼を歯医者に連れて行き、彼が適切なメガネをもっているかどうかを知り、彼に適した仕事を見つけ、体によい気晴らしの方法を提案するのである。だが、順番になされてきたこれらのこと一つ一つが、彼女が「本当にしている」ことではない。これらのことは全て、全体として考えられるとき、それら一つ一つでは与えられない影響を彼の人生に及ぼすだろう。さらになお、この全体的な影響でさえ、ソーシャルワーカーがしていることの全てではない。彼女がしていることは、その社会環境に対する子供の適応を可能にすることである。しかし、このことはしばしば忘れられる事実であるが、ここでの適応とは、静態的な環境に対して適応するということではない。子供の様々な、時々刻々変化していく諸活動は、それ自身、彼の周りにあってその社会的環境を構成している、様々な時々刻々変化していく諸活動とつながりをもっている。こうした相互作用こそが、近年の心理学に言う「全体状況」なのである。この「全体状況」がしばしば全体画（total picture）として考察されてしまう。それは、もしあなたがその画を十分詳細に検証すれば、そのすべての要素を手に入れることができるという考え方である。しかし、全体状況は決して全体画ではない。それは全体活動（total activity）であり、そこにおいて、個人の活動と環境の活動は継続的に交織するのである。ソーシャルワーカーがなそうとしていることは、多量の交織を引き起こすということである。こうした交織から次のことが結果として生ずる。すなわち、環境からのさらなる反応、個人からのさらなる反応が前進的経験をもたらすということである。

　このことは全て、ソーシャルワーカーは単に環境に対する子供の反応と関わっているのではないということを含意している。彼女は、子供の行動がいわば社会的環境の関数ではなく、子供と環境の継続的な関係づけの関数であるということを理解しなければならない。子供たちに寄り添うソーシャルワーカーの価値は主として、彼女が子供たちを理解することに依存するのではなく（「彼女は若い子たちを大いに喜ばせる」というのは、もはや、われわれがソーシャルワーカーに与えることができる最高の褒め言葉とはみなされない）、彼女が社会学の研究者として社会事情を理解することに依存するのでもない。そうではなく、子供の人生を自由なものとするということに向けて、彼女の役割を果たす能力があるかどうかに依存するのである。子供の人生を自由なものとするためには、子供の可能性と社会的環境の可能性でもって、「全体」あるいは、漸進しつづけていくまとまりをつくり上げることである。この意味での全体は、子供の人生をより幸せに豊かにするだろうし、社会的環境にも全ての若者のためのさらなる可能性を内包させることになるだろう。こうなると、子供の次の反応は必然的により包括的なものとなるだろう（ここでは、包括的という語を、「広範囲」というよりも「内包的」という意味で用いている）。すなわち、私が既に用いた表現で言えば、彼の人生は前進的な経験を内包したものとなるだろう。統合的な経験は常に、前進的な経験である。

　われわれは今や、われわれの思索に大きな影響を及ぼすに違いない概念を手にしている。それは、われわれが心理的連続性（psychological continuity）と呼ぶ概念である。

統合的行動は円環的行動を意味し、その円環的行動は、経験の連続性を含意している。この経験の連続性は、重要な心理学的な概念である。この視点は必然的に、外的な刺激に多くの注意を払うことになる。私は、ソーシャルワーカーは子供の全体性を保持せねばならないと述べてきたし、また、ソーシャルワーカーは、環境の全体性を保持せねばならないとも述べてきた。しかし、われわれがここまで見てきたように、分解・分析は統合と同じくらい重要である。否むしろ、分解・分析は統合における欠くべからざる一段階である。あらゆる社会調査において、われわれは、「社会環境」をそのたった一言で片づけ、それ以上論じないというわけにはいかないことを知っている。私がたった今述べた論文に、このことの重要な実例がある。当の事例は、未婚の母の事例であるが、そこにおいてシェフィールド夫人は女性の行為に影響を与えた複雑な事情を見て、そしてその複雑な事情を六つの部分に解体する。すなわち、「第一に、働いている女性たちの経済的な独立性。これは彼女たちを家族の制約から自由にすることを可能にするものである。第二に、女性たちがその喜びのために男性たちに依存しているかどうか。第三に、男性たちの間の一般的な性についての規範と慣習。特に、器の小さなビジネスマンの間でのそれ。第四に、この女性自身の性についての規範。当委員会の女性たちのそれと比較するだけでなく、彼女よりも堕落した女性のそれとも比較する。第五に、こうして社会悪という表明をすることの社会的な影響。これは、不道徳なものが商業化された場合の影響と比較される。そして第六に、その女性の行動の知人、友人、家族（子供を含む）への影響。これは、既にわかっているものとこれから起こりそうなことの両方である」。

次に、彼女の論文における含意から私には当然と思われるが、シェフィールド夫人は、この右記の環境の慎重な分解・分析の後で、われわれが本章で環境の「全体的な」性格と呼んでいるものを見出そうとした。この二段階的手法は、人間が生きていく姿を研究しようとする者全てにとって必要なことである。労働会議における悩みの種はたいてい次の点にある。すなわち、労働組合の代表が労働組合員たちの「全体的な」意味での要求をうまく説明することができず、彼の議論が資本の代表者たちに一つずつ論破されてしまうということである。本当の要求はたいてい、隠れたままのこうした全体的な要求にある。リーダーシップをとる才能のある人は、その全体的な要求を明確にすることができる人である。他の箇所で、私は労働者が「本当に望む」ものを発見するために、その要求全体を解体する必要があると述べてきた。私は、これらの言が矛盾していないのは明白であると願う。われわれは、その日々の経験においてこの二段階的手法の実例を見出すことができる。誰かがわれわれに、「あなたがまずそのようにして、それから次にこのようにするのは何故ですか」と尋ねる。すると、われわれは満足な応答をするために少々頭を悩ませることになる。われわれはある答えを示し、そして、その後、友人の顔に浮かぶ驚きの表情を見て、その答えが自分の行動の説明としていかに不適当であったかということを理解する。そしてわれわれは別の説明をし、そしてさらに別の説明をして、次の点に気づくのである。すなわち、まず、われわれが行った説明は全て自明のことのように聞こえている。そして、実のところ、われわれは、自分がその行動をとった「全体」理由を見つけ出すことができないならば、なぜわれわれがあの特定の行動をとったのかを自分たち自身完全に理解することはできないし、自分たちの友人にも満足に理解させることはできないのである。しかし、全体理由は確かにいつでもそこでその存在が認識されることを待っているのであり、いつでも個々の諸々の理由に影響を与えているのである。それにもかかわらず、苦悩は、自分が行動する理由の他との相異性を認識することができない人、そうした相異性を理解することができない人に降りかかる。

さらに見ていこう。ある出来事に至らせる原因として、異なる様々な原因をわれわれに語ることができる歴史研究者は数多くいる。そうした研究者の数は、それらの原因を、一つの複合的な原因として、つまり、それら様々な原因の単なる合計とは異なる性格をもつ一つの全体として、評価できる者の数よりもずっと多い。社会状況を研究し、個人と集団の反応を注視しているわれわれは皆、日々、それぞれの刺激に対する反応だけに注意していては行動を理解できないということを知る。だから、われわれは、複合的な刺激を一つの全体として捉えなければならないのであり、その一つの全体としての複合的な刺激に対する反応を注視しなければならないのである。人間の諸関係の研究のための技術は、それが何であれ、この非常に重要なポイントを含んでいる必要がある。次の点も確かに正しい。すなわち、社会状況における諸々の反応は、生物的な状況において生物学者がそれを評価するのと同様に、「全体状況の諸々の局面、諸々の部分、あるいは諸々の要素に対する」反応であるかもしれない。このこともある程度正しいのだが、明らかに、われわれが身につけなければならないことは、その反応があるものであるのはいつであり、他のものであるのはいつなのか、その時期に応じての相異性を理解することができるということである。

次の点が注意されるべきである。すなわち、われわれが全体環境と言うとき、われわれは当然、「全体環境」全体（total "total environment"）のことを言っているのではない。そうではなく、全体環境とは、個人と直接的な関係性にあって、その諸力が個人の活動の原因と結果の両方として評価されうるものである。言い換えると、全体環境とは、環境の数多くの要素の中でも、円環的行動という点で感知可能な範囲内にあるものである。

こうしたことは全て次のことを意味している。すなわち、ソーシャルワーカーは心に円環的行動の発想をもって仕事をしなければならないということである。ソーシャルワーカーが研究するのは、個人ではないし、環境ではない。これらは決して個々別々に研究されて、その後に寄せ集めるということはできない。ソーシャルワーカーが研究しているのは、一つの全体的な状況である。それは、発展しつづけていくものであり、その諸要素は、その全体的な発展しつづけていく状況を形成するように編み込まれている[10]。

ゲシュタルト学派がわれわれに語る「図と地（figure and ground)」という発想の中に、われわれは、個人と状況の関係性との結びつきを何となく見出すかもしれない。この学派の研究者は、「図と地」という発想を彼らの理論の最も重要な部分と考えているのだが[4]、この「図と地」を述べる際に、よく挙げられる例は、音楽のメロディの例である。音楽のメロディは、ある調から別の調に移調しても、同じままである[5]。しかしながら、ゲシュタルト心理学は、この点についていくらか混乱しているように見える。「意味」に関して、異なる著者の間で矛盾が見られるからである。だが、私がその様々な研究者の何らかの評価をするのではなく、単に、このゲシュタルト心理学の学派とその他の思想領域との間の一定の類似性に注意するとき、そこには大雑把な符合が存在する。その符合に注目するのは興味深いことである。パーソナリティを研究しているゲシュタルト心理学派の研究者がわれわれに語るところでは、今まさに活動しているパーソナリティを研究しようと思えば、それは、あの全般的な背景から離れては研究されえない。パーソナリティは、こうした全般的な背景の下で活動しているのである。これは正確には、社会研究の研究者が自らの研究にとってかなり重要だと日々理解しつつあるものである。ゲシュタルト学派は、パーソナリティ研究だけでなく、至るところで、「図と地」は分けることのできないひとまとまりのものであることを強調する。すなわち、孤立した図は存在しない。それは、他のある種の背景で引き立たせられている必要がある。さもなければ図は存在しえない。ここには、「唯一」「不可分の」まとまりがある。もちろん、これは正確には、哲学がその最も豊かな貢献の一つをわれわれになす領域である。ゲシュタルト概念の何らかの考察は、どうしても表面的とならざるをえない。それは、関係性の哲学的な問題に入り込もうとするものではない。私はここではただ、社会科学の研究者たちに直接的に役に立つであろう、このゲシュタルト理論のある限定された側面について伝えることを試みてきたのである。

次の点は、確かに大きな重要性をもっている。すなわち、社会研究の最も思慮深い研究者たちは、経験の諸要素は孤立化できないという現代心理学の結論に同意しているということである。哲学は、このことを何度も繰り返し語ってきたし、われわれの日々の経験は、そのことを非常にはっきりと裏付けている。その上、部分に対する全体の関係性は、現代の多くの政治的諸問題の核心である。政府についての諸問題で言えば、理論的な面では、これは、政治的な多元主義者とその反対者の中心的な争点であり、実践的な面では、国際連盟の支持者とその反対者の中心的な争点であり、また連邦政府の立法権の増大を支持する者と縮小を支持する者の中心的な争点である、等々、様々な諸問題の争点となっている。連邦主義というものは、われわれがそれを単に政治の形態としてだけでなく、人が生きていく上での最も根本的な原理であって、政治学の領域において多くの学問分野から集められた知恵を表出させたものだと捉えないうちは、決して十分には理解されえない。この章の言葉（その言葉は、専門的な言葉であって、もしかしたら他の人から何らかの反論があるかもしれないが、たとえそうであっても、私にとっては、われわれが考えていること全てにとって示唆に満ちていると思える言葉である）を用いると、連邦主義は、円環的反応の理論とゲシュタルト理論の体現である。ただし、私はこうしたことに対して、おそらくゲシュタルト学派の多くは、いわば、連邦主義化、つまり連邦主義を実現していくことよりもむしろ、連邦主義の静止した状態に関心があるだろうということを付け加えなければならない。つまり、彼らには、過程に関する関心の欠如が見られるのである。

第11章と第12章において、私は、もはや「被治者の同意」理論に対する支持を与えるべきではないということを示すつもりでいる。なぜなら、統治する者と統治される者との間の関係性、専門家と民衆との間の関係性は、あらゆる関係性の法則と考えられるもの、すなわち、円環的反応の法則に従う必要があるからである。また、全体性の何らかの正当な理論、そのまさに本質は、一と多（the one and the many）の次のような関係性にある。すなわち、それは、多に対して単に同意するだけの役割を与えるというようなことのない関係性である。民主主義的に思索すること、あるいは「民衆の意思」は、それが民主主義的な思索であり、真に民衆の意思であるためには、統合しつづけていく全体性（integrating wholeness）という性格をもつ必要がある。

　第13章では、代議制議会の中で代表者たちが行う必要のある統合、およびそれぞれの代表者がその有権者とともに行う必要のある統合が提案される。この第13章で述べられる統合は、円環的反応とゲシュタルト原理という二つの心理学理論の適用例である。政治科学の多くの諸概念が、現在われわれに与えられた視点から考察されるとき、それは、この二つの心理学理論を説明してくれる新たな見方を与えてくれるであろう。例えば、多くの例の中から心に浮かぶ例を一つ挙げると、職業的代表制の弱点は、それが統合という心理学理論を評価していないことにある。職業的代表制は、その「機能主義（functionalism）」の理論に基づいて、それぞれの人間はその人の機能を表象していると語る。そこでは、人は多くの諸機能の相互作用であるということが忘れ去られる。そして、その人の義務に従事しているのは、「全体的な」人間、つまりは、多くの諸機能の相互作用であるに違いないということが忘れ去られているのである[11]。人間の感覚が心理学的な単位でないのと同様、人間の「機能」は、政治学的な単位ではない。何を単位と考えるべきかという問いは、心理学にとって重要であるのと同様、政治学にとっても重要である。さらに言うと、政治学の「権利」についての考え方は、明らかに再考されなければならない。しかし、ここではこうしたことを述べている場合ではないし、こうしたことの例示を続けている場合でもない。そうしたことをしなくても、政治科学の領域全体が、まもなく、近年の思想の発展の成果を明らかにしてくれるだろう。

　倫理学の領域において、われわれは、倫理的な単位、あるいは、決定しつづけていく願望（determining wish）こそが真の全体であると理解するにいたっている。すなわち、真の全体とは、諸々の願望の算術的な合計ではないし、諸々の「小さな」願望を一掃するものでもない。それは、統合しつづけていく願望（a integrating desire）であって、こうした願望は個々ばらばらの諸々の願望を保持したまま継続的に交織していくのである。すなわち、倫理的単位は、諸々の部分同士が交織すると同時に、諸々の部分を保持したまま交織することによって、その「全体性」の性格を得るのである。これこそが全体性の特徴である。

こうした特徴は、悲惨なことに、しばしば見過ごされてきたのであるが、円環的反応の理論はこうした特徴をはっきりと認めている[12]。

ソーシャルワーカー、精神科医、政治学・経済学・倫理学の研究者、法や国際法の研究者、多くの領域で思索する者たちは、円環的行動あるいは統合的な行動の原理を評価し、それを研究しつつあるので、その重要性はますます明らかとなっている。われわれは、思考のあらゆる分野で、その原理が非常に重要なものだということを発見するであろう。

要約しよう。個人を問題とする心理学は、いずれも、経験のもつ、一つにまとめ上げていくという性質の存在を認めてこなかったし、社会心理学は、いずれも、このことを見落としてしまっている。こうした心理学は、人が生きるということそのものを扱ってきたのではなく、そこからの抽象物を扱ってきたのである。われわれは、感覚は経験において存在するのでは決してなく、それは心理学的な抽象物であるということを見出し、パーソナリティの「特性」もまた心理学的な抽象物であるということを見出してきた。このことと同様に、われわれの研究は、何度も次のことを明らかにしている。すなわち、社会状況の意味は、個々ばらばらに考察されたその諸要素にではなく、全体状況においてのみ、ゲシュタルト学派のより示唆的な言葉を用いて言えば、ゲザムトズイトゥアツィオーン（*Gesammtsituation* ＝全体状況）においてのみ、見出されるべきだということである。われわれの知覚的な経験、個人的な経験、社会的な経験は、一つの複合的な構造なのであり、一つのまとまりなのである。しかし、ゲザムトズイトゥアツィオーンは、それを単に相互作用の問題とのみ考える限りは、把握されえないということは覚えておく必要がある。統合は、「単なる調整（mere coördination）」以上のものである。このことは、ワット（Watt）に指摘された[13]。そこでは、諸々の感覚が相互に調整していく過程が強調される傾向にあること、彼が統合と呼ぶものが無視される傾向があることについて語られたのである。ここ数年の間、われわれは、この統合という視点にアプローチしてきている。経験において「純粋なる感覚」のようなものが存在するのかどうかということは、実にしばしば問われてきた。ジェイムズ（James）は『感覚（*Sensation*）』という書物の中の彼が執筆した章で、この問題の存在を認めている。そこにおいて、彼は、純粋なる感覚というのは抽象物であると述べている。そして、論文「思考の流れ（*The Stream of Thought*）」（『心理学の諸原理（*Principles of Psychology*）』一八九〇年）において、われわれは、ゲシュタルト理論が先取りされているのを明確に見出す。論文「意識の合成（*The Compounding of Consciousness*）」（『多元的世界（*Pluralistic Universe*）』一九〇九年）において、彼はわれわれに、本章で示した視点を提示している。この「思考の流れ」から「意識の合成」が発表されるまでの間の研究で考えが修正されたのである。一九一八年に、ウォード（Ward）は、知覚は、いわゆる類型のごとく、分解され、分類されうるような諸特性の合計ではないと述べている[14]。近年の、機能的まとまりの理論は多くの支持者を得てきた。J・S・ホールディン（Haldane）は、有機体内の新陳代謝の活動は、「全体的な」活動であると指摘している。「分泌、吸収、成長、神経の刺激作用、筋肉収縮のような過程は、以前は、それらそのものというより、あたかもそれぞれが孤立化しうる物理的、化学的な過程であるかのように扱われた。それらは、多面的な新陳代謝活動の一面であり、新陳代謝活動の様々な側面は分かち難い形で結びついているのである」[15]。多数の生物学者は、有機体全体と、もう一つの別の全体とを取り扱ってきた。もう一つの全体の構成要素は、有機体と環境である。しかし、おそらく、われわれが考察しつつある領域の中で、最も示唆的な全体性の取り扱い方は、神経システムの統合的な行動を研究している人からもたらされたものである。シェリントン（Sherrington）は、早くも一九〇六年に、精神の営みが統合的過程を通じて新しい、より高次の機能の前進的な創造を行うとする視点をわれわれに提示した[16]。一九一五年には、ホルトが、有機的反応と機械的反応の間にある相異性を主張し、組織（*organization*）を彼の心理学の中心点においた。彼は、統合という語を明確に、示唆的に用い、その含意を示した。一九一九年にはワトソンが明示的に「行動主義者は、個人の統合と全体活動に関心をもつ」と述べた[17]。全体行動主義学派は、ますます有機体を反射や本能や習慣の単なる集積ではないと見るようになっている。心理生物学者は、「全体的なパーソナリティ」を扱うようになりつつある。ケンプの著書を読んで、私が非常に役立つと気づいたのは、彼が著書の中で、「パーソナリティの動態的な性質」を述べるとき、統合的なまとまり、機能的全体についてわれわれに語っていたからである[18]。もし、解剖が伝統的な心理学の手法であるとするならば、統合的な過程の研究こそが現代心理学の主要な特徴であるのは確かなことである。オグデン（Ogden）は、最近自分が書いた論文を、明確に「統合の心理学」と呼んでいる[19]。そして、これが本書のテーマであるのだが、いくつかの統合の心理学は、それがどんな学派であれ[20]、非常に多くの関係づけをわれわれに示し、それらが創造しているということをわれわれに示す。特定の反応に基づいた心理学は、創造しつづけていく関係性という考え方をわれわれにもたらすことはなかった。円環的反応の理論は、統合の理論に必要とされるものであり、われわれに創造的な経験をもたらしてくれるのである。

円環的反応は、人生の最も深い真理に対する心理学的な用語である。われわれは常に、われわれが直接的に認識しているよりも大きな生の中で行動している。しかし、多くの人は、意識的にそうしたより大きな生に対して目を閉ざしている。そうした人たちは、次のような見方について、それがどのようなものであってもニセモノに違いないと感じるからである。すなわち、それは、われわれをして、個人では決して超越できないことがわかっているものを個人に「超越している」と思わせるような見方である。しかし、遠い昔からの最も深遠な哲学によってわれわれにもたらされた創造的経験の理論は、今や、有り難いことに様々な領域における近年の研究によって強化され、個人は「超越すること」なく創造することができるということを示してくれている。個人が体現し表明するのは、力（powers）であり、天地万物・森羅万象の中から生まれ出る力である。この意味での力を体現する結果として、個人は、個人自らがその創造を促進し続けていく、例の強さを体現することになる。それは、個人の中に存在し、個人によって存在し、個人を通じて存在しているものなのであって、いつでも世の中に応答していくための準備が整っている。だからこそ、人生は広がり深まっていく。個人は充足し、同時に、より大きな充足が可能な存在となるのである。

［原注］

（1）　私がもつ、心理学のゲシュタルト学派の知識は、ゴードン・W・オルポート博士（Dr. Gordon W. Allport）に多くを負っている。オルポート博士は、親切にも、現代ドイツ心理学［誌］に公表する前の原稿を私に読ませてくれ、このテーマに関する彼からの手紙の使用を許してくれた。しかしながら、そうだからと言って、私は、この学派に関して私が示した考察について、いかなる程度においても彼に責任を負わせようとするものではない。

（2）　Wolfgang Köhler, *Die physischen Gestalten in Ruhe und ein stätionaren Zustand*（ヴォルフガング・ケーラー『静止している生理的なゲシュタルトと一つの静止状態』）, p. ix.

（3）　*Perception, An Introduction to the Gestalt-Theorie, The Psychological Bulletin*, Oct., 1922.（「知覚：ゲシュタルト理論序説」『心理学会誌』一九二二年、一〇月。）この論文には、参照文献のリストが付されている。

（4）　一九二二年にマールブルク［ドイツ中央西部、ヘッセン州にある都市］で開かれた、ライプツィヒ会議と、実験心理学会議の両会議は、ヴント主義学派の考え方から大きく逸脱していく傾向を示していた。

（5）これらの四つのアプローチ、つまり、知覚からのアプローチ、精神科学からのアプローチ、発生学的なアプローチ、人格主義からのアプローチの簡潔な説明については、『アメリカ心理学会誌』一九二三年一〇月所収の、ゴードン・オルポート博士のライプツィヒ会議の報告を参照のこと。

（6）ここで、法的な思索と法的な実践の双方における近年の発展の類似性は興味深いものがある。

（7）私は次のように考えている。コフカのような、一部のゲシュタルト派の心理学者は、彼らがその「絶対的な性格」と対照させているような、部分の「構成部分的な性格」と呼ぶものを正確に述べていない。しかし、この問題の何らかの考察は、現在のわれわれの目的からすると、あまりにも深く哲学的な議論にわれわれを引き入れてしまうことになる。

（8）ケーラーは、反応とは、「全体としての生活における生き生きとした周囲の状況、その全体」に対するものであると述べている。

（9）*The Journal of Social Forces*（『社会影響力学誌』）, May, 1923. シェフィールド夫人は、社会ケースワーク調査局の局長である。

（10）フロイト学派は、既に挙げたような例において、ソーシャルワーカーの行っているもっともらしい理由づけについて語るかもしれない。私が、第8章で、述べようとしているのは次のことである。すなわち、フロイト学派はそうすることでどのくらい、そしてどのような意味で誤っていると私が考えているか、そして、フロイト学派自身がゲシュタルト概念から何を学んだ方がよいと私が考えているか、である。

（11）M. P. Follett, *The New State*, Chap. XXX, *Political Pluralism and Functionalism*（M・P・フォレット『新しい国家』第30章「政治的多元主義と政治的機能主義」）を参照のこと。

（12）このことは、リチャード・C・キャボット教授が倫理学について教えているところのとても興味深い部分であると私には思われる。

（13）「神経経路間や様々な感覚器官から発する刺激間の結びつきの親密さは、もちろん、多くの形で認識されている。しかし、この結びつきは、もっぱら求心性刺激と遠心性刺激のお互いの単なる調整や結合に起因していると考えられている。次のような可能性についての十分な注意が払われていない。すなわち、これらの求心性刺激の上には、求心性構造が生じており、それはこれらの求心性刺激に依存しつつも、しかし本質的には、これらの求心性刺激に加えられている。単なる調整から区別するために、そのような構造を統合と名づけてもよいであろう」。H. J. Watt, *Some Problems of Sensory Integration*, *Brit. Journal of Psy.*（H・J・ワット「感覚的統合の諸問題」『イギリス心理学誌』）, 1910, 3, 323 ff.

（14）James Ward, *Psychological Principles*（ジェイムズ・ウォード『心理学の諸原理』）, p. 303.

（15）*Mechanism, Life and Personality*（『機構、生命、そしてパーソナリティ』）, p. 79.

（16）Charles S. Sherrington, *The Integrative Action of the Nervous System*.（チャールズ・S・シェリントン『神経システムの統合的活動』）彼は、その著書の中で、反射を混ぜ合わせた言葉、すなわち、反射の連結、反射の連合、反射の一体化、反射の調整といった言葉を用いている。しかし、彼の意味は明確である。彼はその意味を簡潔に次の一節で表現する。「神経システムによる統合において、その単位的な機構は反射である…。われわれは今まで反射的反応を、便利だが人工的な抽象物、つまりは、単純な反射であるかのように論じてきた。いわば、われわれは、あたかも反射弓の反応を孤立化可能なものであり、孤立している機構の反応であるかのようにして、反射弓の反応に関する自分たちの注意を固定させてきた。その孤立した機構の機能にとって、神経システムの他の部分や他の反射弓の存在は取るに足りないものであり、全く別のものであるかのように扱ってきたのである。これは信じがたいことである。神経システムは全体として機能する。生理学的、顕微鏡的で解剖学的な相似は、神経システムがその全体範囲と至る所で結びついていることを示している…。」p. 114.

(17)　John B. Watson, *Psychology from the Standpoint of a Behaviorist*（ジョン・B・ワトソン『行動主義の立場から見た心理学』）, p. 40.

(18)　Edward J. Kempf, *The Autonomic Functions and the Personality*（『自律神経の機能とパーソナリティ』）, pp. ix–xiv, 1–2, 77–78.

(19)　Robert M. Ogden, *Are there Any Sensations? The Am. J. of Psy.*（ロバート・M・オグデン「感覚なるものは存在するのか」『アメリカ心理学誌』）, April, 1922.

(20)　ゲシュタルト心理学は、厳密には統合の心理学と呼ぶことはできない。円環（circle）こそがゲシュタルトだからである。しかし、ゲシュタルト学派の心理学者が、その著書の多くで、統合的な過程について述べつつあるのは事実である。

[訳注]

[1]　心理学において、「態度（attitude）」は次のように説明される。

「態度は、さまざまな社会的行動を予測、説明するために用いられる社会心理学の中心的概念である。態度ということばを心理学で最初に用いたスペンサー Spencer, H.（1862）は、態度を、判断や思考を一定の方向に導く先有傾向というほどの意味に用いている。これは、心的構え mental set の概念に近いが、実験心理学者は、また、しばしば態度を運動的な構え motor set の意味に用いた」（『新版　心理学事典』平凡社、五四九頁）。

[2]　心理学において、「注意（attention）」は次のように説明される。

「同時に存在しうるいくつかの認知や思考の対象のうちの一つに意識の焦点を合わせ、それを明瞭にとらえること（ジェームズ James, W. 1890）。意識の焦点化と集中が注意の本質である。」（『新版　心理学事典』平凡社、五八〇頁）

[3]　フォレットが「数年前」と記しているところから、T・ヴェブレンの議論を指していると考えられる。彼は、一九一四年に *The Instinct of Workmanship and the State of the Industrial Arts* を出版している。松尾博教授は、これを「職人技本能と産業技術の状態」と訳されている（T・ヴェブレン、松尾博訳『ヴェブレン　経済的文明論』ミネルヴァ書房、「訳者まえがき」一頁）。同書の中で、本能とは、「問題になっている本能が価値あるものとする客観的な目的を自覚的に追求する行動に対して付けられた名称」である（訳書、六頁）。

［4］「図と地」は、Ｅ・ルビンによって示された概念である。「一般に二つの領域が視野内に存在するとき、一方の形のみが見え、もう一つの領域はその背景を形成する。このような視覚の体制を、Ｅ・ルビンは図（英 figure、独 Figur）と地（英 ground、独 Grund）とよんだ。一般に、図となった領域は形と輪郭線をもち、面がかたい感じを与え、位置が明確で、浮上って見え、地は形も輪郭線ももたず、面がやわらかく、定位が不明確で、図の背後に一様に拡がって見える」（東洋・大山正・詫摩武俊・藤永保編集代表『心理用語の基礎知識』有斐閣、九九頁）。

［5］「メロディは、それを構成している個々の音の高さを全体にわたって変えても、同じメロディとして知覚される」。これは、形態が移調可能性をもつとされる現象である。（東洋・大山正・詫摩武俊・藤永保編集代表『心理用語の基礎知識』有斐閣、一九頁。）

第6章　経験は調整の過程ではない

Experience not a Process of Adjustment

生物学、法学、そして経済学において、非常に頻繁に用いられる言葉は、調整・適応（adjustment ＝調節、順応、適合）である。生物学においては、有機体と環境の適合（adjustment）という概念がある。法学においては、権利の調整（adjustment）、あるいは、より現代的な言葉で言えば、利益や欲求の調整という概念がある。労使の論争においても、公言されている意図は、調整である。

しかし、われわれはおそらく今や、「調整・適応」を超えた段階に踏み出すことができるのではないか。より正確に言うと、調整・適応という概念は、円環的反応の理論の観点からすると、あるいは、ゲシュタルト理論によってわれわれにもたらされた全体性の理論の観点からすると、やや異なる意味を帯びるようになるのではないか。私は次のような事態を非常に重要と考える。ある法学者は、労働問題の議論に対する価値ある貢献をなしているが、その法学者は、労働争議を仲裁する秘訣は調整ではなく発明（invention）であると私に言っている。経営陣と労働者の合同協議会を設けている巨大な製造工場の工場長は、私に次のように言った。「私は、調整でなく発明によって、つまり、われわれの考え方を承諾させるのではなく、新しい考えを見つけ出すことによって、合意に達すると気づいた。新しい考えと言ったが、それは常に、以前からもっていた諸々の考えの足し算とは異なる何かである。」この言葉を、ホルトの論文「反応と認知」で用いられた言葉と比較してみたらよい。この論文においては、旧来の心理学から脱却してこそ、あらゆるコンフリクトの態様解明につながるということが示されている。このホルトの心理学は、法学者や製造業者を支える土台となる。というのは、ここでは、「前進的統合」という用語を用い、そして、合成の瞬間、すなわち進化の「決定的な」瞬間の「新しく生まれてくるもの」に強調点が置かれることで、調整・適応という問題の全体が大きく歩を進めたからである。われわれは今や、「新しきもの」についての科学的な説明を手にしている。この「前進的統合」という概念は、ハクスリーの言う「神秘的な瞬間」を取り除いてくれるものである。そして、この「前進的統合」の概念がなければ、あらゆる「決定的な瞬間」は神秘的瞬間と考えざるをえなくなってしまう。そこに存するまとめ上げることから生ずる数えきれないほどの増分の存在を説明できないからである。

この法学者、製造業者、心理学者というまったく異なるタイプ、異なる経験の人々の言葉に非常に著しい符合が見られるということは、私には重要に思える。それゆえ、調整・適応という概念をさらに検討させてほしい。物理学、生理学、心理学における考えの前進はすべて、生きることは過程なのだということをわれわれに示している。生きることは過程であるということに対するわれわれの理解は未だ不完全であり、そのことは、われわれの調整・適応についての議論を見れば明らかである。調整・適応についての議論では、一方で環境の硬直性が含意されていること、他方で環境は「支配され」うるし、そうでなければならないということが含意されていることをわれわれは知っている。われわれは、何百もの研究者によって、人間は環境を征服しなければならないと告げられる。また、ちょうど同数の者によって、人間は「自然という鉄の法則」に従わなければならないということを告げられる。いずれも真ではない。われわれが考察してきている心理学は、われわれがその環境の支配者でもなければ奴隷でもないということを示している。われわれは命令することはできないし、環境が服従することもない。しかしまた、われわれは、最も正確に述べているとしても、有機体が自らを環境に対して適応させると言うことはできない。こうしたことはより大きな真理の一部にすぎないからである。私の隣人の農場主はこのことを知っている。すなわち、われわれは、ある木を剪定し、接ぎ木し、肥料を与える。そして、われわれの行動が、木がリンゴを実らせる方向に向かう行動となればなるほど、これらの行動は、ますます木がリンゴを実らせることへとつながっていく。その木は、私に宿るエネルギーを解放してくれるのであり、そして私も木に宿るエネルギーを解放しているのである。木は私に考えさせ、計画させ、仕事をさせる。そして、私はその木に食べることのできる果実を実らせる。それは、双方を自由にしていく過程である。そして、この過程こそが、創造過程である。われわれが見てきたように、解放（the release）と統合を進めること（the integrating）とは、同一の過程である。すなわち、これこそが、心理学がわれわれにもたらした最も深遠な、一つの真理である。

自然を支配するという考え方の人気が「権力への衝動」からきていようといまいと、次のことは確かである。まず、われわれはたいていその周囲にあるものを「自分と敵対するもの」として考えることを好んでいる。そして、われわれは「自然から力づくでもぎ取る」ことを好む。なぜなら、こうした「自然から力づくでもぎ取る」という考えが、「自然からもぎ取る」ことは可能だといううぬぼれを育てるからである。さらに、われわれは、それが自然に関するものであろうとその他のものであろうと、それらを征服していく英雄となることが大好きである。しかし、環境を支配するという発想は、不幸である。何故なら、われわれは社会的な諸関係の中にまでその発想を持ち込むこととなるからである。そうなると、あらゆる外的環境、自然、さらには他者までも征服することがわれわれの義務となってしまう。アメリカにおいても、われわれは、初めは「森林を開墾した」が、その次には、自分たち人間同士に注意を転じることとなった。

少しの間、「環境の抵抗（resistance of environment）」という言葉について考えさせてほしい。この言葉は、科学者と一般人双方によって繰り返し用いられているものである。ケンプは、行動を、環境の抵抗によって実現を阻まれている諸々の願望（まず意識に表れ、後には抑制される、青年期と前青年期の願望）の表れと定義している。[1]環境の抵抗という用語は精神分析の専門用語であるという事実にもかかわらず、私は思い切って、その語のささやかな変更を提案する。それはおそらく、精神分析家たちに向けた提案ではなく、この用語を他の領域で取り入れようとする人たち向けの提案である。環境の抵抗という概念は、精神分析家が見ている多くの事象にとって重要であるが、この用語は、社会心理学者が、行動過程一般を取り扱うための定義としては用いられるべきでないように私には思える。私は、ケンプの環境の抵抗によって実現を阻まれている願望の表れという規定を、環境の活動に向き合っている願望の表れに代えたいと思う。後者の立場で環境との関係を考えるとき、われわれは、行動に際して、予測に基づいて判断する必要がなくなる。対立は存在するかもしれないし、抵抗は存在するかもしれない。しかし、私が提案する、この行動の定義は、われわれがそうした対立や抵抗を見出すまでは、先入観をもたずに待つことを可能にする。これは、社会科学における大きな変化であろう。今や、われわれの目の前にあるのは、必ずしも諸々の利益が対立しているということではなく、諸々の利益がただ向き合っているということだけになるはずである。この諸々の利益が向き合っているという考え方は、多くの相容れない諸々の利益を明らかにしてくれる。しかも、その事案に関して何をなすべきかについてあらかじめ判断を下すこともない。向き合うということは戦うことを意味しない。言い換えると、それは、相異性に対処する方法として、統合を行う可能性を残している。もう少し第3章の言葉を用いて言うと、ケンプの行動の定義は、成長の増分を考慮に入れていない[1]。社会状況において、環境に直面している願望を捉えることは簡単ではない。願望と環境、両者の交織は、次のような継続的な過程だからである。すなわち、その願望が向き合っている環境は、その願望によって改変されてしまう存在であり、その環境が向き合っている願望は、その環境によって改変されてしまう存在なのである。このことよりさらに進んで考えると、既に明らかにしてきたように、願望と環境それぞれは、他方によって改変されるだけでなく、両者の関係性の活動によっても改変される。われわれが一部の精神分析学者の中に、過度の単純化を感じるのは、彼らがこうしたことを無視しているからである。

私は、心理分析学者がこれを読んだら真っ先に考えることについて忘れているわけではない。すなわち、無意識的な願望は意識的な願望ほど簡単には変えられず、そしてわれわれは意識的な願望より多くの無意識的な願望をもっている。当然のことながら、社会研究の学徒としての私は、私が上っ面の、表面的な願望と根本的な願望とを混同しているという風に思われるのを望むものではない。というのは、表面的な願望と根本的な願望の区別は、何らかの社会状況の分析をする際の第一歩だからである。私は次の点にも気づいている。すなわち、私が示唆しようとしている、願望と環境の間にある関係性の活動の性質は、無意識的な願望の場合よりも意識的な願望の場合における方が、はるかにはっきりと理解できるのである。しかし、もし精神分析学者が無意識の願望は変えることができないとみなすのであれば、精神分析学者の治療法は、その精神分析の理論と矛盾することになるだろう。

第3章において、最も強調された点は、反応とは関係づけに対するものだということである。この考え方は、環境の概念枠組みを拡張し、そのことによって、行動過程の説明に対して調整・適応という語がもつ限界をわれわれに示してくれる。全体状況を考察することで、われわれが気づいたのは、われわれは、外的な事象と、逐次的・連続的に関係している単純な反応とを観察しているわけではないということである。われわれが気づいたのは、われわれが観察していたのは、複合的な環境に対する非常に複合的な反応なのであり、つまりは、一つのまとまった行為に帰結する、反射の複合的な集合が、複合的な刺激の組み合わせに反応しているということである。言い換えると、われわれが知ったのは、単純な受容器‐効果器の反応以上のものが存在するということであって、運動神経メカニズムの統合過程に対して反応しているということを知ったのである。われわれは、反応を二重のもの、つまり内的な刺激に対する反応と外的な刺激に対する反応という二重のものとして考えることで、次のことも知った。すなわち、あらゆる蓄積された刺激は、それ自身、以前行った反応の結果であるということ、そしてあらゆる内的なメカニズムは、環境を組み入れてきたということである。行動を筋肉と腺の統合された反応として定義する人はいつでも、このことを十分に強調していない。われわれは、全体環境に対する全体反応、および発展しつづけていく環境や状況に対する全体反応を研究する必要がある。「機能的」調整（"functional" adjustment）という表現は、「環境の要求と調和して行為する」という言明の不正確さを示すものである。なぜなら、機能的調整という表現は、環境がいかにすべてのいきいきとした反応の中に入り込んでいるのかを示し、環境が環境に対する反応の中でいかなる役割を担っているかを示しているからであり[2]、こうしたそれぞれの反応あるいは「機能的調整」は有機体をして、より包括的な環境に対する反応を可能とさせるからである。もちろん、それぞれの調整・適応のメカニズムは、受容器に筋肉や腺を結びつけている反射を統合していくというものであり、もちろん、われわれは、何らかの習慣を身につけることによって、自分自身を適応させる。しかし、あらゆる習慣のシステムは、その人の動作と外的な状況の間の相互作用によって組織されるのであり、今も組織され続けているのである。「第一的な」反応と、その後の、自らを生み出す環境や刺激を次々に組み入れていく反応とに対して、異なる言葉が与えられるべきであるように思える。われわれは、もしかしたら、前者についてはそれを反応と呼び、後者については、発展しつづけていく反応と呼ぶことができるだろうか。加えて、社会心理学のために、われわれは、別の研究領域にある生理的な適応や社会的な適応という概念をそのまま用いることはできない。もし私が空腹となり食事をとるなら、私という有機体は、あの特定の内的な刺激が消えていくという意味で適応していることになる。しかし、もし私が食べ物を盗んで食べるとすれば、私はその全体環境に対しては適応していないし、こうして適応できなかったことは、すぐさま私の肉体にも影響を及ぼすかもしれないのである。

ときに忘れられてしまうことであるが、われわれは、次の点にも注意すべきである。すなわち、社会状況においては、二つの過程がいつでも同時に進行しているということである。その二つの過程とは、すなわち、人と人との調整過程と、人と状況との調整過程である。したがって、社会心理学において、客観的に言及しようと思えば、その言及は、つねに二重のものとなる。南部販売協同組合は、ここ二、三年の間に組織された。それは、タバコや綿の相場師たちに立ち向かうために、そして、戦後不況に立ち向かうために生まれてきたものである。われわれは、もちろんこの二つの過程に、内的な条件づけの考え方を付け加えるべきである。内的条件づけという考え方は、われわれの研究をより正確なものとすると同時に、より興味深いものとしてくれる。以上から、われわれは、社会的行動を観察する際には、全体環境と全体反応を考慮に入れる必要があるということがわかるのである。われわれはこのことを自分自身の実生活を注視することによって理解することができる。われわれはいつでも、全体環境に対して自らを適応させつづけている。全体環境は、次のような形で、われわれを取り巻くあらゆる状況の進化をもたらしている。すなわち、特定の周囲の状況に対するわれわれの願望が改変されるか、あるいは多くの場合、そうしたわれわれの願望がわれわれを取り巻く異なる全体状況を創造するという形で、全体環境は、われわれを取り巻くあらゆる状況を進化させていくのである。こうして創造された周囲の全体状況において、個々の願望は、あるいは満たされるであろうし、あるいは満たされないかもしれないが、いずれにしても、もはや生（life）は、その生自身がありのままの形で、われわれの前に現れてくることはない。われわれが適応しているのはいつでも全体環境に対してであると言える理由は、有機体は同時に多くの刺激に（見る、聞く、触れる、等々を通じて）反応しているからである。そして、まさにこのことと同様に、人間は多くの人々、多くの義務、多くの要求、その人が生きていく上での周囲にある多くの側面に対して反応しているからである。有機体の反応の統合は、普通の生理学的な意味での生命をつくり出す。これに対して、人間の統合は、「精神的に均衡のとれた」個人の人生をつくり出すのである。

全体状況を無視することが調整・適応に関する多くの議論の弱点なのである。鉄道の踏切で赤旗の危険信号を公然と無視するという第三章で示した例示は、次の事実を見落としていた。すなわち、鉄道会社という行為者がその状況に入り込んでくるかもしれないということ、つまりその鉄道会社がその状況に刺激をもたらすのはもちろん、その状況の何らかの刺激に反応することすらあるかもしれないのである。すなわち、鉄道会社は赤旗の代わりにこの踏切に遮断機をおくという判断を下すという形で反応するかもしれない、等々ということが起こりうるのである。刺激と反応はあらゆる瞬間に交織している。私の友人は、電話をする代わりにメモで書いて伝えると言う。そうすれば、彼女は、相手から発せられる気持ちを逆なでするような言葉を聞かなくて済むからであり、彼女は、彼女の言いたいことを書くだけでこの件が終わるからだと言うのである。しかし、人が生きていくということは、机上で書くことよりも電話をかけることの方に似ている。それは「気持ちを逆なでする言葉」に満ちている。一部の行動主義者は、この点を無視し、ただ刺激と反応だけを見てしまい、こうした複雑な、複合的な過程を正しく評価しない傾向にある。もちろん、こうした複雑、複合的な過程では、何らかのある一瞬の間に、刺激と呼ばれるべきもの、反応と呼ばれるべきものを識別するのは困難である。行動主義者は、彼ら自らが環境適応に関心をもつことを断言する。そして、その行動主義の支持者の中でもさらに薄っぺらな者たちは、この問題を、固定的な環境に対してわれわれ自身を適応させるという点から理解する。そこでは、私の反応は環境を変えるのだというかなり明白な事実、否むしろ、環境プラス私の反応（environment-plus-my-response）が環境を変えるのだというかなり明白な事実を等閑視している。かなり大雑把に結論を述べるとすれば、遮断機をつくったのは、「赤旗」プラス「人による赤旗の公然の無視」だったのである。要するに、われわれが提示した円環的反応の理論は、たいてい相互的な関係づけと理解されているが、実際にはそれがいかにその考え方を超えたものをわれわれに与えてくれるのかが注目されるべきである。環境への有機体の影響と有機体への環境の影響以上に、有機体は、有機体自身と環境との関係性に反応する。いくつかの行動分析は、反応は関係づけに対するものだということを説明しない。こうした行動分析は不適切であるだろう。いくつかの社会分析は、反応は関係づけに対するものだということを説明しない。こうした社会分析は前世紀の決定論をわれわれに与えることになってしまうのである。

しかし、円環的反応の理論が調整・適応に関するわれわれの概念を変えつつあるとすれば、ゲシュタルト理論もまたこの調整・適応の概念に何らかの影響を及ぼすだろう。というのは、このゲシュタルト理論も、あるものが別の「外部のものからの作用を受けて行動する」という発想の放棄を促すにちがいないと思うからである。生物学はこの点に関して大きな貢献をなしている。というのは、生物学者たちは、かなり長い間、有機体と環境との相互作用的な影響こそが活動の「全体」であるということをわれわれに示してきたからである。この点は既に前章で記したとおりである。生物学者は、生物的な経験は、有機体と環境のいずれもがいずれか一方「からの作用を受けて行動する」という観点からは定義されえないということを知っている。彼らは、有機体と環境がともに、漸進していくまとまりや、機能的全体を形成しているということを認めてきた。その上、生物学者は、有機体と環境に関して、生理学者が有機体に関して示してきたものをもって、われわれに示してきた。生理学者はわれわれに言う。感覚器官を通じての求心性刺激に対する反応は、この求心性刺激だけによって決まってくるわけではない。そうではなく、その反応は、時を同じくして体の他の部分へと到達している諸々の刺激によっても影響されているのであり、同時に、有機体の残りの機能活動全体（栄養物の摂取、呼吸）とそれによってつくり出される化学的な刺激によっても影響されているのである。同様に、生物学者も、環境と有機体の一部分の間の何らかの活動は、有機体の残りの部分によって影響を受けているとわれわれに言う。しかしながら、ときおり生物学的な全体性の考え方の中に見受けられる弱点が一つある。それは、修正されるべきものである。経験の生物学的な概念は、有機体と環境が「一つの全体を表す」（私は、最近この言葉づかいが生物学者によって用いられているのを知っている）ということを示唆しており、ときおり、形成しつづけていく全体という考え方に含まれているややとらえがたい含意を無視してしまう。これは、知識偏重主義の何らかの名残なのか。有機体と環境は、全体を「表す」のではなく、全体をつくるのである。

その上、全体環境に関しては、われわれはときどき、一部の生物学者が全体を表現するやり方によって誤った方向に導かれる。カレイやヒラメの例で言うと、カレイやヒラメは自らを環境に適応させていると語られる。ここで環境とは、海底を意味している。この場合、それらの魚がその背で海底の地形を模造しているのである。しかし、実際に起こっていることは、観察者からしてその背中が海底に見えるような変化がそれらの魚に生じているということである。すなわち、カレイやヒラメは、観察者等を含めて、生物学者が考慮に入れているよりも大きな環境に自らを適応させているのである。調整・適応の生物学的な議論において、われわれは、いくつかの限界を知る。そうした議論はしばしば全体環境に対する調整・適応を看過しているのである。すなわち、環境がいかに広範囲のものを含み込むものであるかを十分に考慮に入れていないのである。また、調整・適応の生物学的な議論はしばしば、目的（purpose）と目的論（teleology）とを混同している。[2] そして、目的論的な考え方のように「有機体は環境に対して自らを適応させる」と考える人に合わせると、内的な欲求や刺激を犠牲にして、外的な環境の方が過度に強調されることになってしまうのである。加えて、一部の生物学者は、議論されているレベルを一定にしないことによって全体性の問題をあいまいなものとする。だから、彼らは、あるときは、知覚的なレベルで細胞のことを語り、次の時には、数学の概念レベルの問題である方向（direction）や距離（distance）について話すのである。[3] 最後に、生物学者は常に、人がどれを有機体と呼び、どれを環境と呼ぶかは、たいていの場合、純粋に主観的な問題であるという真理を見ていない。一部の研究者は、インディビドゥアル（individual＝個）とエンバイアロンメント（environment＝環境）について書くに際して、あたかもインディビドゥアルとは常に人（man）であり、エンバイアロンメントとは常に「自然（nature）」であるかのように書く。一方はあまりにも包括的な用法であり、他方はあまりにも限定的な用法であるが、こうした言葉が何を意味するとしても、事実の問題として、インディビドゥアルとエンバイアロンメントに関する視点と呼称の選択は、完全に主観的な問題である。生物学的な社会学者であるル・ダンテックは、われわれは、あるものをインディビドゥアルと判断すると、次に残り全てをエンバイアロンメントと判断するということを示している。このことは明らかであり、しばしば見逃されるが、重要なことである。

われわれが今や手にしている、適応・調整しつづけていく関係づけ（adjusting relating）というより包括的な考え方は、われわれに多くの教訓をもたらす。一部の心理学者によって与えられる知性の定義は、新たな状況に対する適応力というものである。すなわち、個人は、「その環境に対して自らをどう適応するかを学んでいるかあるいは学ぶことができる限りにおいてのみ」、知性をもっているということである。人は、ここでの適応が何を意味しているのかを知りたいであろうし、そうでなければ、この定義を受け入れられないであろう。法学者や製造業者の「発明」は、単なる適応・調整以上の知性を示すものである。

自分たちの周りを見てみよう。われわれは、単なる調整よりもむしろ、発明、あるいは、私がそう呼ぶことを好んでいる前進的調整[3]によって、数々の困難に立ち向かっていく多くの例を見出すことができる。単なる調整は、一方の要素に対して、他方に対する支配者という地位を与えてしまう。これに対して、前進的調整の例として、例えば、保険について取り上げてみよう。われわれは、事故を起こさないというわけにはいかない。しかし、保険は、その事故によって、財務上の損失を個人に帰するということをさせないのであって、その損失を社会全体に分配するのである。しかし、それによって、事故の数を減少させ（事故を避けるためのますますの努力が傾けられるためである）、このようにして、事故からの損失全体も減少させることになる。事故と損失という二つの要素は、一方が他方に直接影響を与えるというのではなく、この保険という新しい活動、つまり、事故に対する人間の特定の反応を通じてのみ、影響を受けている。このことは常に、われわれの原則であるべきである。すなわち、単なる調整ではなく、前進的な調整こそがわれわれの原則であるべきなのである。国家間の市場競争を「調整する」のではなく、われわれは、発展途上国を発展させることによってさらなる市場を得ていくべきである。産業の製品諸部門に対する要求を「調整する」のではなく、科学的管理を通じて生産性を増大させることができる方がよりよいのである。

　調整・適応のより厳密な考え方でもって、われわれは、交渉する場合よりも、より多くのものを得ていこうとすべきである。例えば、われわれは、資本主義社会が現在われわれの有している労働組合主義に対して自らを「適応させる」ことを望むのだろうか。現在の労働組合主義は、多くの弱点をもち、その組織は、政策的には当初の考え方を逸脱した考え方を有するに至っている。むしろ、両者を豊かにまとめ上げていく方法が見出される必要はないのだろうか。最近しばしば聞かれる「社会化（socialization）」という語を取り上げて、さらに考えてみよう。「社会化」という語は、それが現在の社会秩序への適応を意味している場合でさえ、よい語として用いられている。しかし、人々が最高の徳として語る社会化は、たいていは、純粋なる群集の発想である。群集とは、自らをそのまま維持しようとするものである。個人と社会秩序の調和は、個人と社会秩序双方における変化を意味しているのでなければならない。ここで言う変化とは、恣意的な変化ではなく、両者の関係性のより深い理解によって生じてくるような変化である。個人は社会に対して適応するのではない。両者の間には、創造しつづけていく関係性が存在しているのである。幼児は確かに、少しの間、家族やその全体的な社会的境遇に適応しなければならない。幼児は、家族やその全体的な社会的境遇の中で自己を見出していくのである。しかし、異端説が宗教の係数であり、不法行為が法の係数であるのと同様[4]、この幼児の境遇は個々人の行為によってのみ改変されるであろう[4]。言ってみれば、個人が変化することは、社会生活の係数である。われわれが社会的と呼ぶものはすべて、個人の反応によって構築されている。社会組織に対する個人の反応によって、個人はわれわれが社会的とよぶものに貢献する。われわれが社会的と呼ぶものは、社会組織を強化するので、社会組織から個人に向かって生じる刺激はその個人の反応を強化することになる。そして、個人は以前にも増してさらに貢献しなければならなくなる。このようにして、習慣や慣習が、規則や法律が、構築されていく。われわれは、それを社会と呼ぶ。われわれは、いつでも自分たちの環境を新たなものとしつづけていく。しかし、こうした新しい環境は、同時にわれわれを新たに創造しつづける。第3章、第4章の言葉で言えば、調整・適応とは、円環的行動の一側面なのである。

　前章で、われわれは、ソーシャルワーカーの事例を考察し、ソーシャルワーカーが子供を子供自らでもって社会に「適応」させる手助けとして何をしたのかを考察した。われわれは、今や、そこで含意されていたものを明確に知ることができる。すなわち、もしわれわれが調整・適応のような曖昧な語を用いる場合には、われわれの思考にゆるみがないかどうかに注意しなければならない。というのは、われわれは、子供を特定の社会状況へと適合させるという意味で、その子供が適応することを望んでいるわけではないからである。「調整・適応」という語は、われわれがこの語に与えているより包括的な意味から見れば、子供の変化とともに環境の変化という側面も含んでもっている。したがって、われわれは、その語を円環的行動の一側面として理解する場合にのみ、社会状況について、調整・適応という語を用いるべきである。

　調整・適応のこのような概念は、必然的に、あらゆる社会科学における巨大な変化を意味している。例えば、コンフリクトの考え方について取り上げてみよう。もし私があなたと決して戦うことなく、常にあなたプラス私自身すなわち、あなたと私の間の交織が創り出すあの「全体」が何ごとかを創造しつづけていくならば、われわれは、コンフリクトに対処する全く異なる発想を手にすることになるだろう。このことは、法学的な思索過程、政治学的な思索過程の双方における変化を意味するであろう。

　要約しよう。円環的反応、統合的行動という概念は、通常の用法における調整・適応の意味の価値を下げ、創造しつづけていく関係性としての調整・適応という概念をわれわれにもたらす。こうなると、服従（submission）と発明は、相容れないものではなくなる。われわれがつくり出しうる「新しい何か」は、われわれが服従（正しい種類の服従である）できるかどうかに依存している。この、そのときどきの反応関係という視点から、私は第二部において「服従（obedience）」、つまり、国家、雇用主、倫理的なルール、等々に対する服従について考えたい。統合しつづけていくという意味での調整・適応は、追従と支配の完全なる調和である。われわれが今や誇りにし、常に過程という観点から考える、動態的な心の習慣を本当の意味で手にしているならば、われわれは有機体と環境の双方、個人と状況の双方が活動であると考えるだろうし、そうした心の習慣は、これら二つの活動を必然的に伴った、機能的な関係づけの活動の理解をより容易にするであろう。そのとき、「対立」という発想は、今われわれに与えられた刺激と反応のより繊細な解釈の下で消えていくこととなる。

　それでは、私があなたを征服することとあなたに従属することとは、いずれが妥当なのだろうか。長期の視点で見れば、このいずれであっても失敗する。そして、短期の視点でも失敗することは間々あることである。私はあなたを自由にすることができるだけであり、あなたは私を自由にすることができるだけである。これこそがあらゆる関係性の本質であり意味である。生理学者や心理学者が「エネルギーの解放」を語る。同様に、社会科学にとっての根本的な考え方も「エネルギーの解放」である。「エネルギーの解放」は、あらゆる社会学的な概念の基礎たるべきである。経済学は、それこそが真理であると認めなければならない。政治科学は、そこにおいてあらゆることの根本を見なければならないし、その先にこそ、政治科学は成り立つと言ってよい。政治学、経済学、そして法学にとっての課題は、次のような人々の接触、人々の関係性を提供することである。すなわち、それは、それぞれの人の中で精神的なエネルギーを解放するような関係性である。ここで言う精神的なエネルギーとは、それぞれの人をそれぞれの人を保持したまままとめ上げ、概念レベルではなく日々の生活において「民衆の意思」をわれわれにもたらすようなものである。このように相互に自由にしつづけていくこと、このように他方から一方を引き出しつづけていくこと、言ってみれば、このような継続的な喚起こそが、「刺激と反応」の真理である。私は、生理学的な刺激と反応を、生命の「物的な」側面と呼ぶことに異議を唱えるものである。われわれは、この生理学的次元と同様の生命過程、すなわち、有機体と環境が自己創出しつづけていく過程をあらゆる次元に見出す。言ってみれば、こうした具体的な環境においてこそ、「生きた」真理がある。そう考えると、現実とはどこにあるのだろうか。客観的状況にあるのだろうか。それとも「民衆」の中にあるのだろうか。それはどちらでもない。それは、あの関係づけの中にある。自由にし、統合し、創造する関係づけの中にあるのである。では、何を創造するのか。それは常に、人間の精神に対する新たな可能性である。つまり、新たな関税法や労働時間の短縮化や協同銀行、その他何であれそうしたものの中に体現されているものである。そのとき、政治的な問題は、「同意」をどう得るかではなく、人と人の間の創造しつづけていく関係性に対してどう道を開いていくかである。これは、成人教育によって実現しうることである。成人教育は、洞察力のある新聞記事、協同運動、地方単位の議論を発展させることによって、意識的に、人間間のこのような創造しつづけていく関係性を可能にし、奨励し、発展させる方法を探し、教育しようとしているようである。ただし、創造しつづけていく関係性とは、それが成人教育によってどんなに促進されるとしても、あくまでもエネルギーの解放を通じて民衆の意思を自己創造しつづけていく過程である。生理や心理におけるのと同様、人間関係においても解放と統合とは同一の過程である。本章の中で、私はこのことを既に述べている。ただ、そのことをあまり頻繁に繰り返し述べている余裕はない。

調整・適応という概念のより深い真理は、われわれに次のような示唆をもたらしてくれる。すなわち、もし、生物学における理想が「適応（adjustment）」であり、倫理学における理想が「正しさ（right）」であり、法学的な理想が「正義（justice）」であり、政治学における理想が「自由（freedom）」であり、そして経済学における理想が「欲求の充足（satisfaction of wants）」であるとしても、本章で与えられた社会的過程の定義、機能的調整の定義は、これらの概念の間に違いはないということを示しているのである。これらの概念は、思索過程の異なる段階を示すものとして考えられる必要さえない。これらの概念は、そのうちのいくつかを理想主義的なものとして分類し、またいくつかを物質主義的なものとして分類する必要もない。これらの概念は、同一の根本的な原理を考察する、異なる方法なのである。

「環境の抵抗」という言葉を考察していくことで、環境の抵抗について語る人の哲学の総体がこうした言葉を好まない人の哲学の総体とは異なっているということが明白となる。後者は、われわれは気張ることなく、われわれの世界を生きていると考えている。つまり、われわれは、われわれを疎外する一つの世界にばったり出くわすということはなかったし、われわれのいるべきでない場所にわれわれが誤って辿り着くということもなかったと考えているのである。ただし、今のところ、根本的に、自己と環境との間にはいまいましい関係が存在するという前提が存在するようである。それが、環境の抵抗という考えの背後にある哲学であり、私はこれに同意しない。抵抗という言葉には、自然がわれわれに対立しているということが含意されており、「私はこの世界ではただの旅人であり、天国こそが心の安らぐ場所である」ということが含意されている。そして、自己とはその人生行路でさまよっている存在である、というひどくあわれな考え方をもたらすのである。「前進的統合」に必然的にともなう哲学は、心の安らぎをわれわれにもたらし、次第により大なる自己へとわれわれを高めてくれる。それは、われわれの最も偉大な精神的な豊かさは、「自分たちの心を誘惑すること」からくるのではなく、環境と向き合うことで手にすることができるということを示す。精神が向上していく唯一の道が存在する。環境と向き合うことによる道を歩むことこそが、人生の秘蹟（サクラメント）である。[5] このことについて何か文字で書き表す必要はない。なぜなら、自己は日々、こうした人生の秘蹟を生きており、そうした人生の秘蹟からその滋養を得ているからである。

【原注】

（1）E. J. Kempf, *Psychopathology*（E・J・ケンプ『精神病理学』）, p. 75.

（2）ケンプは、非常に興味深い視点を打ち出している。すなわち、環境を変えることができないときには、われわれは、より大きな環境の中に、統制可能な環境を構築していく傾向があるということである。

（3）私は、発明よりも前進的調整という語を好む。というのは、発明という語は、あまりにも根拠のない内発性を重視して、反対に特定の反応行動の小ささをあまりに強調しすぎるからである。このことのより十分な検討のためには、第9章を参照してほしい。

（4）Jean Cruet, *La Vie du Droit.*（ジョン・クリエ『権利の生活』）

【訳注】

［1］第3章の訳注［11］を参照。

［2］「目的論」については、第2章の訳注［1］を参照のこと。

［3］direction は、例えば、direction vector は「方向ベクトル」と訳され、その含意は、次のようなものである。「日常生活では方向を表すのに矢印で示すことが多いが、数学では長さ一のベクトルを用いる。これを方向ベクトルという」（『岩波　数学入門辞典』）。また、distance は、集合間の距離を表す概念である（『岩波　数学入門辞典』）。

［4］言うまでもないが、係数とは、次のようなものである。「多項式 $x^3 + 4x^2 + 5x + 2$ で x^3 の係数は1、x^2 の係数は4、x の係数は5である」（『岩波　数学入門辞典』一八二頁）。ここでは、異端説が宗教を、不法行為が法を、幼児の境遇が個人の行為を、それぞれ形成する大きな要素となっていることを説明していると考えられる。

［5］　サクラメントとは、「キリストによって定められた神の恩恵にあずかる儀式」である（『広辞苑　第五版』）。

第7章　経験は検証の過程ではない

Experience not a Verifying Process

私たちは今こそ、経験を、何かを検証する過程（a verifying process）としてよりもむしろ、創造していく過程とみなすことが可能となる。経験とは、そこから目的と意思、思考と理想が生み出されていく力の源、つまり発電所のようなものである。私は、当然ながら、生きていく中で大きな割合を占めている過程が、何かを試し、検証し、比較する過程であることを否定するものではない。比較することと選択することとは、いつでも学ぶという過程そのものであり、それは生命の誕生するずっと以前の段階から始まっている。例えば、解剖生理学においてわれわれは、ある種の選択によって、神経系が発達していくことを知る。ここでの選択（＝淘汰）は一種の創造である。比較するという概念における誤りは、比較するという考え方そのものにあるのではない。誤っているのは、比較される対象である。この比較されるべき対象の誤りは、社会状況において間違いなくよく起こっていることである。会議に出席するとき、われわれは、自分が会議前に持ち込んだ考え方を、会議で「見つけた」誰かの考え方と比較してはならない。そうではなく、自分が会議に持ち込んだ考え方を、その会議の場で生じつつある考え方と比較していくことが必要なのである。雇い主が従業員との会議に出席する際、彼は、従業員が様々なことについて考えてきたものを見つけ出すことを期待しているかもしれない。だが雇い主は、決してそれを発見することはできない。なぜならば、彼が従業員に会えばたちどころに、まさに彼が従業員に会ったという事実によって、少なからず異なる状況が現れてくるからである。あなたがある状況に参加すれば、その状況はあなたが加わったものとなる。こうなると、あなたは、あなた自身が加わった状況、すなわち、状況とあなた自身の関係性に反応していることになるのである。生理学的な円環的反射においては、刺激の活動と筋肉の活動とを別々のものとして比較することはできない。なぜならば、筋肉の活動には、中枢へとさかのぼっていく瞬時の動きがあり、その動きを通して、筋肉の活動は、その活動を引き起こしている刺激に含み込まれていくからである。同様に、社会的状況においても、あなたが持ち込むものとその場で見つけたものとを別々のものとして比較することはできない。この両者は、すでにお互いに影響し合っているからである。

こうしたことを理解していない場合に、人は傍観者になるという誤りをおかす。すなわち、あなたが経験の一部となることなくして、経験を知ることはできないのである。もちろん、もしわれわれがいつもはしごを持ち歩いて、それをよじ登り、窓の中を凝視したり、電話を盗聴し、地下室での人々の会話を録音する機械[1]を取り付けたりしていれば、そうしたことも可能だということは考えられるかもしれないが、これにはかなり多くの実践的困難があるように思われる。人生とは、われわれにとって、そのようなことができる映画のようなものではない。つまり、人生そのものを外から観察することはできない。なぜなら、あなたはいつも人生そのものの中にいるからである（昔の妖精の物語では、この困難を認識しているからこそ、姿が見えなくなる帽子を与えたのである）。人生の真っただ中にいるということは、われわれを袋小路に迷いこませてしまうのであろうか。いやそうではない。それどころか、進化し続けていく状況、「前進的な統合」、新しいその時その時の反応の絶え間のない交織こそが、生きとし生けるものの運動を前に推し進めていくすべてである。つまり、人生の外側のカウンターに立っている人や、お手本通りに生きている人には、なんら新しいことを経験することはできないのである。

ちょうど今、ある制度について進められている調査がある。この調査に対して費用を出している委員会は、この調査を通して次のことを知ろうとしていた。すなわち、問題となっている制度のあり方が、その委員会が考えるところの最も近代的な考え方とどのくらい合致しているかを探り出したいと望んでいたのである。しかし、その委員会がそのことを、正確に探り出すことはないであろう。なぜならば、委員会のメンバーと研究者たちは、まさにこの調査を行うことによって、その制度を発展させていくのに最もよいあり方についての自らの考え方を、少しずつ変えていくからである。けれども、このことに対しては、次のような反論があるかもしれない。すなわち、「そうは言っても、その委員会は、改編された基準が当該制度においてどの程度実現されているのかくらいは見つけられるのではないか」ということである。ところが、そうではないのである。彼らはそれを見つけることさえできない。なぜならば、他ならぬこの調査自体のゆえに、その調査が続けられている間でさえも、当該制度はそのあり方を、ある程度変えていくからである。テストするということは、厳密な意味においてそれを実施しようとするならば、それは不可能である。確かに、われわれは、生きることができ、前進することができ、創造することができる。そして、われわれは、これらのことを促進するために、われわれが手に入れているあらゆる概念を用いなければならない。しかし、人生は決して、われわれが「テストする」のに十分なほど長く、止まっていてはくれない。もっと正確に言えば、われわれは人生を眺めるために人生の外に立つことはできない。いましがた私が示したケースにおいては、委員会がその調査を行なうことを決定した瞬間に、委員会のメンバーは、あの経験という一場面の中に自らの身を置くことになったのである。彼らは外から観察することはできなかった。彼らは、観察を始めた瞬間に内へと踏み入ることになった。そしてその瞬間に、基準と制度との間の交織が始まったのである。関係それ自体の活動が、制度そのものを形作りつつ、同時に委員会自身の考え方をも発展させていったのである。これもやはり、円環的反射によく似ている。円環的反射においては、単なる刺激ではなく、単なる反応ではないということが重要である。関連づけの中にある刺激、関連づけの中にある反応だということが重要なのである。私はそれを関係自体の活動と呼んでいる。「反射的円環の理論にしたがえば、反射的反応は、一つの関数［関係づけつづけていくこと］（a function［functioning］）であり、円環的反射は、刺激の知覚を実現し改変していくのである」[1]。

社会的レベルでは、自己と周囲の状況、思考と具体的な経験は、常に交織している。比較することではなく、この交織するということこそが、生きていく過程（the life-process）である。われわれはいまや、その時その時の反応を通じて創造していく過程として、生きていく過程を理解する。観察は、社会科学の手続きの最も重要な部分であるが、われわれは、観察について、もう少し言うと、観察、比較、テストすることについて、もっと正確な理解を持たなければならない。私は、事前に持っていた考えによって活動をテストすることはできない。なぜならば、あらゆる活動は、それ自身のテストを、その活動の中で進めるからである。だが、われわれは、事前にもっていた考えによって、活動をテストしようと試みる。なぜなら、そうすることの方がはるかに容易だからである。しかし、フィート目盛の物差しや測定器具を用いて測ることは、重圧や緊張を伴う経験を通して生きていくこととはまったく別ものである。つまり、おそらくは計り知れないほどの痛みを抱えながら、状況というものの中に必然的に伴うものを明らかにしていくこととは、全く別のことなのである。

「経験から学ぶ」という考え方をする人々はしばしば、自分たちの人生をやりそこなうことになる。すなわち、彼らが、周囲の状況が同じであるということを特定の外見から判断し、二つの状況（situations）が絶対に同じではありえないことを忘れ、過去の出来事から得てきたことを、そのまま現在の出来事に適用しようとする場合には、人生を台無しにすることになる。私は、次のような人を知っている。その人は人生のかなり重要な節目において、次のように自分自身に言い聞かせてしまったことによって、その人生に深刻な影響を受けたのである。つまり、「私は、数年前にある人にある対応を行ったが、うまくいかなかったので、目の前にいるこの人にも同じ対応をすることはできない」と考えてしまったのである。しかし、この二番目の人は、彼が初めの人に行った対応をしても問題ない人だったのである。もちろん、初めの人との接触は、彼にとって大きな意味をもっていたであろう。しかし、彼はそこから得たものをどのように活用するかを学んでいなかった。つまり、得たものを後から起こってくる経験と統合するのではなく、その代わりに、それを後の経験とは切り離して捉え、一つのエピソードから得たものをあまりにも性急に一般化してしまったのである。私の知的誠実・精神的誠実についての考え方の一部は、この理解、つまり、得たものを後から起こってくる経験と統合しなければならないという理解が基礎になっている。私であることのすべて、私をつくってきた人生のすべて、私が経てきたあらゆる過去の経験、つまりは、私の人生という織物に織り込まれてきたものを、私は、新たな経験に捧げる必要がある。過去の経験が、実際には、役に立たないということではない。ただし、過去の経験の有用さは、過去の状況に基づいて現在の行為を導き出すというところにあるのではない。われわれは、可能なかぎりのすべてのものを、それぞれの生き生きとした経験に投入しなければならない。だが、それぞれの経験が実り豊かな経験であり、前進しつづけていくわれわれの生の一部となるのであれば、われわれが手にするものは、過去の経験と同等のものとはならないであろう。ある婦人が、つい最近、私に「私の悩みの種は、私が自分の経験を統合していないということです」と述べた。私は、彼女が大変根本的な真実を言い表したと思う。われわれは、新たな経験をする際に、その経験に対してまったく注意を払わないという場合を除けば、次のいずれかの選択を行うことができる。一つは、いつか将来に類似した状況が起こったときに（類似した状況は決して起こらないが）、その経験から得たものをいつでも取り出せるように整理棚に入れておくという選択である。いま一つの選択は、その新たな経験をその他自分が経験したすべてのものと統合することである。われわれは、経験を統合することを選択する。こうして、われわれはより豊かな人間となって、新しい経験のステージへと進んでいく。新しい経験のステージにおいても、再びわれわれは、織り込まれてきたものすべて、つまり、われわれ自身を与える。そして、われわれは、われわれ自身を与え続けることによって、常に古い自己を超えて向上していくのである。

このように考えてくると、われわれが統合しようとするときに、整理棚の中においたままにしておくものは何もない。われわれが偉大な裁判官とするのは、整理棚に整理する人物ではなく、統合する人物である。両者の違いは、それが機械的な知性であるか創造していく知性であるかという点にある。機械的に解釈する人たちは、「ロボット」である。「ロボット」は、人間に代わってその仕事をするために工場で作られた存在であり、機械的な知性を持つ。彼らは、経験をすることはできるが、それを整理棚に入れてしまう。その後、原則や前例を必要とするとき、整理棚のところに行って、「該当するもの」を持ち出してくる。しかし、その種の機械的な知性を働かせている人々は、人間が生まれながらにして有している権利を行使していない。すなわち、人間ならではの活動は、創造するという活動にあるのである。

何かを検証していくという従来の考えについては、決められた目的があらかじめあるという誤った考えの兆候を見て取ることができる。というのは、検証においては、あなたは、その検証の妥当性について判断する前に、そもそも検証する目的について判断していなくてはならないからである。心理学は、最終目的があるとする考え方を打ち破ろうとしているのであるが、それは、何かを検証するという考え方において往々にして持たれる二つの誤りを修正しようとするものである。二つの誤りのうちの一つは、差し当たりは、考えることと行うことを切り離すという傾向にある（もし思考と活動が切り離されうるとする場合には、思考が作り出した基準によるテストが可能となる）。そしてもう一つは、その時その時の反応関係の有する、自己展開し続けていくという性質を無視していることである。われわれは、まず考え、次に行動し、それから再び考える、のではない。むしろ、考えることは、行動することに依存している。理解しておくべき本質的なことが一つある。それは、活動とは、その活動を作り出した活動をそのまま引き継ぐものではなく、新しいエネルギーを生み出すものだということである。このことを考慮に入れていないような民主主義の概念は、健全とは言えない。

何かを検証するという理論において最も興味を引くのは、そこで却下されてしまった仮説がどうなるのかということである。もし諸々の原理が実験（experiment）されるべき単なる仮説であるなら、その諸々の原理は、捨て去られたときには何の価値もなくなってしまう。しかし、それらを捨て去るということは決してできない。それらは、私が述べてきたように、過程に投入され、それによって新たな原理の生成に寄与する。私が好む言い方で述べれば、新しい状況の生成に寄与するのである。われわれは次の点も覚えておく必要がある。すなわち、捨て去るということは事実上不可能だということである。このことは、この捨て去るという言葉を頻繁に用いている人のまさにその心理によく表れている。もし、われわれがある思考について、それをテストするほど長い間「保持する」としよう。その場合は、その思考自体が自分という有機体の一部、その内部機構の一部となってしまっているであろう。私は、だからわれわれはいつも思考を「保持して」いなければならないのだと言っているのではない。そうではなく、私が言いたいのは、何かが起こるということはすなわち、非常にさまざまなものから構成される入り組んだ過程を経てきているということであって、それゆえ、われわれの保持する思考についても、われわれの所有するモノだという感覚で、それをあたかも初めからもっていなかったかのように捨て去ることは決してできないということである。われわれの神経筋の弧は、その上に書き、その後でふき取ることができる石板のようなものではない。その意味で一掃するということは、われわれにおいては許されていない。われわれは、自分たちの行動を十分に受け容れなければならないし、受け容れ続けていかなければならない。もちろん、ここでの行動は、その専門的な意味における行動であり、顕在的な行動と同時に、潜在的な行動も含んでいる。

捨て去ることが不可能だということは、ある意味において、科学上の仮説についてさえ当てはまることである。確かに、われわれが、たとえば原子の空間配列について議論しているとき、われわれは、後には捨て去ってしまう仮説によってテストしているかもしれない。それでもなお、科学上においてさえ、一つの仮説は、次に現れてくる仮説の形成に際して、われわれを助けてくれる。すなわち、科学上の仮説は、決して偶然の思いつきではないのである。しかしとにかく、私は、自然科学において行われている単純な類に属するテストを、社会科学の分野にそのまま使うことができるとは考えない。なぜならば、私は、自分の周囲を見る限り、この世のどこにおいても、この捨て去るという現象が生じているのを見ないからである。捨て去られた仮説を見に行くことができるゴミ捨て場を、私は一つも知らない。あなたは、歴史は捨て去られた仮説に満ちていると言うだろうか。私は、歴史が見捨てたかに見えるものの痕跡のすべてを、現代において見出す。われわれ自身の個々の人生において、捨て去ることは不可能だということは、ときにわれわれ自身を調和させていくための最も厳しい法則の一つだと思われる。そして、その厳しさにもかかわらず、この法則は、社会の前進においてと同様、個人の成長に関する真理のまさに核心である。さらに言えば、私は、この法則をどの程度受け入れているかが、われわれが成長に向かう能力をどの程度身につけているかを、大部分示していると思う。それは、次のことをわれわれがどの程度学んだかの尺度となる。すなわち、われわれが捨て去りたいもの（しかし、それは捨て去ることのできないものであるがゆえに、われわれは実際には捨て去ることができない）を、より大きな真理に役立たせ、新たな生の生起に貢献させる方法をどの程度学んだかを示す尺度となるのである。ここで、新たな生の生起とは、われわれにとって「進化の決定的瞬間」と言えるものである。

それぞれの時代には、その時代において人々を虜にする力をもつ魔法の言葉が存在する。数年前には、科学が人々に魔法をかける言葉であった。その時期には、諸々のことを検証するという考え方がわれわれの心をとらえた。なぜなら、われわれは、検証するということが「科学的」であると教えられていたからである。だが、社会科学は、自然科学から可能な限りあらゆるものを学んでいく一方で、社会科学独自の方法も発展させなければならない。この社会科学独自の方法を発展させるという課題について考える上でもっともよい言葉は、私が思うところ、カレン博士によって語られている。すなわち、「…事実が事前に存在し、概念はそうした事前に存在している事実に従う、というようなものではない。事実とは、事後に結果として生じるものである…」。検証するというプロセスを熱心に信奉している人たちが見落していることをカレン博士は見落していない。すなわち、検証の信奉者が見落しているのは、利益が利益を生むという複利の考え方である。つまり、創造していくということは、増分が増分を生むということを必然的に伴うのであり、それはプラス自体の活動なのである。このプラス自体の活動に、われわれは何よりも関心をもっている。

検証するという考え方が考慮に入れていないもう一つのことがある。私がある瞬間、ある考えをテストしようと思いついた場合を考えてみよう。この場合、私をテストするよう突き動かしたものは何であるのか。このように言うのには、多少の理由がある。私は靴製造を行うある工場を所有している。この工場においては、靴を製造し販売するという活動に全体が細かく分けられており、こうした細分化された活動は数え切れないほど多くの考え方と基準で構成されている。そして、この細分化された活動全体の中から、一つの状況が生じてくる。もし私が、工場について、いくつかの考えをテストしているとすれば、それは、工場が稼働しているということそのものが、テストすることの必然性を表に浮かび上がらせたからである。それは、恣意的にテストしているのではない。言ってみれば、空理空論の観念的なテストではない。そこでは、検証する場面へと私を導いた全体的な過程が今度はまた、検証していくという過程自体にも影響を与えているのである。このことは、さらに次のことを示している。すなわち、人間同士の状況の中でテストすることは、自然科学のように実験室の中でテストすることとは、決して同じではありえない。先に私が挙げた地方自治制度がどのように変わったかという研究の例においても、その地方自治制度に関する考察には、さまざまな苦心や複雑さが影響しており、市民生活の多くの活動がその考察に関わっているのだということが示唆されている。私は最近、次のような文章を読んだ。「われわれは、真理を選択する場合、きわめて重要な結果をもたらすような真理を選択するものである」。しかし、われわれがそれらの真理を見つけるためには、どこに行けばいいのだろうか。そして、人生がわれわれに選択するための時間を与えてくれることが果たしてあるのであろうか。私自身の経験では、真理というものはたいてい、私がそれを「選択」する時間的余裕をもつよりも先に、私の目の前に現れてくるものである。

このことと密接に関連する論点が一つ存在する。その論点はときに誤解を受けている。われわれはよく、人々が「経験の解釈（interpretation of experience）」について話すのを聞く。それは、まるでわれわれが、まずはじめに経験をして、その後に経験を解釈するように語られている。しかし、この経験をすることと経験を解釈することとの間には、より密接な結びつき、それも、「はじめに経験をしてその後に解釈する」という結びつきとは異なる結びつきが存在する。まず、一方において、私の行動はここで言う経験に内在するものであり、その後にその行動について行った内省と同じくらい、私の解釈の一部である。また、他方において、私の知性的、事後的、内省的な解釈は、ただその経験という物語の一部にすぎないのである。これは、非常に重要なポイントである。

さらに考察を進めていこう。次のことが注目されるべきである。つまり、ある人が、ある考えについて、その考えの正しさを確認したり、あるいはその考えを捨て去るべく、ある状況に当てはめようとする場合、その人はまったく正反対のことも行う。すなわち、観察された事実を古い原理に当てはめて、その観察された事実を分類しようとするのである。テストするという考えについては、それが知性偏重に陥っているものが多い。われわれが「整理棚」をもって考えるということは、論理的構造へと抽象化していく行動傾向を表している。しかし、論理的システムによって生きる人々は、単に、善悪の区別を脇において、「道徳的休暇」を取っているにすぎない。

私はもちろん、分類をやめることを望んでいるのではない。それは愚かなことであろう。だが、私は次のように考えている。すなわち、観察と事前に存在している分類との関係は、われわれの多くが現在行っている方向とは異なる方向で練り上げられるべきである。テストしては捨て、テストしてはまた検証していくのか。生きることは、そのように単純なものではないし、あるいは「科学的」なもののように単純なものでもない。生きることは、アート（art）である。生きることは、その創造し続けていく力（creating power）とともにある。人間にとって生きることは、活動と思考とが自己産出しつづけること（the self-yielding）に依存する。生きることとは、こうした終わりのない相互作用なのである。そして、諸々の事実、客観的状況、具体的状況、実際の出来事を調べるように絶えず迫られている今現在においては、次のことが特に必要である。つまり、われわれが、どのようにして概念の次元と知覚の次元を結びつけるかを学ぶことが特に必要なのである。すなわち、それは、あらゆる事実をあの諸々の原則に反映させる方法を学ぶことである。こうした諸々の原則は、再び事実世界の中で使用されることによって、改めてその内容を改変させていくことになる。このようにして人は成長していくのである。人の成長は常に、その人の活動を通じて実現されていく。

何かを分類するということは、「概念を用いた簡便な処理」である。この意味での分類は、もちろん必要であるが、われわれは、経験を通して新たな提案がもたらされるときにはいつでも分類を変えていくという準備をすべきである。このことはあまりにも明白であり、述べる必要のないことであろうか。グレイ判事は、われわれに次のように語っている。「分析的な法学者に絶えずつきまとう罪は、彼の行う分類と定義が決定的なものであると確信してしまうことである」。細菌学者が分類に用いている方法が、われわれにとって一つの教訓となるかもしれない。すなわち、新しい発見があったときにはいつでも直ちにその分類の仕方を変えていくのである。

このことは私にとって重要であると思われるので、それを別の形で表現することを試みさせてほしい。後期の経験主義は、諸々の原則の重要性を否定していない。われわれは、道徳的な原子論（a moral atomism）か全般的な倫理的法則（general ethical laws）かのいずれかを選択するという必要はない。つまり、諸々の原則は、計り知れないほど価値のあるものである。それは、等式のもう一方の側において、状況の本質をなす一部として価値を持ち、また、われわれの具体的な人生の縦糸と横糸の織りなす一部分として価値をもつのである。ある倫理学の教師は、われわれは諸々の原則を新しい状況に対して「適合させる」と語る。多くの法学者も同じことをわれわれに話す。私は、この「原則を状況に適合させる」ことをもって、それこそがまさに過程であるとは考えない。例えば、一人の人が、ある何らかの考え、もしくは原則をもって会議にやってくる。そのとき、その人の考えや原則を適合させようとするべきではないし、また、そうした考えや原則は、その会議を批評するために、会議という交織の外に置いておかれるべきものでもない。むしろ、そうした考えや原則は、その状況の中に投げ込まれる必要がある。新しい考えというものは、いつでも混ざり合うものの中から発展してくるからである。ある状況Xは、常に次のときにはX'となっているはずである。私はよく会議において出会う人々で、XとX'を混同しているか、あるいはただXにのみ関心をもっている人を知っている。会合をすることに同意する場合には、正反対の意見の存在を許容するという暗黙の合意があるはずである。つまり、会合をすることに同意するということは、次のことを含意するはずである。すなわち、あらゆるものがX'に、つまりはこの会合から現われてくるであろうものに関係づけられるべきだということである。ある人は、話し合うことよりも戦うことを好むと率直に言うかもしれない。つまり、その人は、他の人の考えに関わりなく、彼自身の考えを保持することを好むのである。しかし、もしその人が話し合うという方法を受け容れるのであれば、その受容は、次のことを意味する。すなわち、その人はその受容によって、話し合うことによって何が生まれうるのかを理解する義務があるということである。この義務を負って話し合うという方法を受け容れることこそが、会議を有効な過程となしうる唯一の道なのである。

　われわれのもっている諸々の原則を日々の事情に適合させようと試みるとき、われわれは、それらの原則がそもそもその日々の事情の中に存在するものであることを忘れているだけでなく、それらの諸々の原則を公正に扱おうとしていない。原則とは、日々の事情に適合させることそれよりもはるかに価値あるものである。われわれが原則を「適合させる」とき、われわれは実在の最も深い真理の一つに対して不誠実な態度をとることになる。概念は、諸々の反応を原動力として創造される。そして次には、これらの概念が新たな日々の事情と接触し、その中で、われわれは、新しく概念形成の原動力となる反応を得るのである。こうした概念形成の原動力となる反応は新しい概念を必然的に含んでいる。創造は、常に具体的な活動を通してなされる。それは、きわめて些少なものを除けば、決して知的な活動を通してなされるのではない。原始的な種族は、呪文と儀式をもって自然に乞い願う。これに対して、われわれは、自然に対して諸々のことを行うのである。多くのキリスト教徒は、自分たちの性格を変えてくれるよう神にお祈りをする。けれども、これに対して、われわれの多くは、自分たちの性格を変えるための唯一の方法は、諸々のことを行うことによるということを、徐々に、そして苦労しながら学んでいくのである。

　諸々のことを検証すべきだという説には、確かに真理が存在する。それは、基本的な真理である。しかし、そうした検証は、事前にもっていた考えと事後の結果とを比較することに本質があるのではない。なぜならば、思考と活動を分けることはできないからである。だが、われわれがいつでも行っていると言っていいテスト、いつでも問うていると言っていい正当な問いが存在する。すなわち、それは、この活動は調和しているかという問いである。これは、われわれがもつ「検証したい」という願望のすべての中にあるより深い意味である。また、これは、すべての生物学が明らかにしている過程である。アメーバの触角の感覚から人間の理性的な認識に至るまで、経験が前進的に自己進化していく中において、あらゆる活動は、形成しつづけていく全体（whole a-making）における不可欠な活動として機能し、そうしたあらゆる活動は、その間のそれぞれの瞬間に「検証されている」のである。われわれは、創造し続けていくという過程を通して検証している。つまり、検証は、思考と活動に分ける二元論や物自体[2]を通して行われるのではないし、あるいは、時間が止まった中で、行われるのでもないのである。

［原注］

（1）Bok, *op cit.*, p. 296.

［訳注］

［1］“dictaphone”は、速記用口述録音機のことである（『カレッジ ライトハウス英和辞典』）。

［2］Dinge an sich　第3章の訳注［10］を参照のこと。

第8章　定式化される経験：知覚に対する概念の関係

Formulated Experience: The Relation of Percept to Concept

私が前章において語ったのは、われわれの具体的な諸活動の中のどこで、概念の活動と知覚の活動が交わっているのかということである。そこでの考えに沿えば、概念とは、経験の定式化されたもの（formulated）ではなく、経験を定式化しつづけていくもの（formulating）として捉えられる。概念的なものに対して痛烈な非難をしている人々は、ただ単に、概念の位置づけを理解していないのである。概念がつくられていく過程は、長くゆっくりとした過程である。その過程はいつまでもその過程自身に絶え間なく働きかけ、その過程自身を構築し続けていく。ベルグソン（Bergson）は、この自己創造的な、概念構築という生き生きとした活動を、単なる抽象化だと述べている。概念形成したものについての危険性を語る際に、われわれが注意しなければならない唯一の警告は、概念が、具体的な活動の領域から切り離されるのを決して認めてはならないということである。われわれは常に、考えていることを知覚と結びつけて理解しなければならない。裁判官の判決文を読むときには、われわれは次のことを知らなければならない。すなわち、その裁判官の概念および推理が織り込まれた文章の中に、空虚な言葉がどれほど凝縮されており、また、具体的な活動がどの程度凝縮されているかを知らなければならないのである。その裁判官が、彼の判決が具体的な活動から練り上げられたものだということをわれわれに納得させうる場合、あるいは、判決中のあらゆる「抽象的な」言葉の中にも、感覚の流れが脈打っているのを感じる場合には、われわれは彼の概念に疑問を持つ必要はなくなる。

ジェームズやベルグソン、またその他の人々が、概念的に考えることの空虚さについてわれわれに語っているが、その非難は、概念的思考についての誤解に基づいている。知覚されたもの（percept）と概念（concept）とは、同じ活動の一側面である。あらゆる経験は、過去と現在が一つに結び合わされたものである。そして、概念は、以前のままの概念にとどまってはいない。概念は、われわれの日々の活動の血肉となり、そこから、新しい概念が生じてくる。もしわれわれが地球上で起きている争いにより関心をもち、人間のもつ要求に絶えず注意を払うなら、われわれは、次のことを知るであろう。すなわち、ある概念が別の概念へと絶えず移り変わっていくときには、それはいつも知覚的なものを通じてであることを知るのである。ある概念が捨てられて、そして別の概念が採用されるのではない。そうではなく、統合しつづけること（the integrating）こそが、あらゆるレベルにおける法則であり、思想の歴史を理解しようとするとき、われわれが研究しなければならないのは、知覚されたものと概念とをどう統合してきたのかということである。知覚されたものと概念の間には、何の対立も存在しない。概念は、生そのものを捉えたものである。われわれは概念をそれ自身のみで存在するものとして考える傾向があるが、そうではない。われわれが用いている概念は、われわれに対してその時その時の行動を表わすものである。これに対して、われわれはそれらの概念をその時々の行動に対応する形で保持し続けているだろうか。それとも、言葉だけで得心するようになるのだろうか。われわれが言葉だけで得心するような傾向に陥ってしまうとすれば、それは、われわれ自身に関連する言葉を、われわれ自身の実際の行動と結びつかない形で使用することを認めてしまう場合である。概念的な言葉の安易な使用は、きわめて危険である。

生きることとは、組織し続けていく過程であり、それぞれの複合体（complex）は、他の複合体と一緒になって、より高度の複合体へと組織される。それぞれの組織は単純化されるが、しかし、そのように組織が単純化されるのは、さらなる複雑さ（complexity）の中でその役割を果たすというだけのためにそうされるのである。人生という織物は、丹念に織り上げられつづけていくものである。この過程において、概念はわれわれにまとまり（unity）と単純さ（simplicity）を与える。もしわれわれが、概念が人生を丹念に織り上げていくことからもたらされ、そして、人生を織り上げることに寄与していくものだということを理解するなら、概念がもつまとまりと単純さをわれわれは十分に用いていくことができるだろう。生きることとは、森羅万象、この世のあらゆる力を調和させることによって豊かになる。人は生理的・生物的・社会的な、そして過去・現在・未来の様々なレベルにおいて生き、そしてその人の発展は、それらの様々なレベルをいかにまとめていくかに依存している。いわば、われわれは、「繁殖していくみみず」あるいはそれ以上の何かとして生きることができるのである。

このように考えてくると、生きることのあらゆる一つ一つが経験の部分をなしていることが理解される。われわれはこちらの一つを取り出してきてそれを概念的な側面と呼び、また、あちらの一つは他の側面と呼ぶようなことはできない。個々に切り離せないものを、勝手に個別的なものとして取り扱うことはできないのである。経験は、ひとまとまりのものである。

私は今こそ、第3章以降の五つの章において見てきた考え、すなわち、円環的反応の心理学と、進化し続けていく状況という考えを、専門家と事実収集という第1章において私が述べたことと結び付けてみたいと思う。というのは、多くの著述家はわれわれに、知覚されたものと概念をどう継続的に統合していくか、あるいは「事実」と原理をどう継続的に統合していくかを示していないからである。このような継続的統合は、社会的過程の非常に重要な一部分なのである。ときどき、われわれは、静的な用語である「概念的な画（conceptual pictures）」という言葉を聞くことさえある。しかし、進化し続けていく状況は、概念的な画とは相反するものである。哲学のいくつかの体系が暗に示しているように、森羅万象、この世の原理として二つの原理、すなわち、不変性という原理と流動性という原理が存在するのではない。存在するのは、「前進的統合」の原理である。私がこれまで述べてきた考えは、安定性と硬直性との間の相異を示している。その相異の本質は、安定性には活動の法則が貫かれているということである。概念的な画は、常に過去についての画である。これを用い続けるということは、次にはあなたは、生きているものからではなく死んだものから、諸々の原理、法則、ルールを演繹することになる。そして、新しい画を獲得する唯一の方法は、ある画を取り外して、他のものに掛け替えるということだけであろう。画それ自身は進化しない。しかし状況は進化するのである。状況は、内からの力によって、またそれ自身の勢いによって進化する。「概念的な画」は、それぞれに違いをもつ種を神が創造したと考えるのと同じ類の考え方に属している。

概念的な画に対する最も重い批判は、思考のみが活動を支配しているのではないという批判である。私がもつ諸々の画は、私の行動に依存している。私は、はじめに木陰のある樹という対象を思い浮かべ、それからそこに行き、その下に横たわるのではない。私が樹の下に横たわるという行為は、無数の反射作用から成り立っている。これらの反射弓が組織化されることによって、行為の対象が私にとっては、木陰のある樹となるのである。このようにして、世の中に関するすべての画は、世の中に対するわれわれのその時その時の反応によって作られている。これらのその時々の反応は、多くの事柄に依存している。すなわち、生まれたとき、そして生まれる以前から有機体に組み入れられているあらゆる習慣に依存しているのである。多くの人は、この過程を無視して、概念的な画に基づいてあらゆる期待をする。この概念的な画は、ある神秘的な方法によって直接われわれに影響を及ぼしている。しかし、森羅万象において、無抵抗にただ受け入れるというようなことはありえない。すなわち、単なる反応のようなものは存在しないのである。これこそが、私が示そうと試みている心理学の深遠なる真理である。もともと有機体の中に組み入れられているあらゆるものが存在しているからこそ、われわれは何らかの方法で反応するのである。すなわち、環境を通じて有機体に影響を与えているのは、有機体自身の行動である。有機体への影響は、ただ環境によるもののみではないのである。フランスとドイツの間にある状況においてわれわれが認めなければならないのは、まさしくこのことである。フランスとドイツは、同じ現実の世界に反応し、同じ現実の世界に向かって行動している。しかし、その世界に対する彼らの行動には、思考、目的、意思が入り組んでいる（第3章の公式を参照）。こうした思考は、諸々の画に影響を与え、その画がフランスとドイツの行動を変え、さらに彼らの行動が今度はその画を変えていく。われわれがドイツについてなそうと努めてきたことは、ドイツに木陰のある樹の存在を認めさせることであった。ドイツが樹へと反応しているものを、「木陰のある樹」への反応に転換させるためになすべきあらゆる準備段階の統合をドイツに行わせる前に、木陰のある樹の存在を認めさせようとしていたのである。しかしこの場合、ドイツにとって木陰のある樹の存在を認めることは、まったく不可能なことである。われわれは、ドイツ自身が活動することによる以外には、ドイツに何事も納得させることは出来ない。もしわれわれが、ヨーロッパ問題をどの程度においてであれ解決しようとする場合には、ドイツに対してそのための行動の道筋を示してあげることができるし、また、そうしなければならない。こうしたことを実行すれば、ドイツに木陰のある樹をもたらすことになるだろう。ドイツは、先に何かがあってそれに反応しているのではなく、反応の方が先にあるのである。こう述べることは逆説的であり、異議を差し挟みたくなるかもしれないが、そうなのである。(1) ドイツは、反応した後に、何に反応しているかをあなた方に話すだろう。つまり、ドイツは、反応した後に、自分が反応しているものが何であるかを発見するのである。いや、事はそれ以上により微妙である。すなわち、ドイツは、部分的には自らが反応しているものを創造しているのである。もしわれわれが、ドイツが何かに反応してほしいと望むならば、われわれは、ドイツがその何かに反応するための道をまず切り開いてあげなければならない。このことを理解するまで、われわれは、ヨーロッパの状況のほんの束の間の解決さえなしえないのである。

このことを無視していることが、今日のヨーロッパ外交の弱点である。それぞれの国々はすべて、世界について描いたそれぞれの画を提示しようとする。すなわち、フランスとドイツがそれぞれ世界についての画を提示し、イギリスとロシアがそれぞれの世界についての画を提示する、等々、それぞれの国が世界についての画を示しているのである。それらの国々は、次のように考えている。もし自分たちが十分な絵画の腕前をふるい、鮮やかで豊かな色彩によって画を描くことが出来さえすれば、彼らも心を持っているのだから、その画を理解するだろうと考えている。しかし、他の国々は決してその画を理解することはないだろう。なぜならば、われわれは、われわれの心によって、画を理解するのではないからである。

このように考えてくると、私は、客観的状況の重要性を決して軽視するわけではないが、もし、客観的状況が全体状況の一部として理解されるのであれば、それは、あまり頑強に強調されるものではありえない、と考えるのである。フランスとイギリスの関係を変えたものは（他の国々の間の関係はこの両国のように劇的、ないしは明白には変化しなかった中にあって）、石炭であった。フランスによるルール川流域の石炭の支配は、イギリスにとっては人々の失業を意味した。石炭そのものは確かに十分に客観的ではある。しかしこの石炭をめぐって、画と目的が交織しているということは、われわれすべてにとってこれまでもずっと明らかなことであった。織物産業のストライキにおいても、その状況は、市場の動向と共に変化するということをわれわれは知っている。しかしながら、こうしたことは、どのような場合でも明白なわけではない。例えば、自己利益の短期的視点からの分析と長期的視点からの分析は、たいていは量的な側面からなされてきた。すなわち、われわれは、将来のより大きな幸福や安らぎの方が、現在の小さな量の幸福や安らぎよりもよいと言う。それゆえにわれわれは、将来重視の格言などを発達させてきたのである。だがしかし、われわれは、次のような人々の間に生じる影響のやりとりを把握する枠組みを手にしてはいない。すなわち、状況とは、その状況が有する可能性を示すのに時間がかかるものであるという考えを支持する人々のやりとりを把握する枠組みを手にしていないのである。この枠組みをもたないのは、われわれが、生きることは過程なのだということを理解していないためである。この場合、われわれは静態的な状況を仮定してしまっている。

もちろん、われわれは、ワシントンにおいて国務省が行なってきたことを行ないたいのではない。すなわち、国務省は、時間内に何ができるかを考えるよりも、むしろ、まだ時間があるということを当てにしてきた。国務省が対処を先延ばしにしたことの負の効果は、アメリカ国民をヨーロッパの状況に対して鈍感にさせてしまったということである。われわれは一九一九年に、行動をある方向性に向かわせるきっかけを得た。その方向性は、うまくすれば各国の協働的な企てへと組み入れうるものであった。わが国の国務省の政策は、協働的な活動の初期において物事を推し進めていく原動力を、われわれに失わせてしまったのである。われわれが今形成しつつあるものは、協働的な活動に逆行するものとなっている。

概念的な画に反対する主な理由は、思考のみが活動を支配しているのではないからであると私は述べてきた。残念なことには、そしてしばしば悲劇的なことには、われわれ自身の生活において、われわれの意思（われわれがそれを名付けるとすればだが）と行為が一致していないということをわれわれは知っている。われわれは、これこれのことを行いたいと望みながら、それとは異なることを行っている。そのような時、われわれは、次のように考える傾向にある。すなわち、われわれの「意思」は、われわれの理想、精神的な部分を表し、そして、われわれの行為は、われわれの意思が周囲の状況の作用によって表われてきたものだと考えるのである。しかし、それは正確に言えば正反対である。すなわち、われわれの行為の方が、われわれの本当の意思（あるいは、有機体に組み込まれている習慣）を表しているのである。われわれの「より良き自己」は、新たな生き生きとした活動を通して、よりいっそう得られるはずである。われわれの問題が解決されるのは、われわれが次のことを知るときである。すなわち、われわれに黄金をもたらす唯一の錬金術があるとすれば、それは、活動を通して意思を創造し続けていくという過程を踏むことなのだということである。われわれのあらゆる災いは、われわれがこの過程を妨げようとするときに生ずる。われわれが学ばなければならないことは、われわれが何に信頼を置くかということである。倫理学や政治学においては、「安全第一」は意味がない。それ自身に固有の確信は、それぞれの活動によって形成されていくのである。内実をもたない空っぽの意思は、もはや、自らが精神的な力であるかのように振る舞うことはできない。われわれは、諸々の事実を頼みにすることはできないし、あるいはかつて流行った小説の英雄のように、われわれ自身の「強い意志」を頼みにすることも出来ない。ただ、われわれが信頼できるのは、あの発展し続けていく生（life）におけるわれわれの役割に含まれているあらゆる責任を十全に受容するということだけである。あの発展し続けていく生こそが、「諸々の事実」とわれわれ自身の両者をつくり続けていくからである。

このことを、別の言い方で述べてみよう。統合、すなわちコンフリクトの解決、相異を調和し続けていくことは、運動のレベルで生じるものであり、知的なレベルで生じるものではない。われわれは、会議における単なる話し合いによって、本当の同意を得ることはできない。われわれの反応は、過去の習慣によって、すなわちその有機体にこれまで取り入れられてきたものによって支配されているのであるから、他の反応を得る唯一の方法は、他のものを得てそれを有機体に取り入れることによるしかない。われわれはこれまで、このことを理解してこなかった。国際会議に参加して帰国してきた人は、国際会議の場で同意されたことに関して、どうして自国の国民を納得させることが出来ないのかと自問することになる。われわれは、このことの理由をいくつかのものに帰せしめる。しかし本当の理由は、同意というものは、その国において日々行われていることを通じて、その日々行われていることからもたらされるものなのだということである。言葉の上だけで承諾するように国民を説得することは、単に見せかけの同意という結果をもたらすに過ぎない。そして、その裏に隠された異議（異議とは、変わらないままでいようとする者たちの原動力と同義であるが）は、ただ別の形をとって、再び生じてくるだけであろう。こうした状況において調整されていない活動は、コンフリクトを抱え続けることになる。本当の統合は、活動の領域において生ずるのであり、考えの領域ないしは意思の領域に生じるのではない。それゆえに、われわれの国際会議の現在の目的は誤っている。国際会議の目的は、知的な同意のみに置かれるべきではない。そうではなく、関係諸国の活動を通して、現実の同意に向かうような機会を提供することである。それにしたがえば、政治科学者が引き受けるべき課題は、世界の概念的な画を作成することではなくて、ある特定の過程に妥当性があるのかどうかをテストすることである。ところで、このように捉えることは、なぜ多数派による強制的権力が長期にわたっては機能しないのかということの、より深遠な理由に結びついている。

この点を要約してみよう。われわれがここまで検討してきたような心理学が教えるのは、次のことである。すなわち、人々の考えは、概念的な画によって彼らの「心」の中に形成されるのではなくて、その人々の活動に依存するものである。ヨーロッパは、ドイツ自身が状況に対応するための道を切り開く代わりに、すでに描かれた画に同意させようと試みている。外交官たちは現実の活動とは結びつかないままに語り、政治家たちは現実の活動とは結びつかないままに計画を作成し、ジャーナリストたちは現実の活動とは結びつかないままに書くかもしれない。しかし、行動とは関係がない、画の示す幻想に、われわれが惑わされているかぎり、われわれはほとんど前進することはないであろう。今日のわれわれの世界が抱える問題を何らかの意味で本当に解決しようと思えば、その助けとなるものは一つだけであり、それは次のような方法である。すなわち、それは、状況に対応するための道を切り開くであろう方法であり、ここで状況に対応するとは、異なる状況の創出を促進するということである。概念というものは、私に対して単に示されるだけということは決してありえない。概念は、私が存在しつづけている構造の中に編み込まれねばならない。そしてこのことは、私自身の活動を通してのみ、なされうるのである。

このように考えると、われわれは、それぞれの瞬間がいつでも新鮮であることを教えられるのであり、われわれの活動を、それ以前からもっている目的に縛りつけておくことはできない。将来に備えて計画することを好まない人々を見るとき、われわれは、それらの人々が背水の陣をしくことを望んでいないのか、さもなければ義務を引き受けることを好んでいないのか、そのいずれかであると考える傾向にある。しかし、それは、そのいずれでもない。それは、計画はいつでも活動の関数（a function of the activity）でなければならないことを、はっきりと認識しているということなのである。

われわれは、他のいかなる哲学によっても決して、人が生きるということを捉えることはできない。例えて言えば、われわれは、常に、融けていく氷のやわらかい部分を食べているが、その間に、氷の立派な硬い部分も、急速に融けていくのである。今述べたことが、なぜイギリスの不文律の憲法の方が、われわれの厳格な合衆国憲法より良いのかを示しており、また、なぜ数カ国による同盟の方が国家間の条約よりより良いのか、そして、なぜわれわれが現在の婚姻法の変更を模索しているのか、その理由を示している。すなわち、その理由とは、われわれは、まさにその状況の中にあって、状況から生じてくる法則（the law）を見出すことを望んでいるのに、それにもかかわらず、われわれは、未だに法（law）によって導かれているからである。個人や国家の気まぐれな思いつきや狭い私利によって導かれているのではないにせよ、われわれは、依然として法によって導かれている。以上のことは、われわれが示した公式によって、社会学や法学に対して課される問題である。われわれは、今日、私的な問題、国内の問題、あるいは国際的な問題で、より大きな自由、しかし法に基づいた自由を得ようとしている。だが、法則はあくまでも状況から導き出される。しかも、ここで言う状況とは、「客観的状況」ではなく、「全体状況」のことである。

概念的な画の考え方は、リップマンがわれわれに対して注意を促すところのステレオタイプ（stereotypes）の考え方ときわめて近いものであり、容易に結びつけて捉えることができる。このステレオタイプに陥ることからわれわれを守ってくれるものは、行動過程を理解することをおいて他には何もない。

概念的な画について心にとめておかなくてはならないもう一つの重要な点は、概念的な画は類型をつくることになりやすいということである。そして、まさに非常に多くの著述家たちの弱点となっているのは、彼らが類型にそってあまりにも性急に分類しようとする点にある。あらゆる概念的な画は、次第に類型としては成り立たなくなっていく。それは、その様々な活動へと分解されていくからである。概念的な画という写真に囲まれた部屋で暮らすことは、刑務所に入ることか、あるいは幻想の中にいることと同じである。それは生きることではない。

リップマンはステレオタイプという語句を用いている。しかしながら、彼自身は、それにまつわる危険性にはまり込んではいない。私は、この問題についての彼の考え、すなわち、概念は事実に基づくべきだという彼の考えに全面的に同意し、そして、そうした彼の考えは、政治学に対する彼の最も価値ある貢献の一つであると思う。「客観的状況」は、もしそれを全体過程の一部としてわれわれが理解するならば、それを過度に強調することはできなくなる。私はここでは単に、次のような人々に異議を唱えているにすぎない。すなわち、「事実」には、それを熱心に信じる人々にとって明らかにされるべき本来の性質があるかのごとく、「客観的状況」について語る人々がおり、これらの人々に対して、異議を唱えているのである。この考えは心理学と相容れないばかりでなく、さらに科学とも相容れない。というのは、数世紀も前に科学者たちは、諸々の対象を過程として捉え始めたのではなかったのか。さらに言うと、「概念的な画」という考え方は、多くの者にとって、進化についての一九世紀的見解の一部を構成していた積み重なっていくという考え方である。しかし、現代の進化についての考えは、経験とはそのもの自体を進化させていくものである（self-evolving）というより深遠な思想を得て、今やまったく違ったものになってきている。進化とは、そのもの自体が新しくなっていく（self-renewal）継続的な過程なのである。

私は、第5章において一つの事例を挙げた。その事例を、フロイト学派の人々はソーシャル・ワーカーのもっともらしい理由づけと呼ぶかもしれないと、私は述べた。フロイト学派の人々がそのように呼ぶとすれば、それは彼らがその事例で考察されている自己について、次の点に気づかない場合である。すなわち、その事例で考察されている自己とは、将来の経験によって自己自身を拓いていく可能性をもつ自己であり、そうした自己は、ソーシャル・ワーカーによって保持されている現在ないしは将来の結果のいかなる概念的な画にも依存していないということである。そしてまた、その自己は、過去の経験を捨て去ることなく、統合していく自己である。私は第5章において、全体状況について語った。しかし、次の点も語った。すなわち、現在の全体状況は、見せかけの妥当性を持っているにすぎず、だからこそ、われわれは、水面下に隠れた過去の経験が、現在の経験にどの程度入り込んでいるかを知りたいと望むのである。ここにはおそらく、われわれと同じく、フロイト学派の人々にもまた、学ぶべきものがある。正確に言うと、フロイト学派の人々は、目的にもっともらしい理由をつけるという事態について、表に現れてきた結果の観点から細心の注意を払ってきた。ただし、その際、フロイト学派の人々は、過去の状況という点から十分に考察してきたわけでは必ずしもなく、たいていの場合、過去の自己により大きな関心を払ってきたのである。ゲシュタルト理論が全体状況の重要性を示し続けてきたことは、以下の問題を提起する。すなわち、過去の状況が、水面下に隠れた経験として、現在の状況に入り込んでいくあり方に関する、フロイト学派の概念が存在し、このフロイト学派の概念に対して何らかの新たな吟味をするべきかどうかという問題である。フロイト学派の関心の焦点が、現在における自己の表に現れてきた活動に合わせられていることは必ずしも多くない。その関心からすれば常に、彼らは過去に戻っていくことになる。だが、フロイト学派のもつ過去という視点は、時に、自己という主観的な側面を過度に考察することになってしまう。精神科医が扱うのは患者の心の中に埋もれている過去の経験である。この精神科医が扱う過去の経験は、関連づけの中にある全体であり、自己と周囲の状況とが交織し続けていく存在なのである。それは、過去の自己が現在に入り込んでいるのみではなく、過去の状況も同様に現在に入り込んでいるからである。したがって、精神科医は、患者の過去の主観的な側面であまりにも頭がいっぱいになっている場合には、過度な単純化を行なうことになる。これは、その精神科医の手腕に現れる。精神科医は、ただ心に埋もれているものを掘り起こすことによって、患者の不健全さを取り除けると期待すべきではない。現在の不健全さを生ぜしめた経験は、過去の全体状況だったはずである。そこには、自己と周囲の状況の不健全な相互作用が存在してきたのである。精神科医は、一部の人が実際に行なっているように、現在において健全な相互作用を可能とするような技能を練り上げなければならない。概念的な画ではなく、これらの諸々の活動が、コンプレックスを取り除くことになるであろう。精神科医は、過去の概念的記述に頼ることはできない。明らかに精神科医は、ただ、もっとも根本的な衝動を注意深く調べることだけに専念することはできないのである。第5章で挙げた事例では、ソーシャル・ワーカーは、全体状況を、しかもそのソーシャル・ワーカーの依頼者に対して関連づけられている全体状況を考え続けていた。しかし、このように全体状況を考えるということは、あなたが現在の状況をじっと見つめ続けている場合にのみ役に立つ。そして、それは、その時点でだけ役に立つというのではない。というのは、全体状況を強調することはいつでも、ソーシャル・ワーカーや精神科医に、過去の全体状況が存在していることを心に留めておくように要求するからである。何よりもまず、ソーシャル・ワーカーや精神科医、あるいは政治学者にとって、そしてわれわれ全ての者にとって、概念的記述は等しく危険に満ちているということを頭に入れておく必要があろう。概念を正当に活用する唯一の方法は、媒介物として用いることである。すなわち、概念という媒介物を通じて、過去の諸状況の組織化された諸側面は、現在の諸状況に関連づけられ組み込まれていくのである。

[原注]

（1）これは、円環的反応の理論の観点からすれば、逆説的ではないし、異議を差し挟む余地はないと思われる。

第9章　創造としての経験

Experience as Creating

統合（integration）は、現代心理学のもっとも示唆的な言葉である。それは、人間的な交流に活力を与える原理であり、科学によって息吹が吹き込まれる原理であると私は信じる。相互の利益が異なる場合には、それらは敵対する必要はなく（need not *oppose*）、ただお互いの利益を正面から向き合わせる（*confront* each other）必要があるだけである。利益を向き合わせる場合には、次の四つのうちのいずれか一つに帰着することになるであろう。すなわち、(1)どちらか一方の側の自発的服従（voluntary submission）、(2)闘争し、一方の側が他の側に勝利すること、(3)妥協（compromise）、そして(4)統合である。権力をちらつかせて相手に自発的に服従させることによろうと、権力を実際に行使することによろうと、そのいずれによって得られたものであれ、支配（domination）については、すでに多くのことが語られてきた。もしわれわれが、支配以上の何か別のやり方を学ぶことができないのであれば、われわれは常に、誰かによって支配されることになるだろう。軍事的、経済的、その他それが何であろうとも、その時点で最も強力な権力を自分に引き寄せることが出来る誰かによって支配されることになる。ある国が権力を握れば、その程度に応じて、他の国々は支配を受けることになる。労働組合が権力を獲得すれば、労働組合は労働組合以外の組織に対して、その権力を行使する。そして権力を握って支配しても、それは、ただ、他の集団が力を集めて支配できる時期を待つという結果を招くにすぎない。

しかし、妥協もまた、一時的で無益なものである。それは通常、単に問題を先送りするに過ぎない。真理は、二つの側の「中間に」存在するのではない。われわれは、見せかけの調和に対していつも用心しなければならない。不幸なことにまだ多くの人が、依然として、妥協を賞賛している。私は、ちょうど妥協の精神は謙虚な心を示すとのことを読んだところである。これは何というナンセンスであるだろうか。第一に、もしあなたが妥協を注視すれば分かるように、それは、謙虚な心を示しているのではない。第二に、もし、謙虚な心が存在するとしても、その種の謙虚は、あまり価値のあるものとは言えないであろう。謙虚（humility）とは、次のように定義される必要がある。すなわち、謙虚さとは、とにかくどんなものであれ、私が身につけていることより以上のものを決して要求しないということである。謙虚さは、私が身につけていることを明確に見極める能力に基づいている。この意味での謙虚さによってこそ、われわれは、自らの誠実さ（integrity）を保つことができるのである。

では、統合によってわれわれが示そうとしているのは何か。統合とは、向き合っている諸々の利益を取り扱う第四番目の方法であった。私がちょうど良い例は何かを考えていたときに、ある人がそれを示してくれた。「もしあなたが、ニューヨークに船で行くか鉄道で行くか、どちらにするかを決めようとしており、それぞれの有利な点について、つまり、一方は新鮮な空気が得られ、他方はスピードが速いなどを比較し熟考していたとする。そこに友人が偶然やって来て、あなたを彼の自家用機で連れて行くことを申し出たとしたら、あなたは鉄道と船の両者のもつ利点を得ることになるであろう。それが、統合である」と述べてくれたのである。たまたま一週間後に、大きな製造会社の社長である私の友人が私に次のように話しかけた。「統合ということで、あなたはまさにどんなことを言おうとしているのですか」。私は彼に、統合の説明として、先ほどの話をした。すると彼は答えた。「いや、それは正確には統合ではない。私は、しばらくの間、自分の工場の委員会を観察してきた。それは、共同決定が最も満足いくものとなるのはいつであり、またそれはなぜなのか、あなたの言葉で言えば、われわれが統合を得るのはいつであり、またそれはなぜなのかを私がはたして発見できるのか、確かめようとしたのである。あなたやあなたの友人が、あなたをニューヨークへ連れて行くために飛行機を発明したのであれば、それは、私が統合が生じているとみなすような過程により近いものと言えるだろう。私たちは、自分たちの何らかの委員会で何をすべきか決定できないときがある。委員の一部がある方向を採ることを望み、また残りの委員が別の方向を採ることを望むからである。そうしたとき、最もよい打開策はつねに、誰かが何か新しいものを発明するときに見出されると私は気づくのである」。しかしながら、私は、飛行機を議論に持ち込んだことは、確かに発明であったと考えるのである。だが、私の友人は、私に興味ある実例を示すべく、話を先に進めた。彼は次のように言った。「最近、私たちの製造委員会の会合において、次の問題が生じた。私たちの製造する紙の価格は六セントであった。それに対して、競争相手の会社は、その価格を五セント四分の三に引き下げた。そこで私たちが、五セント二分の一に引き下げると、相手は、五セント四分の一の価格で応じてきた。それで、私たちは、さらに値を下げるべきかどうかという問題に直面することになった。一部の者は値を下げることに賛成であり、一部の者は反対であった。解決は、全く違った事柄が提案されたときにもたらされた。すなわち、私たちは、より高い品質の紙を作り出すという考えに立ち、そして、その紙に見合う適切な価格を設定すべきであるという提案がなされたときに、解決がもたらされたのである」。

以下は、私には、妥協ではなく統合であると思われる決定についての実例である。ある協同組合は、多数の組合員を抱えており、この組合員たちは、彼らの収穫を組合に対して売ることを法律的に義務づけた五年契約にサインしていた。しかし、実行委員会が開かれたとき、実際には組合員たちの約三分の一だけしか、組合との契約を守っていないということが報告された。そこで、彼らの収穫を組合に販売していない組合員たちに対して、どのように対処するべきであるかという問題が生じた。違反者たちは法に照らして起訴されるべきであるのか、それとも罰せられることなく契約を破ったことを許されるべきであるのだろうか。それぞれの主張がはっきりと明示されて、討論は白熱した。起訴による厳しい執行をもって当たるべきと主張する側の主な論拠は、以下のようであった。もし、契約違反者たちが組合との契約を破ったことを許されるのであれば、組合の権威は、すぐに地に落ちてしまい、協同のマーケティング活動全体の失敗が決定的のものとなるであろう。なぜならば、組合の権威は、法律的に義務付けられた契約と、契約の強制力の可能性を信じることに基づいているからである。さらには、組合機構全体に充てられる経費は、組合員全員の数に基づいて立てられているので、組合員数の三分の一よりわずかに多い者だけでは、組織自体を維持することができない。加えて、投機家たちは、違反を助長する目的でわずかに高い価格を申し出て、この契約違反を、組合運動の土台を壊す手段として利用するだろう、ということも指摘された。

契約違反者の全員を起訴することに反対する側の主な論拠は、以下のようであった。多くの場合、個々の栽培者においては、契約に従って行動するのが不可能ではないにしても、従うことを困難にするような、情状酌量の余地を与えられる事情が存在している。すなわち、収穫を当てにして前借りした借金があり、その前借り額は収穫高よりも多額の借金となっており、収穫高は担保として今や令状で差し押さえられているなどの事情である。組合本部の法務部にとって、こうした違反者それぞれのケースの事情をすべて知るのは難しいことだろうと考えられる。だからといって、あらゆる違反者を、故意の違反者として原則どおりに処罰することは、組合にとって致命的なことになるであろう。そのようなことをすれば、協同組合運動に対して多くの敵をつくることになってしまいかねない。

この議論は、最終的にある協定を結んで終結した。その協定は、役員たちに将来的な方針を指し示していた。この協定では、具体的な個々の事案が、違反者が住む地方のコミュニティー内やその地方に置かれた組合の委員会を通じて対処されないうちは、本部事務局は起訴の手続きを進めないということが言明された。すなわち、起訴をするかどうかは、地方のコミュニティーに委ねられたのである。もちろんこの場合、地方のコミュニティーはそれぞれの事案を徹底的に調査することが求められる。

この決定によって、両者は満足に至った。一方は、起訴の方針が継続されるという理由によって、また他方は、起訴の責任が、地元の委員会の手に置かれたという理由によって満足した。さらに、事務局長と委員会の上層メンバーの一人か二人は、一層の満足を感じた。なぜならば、彼らは、この段階に至って、協同組合運動を幅広い教育プログラムのための基礎として用いることができるということを発見したからである。つまり、彼らは、教育過程への扉が今や開かれたと感じたのである。それは、その教育過程を通じて協同組合運動が永続していくのではないかという希望を抱かせるに足るものであった。

争っている双方の側が、最終的な決定に際して自らの役目を見出すことができるものであるという信念は、ジョン・E・ウィリアムスから得た知恵であった。ジョン・E・ウィリアムスは、イリノイ州ストレーターの労働調停者としてよく知られており、数年間にわたりハート・シャフナー・アンド・マークスの仲裁人を務めた人物である。一九一四年、労使関係に関する政府官庁委員会の宣誓証言において、彼は次のように述べた。「委員会の活動とは、発見（discovery）、考案（contrivance）、発明（*invention*）の活動であり、双方の側の諸々の利益に役立つ実践を探し出すことである」[1]。

これがまさに前進の方法（the way of progress）である。古いやり方同士の間で妥協しても、あるいは、古いやり方を組み合わせてみたとしてさえも、われわれはいつまでも古いままである。しかしまた、われわれは、新しいものを追求することは、古いものを放棄することを意味すると考える過ちを犯してはならない。それは、全く否認されるべき浅はかな考え方である。ロシアは、古いものを捨てることができているであろうか。私は、創造的活動は過去を軽視しないという事実に、特別の注意を呼び起こしてもらいたいと望んでいる。すなわち、当然ながら過去は素材であり、創造的活動は常にそうした素材としての過去を通して作用しているのである。それゆえに、われわれは、発明という言葉を注意深く使わねばならない。この言葉には多くの難点が存在している。私は、先の章において、発明という言葉が、根拠のない内発性をあまりに重視して、反対にその時その時の反応行動への強調があまりに少なすぎるということを述べた。もう少し言うと、フロイト学派ならば、発明とは、真の意味で見極めたものとしてよりもむしろごまかして置き換えているだけだと考えるかもしれない。それゆえ、私は、こうしたいくつかの理由のために、前進的統合という言葉をより好むのである。というのは、ほとんどの統合は、われわれがそのようなものとして認識するまでに多くの統合を積み重ねており、そうした統合の積み重ねを通じて、その時点での統合へと達するに至ったものだからである。ハーバード大学における最近の決定を取り上げてみるとよい。その決定というのは、ハーバード大学からその課程が認可されているすべての学校における卒業学年の上位七名は、試験なしで大学への入学を認められるとした決定である。ハーバード大学にとって、この決定の結果は、農業の盛んで規模の大きな州からのより多くの学生の入学を期待させる。なぜならば、これらの州にある州立大学が試験なしで入学を許可しているので、ハーバード大学が入学試験を実施していることが、これらの州に住む多くの学生に、ハーバード大学のあるケンブリッジに来ることを敬遠させていたからである。そして、こうしたルールを導入した結果として、多くの人々は、ハーバード大学におけるユダヤ人の割合も変わるだろうと考えている。このルールが、どの程度意識的にユダヤ人問題に影響を及ぼそうとしたものなのかは、私は知らない。しかし、このルールがユダヤ人問題に影響を及ぼしているかぎりは、そこには妥協ではなく、ある種の統合が形成されていることになる。というのは、両者が本当に望んだことが実現されているからである。つまり、ユダヤ人は差別されることがなく、同時に、ミシシッピー河より西部からの学生数が大幅に増加するとの予想が果たされることによって、ユダヤ人の割合がより少なくなるだろうということの両方が実現されているのである。工場経営者である私の友人は、この例を見て、彼の述べてきたことが何を意味するかを示すよい実例だと主張するであろう。すなわち、彼は、統合とはつねに発明であると述べてきたのである。一つの見方からすれば、それは確かに発明であった。だが、人が求めているものは、公式、非公式な議論を含めて、上記のような議論全体に関わっていくということである。そして、その議論の途上において、最終的な提案がなされる前に、何らかの統合の可能性がなかったのかどうかを知りたいのである。

しかし、われわれはここで、双方の願望をまとめ上げる意思決定の事例として、上述のような人目を引き、公的に議論された問題を取り上げる必要はない。いったんそのための事例を探し始めれば、われわれは、日々の出来事において、どれほど頻繁に、諸々の願望をまとめ上げた解決策を見出すことに成功しているかは、驚くほどである。つまり、私たちの家族と、その使用人たちと、あるいは友人と、あるいは仲間の労働者たちと、いずれの人々とであっても、それぞれの願望をまとめ上げた解決策を見出すことができるのである。例えば、私のある友人夫妻は、息子をどの学校に入れるかについて同意することができなかった。夫は、その学問水準を考えて一方の学校を気に入り、妻は、息子の友人関係のことを考えてもう一方の学校を気に入っていた。このジレンマから脱する方法として、夫妻は、息子を自宅から離れた土地に住まわせるのではなく（同意できなかった問題は、寄宿制の学校になるということであった）、自宅から通わせることを決定した。自宅であれば、母親は息子の友人関係について語る機会を多く得ることができるし、自宅の近くには、父親の気に入る学校があったのである。この決定は、だれも何事も断念することがなかったので、妥協ではなかった。すなわち、父親にとっても、彼が認めた水準の学校に決めることができたし、母親にとっても、それは最初の解決策よりもずっと満足であった。問題の以上のような解決策は、次のような判断をも自然にもたらすものであった。すなわち、息子はサマーキャンプに送り出されるべきであり、そうすれば、何らかの形で寄宿制学校と同じ恩恵を受けることができるということである。

そして、人々は、上記のようなケースにおいて、別の統合を心に描くこともできる。つまり、この夫妻は、解決が難しい状況の中では、自分たち自身で学校を設立することを決定するということも考えられるということである。もし、良い学校を作り出すことができれば、その場合には彼らの創意に富んだ議論は、コミュニティーにとっても価値をもたらすであろう[2]。あらゆる多様性は、それを賢く取り扱えば、第6章で示した「新しい何か」に通じていくことになるだろう。しかしもし、人が他者に服従するなら、あるいは妥協がなされるなら、われわれに進歩はない。それぞれは、次のような道が見出されるまでは、主張し合わなければならない。すなわち、それは、それぞれがどちらも一方に吸収されるということなく、双方が問題解決に貢献しうるような道である。これは、人間の創意性(inventiveness)に対する大きな刺激となる。相異とは、つねに、向き合う価値のある課題である。われわれは、決してそれを避けるべきではない。われわれが責めなければならない唯一のことは、混乱と偽善である。しかしながら、すべての相異が統合されうるのではない。そのことをわれわれは、十分直視しなければならない。ただし、目下のところわれわれが考えているよりも融和し難い活動は少ないということも、また確かである。もちろん、それはたいてい、統合を見出すための才、すなわち「創造的知性(creative intelligence)」を必要とする。

統合は質的な調整であり、妥協は量的な調整と考えてもよい。前者においては、考えの変化とその考えが作用していく活動の傾向の変化が存在している。これに対して後者は、敵対する「権利」の単なる交換が存在するにすぎない。その状況において調整されていない諸活動（活動の傾向を含む）は、コンフリクトを存続させていってしまう。例えば、もし、ジェノア会議がロシアに対する貸し付けに同意していたならば協力的な姿勢が新たに生まれ、その協力的な姿勢が調和的な活動の端緒となっていたであろう。実際は、状況は分裂的なままであり続けた。

妥協においては、われわれの考え方における質的変化が起こっていない。盲目的な支持は、われわれの本性を涸れさせてしまう。つまり、私があまりに自分自身の価値観に没頭してしまうことで、他者の価値を追い出してしまうのである。これは、私の本性における、また、人格の全体的な質における損失を表わしている。理解が相互浸透していくことを通じて、人がそれぞれにもつ自身の考え方の質も変わり、他者の価値観の真価を認めることに対して敏感になるのである。価値観の相互浸透によることなく、活動に対する必要な同意を得るという目的のために、単にそれぞれの価値観を並べ立てて何かを譲渡するだけでは、われわれの考え方は、まさに同じ状態に留まってしまう。それに対して、統合においては、含まれている価値のすべてが活かされる。

妥協を支持する人は誰でも、個人であること（the individual）を捨てることになる。言い換えると、その個人は、何らかの行為を生じさせるということのために、その人自身の一部を断念するのである。個人の誠実さは、ただ統合によってのみ保たれる。誠実さ（the integrity）と統合（integration）の言葉の相似は、ささいなことではないのである。もう少し言うと、もしあなたが妥協を信じるのであれば、それは、あなたがまだ個人を静的なものとして見ていることを意味している。もし、自らの目的や意思をもつ自己が、たとえ一瞬であっても、完成品であるならば、その時にはもちろん、共通意思を築く唯一の方法は、妥協である。しかし、真理は次の点にある。すなわち、自己とは、常に絶え間ない変化の中にある存在であり、自己自らを織り込み、さらに織り込み続けていく存在だということである。

また、妥協を支持する人々は、現代心理学の研究成果を取り入れることに失敗してきた。現代心理学の成果を取り入れることができなかったのは、妥協とは抑圧（suppression）だからである。実際に、われわれは個人の抑圧された衝動が、後にその個人の破滅の原因となることを見せつけられてきた。同じように、政治上あるいは労働の争議においても、妥協の下に抑圧されてきたものが再燃し、より悲惨な結果をもたらすのを何度も何度も見かける。もし、フロイト学派によるならば、健全な人間とは、挫折した願望を内に持たない存在である。そうだとすると、健全な労使関係は、交渉において雇用主も労働者も妥協せずにきた労使関係ということになるであろうし、また、健全な国家は、仲間内のなれあいに基づいていない国家であるだろう。さらに、健全な国家間の連盟は、「犠牲」を払う国家がなく、むしろ、それぞれの国家がそこに豊かさを探し求めていくことのできる連盟であろう。抑圧は、現代心理学が特に嫌うものであり、それは妥協という形で存在している。この妥協という形での抑圧が、政治的、産業的、国際的にみて、現代の社会構造の弊害となっている。

協働が増大するにつれて、相異を調整することがますます重要になってきているということに気づくのは、極めて興味深いことである。なぜならば、ときに理論家たちによって、協働は、自動的に相異を吸収するように考えられているけれども、実際にはそのようなことは何事もなさないからである。人々が共に何かを行なうようになったとき、まずはわかりきったこととして、その人々の間には相異性が存在する。そこで次に問題となるのは、相異性について何を行なうかである。多くの工場で起こっている、産業別労働組合の設立に向けての今日の運動を取り上げてみよう。このことについて私に語ってくれた一人の技術者は、「私たちは、彼らの運動を押しつぶすことなく、彼らをまとめ上げていくにはどうしたらよいかという問題を解決しなければならない」と語った。

社会的関係の法則として、妥協や支配よりむしろ統合を受け容れる人々は、結合の方法を探すであろう。統合における第一段階は、全体を解体することである。即ち、分解・分析すること（analyze）、相異性を認識すること（discriminate）であ る。私は、実例を挙げることで、このことをもっと分かりやすく説明することができると思う。全体を解体することの必要性を示す興味ある例は、シェフィールド夫人によって示されている。それは、未婚の母のケースである。[3] ジェシカのケースを知っている人々のほとんどは、「彼女は娼婦です。それ以上言うことは何もありません」と答えることによって、このケースを片付けてしまう。しかし、シェフィールド夫人は、ジェシカのケースの全体を解体している。シェフィールド夫人は述べている。「あなた方は、彼女が二人もしくは三人の男性と暮らしていたことから、彼女を娼婦と言っています。ですが、そのことで彼女を娼婦と決めつけることは必ずしも出来ません。娼婦とは、どんな男性でも相手にする人のことです。ジェシカは、どのときにも、彼女の望んだ男性を受け容れたのです。つまり、それぞれのケースにおいて、選択の過程が存在していたのです。もし私たちが、ジェシカの性行為を他の誰かの性行為と比較することを望んだとしても、行為全体そのものを比較しては、ジェシカの行為の意味を理解することは決してできないでしょう。ただ、ジェシカの行為をいくつかの局面、もしくは行為の様式に解体することによってのみ理解することが出来るのです。彼女が抱いている望み、すなわち、仕事上での成功や、良い時間を過ごしたいということ、彼女自身がより高い社会的地位と考えているもの、そして彼女の母性的な態度、これらのことが考慮されなくてはなりません」。

言葉を換えて言えば、シェフィールド夫人は、次のことが言いたかったのである。すなわち、比較というのは、全体的な過程同士の間で行うことはできない。これらの過程の内にある同じ性質の要素間で行われなければならないということである。確かに、次の点も等しく本当のことである。すなわち、研究上、原子論的方法が採られる場合には、それがどんな方法であっても、ジェシカのケースが理解されることはなかった。その理由は、彼女の「全体」の活動が絶えずそれぞれの個々の活動に作用しているからである。私は、もちろん、ここで活動という言葉を表に現れている行為と同様、潜在的な行為に対しても用いている。

ジェシカを娼婦と呼ぶことは、二つのことを例示している。つまり、第一に、「娼婦」は単なる形容詞・罵り言葉であるのに、それを、状況を説明するために用いているということである。もう一歩踏み込んで考えることをせずにジェシカを娼婦と呼んだ人々は、単純に善についての凝り固まった考え方と魂についての福音主義の考え方を持っていたのである。第二の誤りは第一の点に関連している。すなわち、このやり方で全体について論じるという誤りを犯しているのである。しかし、われわれは同じ根本的な誤りを、多くの科学を標榜する人々の中に見るのである。というのは、精神分析の方法は、患者に彼の全体を解体させ、それぞれの諸部分に対処していくものであるのは間違いないが[4]、その一方で、我々は、精神科医が複雑な原因の中から一つの部分だけを取り出し、それを原因そのものとして取り扱っているのを見るからである。同じ誤りは、労働争議においても絶えず生じており、複雑な原因から一つの要素だけを取り上げ、その一つだけを結果に結び付ける誤りを犯している。これは、複雑な原因を構成している諸要素をはっきりと捉えて、それぞれ別々に評価することを試みないことからきている[5]。

　われわれが、問題を多様な部分に分割していない議論においてしばしば見かけるのも、上記のことと同種の間違いである。議論している人々は、漠然としたもの、現存していない全体について議論しているか、そうでなければ、自分たちがそうしていることを知らないままに、問題の異なる部分について議論しているかである。これは、たびたび起こる致命的な誤りである。議論している人々は、まず問題をその部分へとわけ、それから一つずつそれらを取り上げることに同意しなければならない。

　会議において全体を解体する一つの方法は、問題をできる限りこまかく分割し、進めるに従って決をとることである。私は、この方法を行うことによって会議が成功しているのを見てきた。リプリー教授は、最近の論文の中で述べている。「いつも起こっていることであるが、それぞれの側は、自分たちの方に賛成の票を入れる」。しかし、私が参照しているケースでは、こういったことは起こらなかった。そして、その理由はすべて、その問題をいくつかの部分へと分けたことの結果であったと、私は考えている。ここで出される諸々の案は双方の要望に従うのであろうが、そのケースでは、もちろん賃金の額を評決する場合でも、そ私たちはそうした賃金の額について評決する代わりに、食事、下宿、衣服、レクリエーション、自己修養、貯蓄、等々のために必要とされる額について評決したのである。これらの問題の多くについて、その評決が示したことは、雇用主と従業員それぞれが双方の立場に立っていたということである。

統合の第一段階として、私は第3章において相異性の認識（differentiation）と呼んだところのものが、あらゆるところにおいてあるのを見かける。ビジネスにおいて成功した人々は、競争相手を全体として見てはいない。彼らは、多くの諸活動すべてを見て、そしてこれらの一つ一つと競い合っている。協働が競争よりも利益になるであろうと判断される場合、そうである理由は、常に、まずなんらかのそれぞれの相異性の認識が最初になされているからである。もし、私が田舎の村に店を持っていて、道を横切ったところにある店主が自分の敵であり、彼の失敗に比例して自分が繁栄するという錯覚のうちに毎日を過ごしていたとすれば、私も村も、たぶんどちらも繁栄することはないであろう。しかし、もし私が、さまざまな点で力をまとめること（二者に対する十分な商機があるという条件で）によって、われわれは自らの共同資本をより生産的なものにすることができるということを理解すれば、私は、「店を維持していく」という発想をその個々の諸活動に解体することによって、この種の発見をなしていくであろう。つまり、これらの諸活動の内の多くの場合において、私は、自分の敵と戦うことによってよりも、そうした者と結びつくことによって、よりよい形でこうした活動を行うことができるのを見出すのである。

さらに言えば、資本家には資本家の独自の見方が存在しているという考え方に労働者側が固執し、かつ、労働者には労働者独自の見方が存在しているという考え方に資本家側が固執しているかぎり、労働者と資本家を和解させることは決してできない。資本家の観点とか労働者の観点というものは存在しない。これらは、自分たちが作り上げた想像上の全体像であり、資本家と労働者が協力するに先立って、解体されなければならない。あるいは、あなたがある人に農場主や職人というラベルをはり、次には、その人の行動傾向のすべてが農場主や職人の行動傾向と同じであるかのごとくその人を扱うならば、あなたは重大な間違いを犯している。あなたはその人をいくつもの出来事に解体しなければならない。私がここで言っているのは、もちろん、いくつもの活動に解体するという意味である。部分（parts）、側面（aspects）、要因（factors）、要素（elements）、これらの言葉のすべては、あまりにも静態的である。そうであるから、われわれは、諸活動へと分けていかなければならないのである。ある委員会で私の隣に座った男性は、民衆の代表者として参加していた。あなた方は、民衆の代表者は、「社会的利益」を代弁しているという先入観をもっているのではないだろうか。だが、この人物は、ある革製品企業の所有者の一人であったし、ある銀行の社長であった。しかも、このとき（一九一九年）は、金融が逼迫し、信用を得るのが難しくなっていて、そのことが銀行業者と雇用主たる企業経営者との関係に対して普段以上に影響を及ぼしていたときであった。一方で、この代表者は、フリーメーソンの会員であり、長老派教会の会員である、等々であった。これらすべてのことが彼の活動に影響を与えていたのである。

この全体を解体するということは、いつでもシンボルの吟味を必然的に伴っている。このことが、私には非常に重要なことであると思われる。比較するということは、私たちが皆知っているように、科学的手順の欠くことのできない一部である。だが、われわれは今、何を比較すべきであるかを、よりはっきりと理解する。「その個人が本当のところ行っているのは何なのか」という行動主義的な問いを、私は、その個人が本当のところ望んでいるのは何かという問いに変えてきた。これは、同じ問いを別の言い回しにしたものである。一日八時間労働についての労働者の要求を取り上げてみよう。この労働者の労働時間の問題を、学校での男子生徒の授業時間に対する態度と比較してみよう。二〇年前、男子生徒は一日四時間の授業がいいと話していたであろうし、あなたがそれに反対しても、こうした男子生徒を納得させることはできなかった。しかしいまや、地方の昼間学校について言えば、男子生徒は一日八時間か九時間にしてほしいと思っている。つまり、結局のところ、男子生徒が望んでいたのは、一日四時間の授業ではなかったのである。では、労働者が本当に望んでいるのは、一日八時間労働なのであろうか。一日八時間労働というのは、まだひとまとまりの全体であり、彼が本当に欲するものを見出すためには、これが分割されなければならない。そして、われわれは、それを考えではなく、具体的な活動に分割しなければならない。あらゆる賃金論争において、このことは重要である。われわれは、少なくとも次のように言うことができる。すなわち、労働者は、工場の操業を維持できる限度を超えた賃金を「本当に望んでいる」ということではないし、その一方で、雇用者は、労働者の生産力を深刻に損なうほどの低い賃金を「本当に望んでいる」ということではないのである。

そこで、最初に問うべきは常に、「その要求は何のシンボルか、何を意味しているのか」である。哲学についての会合の折に、ある人物が、私に一つ質問をしたいと言った。彼は、必ず私をやり込められるだろうと勝ち誇って質問した。彼は、母親と一緒に暮らしていると言い、付け加えて、一つの問題を除けばとても仲よく暮らしている、と言った。彼の母親は、ダイニング・テーブルをダイニング・ルームの中央に置くことを望み、彼は出窓の傍に置くことを望んでいたのである。そして彼は、次のように言って話を終えた。「私たちのダイニング・テーブルのように固定的な物（solid）についてはどんなものであっても、あなたであっても統合できるとは信じられない」。あいにく、会議がその時に終わってしまい、それから彼に会うことがなかったので、私はこのことについて、さらに深く追求することはできなかった。しかし、私が彼に述べたかったことは、「部屋の中央に置かれたダイニング・テーブルは、あなたにとってどんな意味をもっているのですか、また、あなたのお母さんにとってはどんな意味をもっているのですか」ということであった。あるいは、次のように問われてもいいかもしれない。「あなたとあなたのお母さんが本当に望んでいたのは何だったのですか。たぶん、窓際に置かれたテーブル、もしくは部屋の中央に置かれたテーブルでは少しもなかったでしょう。もしかしたらお母さんが本当に望まれたのは、バターの置き場の近くにテーブルを置くことだったかもしれませんし、歩き回りやすいと思われるところ、あるいは暖房機が近くなるところにテーブルを置くことだったでしょう。そしてたぶん、あなたが本当に望んだのは、食卓をもっと明るくすることであったり、もしくは川を眺めることだったでしょう。統合は、カーテンを取り外すことだったかもしれません」。カーテンを取り外すことは、妥協ではなかったであろう。なぜなら、この解決策であれば、いずれの側も願望の一部分を取り除かれるということはないし、彼と母親が双方とも本当に望むものを手に入れたであろうからである。私は、彼が使用する、固定的な物として捉える（solidity）という言葉を気に入っている。つまり、われわれにとって危険なのは、まさにシンボルを固定的な物として捉えることなのである。

　想像上の全体や言葉上の全体、包括的な表現や主観的な罵り言葉、こういったものを取り扱うための何らかの手段を受け入れたり、拒むことの最も重要な結果の一つ、つまりは、コンフリクト解決の第一段階として、分解・分析し、相異性を理解することの最も重要な結果の一つは、次のことである。すなわち、それは、意思決定というものは、道徳性に基づかなければならないのと同様、知性（intelligence）にも基づかなければならないということをわれわれが見出すということである。そして、このこと以上に学ぶ必要のある教訓を私は知らない。賃金に関する会議期間中のある機会に、委員会のメンバーの一人が、われわれに、自己犠牲と利他主義に関する多くのことを語った。しかし、その自己犠牲と利他主義はむなしい言葉に過ぎなかった。というのは、この男性を含めてわれわれの内の誰一人として、自分自身を犠牲にしようというい かなる意図も持ってはいなかったし、そればかりでなく、いかなるケースにおいても、そのような自己犠牲は、社会的価値をもたないからである。犠牲をよりどころとする解決は、賃金問題の健全な解決ではありえない。われわれの議論が進むにつれて、雇用主が支払うのをいとわないとしている一二ドルの賃金と、女子従業員が希望している一五ドルの賃金の間にある適正な金額が、徐々に明らかになっていった。この金額は、雇用主にも女子従業員にも等しく利益となり、女子従業員にとっては失業を意味するほどの高い金額ではなく、なおかつ、女子従業員から最も高い能率を確保するためには十分な金額である。そして、その金額を見つけ出すのは、知性の問題であった。われわれは、海のものとも山のものとも分からない全体をそれ自体として把握することをあきらめる限りにおいてのみ、その金額に近づけたのであった。

利他的な感情を理由として、雇用主側が利益犠牲についてのどのような話をしても、それは全くの感傷的なことであると、私は信じている。われわれは、何物も失われることを望まず、従って、どちらの側の利益も犠牲にされることを望まない。われわれが望むのは、すべての利益がまとめられることである。この種の感傷的な利益犠牲のよい例は、国際連盟において主権を犠牲にするかどうかに関する話である。聴衆という聴衆は、国際連盟を説く者から、世界の平和のために、その主権の一部を犠牲にしようと思わないのかどうかということを問われたのである。しかし、厳然たる事実の問題として、諸々の国家が連盟を望むのは、連盟に加盟する方が、加盟しないよりも多くのものが得られるということがわかっている場合である。私は、利益を犠牲にするということについて語られる多くのことは、破滅をきたすほど感傷的なことであると考えている。しかし一方で、いかなるまとまりを作り出す過程においても本質的な部分となる、何か他のものが存在していると考えている。すなわち、利益の再評価（revaluation of interests）である。個人にとっても国家にとっても同じように、利益の再評価は前進への道である。利益の再評価によって、国際連盟に参加することがわれわれに利益をもたらすことが示されたときに、われわれは、国際連盟に参加することを希望するようになる。

それぞれが権利を主張するような多様な利益を向き合わせることが、結果として、私たちをして自らの利益を評価することにつながっていく。したがって、そうした評価はしばしば再評価へと展開されていく。ここでの再評価とは、高いところにぶらさがっているブドウを酸っぱいブドウだとして諦めたり、あるいはギリギリであるから最後の手段を受け入れなければならないというような意味のものではなく、真の再評価をするということである。こうした再評価は、そうでなければ考慮に入れられなかったであろう他の諸価値へと注意を広げていくことにつながる。というのは、私たちが選択するということは、諸々の活動を選択するということだからである。価値はすべてそうした諸活動に関わっているものである。利益の再評価は、さまざまな方法で起こる。国際連盟に関して、何が意見の変化に影響するのかを考えてみよう。(1)状況の変化。これは私に自分の諸利益を異なった角度から考えさせる。(2)その状況によって引き起こされる私自身の変化。(3)その他の諸事物。これは私にこの状況のより深い理解をもたらしてくれるであろう。(4)諸々の価値。価値は、同じ価値でも、寄せ集められると、別々に考察された場合とは異なって見える。比較という行為においては、その場のあらゆる価値が相対的な立場で立ち現われてくるため、そうしたあらゆる諸価値を並べて見ることができるからである。こうして、諸々の価値は位置づけを得ることになる。

価値は主として関係に依存している。ある価値が価値として現れるのは、例えば、われわれが国際連盟への加盟を考えているときである。私たちは、そうした問題が生じていないならば、その価値について考察しなかったはずである。あるいは、協同組合が契約不履行者を起訴するという場合について取り上げてみよう。これらの契約不履行者は、組合に生産物を販売するという契約を破っているとする。この場合、コンフリクトは、個々の組合員と協同組合の間に存在する。しかし、ここで問題となる両者の価値が価値としての有効性をもっているのは、協同組合と仲買人の間にもコンフリクトが存在しているがゆえである。

このように、価値というのは、それぞれの利益を単に見ることからは現れてくるのではない。それは、外部を調査し（inspection）、自己を内省し（introspection）、過去を振り返ること（retrospection）より以上の過程である。第二の価値について本当に理解しようとすれば、そのことは、第一の価値に向き合う自分の態度を変えるという活動を必ず伴う。自身の利益の評価は、事を行っていくにしたがって変わっていく。それぞれの価値の評価は、人々の行動を交織することからもたらされる。価値は、「結果として生じるもの」である。経験が、すべての判断の基準を創り出すのである。そうであれば、主観的価値と客観的価値を区別することは、新しい意味を持つようになる。冷静に比較し、公正に重要度を決めようと考えている間にも、われわれはそれと同時に何ごとかを行っている。この同時に行っている何かが、われわれの価値の構築を促進しつづけるのである。確かに、現在の社会組織においては、公の判断基準は、トップに位置している人々によって与えられる。そうであっても、われわれは、いつか、統合していく経験や進化していく経験に対して道が開かれていくことを望む。こうした統合や進化の経験がわれわれに諸価値の統合や諸価値の進化をもたらすであろう。

私が語ってきたのは、倫理は知性から切り離しえないということである。倫理と知性は一体のものである。現在、多くの人々が自分たちの知性を用いるための努力をしようとしない。つまり、彼らはより容易であるとの理由から争うことをする。両者の側の利益に満足が与えられる解決策を考え出すことは、時として長く骨の折れる労働を意味する。こうした事情が、しばしばコンフリクトの原因となっている。争うことが最も安易な方法なのである。労働者にとっては、より高い賃金、より短い労働時間、継続的な雇用を求めて争うことの方が、これらの問題にまつわる諸問題を解決していくよりはるかに容易なのである。われわれは、日々の決定の中にも非常に頻繁にこのことを見る。われわれは、他の道を排除することで、ある道をより容易に選択することができる。ここで言うある道と他の道の両者に相応しい場所を与えるには、より大きな努力とはるかに大きな知性を傾ける必要がある。ここで献身さ(allegiance)という問題が浮かび上がってくる。この論点は政治学と倫理学の両方においても重要である。倫理学の著述家たちはしばしば、諸々の忠誠(loyalties)についてそれが狭いのか広いのかを語り、諸々の義務(duties)についてそれが小さいのか大きいのかを語る。私は、どんな形であれより小さな義務とか、より範囲の狭い忠誠なるものがあるとは思えない。われわれが子供に対する誠実と感じることのすべてが、国に対するわれわれの忠誠心に向けて結集されるべきである。われわれの諸々の利益、つながり、義務のすべては、それぞれが他を豊かにするために、結びつけられるべきである。一方が他方を征服するとか、もしくは妥協する、つまり「中道」をいくという意味においてであれば、コンフリクトは存在すべきではない。しかし、向き合わせること(a confronting)、直面すること(a facing)という意味においてであれば、コンフリクトは常に存在するべきであり、そのコンフリクトは、統合することによって引き継がれていくであろう。相互に強化するということは、存在しているものが果たさなければならない課題であり、それは断念することによっては、決してもたらされない。まったく、献身が協力するようコントロールしていこうとすれば、それは、二つの献身から一つを選択することよりも、より高いレベルの知性を必要とする。

コンフリクトが持っている倫理的側面についてわれわれが語るについては、一つの点について言及しなければならないであろう。それは、かなり気づきにくいが油断のならない点である。つまり、われわれの元々の意見を保持しようとすることが、時として、道徳的な意味でのある種の自己維持と思われてしまうという点である。だが、問題は次の点である。すなわち、われわれはこうした自己維持を望むのか、それとも、自己をより大きく成長させたいのかということである。個あるいは種の前進は、統合によってもたらされる。生物学における法則は、単純なその時その時の反応が連続的に統合されていくことによって成長がなされるということである。同様に、われわれは、その多様な性向を新たな行為のパターンにまとめ上げることによって、自分の性格を築いていく。そして、社会的な前進も、まさに同じ法則に従っている。このことを理解するについて、われわれは、産業や国家におけるより大きなコンフリクトへと問題を拡大してみる必要はない。他者と意見が異なる場合を取り上げてみよう。もし、意見の相異が単なる誤解から引き起こされたものであるだけであれば、そこにはほとんど発展はない。しかし、もし、本物の相異の存在にわれわれが気づき、さらに、それぞれの観点において価値があるものを一つにまとめていくことができることにわれわれが気づけば、それは、われわれを成長させる一段階となる。他の側を押さえつけることを望んだり、あるいは妥協できる境界の範囲を定めることを目的として、自身の「側（side）」に固執しようとすることは、すべての成長に反することである。われわれは、ミルが言うところの「確定された意見の深い眠り」[1]に、警戒しなければならない。われわれが「反対者」と捉えている人々は、共同の創造者なのである。というのは、われわれが持たない何かを、彼らは与えてくれるからである。すべての協同活動の基礎は、統合された多様性（integrated diversity）にある。

われわれが、もっともらしい言葉による解決を受け容れるとき、また、あいまいな言葉で覆い隠すことにより「面目を保つ」とき、われわれは、ある種の偽りの統合を行っている。それは、宗教上の論争において、信条の理解を象徴的なものに頼るのと同様である。しかしながら、この偽りの統合も時にはとても良いことである。リプレイ教授が、興味ある例を示してくれている。[6] それは、ケンブリッジ・ラバー社のケースである。このケースにおいては、雇用主と労働者が最終的に合意に達したとき、雇用主は、労働者たちが彼の会社の従業員委員会として署名することを要求した。「これに対して、労働組合の代表者は、もし、自分の名前が公的な肩書で労使協定に記載されるのでなければ、協定を拒否するとして、異議を唱えたのである。承認すべき本質的なものはすべて、事実上すでに承諾されていたにもかかわらず、雇用主は、この従業員委員会としての署名の要求を『受け入れるかどうか』という点において、意見を変えることはなかった。それで、この騒ぎは、文字通り何時間も続くこととなった。実際の争いが終っているにもかかわらずその後長い間続いたのである。われわれは最終的に、逃げ口上を用いることでこの問題に区切りをつけた。H・グロロリツキ（縫製工）とW・ウェーネンス（接着工）は、最終的に彼らの名前を記すに際して、『前述の会社とその従業員の間の協定の批准に立ち会った、ケンブリッジ・ラバー社の従業員であり、現在、労働組合に所属して、前述の従業員の満場一致の票決によって彼らの代表者となったところの』人々として、文書に署名した。しかし、そのときでさえ、労働組合の面目を保つために、別々の文書が、雇用主によって、そして、実際の労働組合の代理人であるディビッド・カプラーによって署名されなければならなかった。それでも、カプラーは、彼の公務上の肩書きを付け加えることを許されなかった。二番目の文書は、まるで丁度そのときその道をたまたま通りかかった二人のアメリカ市民によるものであるかのように署名されたのであった」。

このようにして彼らは「面目を保った」のであり、まさに面目が保たれた時、調和的な解決策にたどり着いたのだった。

労働争議の仲裁人は、まず初めに成されなければならないこと、それは、双方の側の代表者が協議の場において受け容れることができるであろうものを見出すことであると語る。このように語られる場合、そのことが何を意味しているのかを正確に知っておくことが賢明である。それは、統合が、考えよりも活動の領域において生じるということを意味しているのである。ビジネスに携わる人々は、協定を裁判に耐えられるものにしようとする。しかし、協定の言い回しにおいて技巧を弄しても、そのことがあなたたちの協定を協定として確固としたものとするわけではない。もし、両者によって心から批准されたのでなければ、協定はめったに長続きしない。このことは、南部の協同組合、そのタバコ組合、綿花組合の双方において、過去二年間にわたって、多くの契約違反が起こったことに示されている。そしてまた、戦時中、多くの産業上の紛争において公式の仲裁人であったリプリー教授による『サーヴェイ』誌上の一連の論文でも示されている。

いかなる協定も、それが実際に機能するためには、両当事者の行動傾向を考慮に入れる必要がある。言葉の上での協定は、あくまで言葉の上での協定にすぎない。ここに、われわれは、単なる仲裁と、ストライキの相互的な解決との違いを見るのである。仲裁人として最も成功したと言える人は、「仲裁する」人ではなく、論争している当事者たちを向い合わせ、当事者たちをして自分たちで決定を練り上げるよう手助けする人である。

諸々の活動の統合は、たいていの場合、諸々の考えの統合よりも速く進展していく。われわれは皆、会議の席においてこのことに気づいてきた。会議においては、実際のところ、われわれが会議に参加するとすぐに、その参加したという状況によって自分自身と同僚たちの双方が影響し合い、また、その状況は会議の間中も進展していくのを見ているからである。このことは、人が生きていく過程というのは、われわれの精神が人の生きていく過程を統合しうるよりも、速いスピードで統合していくものであるということを意味している。ロイド・ジョージがしばしば言っていたことであるが、彼が「私たちは処方箋を見つけ出すことができた」と言う場合、その言わんとすることは、解決策がすでに行動の領域で見つけられているということであった。合意に達しているのに表に出すことができないことがあったとすれば、それは人々が、暗黙裡には成立している合意に対して、それを表現する知的な言葉を見出していなかったからである。シェフィールド教授は、議論における実際の同意が、水面下にある、争いの根幹となっている活動において、いかにして生じてくるのかを示している。だが、議論を知的な形で進めようとすれば、それは言葉に置き換えて進めていかねばならず、そうなると実際の統合と歩調が合うことはない。

シェフィールド氏は、次のように指摘することによって、この考察の別の側面に光を当てている。すなわち、議論というものはすべて、一定の仮定をもってなされるということ、そして行動主義的に言えば、仮定とは、習慣（habits）であり、行動様式であるということである。例えば、ゴンパーズ[2]（Gompers）が仮定する、ストライキの自由を取り上げてみよう。われわれが行動主義者的にストライキの自由を考察すれば、ストライキの自由に対して異なる態度を手にすることになる。このとき、われわれは、ストライキの自由は、現状の仮定の中でのみ正しいということを知るのである。ゴンパーズは、レッセフェール＝自由放任主義が産業を導いていることを、事実だとする。したがって、労働者は仕事に就くことも辞めることも出来る。なぜならば、レッセフェールという仮定にしたがえば、労働者は自由行為者（free agent）ということになるからである。

　私が述べてきたのは、われわれが主として考察すべき問題には、いつでも諸活動の統合というテーマが含まれているということである。それは、人間自身の統合について話すことは不可能だということでもある。抽象物としての個人が、抽象物としての他の個人と交わることはない。個人は、常に、活動と活動として交わりつづけていく。「本物の」あなた、あるいは「本物の」私を求めて、世界中を探し回っても、それは、無駄なことである。われわれの諸々の相互作用を研究する方がより有意義である。こうした相互作用は確かに本物である。私が他の人と初めて出会うとき起こることはどんなことだろうか。その人は常に、その人自身が描いた画を前面に押し出してくるということになる。私がその人を知り始めるにしたがって、私は、その人が描いた画が徐々に消えていき、その人の本当の自己だけが残るのを見るのだろうか。全くそうではない。私は、その人が元々画を置いていた場所に自分自身が解釈した画を置くのである。それでは、私の探す本当の人間はどこにいるのか。それは、その人の行動に（なお、その人の行動についてのその人の説明もその人の行動の一部である）、その人の行動についての私の解釈が足されたものの中に存在している。その際、私の解釈とは、私自身の行動によって表出されるものである。

　統合は、私がこの章の全体で示しうるよりも、もっと非常に複雑な問題であるということは、言うまでもないことである。私は統合すべき異なる欲求を持っており、あなたも統合すべき異なる欲求をもっている。さらに、結び合わされるべきあなたの欲求と私の欲求が存在する。しかし、結び合わせていく過程は、私が私の諸々の願望を統合し、あなたはあなたの諸々の願望を統合し、しかる後に、われわれが二人でその結果を一つにまとめていくというようなものではない。むしろ、多くの場合、私自身の統合は、私があなたと一緒になって統合することを通じて、またそのことによって、実現される。国際問題を見れば、このことは明らかである。

　われわれは、今、統合の方法についての入念な研究を必要としている。われわれは、産業上の争い、そして国際的、個人的な争いを、観察し分析しなければならない。それは、われわれが妥協するのはいつであり、なぜなのか、そしてどのような方法で妥協するのかを知るためであり、またわれわれが本物の統合を手にするのは、いつであり、なぜなのか、そしてどのような方法でそうした統合を手にするのかを知るためである。われわれは、観察と分析より以上のものを必要とする。観察をはるかに超えたもの、すなわち、実験（experiment）を必要とするのである。われわれが求めるのは、参加観察者である。参加観察者は、次々と実験を得ながら、何が成功し何が失敗するかをわれわれに語ってくれる。われわれが参加観察者を求める理由は、それが有機体と環境の間で行われるものであろうと、あるいは人と人の間で行われるものであろうと、統合するということが、生きていくことの根本的な過程だからである。

しかしながら、私が統合を強調しているからと言って、創造過程の中で分解（disintegration）が果たしている役割を無視していると考えてはならない。中世の教会は解体したが、その解体は、もっぱら、世の中が自由に向かうのに必要な出来事であった。われわれは、いつも、分裂的な力と創造的な力の間の関係性を理解するべきである。分裂は、統合における真の契機になるかもしれない。ドイツ帝国の崩壊は、自由主義の前進を示す注目すべき徴候であったかもしれない。アメリカの植民地がイギリスから独立したとき、健全な分裂であることが一般にも認められていた。ここに至って、われわれは、分裂とは建設的な過程なのだということをはっきりと知ることになる。この論点は、さらに発展させるべきである。というのは、この論点が、あまりにも表面的な楽観論を防ぐことになるからである。私はもっぱら統合についてのみ長々と論じてしまい、その結果として、人が生きていく過程（the process of life）を過度に単純化してしまう傾向があった。しかしながら、人が生きていく過程はときに分裂的なものであり、その分裂が新たなより実り多いまとまりへと導いていく。またときに、人が生きていく過程は有益な手段であり、それによって、形式上の全体（formal wholes）は、関連づけの中にあるまとまり（functional unities）に席をゆずるのである。ただし、分裂は、あの人が生きていく過程全体からすればほんの部分であるに過ぎない。この人が生きていく過程全体の中のより包括的な側面に、われわれは統合という名を与えてよいであろう。

［原注］

（1）*Survey*（『サーベイ』），January 18, 1919.

（2）これは、それほど突飛なアイデアというわけではない。というのは、次のような二人の友人を私は知っているからである。すなわち、彼らは、のちにそのコミュニティーにとって素晴らしく価値のあることがわかった学校を設立した。ただし、その学校は、元々は、彼らの子供たちのために建てられたものだったのである。

（３）　エイダ・Ｅ・シェフィールド夫人による未発表の論文。

（４）　同時に、精神分析医は彼の患者を、完全な関係の中にある状況として考えようと試みる。これらの方法は両方とも、常に必要である。それらは、「全体」を捉える方法の欠くことのできない部分である。

（５）　本書、pp. 108-109（本訳書一一六－一一七頁）参照。

（６）　*Survey*（『サーベイ』）, February, 1922, pp. 170-171, *Bones of Contention.*（『論争の種』）

［訳注］

［１］　Ｊ・Ｓ・ミルが『自由論』において取り上げている言葉。ミルは、「或る事柄に関してもはや疑問がなくなると、その事柄については考えることを止めてしまうという人類の宿命的な傾向」が「人類の誤謬の半ばを生み出す原因」であることを指摘し、このような傾向に対して当時言われていた「確定された意見の深い眠り」を、至言として取り上げている。（Ｊ・Ｓ・ミル、塩尻公明・木村健康訳『自由論』岩波文庫、八九頁）

［２］　ゴンパーズ（Samuel Gompers）はアメリカ労働運動指導者であり、一八八一年に労働組合同盟ＦＯＴＬＵの議長、一八八六年にアメリカ労働総同盟ＡＦＬの組織化に際し初代議長となり、一九二四年まで在任した（『ブリタニカ国際大百科事典　小項目事典』）。

第10章　権力：その妥当性の条件
Power: The Condition of its Validity

統合の心理学は、新しい権力（power）概念を生むヒントをわれわれに与えてくれる。だが、われわれが何らかの妥当な結論を引き出すためには、その前に、多くの実証研究を行う必要がある。権力の定義の中で、実際の人々の行動を観察することから引き出されたものを私は知らない。政治学者は、権力を移行させ、権力を分割し、権力を付与することを研究するが、権力の概念を分解・分析しない。生物学者は、権力は活動の主要動機であるという考え方をわれわれにもたらすが、権力とは何かを語ってはくれない。一部の心理学者は、「権力への衝動」という考え方をわれわれに語るものの、それ以上は何ら語らない。「神は全能なり（God is all powerful）」という言葉があるように、多くの者にとって、権力とは、よい言葉である。その一方で、その他の者にとって、権力とは悪い言葉であり、邪悪な人間がもっている願望である。一部の研究者たちは、ただ、権力を所有することにおいてのみ満足は存在するのだとわれわれに語る。すなわち、著名な法学者であるケーラーは次のように言う。「権力愛は多くの人間にとって生まれつきのものである」。また、別の者は次のように述べる。「権力を求める人間の意思は、人間の最も際立って特徴的な性格である」。他方で、この視点を否定し、権力は単に目的に対する手段として望まれるのだと言う者も多い。しかしながら、経済学者は、「パンを求めての闘争」および権力を求めての闘争」について、あたかもパンと権力とは異なる「衝動」であるかのように語っている。しかし、「よい」ものであろうと「悪い」ものであろうと、権力に対する「本能的な」衝動が存在しようとしまいと、あるいは単に願望を満たす手段に対する衝動だけが存在するということであろうとなかろうと、権力を手に入れようと企図することは、われわれが生きていく上での支配的な特徴である。数年前、私はいくつかの集団研究を行ってみようと考えた。私は、その研究のことを学者の友人たちとビジネスマンの友人たちの両方に話してみた。私は、学者の友人たちは興味をもつだろうと予想していたが、ビジネスマンの友人たちはそのような研究を必要と考えないだろうと思っていた。驚いたことに、私は次のことに気づいたのである。すなわち、学者の友人たちは概して儀礼的に話を聞いていたのに対して、ビジネスマンの友人たちは大きな関心を持って聞いていたのであった。しかしながら、このことは、ある日、ビジネスマンの友人の一人が私に次のように言ったときに説明がついた。「その研究をぜひ進めてみてください。あなたが必要としている研究機会は私の工場にすべてあります。あなたは本を書いて、私に集団の操作方法を教えてください。そうなったら、私はあなたに感謝します」。実は、私は、「人間操作」に抗する本を書こうとしていた。それなのに、その本が人間操作に寄与するものだったのだ。われわれが今日耳にする場面の多い「応用心理学」は、多くが、その狙いとしてこの操作という発想をまさにもっている。つまり、他者を支配する権力について教えようというのである。販売術の類が教えているのもこの他者を支配する権力であるし、企業面接の方法を学んでいる人々が教えられているものもこれである。「宣伝の心理学」は、情報伝達の心理学ではなく、権力掌握の心理学である。多くの労働組合主義者がその労働者教育運動において訓練したいのは、権力を求めて、すなわち、資本との闘争における権力を増大させることを求めているのである。まさに、あらゆる教育の目標は、たいていは権力、それも他者を支配する権力となっている。アメリカの民主主義のパラドクスは、機会の平等というスローガンがしばしば、仲間を支配する権力を得る機会の平等を意味してしまっているということである。

この章では、われわれはただ問題を提起するにすぎない。その問題は、われわれが権力の研究に際して、答えるように努めなければならない問題である。すなわち、ここで取り上げられている権力への衝動とは率直に言って何なのだろうか。権力とは、力（force）なのか、影響力（influence）なのか、リーダーシップなのか、操作なのか、管理なのか。それは、自己統制なのか、自己規律なのか。それは、能力（capacity）なのか、自己表現なのか。これらは、同じ類の下にある、異なる種なのか、それともそれらの間にはその類に固有の区別があるのか。権力という考え方と生存（survival）という生物学的な概念はどのような関係にあるのか。権力という考え方と統治権という政治的・法的な概念はどのような関係にあるのか。われわれはもしかしたら、「全体の権力が個を支配する」という考え方について再考する必要があるのではないだろうか。立身出世することが権力を手にすることなのか。「権力への意思」は、本来果たすべき影響力を行使する努力を払うことなく、最終的な成果を迅速につかもうとするものなのだろうか。権力は、知性破綻の兆候であり、それは短期的な解決策なのか。権力とは、統合されていない、他と相異するもののうちの一つであり、他のあらゆる相異した主張を侵害するものなのか。あなたは権力への衝動をもっている。同様に、他の人々も権力への衝動をもっている。もしあなたがそうした他の人々がもつ権力への衝動をあなたがもつ権力への衝動と結びつけないならば、他の人々がもつ権力への衝動はあなたに敵対する形で行使されうるものである。

権力と影響力の区別は可能なのだろうか。私の友人は、権力を影響力への近道だと考えている。つまりは、「権力への衝動」があるのではなく、影響を与えたいという願望があるということである。私の友人の意見によれば、それは正当な願望である。というのは、権力は人々の結びつき方、つまり相互作用しつづけていく人々の結びつき方を前提としていないのに対して、影響力はそうした結びつき方を前提としているからである。すなわち、影響力は、諸々のパーソナリティが豊かに相互作用することを意味している。それは活動する二つの点の関係性の振動である。私の友人はこのように言うのである。私はこの考えに賛成するわけではないが、興味深く思う。

われわれが、権力という言葉は「よい」言葉なのか「悪い」言葉なのかを判断する前に、それを分解・分析することができるならば、われわれの結論ははるかに価値あるものとなる。コントロール・統制は全て、権力があるという感覚を生むことになる。アスリートは彼の筋肉を支配してコントロールしており、このことは、権力があるという十分な感覚をそのアスリートにもたらす。状況をコントロールすることこそがあらゆることを達成する道であり、いつも変わらず満足感をもたらす。人はさらに進んで、次のように言うかもしれない。あらゆる活動は、権力があるという感覚をもたらすのであり、うまく調整された活動は間違いなくそうした感覚をもたらすのである。

研究されるべきもう一つのことは、「権力のバランス(balance of power)」である。この考えは、国際的な問題解決において明らかに失敗している。だがそれにもかかわらず、多元的な国家を実現するための多くの計画が依然としてこの理論に基づいている。あなたが権力のバランス理論から外交術の華やかさと学術論争の神聖さを取り除くなら、その理論には威厳はない。それは、次のような二人の人間の行動と同様である。一人は、「応用心理学」の講座を取らされ、そして、もう一人は、企業面接に際して、そうした応用心理学の考えを真に受ける必要はないということを学ばされる。この二人は、窓下の腰掛けに並んで座ってそれぞれを見つけるまで、部屋の中のあちこちでお互いにお互いを避け合ってしまうのである。われわれは、あらゆる人間同士の接触の中の、いかに多くの場面で、例え権力を手に入れようとしているのではないとしても、均衡をつくり出そうとしていることか。このことを知るために、われわれは、自分たち自身を注視するべきである。例えば、自己の正当化はこの例にあたるのではないだろうか。

さらに言うと、法学者はわれわれに、「均衡化のための補填」（俗人の手痛い仕返し）は、権力のバランスを保とうとする衝動、あるいは権力のバランスを回復させようという衝動だと言う。イェーリングは、「〈均衡化のための補填〉ほど、人が強制を感じる考え方はない」と述べている。われわれ自身を注視し、考えてみよう。あなたが私に何かをし、私が「感謝して」、「お返しに」あなたに何かをしたいと思ったとしても、私がこうした感謝の念をもち出すのは、「もっともらしく理由をつけた」というだけのことなのか。言い換えると、感謝の念のようなものは存在するのか、あるいは、そうしたものはいつでも「均衡化のための補填」なのか。

権力のバランス理論にともなう一つの困難は、そこにおいてわれわれは前進を手にすることがないということである。例えば、感謝の念は「均衡を回復する」こと以上のものであるべきである。それはさらなる行為に導いていくべきなのである。

われわれは、自己主張と「権力のバランス」との関係も考える必要がある。例えば、農場主の現在の自己主張は、「田舎者」という汚名に起因する「劣等感」をどのくらい表しているのか。現在の家政婦の高賃金を求める要求は、部分的には、家事使用人につけられた汚名によっている。ここには劣等感が存在する。この劣等感がそれを克服させる唯一の道として、つまりは「権力のバランス」に達する唯一の道として金銭を要求させるのである。

人々は、多くの場合、権力を保持しておくことを好むし、また、権力を入手することを好む。権力の直接的な用途がないときでさえ、権力を保持し、手に入れておきたいのである。それは、われわれが、緊急時のために銀行に預金しておくことを好むのと同様である。農場に未使用の水力をもつある農場主は、発電所がその水力を利用する権利を避暑地に対して売ろうとしなかった。彼は、彼自身にとってこの水力が必要になるであろうという予測を何らもっていなかった。その上、水の専門家がやってきて、何もわからないのに発電での水の利用を恐れていた彼に、発電での水の利用が別の水源からの水の流入に支障をきたすことはないだろうということを示した。また、弁護士がやってきて、この水利用の許可がその農場主の農場の権利に影響を及ぼすことはないだろうということを語った。そして、彼が反対する理由に対しては全てが応答された。しかし、彼は水利用の権利を売らなかった。彼が、金持ちの避暑客たちとのある種の権力のバランスとして水力利用の権利を保持したかったのだということはかなり明白であった。

われわれは、集団がどのくらい権力組織であるのかもまた考察しなければならない。例えば、高賃金を求める労働組合の要求は、諸個人の要求（願望）であって、集団の要求ではない。諸個人が結びつくのは、そうした要求の背後に権力を据えるためである。集団「本能」があるのではない。私の集団に対する忠誠が刺激されるのは、自分の必要とするものを満たすために集団の権力を必要とするときである。私の労働組合に対する忠誠が刺激されるのは、自分の子供の靴を買えないときである。このことは全て注視されるる必要がある。われわれは、そのあらゆる集団において、権力欲をともなったとき、集団の凝集性が増すのかどうかを観察しなければならない（もちろん、抵抗する場合や攻撃する場合に、集団への忠誠が増すのは当たり前である）。確かなことは、多くの人間結合は、何らかの特定の役割を果たすために存在しているということである。そして、女性自治同盟のように、会員を教育し、エネルギーを解き放ち、奉仕に力を尽くすために存在し、結合がもたらす権力を手にすることは二の次であるような集団が存在する。一部の労働組合主義者は、結合のより優れた機能を理解し始めている。すなわち、結合は、他者を支配する権力ではなく、彼ら自身に内在する権力を発展させるためにあると理解し始めているのである。権力を発展させるとは、協同組合運動においては、どのようなものなのか。協働的な売買取引において、あるいは集合的販売において、われわれは、集合的交渉という別の形態をもっている。そのとき、その協働的な人間結合はどのくらい権力集団であるのか。カリフォルニアのシトラス・グローワーズ社によって発展された商業上の権力は、彼らが組織したことの副産物ではない。あらゆる農場主の組合においては、動機をバランスさせることがその関心である。すなわち、他の諸集団と等しい権力を得たいという願望の表れとして、より高くより均一の価格を実現したいということに関心をもつのである。われわれがしなければならないことは、組織内の権力の動向（power trend）と、互いを自由にしつづけていく動向（freeing trend）との統合方法を発見することである。

権力というテーマは、すでに述べてきたように、多くの実証研究を必要とする。しかし、現時点で、そのテーマについての最もすばらしい考え方は、心理学的な統合の原理によってもたらされている考え方だと私は思う。諸々の必要なものを統合できるならば、願望を満たすために権力を手に入れる必要性はなくなる。今日の図書館での出来事である。その図書館の小さな部屋の一室で、ある人が窓を開けたいと思い、私は閉めたいと思った。そのとき、われわれが開けたのは隣の部屋の窓であった。そこには誰も座っていなかったのである。これは妥協ではなかった。なぜなら、願望を排除するということがなかったからである。われわれはいずれも、それぞれが実際に必要としていたものを得た。というのは、私は部屋を閉じたかったのではなく、単に北風をまともに受けたくなかったのであった。同様に、その部屋にいた人は、何か特定の窓を開けたかったのではなく、単にその部屋にもう少し空気を入れたかったのであった。この例のように、統合とは、私が前章で得た過程、すなわち、全体を解体し、われわれが本当に必要としているものを探し出すという過程によって、権力に頼ることなく、実現可能なのである。論争において相互が執拗に敵意をもつ場面を減らすことによって、恣意的に権力を行使する場面を減らすことができるのである。

権力という概念との関係で、第3章で展開された心理学についてさらに見ておきたい。われわれは第3章で、経験とは、自己生成し、自己充足し、あらゆるものを包含しつづけていく活動であるということを知った。この意味での経験が権力の源泉でなければならない。政治学者が、権力をどこにおくべきなのかを問うとき、権力をある集団から別の集団へ移すことについて語るとき、あたかも、権力が範囲の限定された、事前に存在している、量的なものであり、それはあちこちで入手可能なものであるかのように聞こえる。彼らは、権力をどのようにしたら創り出せるのかということについては何も語らない。これに対して心理学は、権力の源泉を示し、それによって同時に、権力の限界もわれわれに示すのである。われわれは、諸々の反応の統合は、調整され、かつ、統制された行為を意味するということを知っている。われわれは、どんな場合でも、ちょうど組織化の程度に応じて統制を得る。むしろ、組織と統制とは同じものである。また、この調整され、統制された活動がないならば、行為の継続性を得るということもありえないのである。これらの三つは共に結びついている。すなわち、一つにまとめること（unifying）、統制すること（controlling）、維持すること（sustaining）は一つのものである。われわれが実際の権力について語っているときはいつでも、円環的反応によって生み出された何かについて、いやむしろ、円環的反応によって生み出されつつあるものについて語っているのである。われわれが統制する場合に、その統合力を越えて進もうとすると、それはしばしば悲劇的な結果を生む。われわれは、統制するということが即、統合するということにつながっている限りにおいて、その状況における正当性、その過程における妥当性を手にするのである。すなわち、われわれはいつでもこのようにして、われわれの状況の妥当性を判断することができるのである。

　ナポレオンは、彼の統合力を越えて進んだ。ボストンの人々は、構成数が急速に増大していくアイルランド人との統合方法を知らなかったためにナポレオンと同じことをした。さらに、ボストンでビジネスを行い、ミルトン（ボストンの南郊外にある町）に住む富裕な居住者たちは、農場主たちと統合するのではなく、農場主たちを圧倒するために町民会の日にミルトンに乗り込んだのであった。もし農場主の側でもそうすることが可能であったなら、農場主たちは「資本家たち」を圧倒しようとしただろう。しかし、いずれのケースにおいても、これは真の意味での統制ではない。純粋に多数者によるあらゆる統制は、他を支配する権力（power *over*）を得ているのである。真の意味での統制は、関係自体の活動（activity *between*）なのであって、他を支配する影響のことではない。ル・ダンテックは権力についてたくさんのことを述べている[1]。そして彼が語る権力はいつでも別の者を支配する権力である。ル・ダンテックの主張は、原始人のような者にとっては正しい。原始人は、十分な進歩を遂げておらず、権力を分解・分析できないのである。そして、われわれも十分な進歩を遂げているわけではない。それゆえ、ル・ダンテックの主張はわれわれにとってもこれまでは正しかった。しかし、われわれは今、新しい歩を進めつつある。すなわち、権力とは何かを見出し、権力を意識的に創造するという段階に歩を進めつつあるのである。私が用いている公式がわれわれに示すことは、唯一真の意味での権力とは、自己を支配する権力だということである。それは、ここで言う自己というものが何であれである。あなたと私が一緒に行為の道筋を決め、そのことを行うとき、あなたは私を支配する権力をもつのではないし、私もあなたを支配する権力をもつのではない。しかし、われわれは、ともにわれわれ自身を支配する権力をもっているのである。しかしながら、われわれは、ジョン・スミスを支配する権威ないし権限をもたない。われわれは、様々な方法を使って彼を支配する「権力」を得ようと試みることができるし、それがル・ダンテックが権力と呼んだものである。しかし、われわれがジョン・スミスに関してもつ唯一の正当な権力は、もしあなたとジョン・スミスと私が、われわれ三者自身を支配する権力をともに発展させることができたなら、それこそが正当な権力なのである。

われわれは、自分たちの家庭において、使用人たちに次のように言うことで、こうした権力の実践を試みることができるかもしれない。すなわち、「私は、この家庭で単に主人たることを望んでいるのではなく、真の意味での権威を望んでいる。私はあなたを支配する何かを望んでいるのではないし、あなたが私を支配する何かをもつことも望んでいない。私たちはともに、私たち自身を統制するのである。もしあなたがある時間、ある方法で自分の仕事をしたいならば、私たちは、双方にとって適した時間と方法を探すだろう」。多くの女主人は、「私がお金を払っているのだから、私には決める権利がある」と言う。多くの使用人たちは、「私が仕事をしているのだから、私に決める権利がある」と言うかもしくは、仮に言わないとしてもそのように思っている。お金を支払ったり、仕事をしているということが、権力、つまり、もう一人の人を支配する権力を行使する権利を授けるのではない。われわれはただ、われわれ自身を支配する権力をもっているにすぎない。しかし、われわれは、個々それぞれが全体のまま結びつくことはできないし、「われわれ自身」になることはできない。つまり、別の全体になることはできないのである。われわれ自身を支配する過程は、分解・分析し、相異性を理解し、そして統合する過程である。私がたびたび示そうとしているように、全体をつくることと全体を壊すこととは等しく必要なものであるということをわれわれは再び確認するのである。

この種の権力、つまり、共にある権力（power-with）は、政治学や産業における民主主義が意味すべきものである。しかし、われわれが真の意味での権力を得るための手段をもたないために、偽りの権力が高い地位を占めてしまっている。炭鉱の経営者と鉱夫の間の現在の状況において、鉱夫たちは慎重に自分たちの「権力」の量をはかり、その権力で経営者たちの「権力」に対抗しようとする。これは経営者たちも同様である。しかし、鉱夫と経営者は、共に結びつけられている。両者が共に結びつけられているということが十分に理解され、両者が共に結びつけられているという事実に従って行為がなされるようになるまでは、両者は、彼らの実生活を統制することはできないであろう。両者の関心は同じではない。しかし、分かち難い形で一つになっている。それは一つの状況にあるのであって、異なった二つの状況にあるのではない。その状況が一つの状況として扱われるときにのみ、こうした状況の権威が立ち現れてくるだろう。状況を一つにすることは、現在のような形で労使関係が組織されている限り不可能であるということを私は知っている。労使関係は、全体状況、つまりは、鉱夫たちと経営者たちの意思が現れてくることができるように組織されるべきである。そして、さらに考えると、労使関係の国家に対する関係性は、次のような関係性であるべきである。すなわち、鉱夫や経営者たちの意思が消費者の意思とともに一つにまとめられたものが炭鉱労使関係の真正なる意思となるという関係性である。

　私は、これが保守的な視点なのか革新的な視点なのかを尋ねられる。それは、いずれの視点でもある。まず、この視点は保守的な視点である。なぜなら、それは唯一の実在する権力と関わっており、そして、この権力を発展させるには、時間がかかり、教育と訓練が必要だからである。それは革命によっては得られない。それは過程、それもゆっくりとした過程と関わっている。それは、権力を与えるとか権力を横取りするとかいうことと関わっているのではなく、権力を進化させることと関わっている。そして同時に、この視点は革新的な視点でもある。なぜなら、この過程を実現していくためには、機会が与えられる必要があるからである。

　われわれは、一つの状況（the single situation）という考え方によって厳密には何を意味しているのだろうか。われわれは、さらに深く問い進めようとするあらゆる場合と同様、ここでも原子論から抜け出そうとしているということを見出すのではないだろうか。確かに、われわれは、それが原子論的な痕跡を残しているならば、そうした権力のあらゆる概念を捨てさる必要がある。われわれの現代世界における貪欲と奪い合いから抜け出すことができる唯一の道は、われわれ全員が次のことを理解することである。すなわち、われわれが今つかみつつある権力は、本当のところ、権力ではない。それは、われわれが本当に探しているものではない。真の意味での権力を手に入れる方法、さらに言えば、われわれ自身が本当に望んでいる方法は、統合過程による方法なのである。

　この点を要約しておこう。一つの状況においては、支配する権力なるものは存在しない。それゆえ、目指すところは、いつでも一つの状況を創造することでなければならない。すなわち、漸進しつづけていくまとまり、あるいは機能的全体をつくり出すことでなければならないのである。ここで、漸進しつづけていくまとまり、機能的全体とは、雇用者と被用者、地主と小作人、その他そのケースがどんなケースだとしても、両者の間に存在するものである。しかし、もしわれわれが一つの状況を諸利益の一致によってつくり出されるものと考える場合には、われわれは決して成功しないであろう。諸利益の一致という考え方は、事実をねじ曲げ、ゆがめるだけのものであり、こうした方法は、長期的視点で見れば最終的には失敗に終わる。一つの状況は、諸利益を一つにまとめることによってつくり出される。さしあたりは、さらなる研究を待っている状態だが、私はこのような区別をすることに惹かれている。すなわち、真の意味での権力とは、共にある権力（power-with）であり、偽りの権力は、支配する権力（power-over）である。これは、想像上の区別、あるいは私の個人的な区別ではない。というのは、ウィズ（with＝共にある）とオーバー（over＝支配する）という二つの前置詞は、法律において、区別をつけて用いられているからである。すなわち、法律上の諸関係は「共にある」権利（rights "with"）を意味している。「共にある（with）」という語は、実際に使われている表現である。法律上の諸関係は、ただ法的な権利を享受する者の間でのみ成り立つ。われわれは、法律上の諸関係を異星人や奴隷、等々ともつことはできない。すなわち、法学者は次のように言う。あなたは奴隷を支配する権利をもっているが、彼と共にある権利をもつことはできない。しかし、使用人と契約する場合、法律はあなたにその使用人と共にある権利を与えるのであって、彼を支配する権利を与えるのではない。したがって、法律上の諸関係は常に、共にある権利を意味するのであって、支配する権利を意味するのではないのである。

私は、ある階級がもう一方の階級より小さな権力しかもたないとか、ある国家がもう一方の国家より小さな権力しかもたないとか、ある個人がもう一方の個人より小さな権力しかもたない、というような時代が来るだろうとは信じない。しかし、もしわれわれが権力という言葉によって統合的な統制（integrated control）について語っているつもりであるならば、誰がもつ権力であれ、その権力は、それが大きければ大きいほど、その方がよりよいということになる。また、もし、他の一団によって進化された、統合的な統制と結びつくために権力が用いられるならば、その権力は大きければ大きいほど、その方がよりよいということになる。この意味で、われわれは、確かに権力を捨てさることを望んでいるわけではない。権力を捨てさるということは、人が生きるということそれ自身を捨てさることであるだろう。しかし、われわれは、権力に迫っていく新しい方向性を必要としている。強者の権力は弱者を征服するために用いられるべきではない。すなわち、こうした行動は、征服者にとっては、正当性に基づかない活動を意味し、それゆえそうした活動は、のちに大変な不幸をもたらす結果となるだろう。そして、征服される側にとって、そうした活動は抑圧を意味する。前者の例として、人は、労働組合の「権力に対する衝動」を挙げるかもしれない。労働組合は、ウィルソン政権の間、あまりにも大きな支援を得た。そして、労働組合は今でもその支援のゆえに苦しんでいる。一方、抑圧に関して言うと、こうしたことが、個人におけると同様、社会における病的状態という結果を生むことになる。

私が私自身を支配する権力をもてばもつほど、私はあなたと豊かに結びつくことがますます可能となるし、それとともに形成された新しいまとまり、つまりは、われわれ二人それ自身において、私はあなたと権力を発展させることがますます可能となる。アメリカが自らを支配する権力をもてばもつほど、アメリカは他国と豊かに結びつくことがますます可能となるし、それとともに、新しいまとまり、国家間の連合の中で権力を発展させることがますます可能となる。

こう考えると、悪い意味での影響力とは、次のような風潮を喚起しようとする場合の影響力である。すなわち、それは、私の目的ではなく、あなたの目的を推し進める風潮を喚起しようとする場合の影響力なのである。よい意味の影響力とは、あなたが（私をあなたのために）束縛しようとするのではなく、私を自由にしようとする場合の影響力である。

われわれが及ぼす影響力は、そのときどきの過程の中でのみ妥当性をもつ。われわれが理解しなければならないことは、影響力の妥当性の条件である。事実の問題として、われわれは日々、この影響力の妥当性の条件に関して何らかの意思決定を行う必要がある。われわれは、既に見てきた例において、もしわれわれがあることをすれば、われわれは簡単にその影響力を強力なものとすることができるということを知っている。しかし、われわれが行おうとしているのは、影響力の強化なのであろうか。影響力が妥当性をもつかどうかは、私の採っている方法やあなたの採っている方法に大きな関心を払っているかどうか、あるいは、こうした現在採っている方法が精神全体に対してどれほど重要性をもつかということに大きな関心を払っているかどうかに依存する。私の採る方法やあなたの採る方法というのは、人生における他のあらゆる状況と無数の糸で結びついているものなのである。この視点からすると、支配する権力は姿を消す。どんな条件でもいいが、友人や速記者や食料雑貨商と接触する際に、時々刻々のあなたの最もつつましい諸活動において、この視点を実践してみよう。そうすれば、あなたはこの視点のことを理解するだろう。恣意的に統制するというあらゆる試みは、他の人間、他の集団に敵意を抱かせる。そして、こうした人間、集団は、最終的には、あなたを打ちのめしにやってくるだろう。

支配する権力に訴えて物事を運ぼうとするケースは、数えきれないほど多い。こうなってしまう理由は、人々が教育という比較的ゆっくりした過程を待たないからである。われわれは日々、あれやこれやを人々に説得するために数えきれないほど開かれている会合においてこのことを見ることができる。ある人は私に言う。「あなたは、あなたの開く討論会で、公有や自由取引を人々に受け入れさせようというつもりがないようだ」。しかし、私は、人々に公有や自由取引を受け入れてほしいとは思っていないのである。というのは、それらは、他を支配する権力だからである。ただ、こうしたことを進めたい「改革者たち」を納得させるのは不可能に思える。多くの人々は、こうした「改革者たち」の目的が社会の望ましいことのためのものであると確信し、そうした目的を遂げるための方策を手に入れようとしている。その方策は本質的に強制的なものである。例えば、南部の協同組合が組織化を始めたとき、彼らは商品を、つまりその商品の市場への流通を統制しなければならないということに気づいた。五〇〇ものタバコ栽培者は、タバコを寝かせ、乾燥させ、貯蔵しておく施設を手に入れることができていなかったし、必要な信用を確保することもできていなかった。こうしたものを得るためには、収穫の七五％を統制することが必要だった。このことは、さらに多くの農場主に対して、その協同組合との売買契約にサインするよう説得しなければならないことを意味し、その数は、協同組合の考え方が十分に浸透している人数よりも多かった。これは実際の立場からは、教育ではなく強制であった。いくつかのケースで、労働者教育運動は、あたかも吹奏楽団のように、初めから大人数で立ち上げてしまい、そのことに苦しめられている。だから、小さな集団が自分たちの顧客をゆっくりと創造するという方がよいのである。ローカルな単位の発展や教育を通じてではなく、国家的な結合を通じて始められたある運動は、労働者教育運動と同様の弱点を露呈している。

ある流行りの考え方がある。私はこれを非常に有害だと思っている。すなわち、それは、共同活動を得るために個の権力を放棄するという考え方である。しかし、第一に、われわれは、権力をプールするとしても、そのことによって、権力を放棄しているのではない。第二に、関係性によって生成される権力は質的なものであり、量的なものではない。もし徹頭徹尾、あらゆることを活動に変換するというわれわれのルールに従い、また、もし権力を何かを行うための権力と捉えるならば、われわれはこの第一の点と第二の点を理解するはずである。ある栽培者が協同組合の契約にサインするとき、それは彼の「権力」を放棄しているのではない。むしろ、彼は、他者と結びつくことによって、彼の販売力が増大するであろうことを期待する。同様にしばしば自由（freedom）に関しても、権力の放棄の問題が議論される。しかし、何千もの中から例を取り上げてきても、われわれは、農場主は「独立して（independent=何ものにも依存しないで）」こそ自由なのだというみじめな勘違い以上のものを何か手に入れたことがあっただろうか。

　われわれはときどき、政治学の文献で、「権力の正当化」という表現を見かける。権力を擁護する文章を書かねばならない時が来ているとすれば、それは確かに、権力という概念のさらなる分解・分析をする時が来ているということである。われわれは、思慮深い者が書いた文献で次のような文章を目にする。「権力が社会の目的を促進するとき、その権力は正当化される…」。しかし、この文章ではどうしようもないほどに考えが混乱しているように見える。社会の目的の何たるかを決定すべきは誰なのであろうか。経験の交織（interweaving experience）こそが社会的な目的、さらには、社会的な権力をつくり出すのである。経験に内在する、権力の源泉は、われわれが十分に考究していない問題である。経験の交織こそが正当な権力を創造するのである。専断的な命令による権力が長続きすることはない。恣意的な意思は、長期的に見れば、個々の心理から生み出される意思に代わることはできない。

　本書の第Ⅱ部における民主主義の考察では、われわれは、政治学者が「権力の究極的な源泉」と呼ぶものと、個々の心理において発展させる権力との間の結びつきを探究する必要があるであろう。われわれは、「権力の貯蔵庫」なる言葉を聞くが、これは何であろうか。私は、われわれがいつの日かその「権力の貯蔵庫」にまで到達し、そしてその空虚さを知るであろうことを恐れるものである。それとも、こうしたことは、厳密に言って今日われわれが、様々な国々で行いつつあることなのだろうか。いずれにしても、われわれは、権力の蓄積からその特定の使用の場までの流れを支配している法則を知りたいものである。「自己決定に対する道徳的な正しさ」については、分解・分析される必要がある。われわれは、真の意味での自己決定が可能な限りにおいてのみ、「自己決定に対する道徳的な正しさ」をもつのである。個々の心理から生み出される権力と道徳的な権力は同義語である。個々の心理において発展させていない権力に対して道徳的な正しさを主張しても、その倫理は空虚である。そのような倫理に対しては、われわれは政治や産業において日々闘っていかなければならない[2]。

この章を要約しよう。すなわち、権力は、われわれが研究してきた限りでは、諸々の反射弓の組織化とともに始まる。そのとき、この諸々の反射弓は、一つのシステムに組織化される。これは、より大なる権力となる。次に、これらの諸々のシステムは、有機体を構成する。これがさらにより大なる権力となる。人間のパーソナリティのレベルでは、私は、自分の様々な性向を一つにまとめる場合に、ますます自分自身を支配する統制を手に入れる。社会的な諸関係においては、権力は、求心的で、自己発展していくものである。権力とは、正当かつ不可避のものであり、人が生きていくきわめて重要な過程から生み出されるものである。われわれは、その権力が、人が生きていく過程に統合されているのか、その過程の外にあるのかを問うことで、つねにその権力の妥当性をテストすることができる。

さて、このように定義されると、権力とは自由なのではないか。また、権力とは自由であり、かつ法則なのではないか。人が生きていく過程において、自由と法則とは同時に立ち現れてこなければならないものである。われわれは、われわれ自身の反対の諸性向を一つにまとめるとき、その結果が自由であり、権力であり、法則であるということを知ることができる。パーソナリティを自分自身で創造しつづけていき、そのパーソナリティを表現すること、権威を自分自身で創造しつづけていき、その権威を実践することこそが、自由ということである。生物学、社会心理学、様々な領域から、われわれは一つの教訓を学ぶ。すなわち、人間は、自己は自由であるという意識を高めていきつつあるが、そこにおける自由とは法則という形をとっているということである。政府および産業界はこの真理を体現しなければならない。

私は、本章では、問題の提起だけを意図し、それらの問題に答えることは意図していない。私は、このテーマの重要性を指摘しておきたいだけなのである。というのは、これまでの歴史を通じて、次のこと以上には何も明らかになっていないからである。すなわち、(1) 権力に対する衝動は、願望が満たされていないとき、それと足並みをそろえて現れてくるということであり、(2)権力が移り変わる場合にはいつでも、そのことが、われわれの考え方や理想に変化をもたらすということである。権力が移り変わるとき、それが諸々の利益の再評価とどう結びついているかは慎重に研究される必要がある。社会は、標準と権力とがともに進化するように組織化されるべきである。標準と権力とが別々に扱われるときには、社会的な悲劇を招くことになる。

〔原注〕

（1）*L'Égoisme seule base de toutesociété.*（『利己主義、すなわち、社会全体の唯一の土台』）

（2）私は、『新しい国家』において、国家は権力を創造することはできず、ただ権力を受け入れることができるだけであるということを示そうとしている。

第Ⅱ部

経験に対する実験的態度

An Experimental Attitude toward Experience

第11章 「同意」は民主主義の技法ではない

"Consent" not the Technique of Democracy

民主主義の有する問題は、いかにして権力を経験から引き出すか、われわれの日々の具体的な活動の相互作用から引き出すかである。ただ専門家が命令し民衆が同意するというわけにはいかない。このような同意は蝋人形の声であって、現実の人間の声ではない。ルイス・キャロル(Lewis Carroll)の政治的な笑劇の中に次のような場面がある。民衆が宮殿の窓の下で「パンは手に入らないのに、税金はますます高くなるばかりだ」と泣き叫んでいるのである。しかし今日、われわれが関税の問題に「同意する」とき、われわれは泣くこと以外の何かをしていると言えるのだろうか。この場合、われわれが関税のことを理解するためには、専門家から事実を得る必要があると告げられるかもしれない。しかし、次の点は疑いない。すなわち、われわれは、専門家から事実を得ることと同じくらい、その専門家のもつ事実とわれわれ自身の生活とを結びつける方法を必要とする。私の「意思」に対して事実がどのような関係性をもつのかということこそが本章の主題である。

「被治者の同意(consent of the governed)」は、おそらく政治科学の最も重要な概念である。それは、いわゆる従属国の問題の核心であり、その国家が中央集権的な一元的国家であるか多元的国家であるかに関する話題すべてにまつわる基本的な問題であり、地方・現場での自治に関するあらゆる議論の底流にある問題である。したがって、われわれは、「被治者の同意」についての慎重な考察を行うべきである。

多くの論者は、あたかも、専門家が蓄積してきた学問的知識に対して民衆から同意を得る方法をわれわれが案出しさえすれば、統治(government)の問題は解決されるかのように語る。しかし、誰かが主張し他の誰かが賛同することが政治の過程であるなどと言うべきではない。たとえそこでの賛同がどのように得られるとしてもである。あなたは、知的なレベルであれば、たいてい、見せかけの意見の一致を得ることができる。見せかけの意見の一致は、そこで形成される言葉上の合意の威光ゆえに、あなたの心的活動を停止させる。しかし、唯一の本物の同意は運動レベルで生じる同意である。同意の理論は、思考と行動は分離されうるというまったくの知性偏重の誤った考えに基づいている。同意の理論は、われわれは自らの「心」でもって考えると仮定するが、われわれは心でもって考えるのではない。統治する指導者たちは、われわれがその心でもって応答するような何ものかをわれわれの心の前に差し出すと考えられている。だが、われわれは次のような場面に遭遇することがいかに多いことか。つまり、自分たちのもっとも慎重に練られた推論を駆使して民衆に異なった考えをするよう説得しても、結局は説得できない場合が非常に多い。しかしその後で、具体的な行動をとる機会を民衆に与えると、それによって民衆の「心」が改変される。われわれにこのことに関する例を与えてくれるものとして、何らかの類の学生自治を認めている大学の例が挙げられる。J・S・ミル（Mill）はかつて、われわれに「無感覚な同意」[1]について語った。それは、生き生きとした過程ではない。

このように考えると、何らかの政策についてその採決段階で参加する自由がどれだけ十全にあったとしても、それは、自治（self-government）ではない。なぜなら、それが自治であるためには、政策の採決に先立った、政策を生む活動への参加が生じなければならないからである。不幸にも、たくさんの不適当な倫理学が、同意に反対する議論と混同されてきた。少数が決定し、多数が同意することは「正しい」ことではないと考えられてきた。しかし、事実は、そうしたことは不可能だということである。われわれは、実際に別の人の意思を果たすことはできない。というのは、われわれは、ただ自分たち自身のもっている行動パターンを用いることができるだけだからである。もし、われわれが専門家の意思や行政の役人に同意するなら、それはいまだ、専門家の意思あるいは、役人の意思のままである。民衆の意思は、民衆一人一人の運動筋肉メカニズムや習慣体系の中でのみ見出されうる。もし、ウィルソンが創造的な才能を有していたなら、諸原理の形式的な受容がいかに無益かを知っていたはずである。

このことを実践的に理解しようとする場合、その歴史上のもっともよい例の一つは、われわれアメリカ政府の創設者たちによって与えられるものである。合衆国憲法は、植民地を主として知性のレベルで一つにまとめたものであった。アメリカの初期の政治家たちは、合衆国憲法が知性のレベルでまとめられたものであることを知っていたのであり、そして、彼らの賢さは、知性のレベルではない、本物のアメリカのきずなを築くのに十分であった。アメリカを一つにまとめることが実現したのは、まずカンバーランド街道の建設によっていた。そして、次に、州法廷に対する国家法廷の関係性によるものだった。それは、連邦法を一つにまとめ上げただけでなく、州法をも一つにまとめ上げることにつながった。最後に、アメリカを一つにまとめ上げることが実現したのは、われわれの金融システム全体によるものであった。その金融システムによって、銀行は金融を安定させる存在となっただけでなく、政府の補佐役となった。国家通貨、負債を清算する仕組み、州における支店、こうしたあらゆるものが合衆国を一つにまとめ上げる時期を早め、強化することに結びついたのである。さらに言うと、いわゆる「西部」とは、初めは、アレゲーニー山脈の西部地域であり、[2] 次には、ミシシッピ川の西部地域となり、最終的には、ロッキー山脈の西部地域となったのであるが、東部と西部を結合させるという歴史は、これでもまだ適切に書かれたことにはならない。むしろ、東部と西部の統合は、「前進的統合」によって可能となったものであった。そうした前進的統合とは、日ごとに生ずるものであり、開拓者たちが自分たちの開拓してきた経験を捨て去ることなく、それをフロンティアでの経験と統合したときに生ずるものである。

それゆえ、「民衆の意思」は、われわれ自身の意思が見出されるまさにその場で、つまり、われわれの具体的な存在において見出されるのである。人々は、「説得のわざ」、つまり同意を得る方法を学ぶ。しかし、それはたいていは、単に「支配する権力（power-over）」を得る方法である。こうした権力を得ようとすることは、われわれの活動の多くの部分を占めるきわめて有害な目的である。専門家と民衆の問題は、まったく「共にある権力（power-with）」の問題であるべきである。「民衆の意思」が妥当性をもつか否かは、支配する権力と共にある権力とを区別できるかどうかに依存する。[1]「説得」のために用いられる手法において、多くの場合、同意は強制と区別できるものとならない。それは、ストライキでのピケがもつ特徴と同様である。強制から救ってくれるものは、同意ではなく共動（co-action）である。われわれが取り上げてきた政治科学者が賛同を得ることについて語るとき、彼らはたいてい、相手の意思に打ち勝つことを考えている。しかし、現代の法科学は、諸々の意思について語るという誤りから脱している。[2] そうした法科学はもはや、諸々の意思のコンフリクトについて考えない。同様に、政治科学は、相手の意思に打ち勝とうという考え方を断念しなければならない。それは、健全な政治の過程ではない。

あらゆる革命に内在する困難さはこの点にある。すなわち、指導者たちは、人々の活動傾向、習慣体系を変えずとも、古い考え方を新しい考え方に代えることができると考えている。人々の活動傾向や習慣体系を変えることなく、古い考え方を新しい考え方に変えることなどできないがゆえに、革命は次々に失敗するのである。革命家を求める一般人が教えられるべき最初のことは、行動は経験を通じて改変される必要があるということ、行動は思想の強烈な影響によっては改変されえないということである。ボリシェビキは知性偏重である。[3] われわれが「漸進的発展（evolution）の方が革命（revolution）より好ましい」と言う場合、それは、われわれが戦争を恐れているからではない。習慣体系を改変させることができるのは、よりゆっくりとした過程による以外にないからなのである。あらゆる指導者、あらゆる組織者が問うべき問題は、われわれがこの「漸進的発展は革命より好ましい」という考え方を受容するにはどうしたらよいかということではない。そうではなく、われわれが民衆の経験の中にこうした考え方を織り込むためにはどうしたらよいかを問うべきなのである。

それは新たな習慣の構築を意味するであろう。こうした問いに応えようとすれば、鋭く創意に富んだ知性が必要である。善意・崇高な考え方では十分ではない。指導者はたいてい、次のように想定して行為する。すなわち、もし既存の制度が破壊されさえすれば、人は、タブララサ、つまり何も書かれていないまっさらな書板を手にし、新たなことを始めることができるという仮定である。[4] しかし、タブララサのようなものは存在しない。われわれは、その生活において、何度も何度もこのような想定の下に行為している。そして、いつでもそれが虚しい幻想であると気づくのである。イギリス人は、野外での夕食会であっても正装する。それは無意味なジェスチャーをしているのではない。自衛の行動なのである。

民衆はタブラサが幻想であると気づくのであり、そうであるからこそ、民衆による革命はたいてい、民衆自身ではなく、何らかの権力をつかみとろうとする人物によって生み出される。人は、伝統にしたがって、しかも、発展しつづけていく伝統にしたがって統治されるのでなければ、結局のところ、いつでも、力によって支配されることになる。ハーバード大学のローウェル学長は次のように言う。「その結果は、次のようなものである。すなわち、専制に抗するものとしての人気投票は、たいてい、独裁政治によって、つまり、専制の程度がより小さいどころか、実はより大きいものによって、熱狂的に支持される。なぜなら、独裁政治の背後に伝統がないならば、つまり、大勢の人々を自分たちの気心の知れた政府に従っているかのような気持ちにさせる伝統という存在がないならば、独裁政治は力を用いる、より大きな必要性の下におかれることになるからである」。こうした様子については、一七七〇年から一八七〇年までの一〇〇年間におけるフランスの四つの革命の心理状態、およびロシア革命の心理状態が『世論』誌上のローウェル学長の最後の著作に描かれている。

われわれは、革命家を責めることをいとわない。なぜなら、彼らは革命家だからである。しかし、専門家もまさしく同様の困難に直面する。専門家のもっている事実は、その事実自身を民衆に認識させるに際して、単に記録簿に載っている言葉として認識されるのではない。事実を民衆に認識させる過程は、そうしたものとは大いに異なるものである。今や、こうした過程を理解すべくさらなる一歩を踏み出す準備がわれわれには整っている。私は、第1章で次のように述べた。すなわち、われわれは、一方の極に客観的状況をおき、他方の極に民衆の意思をおいて、その間に専門家をおくということはできないということ、民衆の意思はすでに状況の中に存在しているということである。このことは、イエスもしくはノーと発声することこそが民衆が統治に対してなしうる貢献のすべてであるとわれわれに語る人々によって忘れられている。これらの論者によれば、統治の過程は次のようなものである。すなわち、まず、客観的状況がある。彼らによれば、客観的状況の中には意思が存在しないと言う。次には、行政の役人がその客観的状況に基づいて彼の考える政策を構築していく。それから、民衆は、その政策に対してイエスと言う。もちろん、民衆は決してノーとは言わない。なぜなら、専門家は、彼の職務の一部としてそうしたことにも気を配っているからである（私には、この理想郷において、夏の午後の虫たちのささやきのように、全世界からわきあがってくる賛同のささやきがつづいていくのが聞こえる）。しかし、私は、これが政治の過程だとは考えない。事実すなわち客観的状況とは、活動であり、相互作用する人々の活動である。民衆の意思は、すでにそこにある。私は、たとえ人が望んだとしても、そうした活動を無視するいかなる方法も認めない。私は次のことを信じている。すなわち、政治の過程とは、実際にその状況の中にいる人々の意思と、その状況がいかなる状況であるかを判断する人々の意思とを結びつけることに本質がある。この両者の意思をどう結びつけるかが民主主義の問題である。この問題をどう考えるかということが、今まさにわれわれが進めなければならない一歩である。私は、専門家と民衆の間の結びつきを生み出す必要性について語ってきた。しかし、こうしたことよりさらに根本的なことは、次のような関係者の活動を育んでいく必要があるということである。すなわち、個の真の意思が政治的な意思となるような活動である。これは、難解な問題ではあるが、これこそが民主主義の意味である。われわれは、個々の心理的な意思ではないような政治的な意思に納得することなどできない。われわれは、個々の心理的な意思と政治的な意思が一つになるまでは、健全な政治を得たとは言えない。われわれは、あらゆる労使関係の再組織化、企業間の協力、あらゆる新しい政治的な単位あるいは改善された新しい代表の仕組みを計画する必要がある。われわれのあらゆる政治的構造の試金石は、それが個人の心理的な意思と公式的な意思を同時に生成させているかどうかであるはずである。意思が出来事の後に生じるという考え方は、意思が出来事の前に生じるという考え方と同じく有害である。意思はその出来事の最中においてのみ存在する。

その上、もし、専門家はカメラをもって事実なるものを集め回るために存在し、行政の役人は机に座って政策を構築するために存在し、そして民衆はそうして出来上がる政策に賛同するために存在するとすれば、いったい誰が生きることそのもののために存在していると言えるのか、そもそも報告されるべき「客観的状況」をつくり出している者は誰なのか。ここでの「客観性」はむしろ実体のよくわからないもののように思える。しかし、民衆は生きているし、その日その日でその活動を続けている。そして、民主主義の支持者が求めるもののすべては、こうしたことがその十全なる意味において理解されるということである。民主主義は、あらゆる意味において心身二元論を否定する。民主主義とは次のような主張である。すなわち、それは、行動する人々は、それによって思考しているということ、この二つのことを分離するのは不可能だということを主張するものである。われわれの本当の問題は、人々の多様な活動の中で日々生きている民衆の意思と政治的な意思とを結びつけることである。

われわれの課題は、個人の万能性、つまり、あらゆる事柄について法を制定する権能をもっているのは個人なのだという信念をいかに放棄し、しかもなお、人間の本性(human nature)への信念をいかにして保持するかであるということが最近語られている。しかし、私は、現実の存在において、こうしたディレンマをどこにも見出さない。私の知人のうちでは、個人の万能性についての信念を心に抱くことがない人ほど、互いを相互に補完し相互に強化するということについての人間の本性の広大なる可能性を非常にはっきりと理解している。

さらに言うと、民衆の役割として「同意」を支持する人は、人間には自治に対する生得的な本能など存在しないとわれわれに語る傾向がある。こうした人の言葉は正しくもあり、事実に反してもいる。空腹や性欲のような衝動や動因の意味においてであれば、もちろん、その言葉は正しい。自治に対する衝動のようなものは、もしそれを慎重に検証してみれば、たいていそれは、権力に対する衝動である。自治（*self*-government ＝自己が行う統治）を求める要求は、たいてい、単に他者を統治したいという願望を隠すものである。しかし、私は、自治という面倒なものを本当に欲している人を誰も知らない。われわれ自身の個々の生活において、深刻な問題が生じると、われわれはたいてい、「ああ、誰かが私のなすべきことをただ教えてくれれば楽なのになあ」と考えるのである。われわれは決して、われわれ自身が意思決定するということをいつでも望んでいるわけではないのである。しかし、われわれが切望したとしても、それによって誰かから助言を得ることはない。われわれが切望すれば助言を得るはずだとすると、それはこの世のあらゆる法則に反している。自治に対する「生得的な本能」は存在しない。そうではなく、自治とは、われわれの存在に内在する法則である。われわれは、それがわれわれに危害をくわえる場合にのみ、自治から逃れることができる。しかし、事実の問題として、われわれは自治から逃れることはできない。残っている唯一の選択肢は自殺である。皮肉屋のイギリス人が戦時中アメリカに来て、次のように言った。「なぜあなた方は、ドイツ人に来てもらい、あなた方を統治させないのですか。ドイツ人はおそらく、あなた方が自分たちを統治するよりもずっと上手に統治してくれますよ」。たとえその人が言ったことが正しかったとしても、われわれはドイツ人にわれわれを統治させることはできなかった。イギリス人が示したこうした考え方の害毒は、どんな社会も長期にわたって腐らせる。それは、何か神秘的な点で、自治の方が「よい」政府よりもすばらしいからではないし、自治が存在「すべき」ものだからでもない。そうではなく、自治こそが唯一可能なことだからである。

人が願望を充足することと、その人自身の活動とがどのような関係性にあるかは、あらゆる市民が学ぶべきことの一つであるべきである。そして、われわれは、われわれの願望を言葉でごまかしてはならないということを学ばなければならない。そのときどきの願望を抽象的な言葉に言い換える傾向が存在する。そうして抽象的な言葉で言い換えた後で、われわれは抽象的なものを切望していると考えるのである。こうした抽象的なものは、何らかの神秘的な点で、われわれの願望に威厳を与えるように見える。ラッチキー（latchkey）、すなわち自由を象徴する掛け金の鍵を求めるよりも[5]、実際の自由を求める方がより崇高である。何年も前にイングランドで、あるノルウェー人たちと面識をもった。彼らの会話は、ひどく退屈なものとなった。なぜなら、彼らはその間ずっと、魂の自由について語っていたが、彼らの語る「魂の自由」は、ブラックホールのように、決して満ち足りることのない計り知れないもののように思えたからである。しかし、彼らをよりよく知るようになると、人は次の点に気づく。すなわち、それは、ある特定のことをしたいという願望の表れだったのであり、彼らはその願望を「魂の自由」という言葉で言い換えていたのである。われわれの哀れな「魂」がどれほど不必要に悩まされたことか。抽象概念を最初に持ち出すことは決してあってはならない。あなたは、人々に次のように「すべき」だと語ることはできない。すなわち、その人々が自分たち自身を統治したいとまず望み、望んだ後に調べ、調べた後にその人々がなすべきものを発明しようと「すべき」だと言うことはできないのである。あなたはただ、開いている口に食べ物を与えることができるにすぎない。願望そのものと、自律的な活動を通じた願望の実現との関係性をわれわれが知るとき、われわれは、現在よりもよりよく自治について理解するだろう。この点について非常に興味深い例として、農場主の協同組合運動が進展してきた経緯が挙げられる。カリフォルニア州からバージニア州に至るまで、当初、協同組合運動は純粋に販売の問題として農場主たちに提案された。彼らは、農場から工場への運送について自分たちに農産物を統制する「権利」がないことは聞いていた。彼らには単純に、自分たちの農産物に対してこれまでよりいかに大きな代価が得られるかが語られていただけであった。今や彼らは、自分たちの頭上にある統制権をより多く共有できるよう要求し始めている。そして、現地グループに対するより大きな権力を要求し始めているのである。この要求は、直接的には、ある不満から生じていた。すなわち、統制権を増大させたいという願望が、その必要性とともに生じていたのである。

ここまでを要約しよう。心理学は今や、経験がそれ自身の思考・意思・目的をいかに生み出すかをわれわれに示す。このことは、専門家と民衆の間には、その考え方を交わらせることのできないような亀裂は存在しないということを意味している。それはまた、それによって同意が意思へと転換されうるような魔法は存在しないということも意味する。すなわち、もし専門家や行政官の意思が存在するとすれば、それは永遠に、専門家や行政官の意思であるだろうし、民衆の意思は、民衆の活動を通じて得ること以外には存在しないということである。意思と活動は別々の領域に存在するのではない。同意は民主主義の技法ではない。われわれは、専門家や役人の情報を望むが、それは、われわれをゴム印に、つまりは形式的に承認する人間に変えるためではなく、社会的過程に対する基礎としてそうした情報を望むのである。「被治者の同意」説は知性偏重の説である。民衆の意思は、知性のレベルにおいて見出されるものではまったくない。そうではなく、日々の生活の具体的な活動の中で見出されるものなのである。同意という誤った考え方に陥ることは、心身二元論の誤った考え方に陥ることと等しい。それが誤っているということは、生物学、心理学、そして哲学によって明らかにされている。同意について語ることは、単に心身二元論に執着するということであるにすぎない。そうした二元論は、一八世紀が著しく支持したものであり、それ以来ずっとわれわれがゆっくりとそこから抜け出そうとしてきたものである。二元論は、法や政治から取り除かれなければならない。われわれの最も深遠な哲学に耳を傾けてこなかった者に対して、今や心理学がその道を指し示しているのである。

われわれは今や、あらゆる過程の中に、それ自身の契機があるということ、それゆえ、指導的役割を果たす権力はつねにあらゆる過程の中に存在するということを知るのである。そして、このことこそが民主主義の正当性を立証する。あらゆる生きた過程は、その過程自身の権威に従う。すなわち、過程それ自身によって導き出された権威、過程それ自身に必然的に伴う権威に従うのである。われわれは、国際関係において、このことを明確に理解する。すなわち、われわれは、国際的な問題を調停することは決してできないし、そうした国際的な調停を押しつけるために何らかの権力を打ち立てることもできないであろう。調停は、それ自身の契機を自ら提供するようなものでなければならない。われわれは、あの戦争以来ずっと、国際的な活動を生み出すよりも先に、国際的な意思を生み出そうとしてきた。こうしたことは不可能である。それは、補償金、賠償金、協商諸国の負債[6]、等々を考えてみれば明らかである。われわれは、「正確な」情報を正確な情報の上に積み重ね、会議テーブルの周りに座って、それらの情報に考察を加えることができる。しかし、その会議のテーブルから国際的な意思は生まれえない。集合的意思（collective will）が集合的活動（collective activity）をつくり出すという考え方は、われわれの政治的な錯誤のうちでも最も有害なものである。われわれはこのことを毎日見ている。しかし、そのことが、過去五年間のヨーロッパの歴史におけるほど著しい形で示されているものはどこにもない。ラーテナウ（Rathenau）がラパッロに行き[7]、協定で認められたドイツとロシアの間のビジネス上の関係性を回復させることを望んだとき、ロイド・ジョージは、そのような関係性は協定が結ばれるまでは決して存在しなかったと仮定することを提案した。しかし、ドイツとロシアは、互いに交際していた。国際関係を一つにまとめ上げるということ（第Ⅰ部で言う「前進的統合」）は、会議においてのみでなく、各国家内の日々の活動、国家間の国際的な行動において実現される過程である。第一級の政治家は、こうした前進的統合の過程を評価しており、前進的統合の過程に従って行為する。そうした第一級の政治家ももちろん、会議を頻繁に行うことを望むであろう。しかし、それは、あの前進的統合の過程を可能にするという目的のためであり、その過程に妥当性を与えるためである。

　以上のように考えてきて、われわれは、静態的な集合的意思や「集団精神（group mind）」など存在しないということを知る。すなわち、われわれが有しているのは、継続的な活動（continuing activity）であり、どんな瞬間でも、こうした活動は状況の関数であり、集合的意思も状況の関数なのである。このように考えると、継続的活動の本質は、まったくもって動態的なものとなる。われわれは、もはや社会的制度という点から考えるのではなく、社会的な諸活動という点から考える必要がある。われわれがすでに個人レベルで理解してきたことは同様に、社会レベルでも当てはまる。われわれはもはやパーソナリティを静態的な実態と考えるのではなく、「そのときそのときの統合された行動」と考える。同様に、集合的意思もまた「そのときそのときの」統合された行動である。ここでも、しばしば見てきたように、社会的研究と個人の心理的調査とが同じ方向に向かって進展しているのが興味深い。社会的活動に関するわれわれの研究では、集合的意思をひとまとまりの「意思」ととらえる考え方を断念した。それは、われわれが、人々の意思の結合はつねに状況との関連の中で生ずるということに気づきはじめ、われわれが研究してきたのは人々の「精神（mind）」ではなく状況との関連の中にある人々の活動であるということを理解したからであった。それから、われわれは、「～に関連する（in reference to）」という言葉が、行動主義的思想や現実主義的思想にとっての最も本質的な言葉であるということを学んだ。しかし、旧来の心理学は、この主題に関するいく人かの政治研究者の姿勢を説明するのに十分でない。われわれはかつて、「心理学は精神的な現象を取り扱うのであり、客観的状況を取り扱うのではない」と語られるのを聞いたし、私は最近でも、それが繰り返し語られているのを知っている。したがって、われわれは、意思を一つにまとめ上げるのは、心理的過程であるということが一般に容認されていると考える傾向をもっていた。しかし、旧来の心理学とわれわれが手にする現在の心理学を著しく区別するものは、「全体状況」に行動の目標を包含するかどうかである。集合的意思について、それが諸々の意思を一つにまとめ上げたものであるとする考え方は、取り除かれなければならない。存在するのは、諸々の活動を一つにまとめ上げたものとしての集合的意思のみである。意思を一つにまとめ上げることと、活動を一つにまとめ上げることとはまったく異なる問題である。集団意思（group will）は、知性偏重の概念であって、われわれが手にしているもっとも前進的な心理学において占める地位をもたない。その概念は、政治科学において存在すべきものではない。

それでは、「民衆の意思」とは何なのだろうか。私がこの点について述べてきたすべてのことの根底にあるより深い真理は、真理は相異性から生ずるということであり、しかも、それは、主として意見の相異性からではなく、われわれの日々の生活の数えきれないほどの相異しつづけるもののすべてから生ずるということである。もし、誰かが主張しそれに賛同することが政治の過程であるならば、そのときには、政治の過程は、今や生物学や生理学や心理学によって述べられているような生の過程（the life process）とは異なるものとなるだろう。そのような政治の過程があるようには思われない。政治的な認識は、まさしく人々の身体的な認識がともなうよう、育てていくべきである。全体環境に対して反応する有機体の営みにおいて、われわれは非常に多くの反応を行う。この非常に多くの反応は、有機体の成長と言えるものである。反応するということは決して止むことなく前進し、さらになお反応することそれ自身を洗練させていく。それは、求心性神経と遠心性神経の連鎖、筋組織、等々が現れるまで続く。人々の身体上の認識は、反応と状況の絶え間ない統合によってその認識自身を創造する。すなわち、ますます神経を研ぎ澄ませた中に身を置いて、自らを洗練させることによって自らの身体上の認識自身を創造していくのである。ここで神経を研ぎ澄ませるとは、その個人ができうる限り、より大きな客観的環境に対してより幅広い配慮をするということを意味している。このように考えてきたとき、われわれは、新たな知覚力が芽生える場合に、その源がどこであるかを知るのである。

世論は、他のすべてのものが創造されるのと同じ法則によって創造されるべきである。こう考えると、われわれは再び次のような結論に達する。すなわち、「民衆の意思」は運動神経レベルで生じるということである。「民衆の意思」とは、社会的過程全体の一部である。すなわち、それは、全体環境からの刺激であり、全体環境への反応である[3]。人間同士の間の相互作用であり、人間とその環境の間の相互作用である。われわれは、こうした相互作用においてこそ、あらゆる刺激と反応がそうであるのと同様、新たなエネルギーを生み出すようなエネルギーの解放を手に入れる。民衆の意思を科学的に発展させていくのであれば、そうした民衆の意思は、あらゆる市民の本質的部分を構成していく過程すべてを引き出さねばならないし、あらゆる市民に必要な過程すべてを含意していなければならない。われわれは、観念的には、すべての願望が満たされるとき、民衆の意思を手にすることになる。しかしながら、権力社会においては、民衆の意思とは支配階級の願望に他ならない。支配階級の願望が同意という魔法によって「民衆の意思」となるのである。民主主義の意図するところは、諸々の願望を統合することであるべきである。私は、真理は相異性から生ずると語ってきた。投票箱において相異性が向き合うことはない。したがって、そこに統合の可能性は存在しないし、それゆえ、創造も存在しない。自治は創造的な過程であり、それ以外の何ものでもない。こう考えると、現代の工場におかれている提案箱は民主主義の仕掛けと言われているが、たいていはそのようなものではない。また、労働者の委員会に対して形式的に質問がなされ、そしてイエスとノーの採決がとられているからと言って、それは、工場が民主的に組織されているのではない。民主主義はさまざまな意見を表示するのではない。それは、まとまり（unity）を創造する試みなのである。

民主主義をまったく誤解してしまっている興味深い事例として、マサチューセッツの最低賃金委員会で起こった例を挙げることができる。従業員の六名の代表者のうち、五人は関連産業で働く女子労働者であり、一人は強力な労働組合からやってきた労働組合幹部であった。この労働組合幹部の男性は、一回か二回の会議の後、関連する問題が徹底的に議論されるはるか前に、突然、この産業に対する最低賃金についての採決をとろうと提案したのである。しかし、議長が何ごとかを言う前に、すべての最低賃金委員会に同席している労働産業委員会の委員長が次のように告げた。労働産業委員会は、採決をとるべきだから最低賃金委員会を開いているのではない。すなわち、雇う側と雇われる側の事前に存在している意見を表示すべきだからこの委員会を開いているわけではない。関連するあらゆる事実を再検討し、そのことに基づいて議論することによって、その委員会のメンバーが何らかの合意に達するかどうかを知るために、集められているのである。労働産業委員会の委員長はこのように告げたのであった。もし、委員会のメンバーが合意に達することができる、あるいは実質的に合意に達することができるとすれば、そして、もし彼らが報告に際して、こうした成果を労働産業委員会に伝えるべきであるとすれば、労働産業委員会はおそらくその報告を受け入れるであろう。かくして、マサチューセッツ州の役人によって明確に指摘されたことは次のことであった。すなわち、雇われる側、雇う側、一般人が一つの場所に集められて、どんな仕事が与えられたのかと言えば、それは、まとまりを創出すべく努めることであると指摘したのである。もちろん、マサチューセッツ州でのわれわれの最低賃金委員会も完全からはほど遠い。しかし、その委員会は次のことを受け入れていた。すなわち、会議とは、既存の意見の相異を単に記録すべき場ではないし、苦闘の成果を表示すべく採決でもって戦う場でもない。それは、合意を見つけ出すべく誠実に努める場なのである。

そして、こうした合意を見つけ出そうとする努力を通じて、われわれは、創造的に思考する過程を学ぶ。その過程は絶え間なく、増分の中から生まれる増分をもたらすものである。政治の同意理論に対して最後にもう一言告げるとすれば、プラス価値はいつでも、交織においてこそ見出されるのだということである。

［原注］

（1）第10章を参照のこと。
（2）p. 264（本訳書二六七－二六八頁）を参照のこと。
（3）もちろん、「全体環境」全体を指すのではない。p. 109（本訳書一一七頁）を参照のこと。

［訳注］

［1］“torpid assent”。ここで引用されている言葉がミルのどの言葉であるかは定かではないが、ミル『自由論』に“dull and torpid assent”という言葉がある。岩波文庫の塩尻公明・木村健康訳では、「無感覚無神経な同意」と訳されている（J・S・ミル著／塩尻公明・木村健康訳『自由論』岩波文庫、八三頁）。
［2］原文では、“Allaghanies”となっているが、文脈からして、“Alleghenies”のことだと考えられる。
［3］「ボルシェビキ」は一九〇三年ロシア社会民主労働党の分裂に際し、レーニンの率いた一派。本書が出版されたのが一九二四年であるが、ボルシェビキは、一九一七年一〇月に政権を掌握している。（『新編　西洋史辞典』東京創元社、参照。）

［4］　タブララサ（tabula rasa）は、『大辞林　第二版』によると、「何も書かれていない書板の意」であって、それは、「感覚的経験をもつ前の心の状態を比喩的に表現したもの」、「人間の知識の起源に関し、生得観念を否定する経験論の主張を概括する言葉」とされる。

［5］　"latchkey"は、「掛け金の鍵」の意であるが、「（制限からの想像上の）自由［解放］（の象徴）」という意味をもっているとされる（『ジーニアス英和大辞典』大修館書店）。

［6］　第一次大戦後の処理を指しているであろう。補償金や賠償金は、ドイツに課されたもの、協商諸国の負債は、英仏露の三国協商諸国の負債と考えられる。

［7］　ラーテナウ（Walther Rathenau）は、ドイツの政治家、実業家である。一九二二年一月に外相となってジェノバ会議に出席したが西欧諸国との交渉が進展せず、会議中の四月一六日ソ連とラパロ条約を結んだため極右派の反感を買い、帰国後まもなく暗殺された（『ブリタニカ国際大百科事典小項目事典』）。

第12章　当事者として関与する有権者

A Participant Electorate

次に、民主主義について思索する者たちが考えていることについて見てみよう。こうした人々は、単に採決と代表制の仕組みを完全なものとするという段階はすでに終えている。こうした人々の意図するところは、今や、ともに建設的に行為するための精神をいかにして養うかということである。民主主義の問題は、まずは、集合的行為をいかに得るかという問題として認識される。ここでの集合的行為は、社会的に見て妥当なものでなければならないし、かつ、次のような基準を満たしているものでなければならない。すなわち、それは、よりよき人生・生活を目指すという基準である。同時に、民主主義の問題は次のような問題としても認識される。すなわち、選ばれた人だけでなく、すべての人が、思考の活力と創造性を持続させるにはどうしたらよいかという問題である。

まったくもって、創造的な態度が創造されなければならない。民衆は、民衆であるがゆえに、創造的に考えようと思うのではない。彼らに創造的な態度をもたらす論理的根拠がなければ、彼らは創造的に考えようとは思わないのである。われわれが最初に問わねばならないのはすなわち、専門家と民衆の間の妥当な結びつきはいかにして得られるのかということである。多くの者が、正確な情報を集めることの重要性をわれわれに語っている。こうした情報をどのように伝達すればよいかということはいまだ未解決の問題である。目下のところ都市では、大規模な会議という手法が多く用いられている。そして、双方の側を出席させることによって、人々の前にすべての事実を提示する誠実な試みも存在する。しかし、一般に認められている手法は、次のような人を探し出すことである。すなわち、例えば、まず、社会主義について情熱的なまでに信奉しており、あらゆる感情に訴えることのできる群集演説家たる者を探し出す。そして、その人に社会主義についての講演を頼む。次に、翌週には、社会主義に情熱的なまでに異議を唱えており、かつ善良な群集演説家を探し出すのである。ここでは、こうした過程から真理が生まれるであろうと考えているように見える。双方の側に等しく偏見があり、思い入れの大きさがみられるがゆえに、この偏見や思い入れの大きさすべての中から、冷静で理性的で先入観のない人々が生み出されるであろうと考えているように見えるのである。このような考え方は彫刻家に似ている。彫刻家は、男性と女性の双方をモデルとして用いることで、中性的な頭部をつくろうとする(1)。

しかし、われわれは、よりよい道を探し出すことができるのだろうか。このように言うのは、「正確なる情報」は人々を退屈させるように思えるからである。何もない会場にわれわれを置き去りにするような退屈さを与えることなく、いかにして民衆に事実を提供するかがわれわれの課題である。うまくいきそうな方法をわれわれが思いつきうるものかどうかを知るべきであり、そのために、相当に多くの実験（experiments）がなされるべきである。今日、世界中のあらゆる国で民主主義が必要としているのは、宣伝ではなく、手法における創意や発明力である。例えば、私は、経験に関する証会（experience meetings）を試みてみたい[1]。この試みの第一段階は、検討を要する主題を提示することであり、またそれに際して、われわれの日々のあらゆる生活経験との関係性を明確に示すような方法でそうした主題を提示することである。このことは非常に重要であるが、たいていは軽視される。私は、人々に対してその人々自身の生活の中で国際連盟が実際にどんな相異性を生み出しているのかを語っている人を一度も見たことがない。

第二の段階は、われわれそれぞれがその当該の問題を解決する何かをわれわれ自身の経験の中に見出そうとすることである。私は、この第二の段階がわれわれをして「正確なる情報」を求める気にさせないほど興味深いものとなることを望んでいる。私は次のことも望む。すなわち、このような証会がわれわれのコミュニティー生活の一部となれば、われわれは、現在行っているよりももっと慎重にわれわれの経験を観察し、分析するはずだということ、また、その場合には、「正確なる情報」は、社会的価値を手に入れることと同じくらいわれわれにとってはほとんど意味のないものとなるということである。そして、私はこのことより以上の多くのことを望んでいる。すなわち、われわれはわれわれの経験に対して実験的な態度（an experimental attitude toward our experience）をとるこ

[2]と、多くの実験を行って、その実験の成功あるいは失敗の理由をつけて報告すること、そして、新たな実験がどのような方向性で着手されるべきかに関する示唆を手に入れること、こうしたことを望むのである。

経験に関する証会の試みの第三段階は、われわれはわれわれのさまざまな経験、つまり、ある者の経験と他の者の経験、および専門家によって提供されるデータとを一つにまとめることができるのかどうかを知るということである。このようなことを考えていけば、専門家が提供するデータは、いつでも状況の中に投げ込まれることになるだろう。この場合、専門家が提供するデータは、何らかの意見を受け入れる、あるいは拒絶するための理由づけとして提示されるものではなくなる。農場主の場合、自分が経験を積んだら、それが農業専門家のデータに加えられる。工場の科学的管理者は労働者の経験を必要とする。村落において赤十字の従事者は母親たちの経験を必要とする。われわれは、専門家によって統治されたいのではないし、すべてが生まれながらにして等しい人々を仮定しそうした人々がもつ「生得的な」考え方によって統治されたいのでもない。われわれが望むのは、経験を協働させつづけていくこと（coöperating experience）である。経験を協働させるということは、活動を協働させるということを意味する。それは、前進的でより効果的な活動を意味するものである。

私が述べているのは、経験に関する証会に際しては次のような二つの目標を明確に持つべきだということである。すなわち、⑴専門家の情報を提供すること、そして、⑵それぞれの個人からこうした専門家の情報が諸個人の有する経験とどのくらい一致するかを聞き出すことである。一昨年、マサチューセッツ州においてわれわれが行った住民投票について取り上げさせてほしい。この住民投票は、労働組合が「告訴したり告訴されたり」する存在であるべきかどうかを問うものであった。この住民投票に際して、私は、この問題についての採決の方法を私の中で判断するために、法律家から特定の情報を入手しなければならなかった。しかし、私自身の経験もまた、この問題についてのいくつかの理解をもたらした。ここで言う私自身の経験というのは、技術上の経験ではなかったし、当の団体、つまり労働組合に関する経験でもなかった。それは、責任の効果等々に関する経験であった。この例では、専門家の情報と自らの経験という二つの種類の経験を一つにまとめ上げている。このような形で、世論は構築されるべきなのである。

専門家の情報と民衆の経験を一つにまとめることについ

て、もう少し述べよう。例えば、ある特定の法律が可決されることに関して言うと、その特定の法律に類似した法律がたいていは存在している。そうでなければ、ある法律を実際に実施するに際して、その法律がおそらく直面するであろう問題と同様の問題を経験している法律が、たいていは存在する。あるいは、その特定の法律と部分的に同じ法律がすでに存在するかもしれない。したがって、民衆は、こうした法律もしくはその法律の一部、もしくはその法律に類似の法律が今までのところどのように機能してきたのかを知る機会を有していることになる。可決されたボルステッド禁酒法を支持するか否かの住民投票を行おうとする活動について、私は、その住民投票は、演説を聞いた聴衆から何かを学ぼうとするものであり、行う価値があると考える。私は、こうした住民投票がどこかでなされたことがあるという話を寡聞にして知らない。

シンシナティの組織に関してもっとも価値あることの一つは、それが民主主義に対する専門家の関係性をつくり上げようとしていたことである。この地域集会の計画では、コミュニティーのその他の人々に対して専門家がどのような社会的地位にあるかについて一般的な認識が存在し、また、そうした人々と専門家がどのような関係性にあるかについてもその一般的な認識が存在していた。その社会的地位は、コミュニティーに影響を与えるためにコミュニティーからその専門家を切り離すものではなかった。そうではなく、その専門家にコミュニティー内における必要不可欠な役割を与えるものだったのである。その必要不可欠な役割によって、専門家はコミュニティーに影響を与えることができ、同時に、コミュニティーからの影響も受けることができたのである。このような実験は、政治科学者にとってはつまらないことのように思えるかもしれないが、われわれは、こうした実験を通じて民主主義を明らかにしなければならないのである。

民衆に対して専門家がどのような関係性を有しているかを理解していないことが、南部の協同組合運動の弱みであると私は思う。この協同組合運動は専門家を重要視している。タバコ協同組合は、農場主に対して率直に、農場主は専門家ではないと語っている。この組合組織は、各種の専門家の存在に応じて分割されている。すなわち、倉庫の扱い方に精通している者たちを据える倉庫部門、タバコの等級のつけ方に精通している者たちを据えるタバコ等級づけ部門、タバコを販売する方法に精通している者たちを据える販売部門に分割されるのである。言い換えると、高い価値が技術上の経験におかれているのである。しかし、こうした技術上の経験に農場主の経験を加えるための措置はとられていない。農場業務部門は、農場主に与える情報は入手している。これに対して、農場主から情報を入手するための一般に認められた手法は存在していない。たとえ、農場主の有する経験がほとんど価値のないものだと考えるべきであるとしても（そのように考えるどのような意見にも私は賛成しかねるが）、協同組合運動の諸原則の一つは農場主たちの経験を用いることだということが彼らに語られ、そして、彼らが協同組合員となった暁には、彼らの経験を注視することが期待されていると語られるならば、農場主の経験はより価値あるものとされることが可能となる。さらに言うと、農場主の経験を注視することを超えて、彼らの経験に対して実験的な態度をとること、すなわち、実験を試み、組合にもたらされるその成果を組合員全員の便益とすることが期待されていると語られるならば、農場主の経験はより価値あるものとなるのである。このように考えれば、南部の農場主は、われわれが皆解決する必要のある問題に、すなわち、いかにして科学的に、つまりは実験と観察とによって人生を生きるかという問題に答えを出すであろう。タバコや綿の栽培者たちが協同組合の立場でそのような実験的な態度をとることの副産物は、自らに対する誇りを増大させるということである。自らに対する誇りが増大すると、その人々の仕事や状況が全般的に改善するであろう。協同組合内での民主主義を拡大させようとする多くの人の考え方は、組織を民主化するというものである。ここでの組織の民主化が意味していることは、現在よりもその組織の階層を少なくするということ、より民主的な選挙を増やすということ、等々である。こうしたことでは十分ではない。すなわち、役人を選び出し、それから彼らのつくった政策を聞き、それに同意するということでは十分ではないのである。農場主もまた貢献しなければならない。貢献なくして民主主義は存在しない。そして、この貢献なくして民主主義は存在しないということに関する興味深い事実がある。それは、上述のような、南部協同組合が彼らの組合内で遭遇している難局のことであり、農場主が自分たちの上に陣取っている協同組合組織に対して不満を抱いているということである。この問題は、協同組合運動が実際に理論上そうであるところのものになるまで、つまりは実際に民主的な運動となるまでは続くであろう。民主的な運動とは、純粋に農場主のための運動である。ただし、それは、純粋に農場主による運動ではない。

私は、こう述べることによって「民衆」を美化しているのではない。われわれはもはや、世論とはそもそも正しいものだということについての神秘的な信仰を表明することはない。われわれが民衆から望むのは、民衆の経験だけである。しかも、われわれは断固として民衆の経験を必要とするのである。理性、知恵は、われわれの日々の活動から生まれる。われわれが関心をもっているのは、民衆の意思ではなく、民衆のいきいきとした生活そのものである。世論は具体的な存在から、知覚のレベルから構築されなければならないのである。

　われわれは、ここで重要な事実に気づくべきである。すなわち、いわゆるわれわれの経験の解釈に関して、われわれは、解釈とは他のすべてのものと同様に、運動神経レベル[3]で生じるということを覚えておくべきなのである。私が行動するとき、私はすでに、こうした経験に対して私の解釈を与えている。すなわち、実際の解釈（actual interpretation）は、外形的な解釈（formal interpretation）の前に存在しているのである。そうなのである。解釈とは、人々が生きることそのものなのであり、われわれは、その人々が生きることそのものに自らを関与させていかなければならないのである。

　民主主義における実験として、私は経験に関する証会をしつこいくらいに主張するものである。われわれは今現在、自分たちの経験に精通していない。われわれは経験とは何であるかを知らないし、仮に知ったとしてもそれを表現することができない。われわれは、経験を語ることのできるものとする必要がある。そして、私にとっては重要と思われるので、次のことを付け加えたい。すなわち、そのような実験からこそ、新しいタイプのリーダーシップが現れるであろうということである。戦後、西部の農場主が農業省の担当者に不満を抱き、農場局が組織されたとき、新たな運動の指導的地位がホワードというアイオワ州の普通の農場主に与えられた。農場主の経験を解釈する彼の能力がその根拠であった。このことは、新しいタイプのリーダーシップの出現を意味する。そして、それは私にとっては、偽りの民主主義ではなく、本物の民主主義にとって意味のあるタイプのリーダーシップなのである。

　もちろん、われわれが、当事者として関与する有権者を必要とすると一度決心すると、明らかにされるべきおびただしい数の問題が現れてくる。われわれは、諸活動をある方向に導いていく組織形態についてはたくさんのものを引き継いできた。われわれが必要とするのは、組織の諸問題を解決してくれる才能である。われわれは、機能的に組織する方法について、何か新しいものを発明する必要がある。つまり、権限が枝状に分かれる階層組織以外の他の組織方法について、経験に基づいて試行してみる必要があるのである。もう少し言うと、賛成や反対の態度をとる必要のないような方法で執行部の政策を提示することはできるだろうか。この賛成や反対の態度がコンフリクトをつくり出してしまうのである。したがって、われわれの諸々の利益について、それらが最終的な結論として動かしがたいものとなってしまう前にそれらを再評価していく方法が見出される必要もまたあるのである。このことはとても重要である。結局のところ、最初のうちは団体全体の機関として機能している執行部が、それ自身の連帯意識をもつようになり、その団体をつくった一般大衆と考えが違ってくることを防ぐにはどんな方法があるのだろうか。多くの労働組合は、ゴンパーズと彼を支持する者たちが[4]、彼ら自身に権力を供給しつづけそうな方法で行動していると感じている。そのような場合に、組織は、自らがその本来の機能を提供できなくなった後でも、そのまま存続しつづける。中心をなす団体は、機能的に関係づけることだけでなく、それ自身の私利をもつようになる。これが集団精神のもつ危険性である。何人かの多元主義論者は、彼らが集団に対して何を求めているかについて、彼らが意図している以上のことを証明してきた。問題は、いかにして組織を存続させ、同時に機能させるかであり、中心をなす団体と一般大衆の間の活動をいかにして維持していくかということである。ここにはときどき思考上の混乱がある。人々は、ただ執行部の過失に過ぎなかったものを、それが元々表していたものから切り離して、「集合的活動」のせいにする。真の意味での集合的活動には、危険性は存在しない。

私は、当事者として関与する有権者と同意する有権者の比較に関して行ってきたこれまでの二つの章の議論を、第I部でもたらされた心理学とより明示的に結びつけることによって、さらに少し話を進めたい。私が先の二つの章で述べたのは、われわれは専門家と民衆とが経験を協働させつづけていくことを必要とするということであった。こうしたことは、もし関係性に関して第I部で強調されたものをわれわれが思い出さないならば、単に足し算の問題として理解されてしまうかもしれない。第I部で強調されたことは、すなわち、社会状況において、私の反応とは私の反応が変化を与えつつある活動に対する反応であり、その一方で、こうした活動が私の反応に変化を与えつつづけているのだということである。もう少し言うと、第I部で強調されたことは、私の反応は単に他者の活動に対する反応であるばかりでなく、自己の活動と他者の活動の間の関係づけに対する反応なのだということである。専門家と民衆の間の協働の過程が正当な機会を与えられるならば、専門家の結論が民衆の経験を変えつつあるその間にも、民衆の経験が専門家の結論を変えるかもしれない。こうしたことよりもさらに重要なことは、民衆の活動は、専門家の活動と民衆自身の活動との関係づけに対する反応だということである。ここで、われわれは、あらゆる本物の協働がもつ複利の法則を手にすることになる。産業組織と政治的組織は、われわれが協働を足し算としてではなく前進的交織として理解するとき、異なる形態を採るであろう。

こうしたことの理解は、国家と個人の関係性を理解するとき非常に重要である。同じことの繰り返しになるということを承知の上で、以前の章で与えられた心理学の中心的な考え方を簡潔に要約させてほしい。というのは、それによって、集団に対する個人の関係性、国家に対する集団の関係性、あるいはそれ以上に大きな単位に対する集団の関係性に多くの光を投げかけることになるからである。円環的反射作用は、一つの法則であり、個人レベルより下の生理的レベルで、つまりは、神経筋肉組織の機能において作用しているだけでなく、個人レベルや社会レベルでもまた作用しているということをわれわれは知っている。ボックは、彼の反射的円環の説明においてわれわれに次のことを示す。すなわち、(1) 刺激と反応とはひとまとまりの経験であるということ、(2) われわれが気づくべき重要なことは個が関連づけの中にあるということである。ボックが語るのは、効果器の機能がどのような性格をもつかは、主として効果器自身に依存するものであって、刺激は効果器が機能するように影響を与えるが、そうした刺激だけが効果器に影響を与えているわけではないということである。ボックが語っているのは、個人レベルより下位の生理的レベルについてである。しかし、個人レベルにおいても、われわれは皆、われわれ自身の活動に対して、それに影響を与えている刺激と同様に、われわれ自身の活動自体が影響を与えつづけているということを確かめることができる。われわれは、まさにボックが神経筋システムに対して表現するものと同様に、われわれの活動「の結果として刺激が生じること」を知っている。さらに言うと、われわれは、政治的レベルにおいても、同様の法則が機能していることを知っている。すなわち、民衆の活動は、その活動の原因となっている「刺激を引き起こし、実現し、改変する」のである。生（life）におけるいかなるレベルにおいても、われわれが民主主義の名で押し付けられている、かの「同意」なるものを見出すことはない。生理的な過程や心理的な過程と同様、政治の過程において、「個の活動（the activity of the individual）」が中心的な特徴であるということをわれわれは知っている。国家は、日々時々刻々、その市民の活動によって形成されつづけている。そして、市民の活動が国家を変えるとき、その国家は異なる刺激を市民に及ぼし、その市民の活動を異なるものとしているのである。このようにして、市民の活動は、まさにボックの法則に見られるように、市民自身の活動を「引き起こしつづけて」いるのである。円環的行動の理論は、心理学や生理学同様、政治学にとっても重要なものである。

警察官たちのストライキに際して、マサチューセッツの民衆は、州知事のクーリッジ（Coolidge）か警察官のいずれかの立場に立った[5]。いずれの側も、あたかも警察官たちの意思が州政府の意思に反対する形で主張されたかのように語った。すなわち、この州政府の意思に反する主張をめぐって、ある者たちはそれを正当な主張だと考え、他の者たちはそれを誤った主張だと考えたのである。しかし、忘れられていると思われるのは、警察官たちはすでに、それまでの間、その他の者たちとともに州をつくってきたということである。私がたまたま個人的に知る機会のあった警察官たちはタマニー協会に所属している[6]。タマニー派を彼らが支持することによって、彼らは、独裁的な州政府の形成の手助けをしつつあるのである。そうであるのに、その後、彼らがその自分たちの暴君の犠牲者となると、今度は、その暴君に対してやかましく反対するのである。しかし、実のところ、警察官の意思が州政府の意思に敵対するというような問題は存在しなかったのである。もっと言うと、警察官たちから離れて存在する州政府の意思に、警察官の意思が敵対するという問題は存在しなかった。国家のこの種の問題は、社会的多元主義論者のつくり話である。

もう少し言うと、多くの人々は、この議論の重要な論点として、警察官たちの州政府に対する誓いについて語った。しかし、私は、警察官が口頭で行った誓いを根拠に、警察官よりも私の方が州に対して忠誠心を抱いていないと言われれば、それは否定するに違いない。社会とは、実際に口に出される誓い以上の誓いに基づいていないならば、否むしろ、献身（allegiance）に基づいていないならば、一瞬たりとも存在しえない。ここで、献身とは、誓いを求めることで足りるような形式的な献身ではなく、関係性の本質と密接に結びついた献身である。国家に対する警察官たちの献身が可能かどうかは、まさに、私自身が行う献身と同様、次のような論拠をもてるかどうかに依存している。すなわち、国家をつくってきたのはわれわれなのであり、われわれは国家の権威を認めなければならないということである。人生に関する非常に冷酷な事実が存在する。それは、その最も根本的なもの以外については、ついにそれらを一掃してしまうということである。余計な飾りの一切が取り除かれたとき現れてくる、これらの最も根本的なるものは、誓いや契約を必要としない。というのは、それらのものは、自らで自らの法則を生み出し、その法則を自らに与えていくからである。人は形式的な法則をもっともらしく主張したり、あるいは無駄に語ったりするが、そうしたものが何であるとしても、こうした最も根本的なるものは、それら自身の存在の法則にしたがって不可避的に前へと進んでいくのである。

　こうしたことは、私が、目的（purpose）とは創造的な活動の直接の目標ではなくその構成要素だと語ってきたことと非常に密接に関わっている。政治的な多元論者が、個や集団こそが国家の目的を実現できるかどうかを決定する存在であると認める場合、彼らは、国家の目的を静態的なものとして捉える傾向がある。そして、彼らが国家の目的を静態的なものとするや否や、彼らは、自らが拒絶した、思考の途絶する世界に戻ることになる。クーリッジ州知事は、同様の過ちを犯した。すなわち、彼は、国家の意思と国家の目的はいつでもすべての個々の状況の諸々の事実と統合され、それによって、新たな意思と新たな目的を創造しなければならないということを知らなかったのである。われわれが同意する有権者ではなく当事者として関与する有権者という考えを手にするとき、国家の目的の外部に立ってそれを評価することはできなくなる。われわれはわれわれ自身、こうした目的の一部となるのである。われわれが考察してきた心理学によって、政治学における目的の概念に多数の光が投げかけられる。政治的な多元論者は、国家はそれが実現するものによって、われわれの忠誠心を勝ち取ると語る。しかし、そうではない。われわれの忠誠心は、われわれ自身と国家の間の交織しつづける関係性に依存している。こうした交織こそが権力と忠誠心の双方を生み出す原動力である。

　心理学の考え方の近年の発展にともなって、われわれは、「服従（obedience）」という概念に対して、多元論者が採ってきたものとは異なる態度をとるようになるに違いない。多元論者は、服従という概念を、個人性（individuality）の喪失、道徳的な誠実さ（moral integrity）の放棄であるとして拒絶する。彼らが忘れているのは、彼らが語る「道徳的な個人（moral individual）」がもっている動態的な性質である。国家に対するわれわれの主たる義務は、静態的な自己が行う貢献ではない。そうではなく、発展しつづける自己が行う貢献なのである。こう考えると、服従という言葉は、新たな意味を帯びることになる。

　しかし、このように考えてくると、多元論者が国家を構成するさまざまな集団に与える「同意」という言葉は、われわれの存在がその根をはるべき大地に対してほとんど結びつきをもたないものとなってくる。唯一妥当な同意とは、成長、すなわち、長くゆっくりとした学習の過程である。同意があるかどうかに取りつかれている歴史学者は、単に歴史の劇的な瞬間についてだけ記述するであろう。何年も前に、スピアーズ（Spears）はライン川の渓谷で同意を反故にした。そして、そこからそれほど離れていない場所で、今日、人は金曜日になると人目を引くオランダ人たちに会うことができる。彼らは、波止場で山積みされた何千ものチーズの隣で、取引に同意するサインとして握手をしているのである。しかし、本書の目標の一つは、シンボルの考察を促すことである。われわれが使っている投票箱は、確かに考察を必要とする一つのシンボルである。われわれは、あらゆる場面において、単なる同意にすぎないものを見出す必要がある。というのは、それは、われわれが本当に望んでいる同意ではないからである。同意を美化している人でさえ、単なる同意より以上のものを望んでいる。それこそが、われわれが探しつづけている権力、すなわち、統合された統制（integrated control）であり、「そのときそのときの」統合された行動である。社会的な契約理論の質を低下させたものは、こうした理論において、同意、それも単なる同意が権力の基盤と考えられているということであった。われわれが、自らを先述のそのときそのときの統合された行動という過程において欠くことのできない部分だとみなすことができるならば、われわれは同意とはまったく適切な言葉ではないということを知るだろう。この、そのときどきの統合された行動の過程について、われわれは、そのある一瞬、一側面からのみとらえて、国家とか産業とか協同組合とか、それが何であってもよいが、それらをそのように呼んでいるのである。同意という言葉の誤りは、多元論者が、法学によって仮定されているあの統治権理論に反対して書いているあらゆることにおいて見られる。多元論者は別の統治権理論の可能性があることを知らない。すなわち、統治権とは、諸個人が心理的に発展させるものであるとする理論が存在しうることを知らないのである[2]。

しかし、政治的多元主義を支持する説得力のある主張が存在する。ただし、それは、次のような主張ではない。すなわち、多元的国家のさまざまな集団は自由意思をもった結合体（ときに、多くのものがこうした自由意思をもつ結合体から形成される）であるという主張ではないし、機能的な結合体（たいてい、あらゆることはこうした機能的結合体から形成される）であるという主張でもない。そうではなく、その主張は、多元的国家のさまざまな集団は民衆の実際の生活と密接な関係にあり、したがって、人々は、自らの日々の関心に基づいて、合意を試みることが可能な程度の少人数で、会合すべきだという主張である。自分たちを最も向上させてくれる類の経験は、われわれの運動反応を増大させるものであるということを、われわれはいたるところで知る。例えば、ふつうに旅行をしても、そのことは、原則として、人々を向上させることはない。なぜなら、それは、力強い運動反応を生み出さないからである。しかし、われわれが利害関係、個人的な責任、きわめて重要な関心をもつ場合、われわれは力強い反応をする。われわれの行為の傾向が形作られるこの場面から、民主主義は着手されなければならない。このように考える場合にのみ、個人の心理的な権力と政治的な権力が同時に生じうるのである。

さて、われわれの産業構造と政治構造は、われわれの運動反応に対して正当な表現手段を可能にするようなものでなければならない。労働組合の指導者や区長がわれわれの運動反応をコントロールするようになるならば、それにづいてたいていは損害が生ずる。というのは、眠っている運動反応がそれらを生み出した刺激以外の他の刺激によって活動に目覚めるときには、そうした運動反応は必要な保護手段や矯正手段から切り離されてしまうからである。このように切り離されてしまうのは、あらゆる活動はそれ自身の防護物を含み、防護物はその発生に密接に関わるからである。労働組合の扇動者が働く人々について語るとき、彼が意図するのは、あらゆる群集演説家と同様に、心理学がわれわれにもたらした印象的な言葉を使って、あの運動インパルスを呼び起こすことである。しかし、これらの運動インパルスは、それらを引き起こす状況から切り離されている。それは、あの時々刻々生じつづけている状況からの照合を受けない刺激によって活動に組み入れられることになるのである。工場の活動によって生み出される運動インパルスは、しばしば眠った状態となっている。それは、表現手段に対する機会が与えられていないからである。この種の運動インパルスは、筋の通っていない方法、普通の過程の外部にある方法で目覚めさせることのできるものである。民主主義の問題は、われわれの運動インパルスを生み出す状況の中に、運動インパルスの表現手段を探し出すことである。他のどんな方法も重大な危険性をはらむことになる。われわれは、現場とその周囲の人々をひとまとまりとして考え、そのまとまりに対して政治的、経済的、社会的活動をもたらしたい。われわれは、力強い運動反応を可能にし、同時に、それら運動反応の表現手段を提供したい。前進とは、社会におけるそれぞれの個そしてすべての個の行動性向を解放し統合することを通じてもたらされるものであり、したがって、前進への方法は、そのような活動が普通に生じるように提供されるべきである。このことは、おそらく、私がもっとも強調したい本書の命題である。

「ああ、あなたはアメリカ人ですね」とホーラス・プランケット卿が言ったのは、彼が最近訪ねてきてくれて、協同組合について話していたときのことである。彼は、「あなたはいつも組織のトップの話から始める」と言うのである。われわれが、現場の単位よりもむしろ、その上で管理している組織とともに話しを始めるときにはいつでも、誤った考えがその根底にはある。それは、同意は参加の代わりをすると考えているということである。私は次のことが見出されるであろうと思う。すなわち、資本主義的な組織や株式組織に対抗して成功するであろう唯一の協働のあり方は、その組織のまさに底辺から話が始まる組織であり、すべての組織メンバーからその活動を取り入れていく組織だということである。さらに言うと、われわれが現場単位とともに話を始めるならば、われわれは、漸進しつづけていく関係性の中で多様な利益を結合させるということにより容易に成功するであろう。われわれが組織のトップから話を始めるときには、その組織のトップに対して敵対する数多くの利益がますます現れてくるように思う。そうした利益は、共通の敵が存在するがゆえに一つの旗の下に戦うことに合意することになる。それらの利益は本当の意味で一つにまとめ上げられることなく、容易にバラバラとなる傾向がある。近年の国際問題の経験がこのことを示している。

政治について覚えておくべきもっとも本質的なことは、統制とは、統制される側の活動によって生み出される必要があるということである。それゆえ、産業において、組合事業において、政治において、統制は可能な限りそのそれぞれの過程をさかのぼって着手する必要がある。さもなければ、以前の章の言葉を用いれば、われわれは、共にある権力ではなく、支配する権力を手にすることになるであろう。結合的な行為についてその源がどこであるかを知らなければならない。われわれは、言い争う二つの側が異なる「事実」を発表しあうよりも、議論が始まる前に協働して事実を収集することの利点を理解してきた。われわれは、後の章で、諸々の利益が具体化される前に諸々の利益を結びつけようとすることの利点を理解するであろうし、諸々の利益について、まだその再評価（revaluation）が可能なうちに、それらを価値づけることの利点を理解するであろう。われわれは、労働者は依頼する方が、要求する場合よりも断然相手に対応してもらえるということ、また、労働者は提案する方が、不平を言うよりも断然相手に対応してもらえるということを理解するであろう。われわれは、次の点も理解するであろう。政治であれ産業であれ、その代表制が健全な仕組みとなる秘訣は、その過程において十分にさかのぼって、合意を得るのに必要不可欠な活動をすることである。要するに、健全なる統治の秘訣は、あなたの属している単位（*your unit*）は何かを知ることである。それは、科学において必要であるのと同じくらい必要なことである。

健全な統治についてもう少し考えてみよう。教育するとか「影響を与える」と言うが、この場合に影響を与えているものは何であるのか。この点を考察する場合に、われわれが覚えておく必要があるのは、影響とは、新聞や演説その他何か脚光を浴びて民衆に示されるものからの影響がすべてではないということである。民衆はいつでもお互いに影響を与えあっている。新聞等のうわべだけの影響ではなく、われわれはそうしたもの以上の影響をつくりだすことができるはずである。たくさんの相異が捨てられてしまっている。私が期待することは、民衆の小さな集会を活性化し、その中で、われわれの政治生活にとって根本的な何かが創造されるようになってほしいということである。心理学は、「前進的な統合」こそが有機的に生きるあらゆる存在の有する過程であるという考え方をわれわれにもたらす。人々の「前進的な統合」こそが民主主義の本質なのである。われわれは、人間を生産的に関係づけていくための道を切り開かねばならないし、そのための状況を創出しなければならない。

その場合、小さな集団においてこそ、われわれは民主主義の深遠なる意味、その本質と核心を見出すことができる。われわれは職場委員会や近隣集団、そうでなければ、あなたがいるであろう場所から取り掛かることができる。しかし、われわれは現場の小さな単位で取り掛からなければならない。難しいのは、われわれは未だ現場単位を活性化する方法、あらゆる人々が機能し参加するであろうような形で現場単位を手段とする方法を見出してこなかったということである。ドイツ共和国は、この難しさを知っていたため、「党派横断委員」[7]が任命された。それは、王任委員会にいくぶん似て、すべての政党を代表しているものであり、国民議会の代表者で構成されている。それは、現地の問題を解決し、現地のニーズを満たすもっともよい手段と方法を研究するためのものであった。民主主義のあらゆる試みに際しては、こうしたことがその最初の問題であるということに気づくであろう。そうではあるが、ひとまず、民主主義とは何であるかを知るということを試みさせてほしい。現在、われわれが民主主義の写真を撮りたいとすれば、大衆集会の写真を撮ることになる。私は、合衆国のさまざまな地域からそのような写真を入手している。それらは、次のような手紙とともに私に送られてくる。すなわち、「われわれは自分たちの街の本当に意味あることに正しく取りかかろうとしています。私の街の第二区での民主主義の写真を同封します」。しかし、たくさんの人とたくさんの旗とその場にかかっている音楽が民主主義のシンボル、すなわち民主主義の意味しているものではないということは確かである。民主主義が意味するのは、本物の相互作用であり、協働的に構築しつづけていくことなのである。

だが、われわれは、右記の「現場単位（local unit）」を振り回すことによって、民主主義の重要性を論じ尽くしたというわけではない。そのような理論が行きつく先はどこであるかを考えてみよう。ボストンにおいて、われわれの多くは、シェパード・タウナー法のような連邦法案に反対する。なぜなら、それはマサチューセッツ州の神聖な権利から何かを奪い取るだろうからである。しかし、われわれは皆、市の行政がいわゆる「丘」、つまり、われわれの州議会に疑いを抱いていることを知っている。そして、さらに、区の政治家はたいていは、市よりも自分たちの区により関心をもっている。最後に、われわれの区のうちの一つにおいて、あなたがよきアメリカ人であるためには自分の投票区に対して「忠誠心をもって」いなければならない。さて、これが民主主義なのだろうか。確かに、それは、現地単位という考えの極致であり、その考えがそのもっとも極端にまで推し進められたものである。

この誤りに関わっているのは、あのよく知られた、しかしもっとも嘆かわしい連邦主義についての誤解である。すなわち、個人を何も混ざっていない純粋なる現地単位の一員とみなし、州や連邦政府というより大きな集団の一員とはみなさないのである。私は、連邦法をさらに拡張しようとすることについての賛成派と反対派の議論を最近聞いた。こうした議論において驚くほど取り上げられなかったことは、われわれが現地単位であるということとまったく同じだけ、われわれはワシントン、つまり米国政府でもあるという事実である。ワシントン、つまり米国政府はわれわれ自身であるか、そうでなければ、そうした米国政府は作り事である。しかし、われわれの連邦政府が何か事をなすことをわれわれが承認するとき、その承認によってわれわれは自分たち自身でそれらのことをなすことを放棄することになると思い込まされてきた。それは錯覚である。問題は、それをするのは誰かということではない。なぜなら、どんな場合でもそれをするのは誰か一人ではなく、われわれ自身だからである。問題は、それがいかになされるかということである。すなわち、正しい種類の集権化を行いつつ、同時に、十二分な分権化を推し進めることが可能なのかどうかということである。集権化と分権化の対立について考える代わりに、私は、ある者が他の者に関与するということについて考える。長年にわたる哲学的な論争は、全体と部分の関係性に関わるものであった。現代のもっとも深みのある思索家たちがこの問題に対してなしてきた貢献を考慮にいれない政治学の領域では、この問題に対してどのような解を出しても、それは思慮の浅いものとなる危険を冒すことになる。もし連邦主義が必然的に、全体と部分の間の闘争を意味しているとすれば、アメリカにおいてわれわれが将来ますます発展していくための脅威の種が存在することになる。

われわれは、連邦主義を、単に政治的な制度としてではなく、きわめて重要な過程として理解しなければならない。その過程は、政治学にとって重要であるのと同じくらい、倫理学や哲学にとっても重要である。権力とは、「与えられるもの」ではないし、「得られるもの」でもない。それは、自己発展していくものである。権力はいつでも連邦的な関係性を含意している。すなわち、下から一つにまとめ上げるということ、継続的に一つにまとめ上げるということを含意しているのである。これらは、権力の前進的な増大を伴なっている。

この節を要約しよう。政治学における多元主義的な思想の弱点の多くは、一つの表題の下に包含されうる。すなわち、政治学の多元主義的な思想が、反応とはいつでも関係づけに対するものであるという深遠な真理を受け入れてこなかったということである。個人や集団は国家に対して反応しているのではない。そうではなく、自己と国家の間の関係づけに対して反応しているのである。第3章の言葉を用いれば、多元主義論者は、関係自体の活動を研究していない。彼らは、個の変化や国家の変化についての関係自体の活動の効果を研究していない。国家の活動は個の行動によってのみ影響を受けているのではなく、国家と個の間の交織、つまり国家と個人や個々の集団との交織によって影響を受けているのだということを理解していないのである。言い換えると、多元主義論者は、増分の中から生まれる増分を軽視している。多元主義論者がわれわれに与えているのは、政治学の新しい理論ではあるが、それは幾何学的な増大の法則を締め出してしまっているのである。政治の成長法則があらゆる有機体の成長法則と異なるということがありうるだろうか。政治科学は、仮に現在のところ自らがもっている問題に対応できるとしても、この法則を受け入れなければならない。というのは、われわれは、もし前進を望むとするならば、経験のプラス価値をますます探し求めなければならないからである。われわれが民主主義を支持するのは、感傷的な理由のためではない。民主主義が正しく理解されれば、それがわれわれにプラス価値をもたらすと信じているからである。多元主義論者は、政治の考え方に大きな貢献をしなければならない。しかし、もしわれわれが心理学や自然科学の近年の貢献に耳を傾けないままであってはならないとすれば、彼らの議論全体は異なる形をとる必要がある。多元主義論者の有する集団同士の関係性の考え方、集団と国家の関係性の考え方は、かつての調整の考え方に属するものである。調整は、既存のものを調和させる。それは創造するのではない。ただ統合だけが創造するのである。仮に、調和させるということでもこの衝突と混沌の世界においては十分な理念であると言うとすれば、そのときわれわれは、わずかといえどもさらに哲学の領域へと議論を進めなければならないし、調和させることそれ自身、そのもっとも表層的な類のものを除けば、それは創造することを伴なうのだということを示すよう試みる必要があるはずである。調和が創造を伴うということは、存在がもたらす恵みの一つである。しかし、本書において哲学的な理論に言及する余裕はない。その代わり、私は哲学的な理論についてそれとなく語っているのである。なぜなら私は、私が述べてきたあらゆることの背後にあるものによってそうした哲学的な理論が理解されるであろうと期待しているからである。

最後に、多元的な国家は、しばしば新しい構造とみなされる。これは不幸なことである。私は、まったく分権化を信じている。私は、もしわれわれが単なる構造上の変化にではなく、人々の結びつきの生き生きとした様式にあの分権化の基礎をおかないならば、その果実を失うことになるかもしれないと恐れるものである。その上、カッパースとボックが、機能的な相関関係（functional correlation）は解剖学的な相関関係（anatomical correlation）より先に起こるということ、つまりは活動が構造となるということを示したように、同じことが、政治の発展においてもあてはまる。すなわち、活動（activity）は形態（form）より先に生じなければならないのである。誰しもあらゆる自然の法則に反して進むことはできない。形態が押しつけられ、その後に活動が生じるということはありえない[3]。多くの政治科学者は、多くの者が長年にわたってそうしてきたように、われわれの政府にさらに一つの制度を付け加えることに、つまり仕組みを増やすことに自分たちの期待の基礎をおいている。政治的多元主義論者は、職業的な代表制の原則に基づいて、国会における第三の議院の設置を望む。情報を収集することに信をおく者は、ワシントンに情報部をおくことを望む。私はこれらの制度のいずれかに反対しているのではない。しかし、未来に対するわれわれの期待は、制度を増やすことに見出されるのではなく、改善しつづけていく過程に見出されると信じているのである。

根本的なことは、政治における機能的な役割区分や産業における労働代表制ではなく、人々の結びつきの生き生きとした様式である。多元主義論者は、単純に、代表制の別の基本原理、つまり機能的な基本原理を提案している。しかし、われわれは長年の間、代表制のわれわれの枠組みを改善してきた。そして、それにもかかわらず、すべての誠実な学徒にとって明白な事実は次のことである。すなわち、それは、本質的なことがわれわれには理解できていなかったということ、代表制という計画が何であったとしても、個は失われてきたということ、ある強奪の後には別の強奪が生じてきたということである。政治的多元主義論者は今や、単に国家の暴政に代えて集団の暴政をおくという危険を冒そうとしている。何度も何度もわれわれを遭難させてきた過去の致命的な方法は、今日の、労働組合においても、市議会においても、パリ会議においてもやはり致命的な方法なのである。今や、次のことが認識されるべきである。すなわち、代表制という枠組みは、それが機能的なものであれ、その他のものであれ、われわれを救うことはできないのであり、ただ、人々を結びつける異なる方法、つまり、職場委員会、産業評議会、立法委員会、あるいは国際的な同盟における異なる方法だけがわれわれを救うことができるのである。民主主義の問題は、いかにわれわれの日々の生活を創造的なものとするかという問題である。

人々は、平均的な市民の無関心について語る。しかし、実際にはそのようなものは存在しない。すべての人間は、その人の関心をもっている。その人が関心をもっている点についてであれば、その人の注意を集めることができる。その人が関心をもっている点であれば、経験に対する実験的な態度をとらせることができる。その結果は、単に欲求が充足されるということではない。こうしたことだけであれば、それは意図としてはいくぶん未熟であろう。そうではなく、その結果は、さらにますます洗練された欲求が現われてくるということなのである。経験という灯火は、われわれの現在の道を照らし、また新たな道へとわれわれをいざなってくれるものである。

ここまでの二つの章のどこかで、「民衆」の役割をわれわれが過度に強調してきたように見えるだろうか。確かに、今日ほど専門家の必要性が大きくなってきた時代はかつてなかった。正確な情報を求める動きは、それが重要であると同時に、時宜を得たものである。しかし、正確な情報を得た後、われわれはそれを用いて何をすべきかを知らなければならない。というのは、政治「科学」というのは誤った呼び方であるからである。政治は、科学であり、哲学であり、アートであって、われわれが知る最も高度なアートである。概念は、反応と状況の交織から生成する。政治科学者は、反応と状況の交織が何かを実現しつつある瞬間にそれがどれくらいの水準にあるかを記録するかもしれない。政治哲学者は、さまざまな闘争の趨勢とそれらがどのようなことを実現する可能性があるかを予測するかもしれない。しかし、政治を築き上げる者は政治家である。政治家こそが、これらの生き生きとした概念を実際の出来事の舞台で取り上げ、そうした概念に具体的で互恵的な奉仕の相互作用の役割を担わせる存在なのである。政治家は彼が築く世の中がきわめて創造的な過程であるということをわれわれに示してくれる。コミュニティーのさまざまなものを生み出す源泉となるものを、新たな実際の出来事や新たな認識の協働的な創出へと結びつけてくれる、つまり、存在の絶えざる前進の協働的な創出へと結びつけてくれる存在が政治家なのである。

【原注】

(1)　私は、ある特定の主義についての熱狂的な支持者がつねに過度に先入観をもっていると言おうとしているのではないし、そうした人がつねに聴衆を説き伏せるために群集的な手法を用いることをいとわないと言おうとしているのではない。ただ、公的な集会のためにそのような演説家を確保しようとする傾向がしばしば見られるように思うと言いたいに過ぎない。

(2)　M. P. Follett, *op. cit.*, Chap. XXIX, Political Pluralism and Sovereignty.（M・P・フォレット、前掲書、第29章「政治的多元主義と主権」）を参照。

(3)　もちろん、社会的構造、個人の心理的構造の双方において、それは同時に互いに影響を与えあうのである。

【訳注】

［1］　『小学館ランダムハウス英和大辞典（パーソナル版）』によると、experience meeting は、testimony meeting のことであり、testimony meeting は、「証（あかし）会」であって「教会などで、信仰もしくはそれに関連する信仰体験の証をする集会」とされている。

［2］　"experimental"は、直訳は「実験的」である。そして、本章でもそのように訳している。ただし、フォレットは、現代において意味されるような「実験」という意味で、この語を使用していない。それは、第7章で、「経験とは検証の過程ではない」と述べていることからも明らかである。フォレットの"experimental"は、いくつかのことが含意されているものと考えられる。まず、傍観者ではなく実際に経験すると

いうこと、また、日々の生活、生きるということと結びつけること、そして、しかしなお、自らの経験を絶対視しないことである。この含意を込めた一語を選択することは難しいし、また、今日における「実験」とほぼ同義でexperimentが用いられている箇所もある。したがって、ここでは「実験」としている。

［3］　“motor”とは、生理学・生物学では、例えば、“motor nerve（運動神経）”という用語で用いられる。この「運動神経」の意味は、「筋肉を支配し、制御する末梢神経。感覚神経の対」（『岩波　生物学辞典　第四版』）である。そもそも“motor”は、「動くもの」「原動力」を意味する言葉であり、“motor nerve”は、「筋肉を支配し制御する」つまり、運動をつかさどる神経であると考えることができる。

［4］　ゴンパーズ（Samuel Gompers）については、第9章訳注［2］を参照。

［5］　クーリッジ（(John) Calvin Coolidge）は、アメリカの政治家で、一九一八年マサチューセッツ州知事、一九二〇年にアメリカ副大統領、一九二三年八月に大統領に就任した（『ブリタニカ国際大百科事典』）。

［6］　『ジーニアス英和大辞典』によると、タマニー協会、タマニー派とは、「一七八九年New York市に設立された民主党の政治団体」であり、「市政を私物化したことから政治腐敗の代名詞となった」とされている。

［7］　王任委員会は、イギリスにおいて、「法・社会などの問題調査のために内閣の推薦で王が任命する」委員会である（『ジーニアス英和大辞典』大修館書店）。

第13章　代表の動態的把握：知性偏重の視点を超えて

The Dynamics of Representation: A Non-Intellectualistic View

近年の心理学を受け入れると、代表（representation）の研究に非常に豊かな考え方がもたらされる。本章において私は、権力について述べた章でそうであったように、ただ研究が取り上げるべき方向性のヒントを与え、諸問題を指摘することができるにすぎない。ここでは、そうした諸問題を解決しようとはしない。諸問題を指摘するに際して、ひとまず次のことを心にとどめておこう。われわれは、われわれの思考の基礎に動態的な心理学を据えており、そうであるからこそ、代表という問題に対して知性偏重の態度を採るのではなく動態的な態度を採ることがわれわれをどこに導いてくれるのかを知りたいのである。

われわれが問うべき第一の問題はおそらく次の問いである。すなわち、ある一連の行動傾向をもつ人々は別の一連の行動傾向をもつ人々の代わりに代表することができるのかという問いである。例えば、労使合同会議に労働者代表で参加する労働組合幹部は、彼らが代表する人々、つまり現場労働者がしているように、当の産業において日々働いているわけではない。このように考えると、労働組合幹部は、現場の労働者のために活動しているのであるが、現場労働者と同じような形で、日々下される命令によって直接的に左右されることはない。労働組合幹部は、労働組合から支払いを受け、産業労働者の作業環境を改善し、賃金を引き上げるべく働いている。そのような仕事に際して採られる主要な形態の一つがストライキもしくはストライキを盾におどすことであり、そしてストライキを準備することである。したがって、ここでは、われわれはまったく異なる行動パターンをもつことになる。労働組合幹部たちの仕事は主として戦うことである。彼らは戦うことに対して支払いを受ける。彼らは、主として、戦う能力をもっているがゆえにそのリーダーシップを得る。彼らの組織は、戦うために準備されるのである。

　マサチューセッツの州法は次のことを定めている。それは、最低賃金委員会はその産業の雇い主側の六名の代表者、従業員側の六名の代表者、および一般人の三名の代表者から構成されなければならないということである。しかし、従業員側の代表者たちには二種類の人々がいる。法が何の制約も課していないために、彼らのうち誰か一人あるいは数人は労働組合幹部であって、そのとき検討対象となっている産業の外部にいる人間である。それだけではない。産業内部から選ばれる場合でさえ、それらの人々は、実際に議論全体の方向性を変えるべき人の中から選ばれることはない。つまり、最低賃金を受け取る人々の中から選ばれることはないのである。私も尽力したその委員会では、従業員側の代表者には一人も最低賃金を受け取っている女性は入っていなかったし、そればかりでなく、従業員代表者の多くがその産業において最も高い水準の賃金を受け取っている人々であった。その理由はもちろん明らかであった。すなわち、それは、その女性たちがもっている創意、エネルギー、能力にあった。まさにその創意、エネルギー、能力こそが、その産業の中で最も高い水準の賃金を彼女らにもたらすのであり、また、彼女らの公的な委員会への任命を担保する資質なのであった。このように理由は明らかであるが、事実が存在する。そして、この事実の重要性は多くの場合見過ごされてきた。つまり、代表者に選ばれている女性たちの利害は最低賃金の女性たちとは異なっているだけでなく、彼女らの送っている生活全体が最低賃金の女性たちのそれとは異なっており、こうしたことが会議における女性たちの態度に大きく影響を与えるのである。

　ここで、最低賃金委員会における、この異なる二種類の従業員代表者の態度を比較してみよう。その産業においてより高額の賃金を支払われていればいるほど、そうした女性たちはしばしばあまりに多くのものを譲歩しようとする。彼女たちには、実際に最も低い賃金に苦しんでいる女性たちに比べて、執拗に求めるというところが少ないのである。他方で、労働組合幹部は、どんな最低賃金の女性よりもはるかに執拗に要求する。つまり、高賃金の女性も労働組合幹部もいずれも、彼女らが代わりに代表しなければならないはずの人を代表していないのである。週に一八ドルを得ている女性は、自然とその額を彼女に支払っている雇い主に対して寛容になる。その上、その女性は、週八ドルで生活しようとする女性の困窮ぶりを十分には理解していない。労働組合のオルグの場合[1]、最低賃金の女性との態度の相異は、より顕著でさえある。ここでの事実とは、単に、組合のオルグたる彼女が工場ではなく事務所で一日を費やしているということではないし、彼女の利害が困窮にあえぐ女性たちとは異なっているということではないし、また彼女の生活全体が議論することに費やされているということでもない。非常に重要なことは、そこには、彼女と彼女が属する労働組合との関係性、彼女と労働組合に加入している労働者グループ全体との関係性もまた存在しているということである。工場から出向く女性は工場の個々の女性たちに代わって代表するのだが、その一方で、労働組合幹部は一個のグループを代表する。すべてのグループには伝統が存在する。おそらく、人は、個人に対してよりも組織化されたグループに対してより大きな忠誠を抱く。そして、その人の属するグループに対してその人がどのような立場を占めるかという問題が確かに存在している。だが、ただ労働組合の代表のみについては、人為的な問題が存在しているように思われる。すなわち、簡単に、ごくごく簡単に言うと、最低賃金委員会での労働組合代表者たちは、労働組合がもつ「ステレオタイプ＝固定概念」を組合になり代わって表現する傾向があり、工場を代表してくる女性は、「事実」自体を表現する傾向があるということである。

だが、私は代表のいずれかのタイプに反対を表明しているのではない。誰しもそうした表明をする資格をもつには、さらなる研究をしなければならない。しかし、私が思うには、われわれは次のことを知っている。すなわち、職業別労働組合の代表がいいのか、工場の代表がいいのかを比較する現在の議論は新たな形を採る必要があるということである。工場の代表者は、工場での共通の経験を有するがゆえに、彼を支持する人々とより共通点をもっており、それゆえ、組合の代表者よりも代表者としてのより幅広い基礎をもっていると言えるのだろうか。労働組合に所属している人々よりも工場に所属している人々の間でより重要な何かが生じるというのだろうか。あるいは、その逆なのであろうか。双方の側に語られるべきものがある。あるいは、もしこの形で、つまり、代表をめぐって当該の代表者の全体人格と被代表者たちの全体人格はどのくらいかけ離れているのかという形で問題が提起されるべきだとすれば、人は次のように答えるかもしれない。すなわち、工場を代表する者は、まったくもってその人が代表している人々の生活と比較的近い生活を送っているし、労働組合を代表してくる者は、その人が組合の代表であるという理由から、より専門的な性格をもっていると言うであろう。まったく同様の問いに対して、他の側面から語ることもできる。私は、本章では問いに答えようとしているのではない。いくつかの問題についてそれがどのような問題たるべきかを指摘しようとしているのである。

私は次のように主張するものである。すなわち、われわれは、工場において共有されている経験があるからと言って、そのことが、組合の代表者よりも工場代表者に対して、従業員を代表するための幅広い基礎を与えるものなのかどうかを問うべきである。ただし、われわれは、工場における従業員が同時に組合の一員でもあるならば、その場合には、その代表者のタイプに固有の行動パターンに注意を払う必要もある。これは新しいタイプの代表者である。工場からの代表者であり、かつ労働組合が組織されている工場からの代表者は、労働組合の組織されていない工場からの代表者に比べ、代表者たる資格をもっている。この資格は、その工場において労働組合が組織されているかどうかという事実に大いに影響を受けるものである。労働組合が組織されている工場に勤めている人々は、ある特定の社会的規律、つまり、共通の行動によって規律づけられた精神をもっている。彼らは、物事を処置するに際して、多かれ少なかれ、一歩一歩が彼らにとってなじみのある、その特定の過程に従うのである。

さらに言うと、労働者を代表するという問題は、例えば次のように設定されるかもしれない。すなわち、人を引っ張るということに対してその誘因と性向をもち合わせるプロフェッショナルのリーダーシップを、お金を払って雇うことを望むか、それともお金をかけずにそれとは異なる性質をもったプロフェッショナルではないリーダーシップを望むか、である。ここにおいて、多くの問題が思い浮かんでくる。ヘンダソン（Henderson）がイギリスにおいて労働運動のリーダーシップを失ったのはなぜなのだろうか[2]。フランク・ホッジスが鉱夫をやめたとき、彼は鉱夫たちと自分自身をどんな方法で区別し、どのくらい区別していたのか。代表の問題に関係したリーダーシップの問題は、例えば、外部から得るリーダーシップと現場で育てるリーダーシップの比較のような、多くの興味深い論点を伴なっている。ぜひ、イギリスの労働党の知的なリーダーと労働者たちのリーダーを比較してみてほしい。わが国の国会では、カッパー上院議員が農場主の議員団のリーダーとして注目されてきた。彼が農場主の「代表であること」は、どこにその本質があるのだろうか。また、リーダーは代表者としての側面においてどのようなリーダーシップを発揮しなければならないかという問題には興味深い事例がある。その事例として、アメリカ衣料品労働者連合の長であるシドニー・ヒルマン以上の例はない。また、サピロが販売協同組織に対してどのような関係性をもっていたかということには研究の価値がある。サピロは、優秀な弁護士であるが、一般大衆というよりも、その販売協同組織の法的なアドバイザーであり、それだけでなく、その発起人であり、代表者でもある。本物のリーダーと公式に選ばれた表向きのリーダーがどのような関係性にあるかという問題にも注意が払われるべきである。例えば、タウンレイ（Townley）は無所属同盟を代表したというが、それはどのような意味においてなのか。リーダーシップが、ある人から別の人へと移っていく経緯を注視すること、そしてそうなった理由を明らかにすることは有益であるだろう。

心理的な面から考えると、グループのメンバーとは、その活動を共有しているメンバーである。この視点から、次のような人たちについて触れさせてほしい。すなわち、問題を解決することについて間接的にのみ個人的な利害が関わる「労働組合幹部」、物事の根本にあって原動力となっている諸力を気にも止めない「人事管理者」、周りから孤立することによって発展しつづける状況から自らを切り離してしまう「公平なる議長」、ワシントンの政府からアメリカ農事改善同盟へと送り込まれる「農業専門家」である。ただ無責任に状況をじっと見つめていても、そのことによって、人の精神がその状況に身を委ね、その状況の中に十分に入り込むことができるだろうか。われわれはしばしば、労働組合の職員が労働者と「疎遠になってしまった」という表現を耳にする。

民主主義の面倒なところは、何よりも、民主主義がどうやら倫理的な基礎とみなされてきたらしいというところにある。つまり、民衆の代わりに誰かが法律を制定することは「正しい（right）」ことではなかったというところに民主主義の面倒さがあるのである。民主主義に関して心理学が問う問題は、民衆に代わって物事を行うということがはたして可能なのかということである。ある一連の行動傾向をもつ民衆は、別の一連の行動傾向をもつ民衆の代わりに行動することができるのだろうか。代表という問題について考えるどのような理論もこのことを非常に慎重に考慮に入れなければならない。

代表という問題に関する近年のもう一つの議論は、われわれが現在もっている考え方に非常に大きな影響を受けたものであり、それは、二つのグループ、つまりあなたが元々いるグループとあなたが代表として出向いていくグループという二つのグループにおける行動の一貫性に関する議論である。それを適切だと考えようと考えまいと、われわれのもっている考えは新しいグループと接触し、そこから何らかの変化を経験することは避けられない。人を代表させるよりよい仕組みを設計し、代表者の行動規範を発展させていくには、どのようなやり方で、この新しいグループとの接触を考慮に入れればよいだろうか。もし労働組合員が資本家との会議で、自分が属する労働組合で採決された案と異なる案に投票するとすれば、その組合員は裏切り者として公然と非難されるべきなのだろうか。最近の出来事でいうと、私は、同じ問題について異なるグループで異なる案に投票した。その問題は、これらの諸グループの共同行動を求めるものであった。こうした同じ問題について異なるグループで異なる案に投票するという行動の理由を探すことは興味深いことであるだろう。それは単に、私が出向いたグループで別の事実を知ったり、別の議論に巡り合いそれによって影響を受けたということではなかった。というのは、もしそうしたことが理由であるならば、そのときには、私は最初に参加したグループに帰り、最初のグループで私が行った意思決定を取り消すべきだからである。しかし、私はそうしたことはしなかった。私は最初のグループでも相変わらず、私が以前行ったのと同様の案に投票したのである。というのは、私は、両方のグループが正しいと知ったからである。だが、これらの二つのグループがともに正しいということは、そこからそれらの案を行動に移す際に障害となる。行動に移すために、これらの二つの委員会は、両者が求める利点を含んだ新たな道を見つけなければならなかった。私は、彼らがそれを実践したと思う。代表者が問題に対する新たな方針にしたがって行為する場合の、代表者の正直さや一貫性という問題は多くの研究を必要とするし、実際には、代表という問題の最も重要な課題の一つとなる。われわれは、軽率に裏切り者というような言葉を用いる前に、新たな事実が明らかにされていないのかどうか、状況が変わっていないのかどうか（おそらく、この会議を開催するという行為そのものによって、あるいはその会議での討議によって状況は変わるのである）、非常に重要なこととして、その人が新たな接触を得ることによって成長していないのかどうか、ということを問う必要がある。問題は、例えば次のようにも組み立てられるかもしれない。すなわち、代表者が自らの人格を統合するということは、どの程度その人の代表者としての役割の一つとみなされるべきなのかということである。だが、このように問うことは、問題をあまりにも狭く設定してしまっている。考察されるべき最も重要なことは、それぞれのグループは完全に正当な意思や目的を育ててこなかった可能性があるのかどうか、そして双方のグループの目的を包含するのに十分なほど開けた道は見出されえないのかどうかということである。

それゆえ、人が新たなグループに対して忠誠をもち始める場合に、そのことをまったくもって悪いと考える論者に対しては、私は、そうした考え方は代表という問題の動態的な概念ではなく、知性偏重の概念を表すものだと答えるはずである。あなたが第二のグループに対して忠誠を示すことが第一のグループに対する不実を示すことには必ずしもならない。なぜならば、そしてこの点がすべてであるが、この二つのグループは両方ともあなたのグループだからである。もしあなたが第二のグループの一部であるとすれば、あなたはそのグループの一部である。もしあなたが第二のグループの一部でないならば、そのときには、あなたはそこにいることによって、単にそのグループの一部であることを装っているにすぎない。そして、こうした状態に基づいて仕事をすることはできない。あなたは、あなたの道徳的な誠実さと精神的な誠実さを失うことになる。あなたは、目下の問題に対処する最も実り豊かな方法に対してその機会を失うことになる。忠誠は、全存在のまさに本質である。それは、生理的レベル、心理的レベル、そして社会的レベルにおいて、それぞれに相応する意味をもっている。忠誠がなければ、グループの存在はありえないし、本物の会議の存在はありえない。それは、あらゆる人間関係の最も深奥にある意味に埋め込まれている。代表という問題に関する健全な理論においては、そのどんな理論においてもこのことが認識されている必要がある。私はイギリスにおいて、職業別労働組合と職場代表の間のコンフリクトが議論されるに際して、献身の問題が取り上げられるのを耳にしてきた。さらに言えば、わが国においても、数年前、マサチューセッツ州東部リンにあるゼネラル・エレクトリック社の職場委員会と労働組合に関して、同様の問題を耳にした。しかしながら、そのような議論の多くは、われわれが次のようなことを理解するならば、われわれにとって無益なことのように思われる。すなわち、われわれが献身とは習慣的過程から自然に表に表れてくる部分であることを理解するならば、つまり、それがあらゆる問題と密接な関係にあり、恣意的な意思決定ではないことを理解するならば、献身的かどうかについて議論することは無益だと思われるのである。あなたが、自らが参加する開会中の立法委員会に対してより大きな忠誠を示すのか、あなたの属する政党に対してより大きな忠誠を示すのか、その政党の中の特定の派閥に対してより大きな忠誠を示すのか、そのいずれであるかは、あなたが委員会と政党と派閥のいずれに対して最も力を込めて応えてきたのかに依存している。

　確かに、もしあなたが労働組合員でありながら、突然資本家の視点を甘受するならば、あなたはその裏切りを責められるかもしれないし、そのような外見上の態度の変化に付随して何らかの疑いをもたれるかもしれない。しかし、あなたが資本家との共同会議に向かうならば（例え、あなたがそこにいるあなた側のただ一人の人間であるとしても）、会議することに同意するというまさにその事実が、あなたがその時間の間新たなグループの一員であることに合意するということを意味している。そして、ここでの新たなグループとは、資本家のグループのことではなく、資本家プラスあなたのグループである。資本家たちもこの資本家プラス労働者の新たなグループの一員であるという同じ約束を交わしていることになる。あなたがこうした会議で何らかの合意に至る場合に、強力な証拠がないうちは、次のように思い込むべきではない。すなわち、あなたは、「相手方」に対して、その相手方の議論や威厳によって説き伏せられてしまったと思い込むべきではないのである。

ある哲学の研究者は、われわれが議論を終えた後で次のように私に語った。すなわち、「私が考えるには、あなたと私の間で意見が一致していない論点のうちの最も重要な論点は、人はより近くにいるものへの忠誠を避けえないと考えているのか、それとも、より大きなものへの忠誠を避けえないと考えているのかという点でしょう」と語ったのである。しかし、私は、忠誠心が狭いとか広いという考え方をまったく否定するものである。私は、私の家族にも私の国にも忠誠心を抱き続けている。私の属する労働組合にも、私が労働組合の代表として送り込まれるかもしれない他のどんなグループに対しても忠誠心を抱いている。それは、自分たちの「相手方」にいる人々への忠誠ではない。われわれすべてが力を合わせてつくり出す新たなグループに対して忠誠心を抱くのである。

別の友人は、私に言った。「それでは、人が会議に行き、新たなグループに接するとき、いったい何が起こるのですか、もしくは起こるかもしれないとあなたは考えるのですか」。私は、このような形で問いかけることはできないと思う。「会議をすること」そして、「新たなグループに接すること」、この二つは互いに相いれない表現である。もし、その会議がまさに会議であるならば、われわれは「新たなグループに接する」ことはない。その場合には、われわれは要するに、新たなグループをつくるのである。「会議する」と「新たなグループに接する」という二つの過程は、まったく異なる過程である。私が州議事堂での立法委員会に「出席する」とすれば、その場合には、私は一つのグループに接することになる。一方で、私が人々と会議することを頼まれるとすれば、その場合には、その人々と私は共にグループをつくり上げることになる。もし私があらかじめ決定された何らかの案件を強引に通過させるとすれば、それは「会議」ではない。このことは、会議を行う手法に関するいくつかのヒントをもたらす。一人もしくは二人の代表者が自分たちの実情を語るためにある集まりに「出席して」、それから、その集まりにいる人々をその代表者たち自身によって説得し、そのようにしてその代表者たちがその集まりの決定を下してしまうべきではない。本物の会議とは、道理を踏まえた技法でなければならない。確かに、委員会、幹部会議、立法委員会、等々は、こうしたものに参加する人々に諸々の事実や意見を求める。そして、こうしたことはもちろん、非常に有効なものごとの進め方ではある。しかし、それは会議ではない。そして、実は、人々が参加し事実や意見を求められる状況をもって、それが会議と呼ばれるのではない。そうではなく、あなたがそれを会議と呼ぶときには、それを実際に会議とすべきなのである(1)。

しかし、われわれは、こうした問題を超えて、代表という問題全体を一歩先へと進めなければならない。代表者は二つの統合を形成しなければならない。第一に、その代表者がもたらすその代表権授与者（＝代表権を与えた者）たちの視点と、他の代表者たちがもたらすその代表権授与者たちの視点との統合である。第二に、代表者は、その代表権授与者たちの下に戻り、その代表権授与者たちを説得すべきである。ここで説得すべきことは、代表権授与者たちの提案する道よりもよりよい道がみつかったということではない。そうではなく、代表権授与者たちのもっていたかつての視点もしくは彼らが代表者を選び、任命した後に発展させた現在の視点と、代表者のグループにおいて形成された視点とをまとめ上げるよう努めなければならないということを説得すべきなのである。ここでは次の点に注目したい。すなわち、われわれが市議会、州議会、国際会議、労働者会議において、代表権授与者たちと代表者の間の継続的な交流を可能とする手法を導き出しているとすると、上記の二つの統合の過程はどのようなものになるかということである。われわれはしばしば、代表者は、その代表者を送り出したグループと不断に接触しつづける必要があると語られる。このことはたいてい、代表者はその代表権授与者たちの願望を心に留めておかなければならないということを意味しているし、代表者は代表者たちの集まりがどう動き、どう考えているかの情報を代表権授与者に提供し続けなければならないということもまた意味している。しかし、こうしたこと以上の意味が存在する。代表者が代表権授与者の下に戻っていくべき理由は、単に彼らに情報をもたらすためではなく、彼らから新たな指示を受けるためだけではなく、次のことを彼らに伝えるためである。すなわち、代表者の集まりにおいて諸々の考えや利益の統合がなされてきたならば、それがどんなものであってもそれを代表権授与者たちに伝えるということのためであり、そのことによって、代表者の集まりにおいて統合された考えや利益と代表権授与者たちの考えや願望とをまとめ上げるためなのである。というのは、代表者たちの集まりにおいて、代表者の考えは補強されるからである。すなわち、まず、その代表者がその代表者の仲間に意見を提示すれば、その意見に対する異議が得られ、そのうちの、その代表者がわかったものすべてによって代表者の考えは補強される。また、その代表者がある法律を提案すると、その法律が成立した場合に起こりうる結果について他の代表者から意見を聞くことができ、そのようにして代表者が聞いたものすべてとともに代表者の考えは補強される。さらに代表者は、その代表者以外の提案したその他の計画についてその利点を学ぶことができ、そのすべてとともに代表者の考えは補強されるのである。こうしたこと等々によって、代表者の考えが補強された後には、代表者がその代表権授与者の下に戻って、こうして代表者の集まりで得られたすべてのことと、彼の代表権授与者が発展させつつある考えや願望とを一つにまとめ上げるべきである。そして、その上で再び、会議や協議の場にいる代表者仲間に会いに行くべきなのである。その会議や協議の場は、今やこのようにして得られたより大きな視点によって補強されている。被代表者とわれわれとの関係は、新たなグループとわれわれとの関係とつねに交織している。われわれは、このことに関するさらに多くの観察を必要とする。というのは、人々はしばしば、あたかもある二つのものが別々に並んで存在し、ある種の目に見えないものさしがその二つを互いに比較し、その結果を表示しているかのように語るからである。人々が十分に研究してこなかったこと、それは交織である。

おそらく、代表について論じている数多くの理論に対する無関心よりも、近年の心理学に対する無関心の方がより顕著であることにわれわれはまったく気づいていない。もしわれわれが神経筋システムをもたないならば、ひょっとするとわれわれは、あるグループにいるときはある人間として存在し、他のグループにいるときは他の人間となるということが可能かもしれない。しかし残念なことに、われわれは、消すことのできない内的な活動の重荷を負わされている。われわれが人生に対して行うあらゆる反応は、われわれの内的な機構に記録され、内的な機構の構造の中で組み立てられ、われわれの習慣体系を統合するという役割の一部を担っている。われわれは、自分たちの仲間を代表して行くときに、この内的な機構を家に忘れてくるというわけにはいかない。新しい経験は、この内的な機構と対立し、あるいは一つになる。そして、われわれは、われわれがそのときもっている内的な機構をたずさえて、自分たちの代表権授与者の下に戻らねばならない。われわれに選択の余地はない。私の知るある女性が私に次のように語った。すなわち、その女性は自分のパーソナリティの複雑さに気づいており、部屋の中を歩くとき自分のどちら側を見せるかをいつも考えていると語ったのである。私は不思議に思う。彼女は、自分の行動体系を分けることができると考えていた。しかし、そんなことはできないのである。反応を形成するのは、有機体全体であり、行動体系の全体なのである。

しかしながら、新たな接触はそれがどんなものであっても不可避的に変化を意味するという事実は、誰にでもよいこととして受け取られているわけではない。G・D・H・コール（G. D. H. Cole）[3]は、明らかにこのことを不幸なことだと考える人物である。彼は次のように言う。すなわち、ルソーは、『社会契約論』の最も有名な章の一つで、代表者を通じたあらゆる行動は、代表される側の意思に代えて代表者の意思が用いられてしまうという事態をある程度必然的に伴うものだと説明している。その上、共に行動するという経験を経た者たちのグループはすべて、何らかの程度彼ら自身の「共通意思」を発展させる傾向がある。彼らは、彼らが代表する者たちの共通意思を表現するべく選ばれると、被代表者の共通意思とは異なる彼ら自身の共通意思をもつようになる。コールは以上のように述べ、さらに次のように語る。「委員会のメンバーがどんなに忠実に彼らの属するグループのメンバーに対するあらゆる義務を果たそうとしているとしても、委員会への忠誠という要素が彼らの行動の中にいくぶんか入り込むのはほとんど避けられないであろう。…委員会への忠誠がその行動の中に入り込むことは大多数のメンバーのためになる。それは、委員会メンバーに選ばれる人々というものは、彼らの属するグループの共通意思を推し進めることについて党派的であり抜け目のなさをもっているがゆえに選ばれるのであって、そうした人々の党派的行動を和らげ、その陰謀を阻止しさえするからである」[2]。しかし、私は、委員会への忠誠が党派性に対する傾向を和らげるとは思わない。私は、それはそうしたことよりもはるかに高い価値があると考える。われわれはそれを評価し、そのこととともに何がなされるべきなのかを考えるべきである。というのは、われわれの務めはいつでも、人間的な集会を実りあるものにする方法を学ぶことにあるからである。こうしたことは、次のような問いのすべてにおいてわれわれの導きの糸となるべきである。すなわち、われわれの生を豊かにするにはどのようにしたらよいか、和らげることや除去することではなく、足し算を実現すること、いや、それ以上のこと、つまり、掛け算を実現すること、そのためにはどうすればよいのかという問いに対する導きの糸となるべきなのである。

私は、新たなグループに接触することによってわれわれは自分たちの考え方を広げることになるかもしれないし、われわれの利益が同じではないとしても相互依存的であるということを知ることになるかもしれないと語ってきた。しかし、おそらく私は、われわれが共に何かをするという事実そのものが絆を創造するのだということを十分に強調してこなかった。われわれは、それが、たとえ単にテーブルを囲んで座るだけだとしても、共に何かをしている。われわれはその後に、共に通りを歩くだけでも、そうしたことはきずなを深める。もし共に食事をとるならば、こうしたことはまたさらにきずなを深めるし、もし家に着く前に共に車の修理をしなければならなくなれば、そのこともきずなを深めるのである。もっとも、ここで示したような共に何かをすることがきずなを深めるという現象が実際に起こるかどうかは必ずしもあてになるものではない。いずれにしても、人生の「小さな」ことが多くの場合見過ごされている。集会の場がどこであるかということはつねに重要である。職場委員会は職場で集会をする。労働組合は職場の外にある事務所で集会をする。こうしたことは大いにそこで行われる議論に影響を与える。国際会議において、われわれは、その会議が開催される国の影響力を見積もる必要がある。例えば、パリ講和会議においてはフランスの影響力を考える必要があるのである。

この節を要約しよう。われわれの問題を心理学の言葉で示したい。なぜなら、本章においてわれわれは、近年において心理学の考えてきたことが、代表という主題にどのような貢献を果たしうるかを考えているからである。われわれの問題は次のとおりである。あるグループにおいてわれわれは、何らかの刺激に対する反応をつくり出す。われわれ自身の行動はこうした刺激に対して貢献し、そしてこうした刺激はわれわれが行うより包括的な活動を生み出す。われわれは何らかの運動メカニズムをもっているが、それはグループにおける他の者がもつ運動メカニズムと非常に似たものである。次に、われわれはもう一つのグループに向かう。ここでも、われわれは特定の刺激に出会う。ここでもわれわれは、われわれが反応する刺激に貢献する。代表という問題について近年示されたいくつかの理解の中で、もっとも重大な危険性の一つは、行動パターンのステレオタイプ化である。おそらく、われわれが現代の政治システムに発展の機会を与えることに対して気が進まないのは、その他のどんな部分よりもこの行動パターンのステレオタイプ化が進むという懸念のためである。それゆえに、われわれが代表という問題を理解しようとすれば、次のような問いが設定されることになる。すなわち、われわれが期待するのは、われわれの代表者がその会議の中で受け入れた、あるいは状況の全体が展開していく中で受け入れた新たな見方にしたがって投票することなのか、それとも、代表権授与者がその代表者を送り出すときに具体化された凝固した考えにしたがって代表者が投票することなのかという問いである。われわれが答えることができるのは、この主題に関してわれわれが考えていることはすでにこの段階を越えているということだけである。代表という問題の核心は、私が代表している人々にいかにして第二のグループにおける私自身のそのときそのときの反応活動の一部を経験させるか、すなわち、いかにして人々にその代表者の活動を自分のこととして共有させるかである。われわれは、代表という問題についてあまりに知性偏重の取り扱い方をしてきた。次のようなまったく基礎的な事実の説明が十分になされてこなかったのである。すなわち、新たな刺激はいつでも新たな反応を必然的に含んでいるはずだということ、われわれは接触があればあるほどそのことを通じて成長するということ、前進は「前進的統合」を必然的に含むということ、こうした基礎的な事実の説明がなされてこなかったのである。この心理学的な表現が、代表の概念ほどぴたりと当てはまるものはない。

われわれは今や、イギリスで非常によく語られる「機能的代表（functional representation）」[4]の強みと弱みについて、その双方を理解することができると思う。コールは、人々ではなく目的こそが代表されるべきものだということ、「代表とは個々別々で機能的なものであって、一般的で包括的なものでは決してない」ということを語る。しかし、代表についてのこうした理論は、過去を見ることにその意を注ぎ、将来の可能性を見ようとしていない。コールは、政府は調整者ではないと言うが、その一方で、彼の言う代表者会議は、そのメンバーが個々の利益を、そしてある程度静態的な利益を代表しているものだから、それは創造の場というよりも調整の場である。調整（coördinating）は、かつての調節（adjustment）という発想と同じである。しかし、こうした見方はわれわれのもつより前進的な考え方に反しているし、われわれの人生と向き合うためには不適切な見方である。われわれは今や代表者会議を、調整の場としてではなく創造の場とみなすべきである。コールは、機能民主主義においては、有権者が依然として存在し活動しており、それゆえ、この場合の代表者は、彼らの機能会議の中にその代表権授与者からの不断の助言を受け取る機会をもっていると語る。素晴らしいことである。こうしたことは、「機能的代表」の強みである。その弱みは、それが代表者会議を単に記録し調整する場にとどまらせてしまうということである。

人は、「それでは、代表者は皆、偉大な創造的な才能をもっていなければならないのか」と尋ねるかもしれない。こうした問いは、問題をまったく単純化しすぎている。

その難点についてさらに述べていくと、コールによって示された機能的代表理論において、われわれはまったく実践上の難問に直面することになる。コールは次のように言う。「われわれはどんな結合体に対してもその機能を目的として割り当てる必要がある。そして、結合体のメンバーはその結合体を創造し維持するに際して、自分たちの眼前にその目的を掲げるのである」[3]。しかし、私がいくつかの結合体を検証した結果、それらの結合体の機能は、それらの結合体を「創造し維持するに際して、そのメンバーが自らの眼前に掲げる目的」とは異なるということがわかった。機能とは、結合体が現在なしつつあることである。機能こそが事実上の目的である。活動に際して進められる一歩は、すべてが目的における一歩である。近年の心理学が証拠を示してくれているように、この点に関する社会状況の観察にはとても興味深いものがある。「機能的代表」は、そこに関わる諸概念のより綿密な分析を必要とする。例えば、われわれが見てきたように、目的を発展させることなく目的を統合することはできない。それは同一の過程の一部分である。こうしたことはいつでも、機能に基づいて社会が組織されることを望む人々によっては受け入れられずにいる。こうした人々は、特定の機能と特定の目的とを結びつける傾向をもっている。そして、彼らは、目的が交わらなければ、機能は交わりえないということを理解していないし、こうした交わりにおいては、彼らが考慮に入れている以上のことが生ずるということを理解していない。こうしたことは、「機能国家（functional state）」を唱導する人々にとって、非常に重要な考慮すべき事柄である。

機能理論についてのもう一つの難しさは、それが明らかに「全体と部分」の関係性の問題に関わっているということである。ここに至ってわれわれは迷路に迷い込むことになる。コールが「それぞれの個がその適切な貢献を全体に対してなそうとすべく」と言うとき、その言葉を見ると、彼の考え方が危険な道筋に相当程度入り込もうとしているように私には思える。私が「全体における私の役割（part＝部分）を果たす」とき、私にとってのその全体とは「願望上の事象」なのだろうか、つまり、それは、ありもしないのに、私の「役割」に対してより大きな威厳を与えるために私が仮定する何かなのだろうか。それは、まさにそうしたものであるかもしれない。機能的代表理論は、円環的行動の理論を必要とすると私は思う。円環的行動の理論は、唯一可能で存在しうる「全体」に対して、部分がどのように関係しているかを説明してくれるのである[4]。

代表という問題に関連して、リーダーシップという問題があることは先述した。それは、内部から育て上げたリーダーよりもむしろ外部のリーダーについての話であり、外部のリーダーがどの状況において効果的なのかに関するものであった。われわれは今や、さらに次のことを問わねばならない。すなわち、公式に選ばれた表向きの代表者は、リーダーとして、ことによると、そのコミュニティーの思想を形成するリーダーとしてどれほど喜んで受け入れられるのか。彼は物事について十分に考え解決することに対する権限をどのくらい与えられているのか、厳密に言ってこうしたことがはたしてどのくらい彼の職務となっているのか。つまり、彼がその代表権授与者の代わりに考えることは彼の職務なのだろうか。代表権授与者は自身の不十分な点についての自覚があり、そのことがリーダーや代表者を選ぶ際に彼らがもつ最も重要な動機となっている。ホールデーン卿[5]は、大臣たちには状況の進展に即したその人たちのありのままの判断にしたがう責任があるとは考えられておらず、その代わりに、総選挙で激しい議論を戦わせることに対して大きな責任があると考えられているふしがあると指摘している。彼は次のように述べている。すなわち、本来であれば、代表者に対して「創意を発揮し、その支援者に代わって自由に行動するという義務」を委譲することさえあってよい。「勇気と高度の知性をもっている人こそが行動すべきであり、代表者はこれらの資質をもっているという信頼の下に選ばれてきたからである。その人が選ばれたのは、国民をして慎重な検討が十分なされてこなかったと感じている何らかの特定の行動を彼が採ろうとしているからではないのである」。ホールデーン卿は以上のように述べるのである。われわれは、しばしばこうしたことを委員会の仕事で知ることになる。われわれが、自分たちの委員会を代表して市庁舎や州議会に行くと、われわれ自身の洞察力や判断力を活用するよう告げられる。いつもこのように告げられる理由は、単に何かがそこで発現しているようからではなく、まさに市庁舎や州議会が告げているように、われわれの委員会が問題を適切な形で十分に考え解決するということが未だできていないためである。

代表者がその選任後に生じてきた問題にどの程度対応すべきかという問題はつねに存在する。これはとりわけイギリスにおいて興味深い問題である。リーダーシップの問題と代表の問題は次第に結びついてくる。リーダーシップに関する独立した章が設けられるべきであるが、それをするためにはさらに多くの研究が必要とされる。そうであるとしても、その行動主義とのつながりは明らかなので、リーダーシップは政治心理学を学ぶ者すべてにとってもっとも興味深い研究領域の一つとしてわれわれの前に現れるにちがいない。

しかしながら、現代心理学が代表という主題になしうるもっとも重要な貢献はあの前進的統合の概念と関連するものである。前進的統合の概念については、私がすでに本章で言及したが、今やさらに考察される必要がある。われわれは、統合するにはそれに適した時と場があるということ、そして、時と場を人為的に変えるような方法は存在しないということに注意しなければならない。労働者と職長の間でなされるべき統合は、職長が、職長と工場管理者の委員会へ参加する機会に際して託されるというわけにはいかない。職長と工場管理者の間でなされるべき統合は、工場管理者が取締役会に参加するときまでそのままにしておくというわけにはいかない。職場委員会でなされるべき統合が、その後の機会までそのままにされるというわけにはいかない。こうしたことの認識のまったくないことが、コールの代表理論の弱みであると私は思う。コールはわれわれに次のように言う。すなわち、職場委員会はもっぱら従業員で構成されるべきであって、従業員と経営陣から構成されるべきものではない。それは、対立点をはっきりさせるためであり、問題点をかすませることのないようにするためである。コールはこのように言うが、もし人が世界を不断に戦いつづける舞台としてはみなさず、つねに勝者と敗者からなるものとはみなさないならば、つまり、もし人がわれわれは自分たちの諸々の利益をまとめ上げる方法を見出そうとすべきであると信ずるならば、そのときわれわれは、もっとも容易に、自然に、かつもっとも豊かに諸利益を結びつける時と場がどこであるのかをしっかり考えなければならない。

職長は経営陣の地位を占める存在なのか労働者の地位を占める存在なのかという問題がここでは重要である。多くの工場では、職長は経営陣の一員とみなされる。しかし、場合によっては、彼らは労働組合に所属している。このことは興味深い状況を生み出す。労働組合に所属しているために解雇されたある職長の事案が一九二一年、鉄道労働委員会で審議された。保線区班の職長は厳密に言って、保守点検・線路従業員組合の一員となるのかどうかという問題についてその判断の下される必要があった。ペンシルバニア州、バトラー郡鉄道の職員は次のように言明した。すなわち、職長たちは、仕事が迅速・経済的・適切に遂行されるかどうかということを知るために活動するものであり、会社に対して純粋に献身する義務があると言明したのである。解雇された職長は有能で熱心であることが知られていたが、彼はその労働組合における身分を放棄することを拒否した。鉄道労働委員会は、この解雇された職長の復職を命じた[5]。人は、この命令がどんな原理に基づいてなされたのかを知りたいであろう。鉄道労働委員会はおそらく、それが完全にであるのかただ部分的にであるのかはともかく、次のように理解した。第一に、産業のさらなる発展を推し進めていくものは、経営陣と労働組合のいずれかへの献身を選択させることよりもむしろ献身を協働させていくことである。第二に、そのような献身は理論的なものではありえない。つまり、職長は労働者および経営陣双方と共に行動しなければならない。そして、第三に、雇用する側と雇用される側の多様な利益をまとめ上げることは、不満が具体化され、それが経営陣に対して公式的に提出された後よりも、二者を早い段階で結びつけるこの過程を通じた方がより成功裏に実現しうる。鉄道労働委員会は、以上のように理解したのである。

どのような代表理論に対しても考察されるべき最も重要な事柄は、諸々の利益を結びつけることを一体どこで行うべきかということである。ギルド社会主義者は、グループ政治（group government）を支持する多くの者たちと同様に、あまりにも強力にグループ政治の実現に突き進む。多様な利益が互いに向き合うときには、それらの利益が具体化されているので、その諸利益を結びつけるのは難しいか、もっと言えば不可能である。多元主義論者は、諸々のグループが互いに戦い、国家に対抗するように仕向ける。それは、多元主義論者の理論の根本的な弱点である。民主主義は、諸利益が具体化される前にその諸利益を結びつける方法を見出す必要がある。労使関係をどう組織するかという問題に関して最も研ぎ澄ませた思考を積み重ねてきた者たちは、このことをはっきりと知っている。すでにこれまで本書で引き合いに出されてきた労務管理者アール・ハワードは、私に次のような考え方を示してくれている。それは、彼が労使の対立関係を解決する手がかりとしていたことであり、諸々の利益はそれらがまだ固まっていない状態にある限りにおいてのみ再評価されうるということである。この考え方がハワードにとって実際上何を意味していたかと言えば、それは、議論が諸々の選択肢を提示する段階に達しようとする場合には、彼はそれを食い止めようと努めるということであった。すなわち、彼は、二つの選択肢を互いにむき出しのまま向き合わせては、調和が困難になってしまうということに気づいているのである。

カナダでの最近の出来事はこの問題に関するいくつかのことを説明するものである。一九一九年から一九二三年の四年間、カナダ南部の州オンタリオは農民政府となった。農民党は、議会における過半数の議席を得ていなかったが、諸政党のうちのどの政党よりも最も多くの代表者を送り込んでおり、それゆえ組閣を求められたのである。この農民政府がどのような人々を代表する政府なのかということについて意見の相異が生じたのは、その党内会議においてであった。州首相であるドルアリー（Drury）は、この政府は州全体を代表するものだと主張した。モリソン（Morrison）は、ドルアリーの主張に賛成しなかった。彼は、ドルアリーに権力を託した組織、すなわち、オンタリオ農民連合の事務局長であった。彼は、農民政府はあくまで農民政府であるということ、そして、他の政党と団結することはありえないということをまさに断固として主張した。彼は、議会における農場主たちが他のどのような政党と協力するよりも、むしろそれらの政党に対立する者として議場にいることを好んだ。

問題は次の点にある。すなわち、農場主の代表者が、ある有権者によって選ばれている場合、その代表者は単に農場主だけを代表するのか、それとも有権者全員を代表するのか。もしその代表者が農場主だけを代表するならば、有権者のうち都会に住む住民は代表者がいないということになるのか。他方で、もし農場主によって選ばれた代表者が彼に対する有権者である民衆すべてを代表しているとすると、農場主の利益をそれ以外の有権者の利益とはっきり区別することができるのか。すなわち、もし農場主の利益とその他の有権者の利益の境界線が曖昧になってしまったら、その諸々の利益は実際には失われてしまうのだろうか。問題は、もっとも豊かに諸利益の結びつきを得ることができる点はどこにあるのかということであるように私には思える。もし代表者たちが議会で議論する前の段階で、有権者間の利益の亀裂があまりにはっきりとした著しいものとなってしまうことが経験上わかっているならば、そのときは、われわれは有権者の下に戻るということをまず行うべきである。こうしたことから判断すると、アメリカの労働党の問題が未だにこの視点から十分に議論されてはいないということを私は言い添えたい。

同時に、カナダの状況については、もう一つの興味深い点が注目されてもよい。すなわち、われわれはグループからよりよいリーダーシップを得ることができるのかということである。われわれはこの視点から先述のドルアリーについて考察してみてもよいかもしれない。そして、もし「よりよい」とすれば、どのような意味で、そして、なぜよりよいのかを考察してみるとよいだろう。

本章において、私は単に、代表という主題に接近する方法の手がかりを与えようとしているにすぎない。私が本章で考察することのできない多くの重要な論点が存在する。例えば、われわれの代表者は彼が出会う他の代表者たちに応じているのか、その背後にいるグループに応じているのかということはつねに注意される必要がある。われわれは、当時のイギリス首相ロイド・ジョージがときにフランスに対応し、ときに大統領のポアンカレに対応したということを知っている[6]。別の興味深い問いがある。それは、部分的には右に触れられているものである。すなわち、代表者は、彼の表向き一般に認められた選挙有権者、政党、派閥のうち、いずれを代表するのかという問いである。私はある時、代表者グループの二つの陣営の友好関係が、元のグループにおける派閥間協力にどのような影響を与えるかを注視する必要があるということに気づいた。そして、代表者グループでの成果が元のグループでの新たな派閥間協力をどの程度生み出すかを観察する必要があるということに気づいたのである。われわれは、われわれが代表という問題についてこれまで行ってきたものよりもさらに深い研究を必要とする。そのような研究は、よりいっそう広範囲にわたる観察（observation）とよりいっそうの実験（experiments）が必要とされるものである。こうした研究であってこそ、労働問題、すなわち、資本家に対して労働者がどのような関係性にあるか、国家に対して労使関係はどのような関係性にあるかという問題に対して価値ある貢献をなすであろう。われわれは、「代表されるのは人々ではなく諸々の利益である」と考える代表の諸理論、「代表されるのは諸々の価値である」と語る、つまりは国家の主要な機能は諸々の価値を公式に承認することであると語る他の諸理論を手にしているが、その一方で次のことが注意されるべきである。すなわち、これらの諸理論は本章で示されてきたこと、すなわち、代表されるのは諸々の活動であるということと密接に関わっているのである。諸利益の代表理論と諸価値の代表理論は双方とも、たいてい次の二つのことを説明できない。すなわち、第一に、諸利益や諸価値は発展し続けるということ、第二に、部分を代表することそれ自身が諸利益や諸価値を発展させる役目を果たすということである。

こうした代表に関する議論の中でもっとも重要な論点をいくつか選び出してみよう。

1　われわれは、勝利を手にするためでなく、双方の側の理解を押し広げることに基づいた何らかの合意に達するために、われわれの代表者を送り出すべきである。われわれは、話し合う「会議」に人々を送り出すべきであって、戦いに人々を送り出し、会議前にあらかじめ決定されている何ごとかを実現しようとすべきではない。もし後者であるとすれば、送り出された人々は、目下の権力のバランスを図ろうとし、駆け引きやグループの操作を当てにするだろう。

2　われわれは、われわれの代表者が、状況の変化に即して、代表者グループとの統合的な関係性を維持することを期待すべきである。

3　代表者は、その選挙有権者と知的なレベルでだけでなく運動レベルでも接触しなければならない。ベルサイユでの一連の出来事に対してアメリカは賛成なのか反対なのかというその意向を単に知的なレベルで確認するに際して、ウィルソン大統領が向き合う必要があったのは、すでに具体化され凝り固まった状態にある世論ではなかった。なぜなら、戦中・戦後の出来事はその瞬間その瞬間に新たな世論を生み出していたからである。偉大なリーダーあるいは真の代表者とはどのような存在だろうか。私はこの両者を同じものだと考えている。両者はいずれも、将来を見据え、どのような世論が形成されつつあるのかを知らなければならない。こうしたことは予言的な洞察を意味するのではない。予言的な洞察はただ、世論がそのように表に表れてくる前に彼の選挙有権者の生活の中で生じる日々の出来事からその世論を読み取るということを意味しているにすぎない。逆に言うと、「予言者」とはすぐれた行動主義者であるにすぎない。こうした人は、日々の生活ではなく、行動に関する書物から世論の動向を読むのである。

4　最後に、われわれは本章において、代表という主題を考えることで、民衆と専門家に関して、個（人やグループ）と国家に関して、以前の章でわれわれが注目したものと同様の原理が作用しているということを見出す。すなわち、反応とはいつでも関係づけに対するものだということである。われわれは、第Ⅰ部でわれわれが理解した原則を適用するとき、このことを知る。第Ⅰ部でわれわれが理解した原則とは、すなわち、事物を研究する場合に、われわれはいつでも、その事物は他の事物における変化との関係性の中で変化していくと考えて研究しなければならないということである。われわれは、代表者を彼の選挙有権者との関係性の中で注視し、それから代表者グループにおける人々との関係性の中で注視し、それから再び選挙有権者との関係性の中で注視して、そしてさらに再び代表者グループとの関係性の中で注視していくのである。それは、複利の法則におけるXのn乗を捉えることと似ている。ここに至って、われわれは代表という問題の動態的把握を得る。代表という問題の知性偏重の視点は交織がもたらす増分を認めなかったが、われわれの把握はそれを認めるものである。

私は、少々繰り返しになってしまうことを承知の上で、ここまでの三章と第I部で考えてきたことの間の結びつきについて要約したい。近年の哲学と心理学では経験が強調されているが、この考え方が政治学には未だ十分に応用されていない。同意の理論は、「もっともらしい理由づけ」であり、それによって今日では、専制的な権威の台頭が可能となっている。独裁者たちはすべて、この同意理論を支持する必要がある。近代世界において、同意理論は独裁者たちの唯一の武器である。本物の権威は「意思」の問題ではないし、「民衆の意思」の問題でさえない。それは、交織しつづけていく活動の問題である。このことは、本物の権威とは、日々時々刻々生かされている存在たる人間の実生活において深く埋め込まれたものだということを気づかせてくれる。例えば、われわれが遠回しに少数派の「権利」と呼ぶものについての真理は、次の点にある。すなわち、それは、単なる多数決をこのまま継続してはならないということの他に、少数派の習慣傾向を考慮に入れる必要があるということである。「意思」は押しつぶされ、無視されるかもしれないが、人々の運動メカニズムはそう簡単に破壊され尽くすことはない。さらに、代表制の公正な仕組みを見つけ出すに際してもっとも難しいことは、被代表者の考えをいかにして得るかということよりも被代表者の活動をいかにして得るかということである。統治責任（government responsibility）という問題の全体は、専門家、役人、裁判官、等々が、われわれの「精神」に対してではなく、われわれの生活に対して責任をもつ方法を発見するということである。この問題は、国際問題においては難問である。すなわち、われわれが設置する何らかの類の国際的な権威を、関連する人々の諸活動とどのようにして結びつけるかという問題となる。国際精神（international mind）というのは危険な表現であるが、それは、こうした問題を考えないならば、ただの抽象概念の域を出ない。

しかし、もし権威と、関連する人々の実生活とをどのように結びつけるかが政治の過程において考察されるべき第一の点であるとしても、それは、第二の点が重要でないということではない。第二の点とはすなわち、こうした関連する人々の実生活は、その諸力を、関連する相互的な関係づけから集めつづけるものとみなされる必要があるということである。権力とは、多くの精神的諸力の混ざり合っているものである。多くの人々は、少数派の「権利」が、敗者に対してわれわれが抱く優しさに基づいて見出されると考えているように思われる。しかし、事実はまったくそうではない。まさに今挙げられた理由と並んで、少数派を長期間にわたって無視することは不可能だという理由があるのである。われわれは多数派だけでなく少数派のもっているものも社会構造に加えたいのである。ローウェル学長は、少数派の視点から見える世界を公式化し表現した著作でこのことをわれわれに示している。

本書の二つの強調点を要約する言葉は、統合しつづける活動（integrating activities）という言葉である。社会的な活動は、ここで述べられたような過程をわれわれにもたらすことはない。なぜなら、社会的という言葉は、私が第2章で示そうとしたように、必ずしも、人々が実際的・具体的にまとめ上げていくということを意味していないからである。そして、通常用いられる社会的という言葉は、ある個人あるいは個々の人々が社会にとって良いと考えるものを意味しているからなのである。多くの人々にとって、社会的という言葉は、機能的まとまりを意味していない。この機能的まとまりこそ、私が現代の思想の中で最も価値ある概念だと考えるものである。社会的という抽象的な言葉に代えて、われわれは、完全に具体的な言葉である統合という言葉を用いる必要がある。しかし、統合する意思がわれわれに民主的な過程をもたらすことはない。なぜなら、本当の意味でまとまるということは運動レベルでのみ生じうるからである。一国家の政府においてであれ、国際的な政府においてであれ、産業においてであれ、統制は次の二点に基づいていなければならない。まず、それは、(1) 具体的な諸活動に基づいていなければならない。具体的な諸活動は、他の諸活動との関連の中にあるものである。そして、統制は、(2) そうした具体的な諸活動の相互依存性に基づいていなければならない。

【原注】

（1）　新たなグループの形成の結果として考え方の変化が起こるという問題は、最も広い範囲にわたって応用が可能である。上位の委員会に対して下位の委員会が報告書をどのように提出するか、その結果としてどのような議論、再調整、等々が生じるかという問題は、慎重に研究される必要がある。

(2) G. D. H. Cole, *Social Theory*（G・D・H・コール『社会理論』), pp. 120-122.

(3) *Op. cit.*, Chap. III.

(4) 本書第3章および第5章を参照。

(5) *The Survey, Sept.*（『サーベイ　9月号』), 1922, p. 647.

[訳注]

[1] オルグとは「労働運動や大衆運動の組織者。運動および組織運営の指導を行うために上部機関から派遣されるもの。また、その活動をすること」である（『大辞林　第二版』）。

[2] ヘンダソン（Arthur Henderson）は、イギリスの労働党政治家である。組合運動指導者を経て、一九〇三年に下院議員となった。第一次大戦中の一九一五年、連立内閣に労働問題助言者として入閣、ロイド・ジョージの連立内閣にも戦時内閣員として参加し（一九一六年）、一九一七年には革命直後のロシアを訪問した。その後、第一次、第二次の労働党内閣の内相、外相も務めた。一九三四年にノーベル平和賞を受賞している（『岩波　西洋人名辞典　増補版』参照）。

[3] コール（George Douglas Howard Cole）は、イギリスの社会学者、経済学者であり、ギルド社会主義の代表的な理論家でかつ労働党の主要な政治・経済理論家である（『岩波　西洋人名辞典　増補版』参照）。

[4] "functional representation"とは、次のようなものである。「機能的代表（functional representation）という用語は、政治科学において、特定の経済グループの代表について述べるために用いられるものである。ここで特定の経済グループとは、例えば、特定の産業における労働者、あるいは雇用者、または労働者と雇用者双方を合わせたもの、専門的職業の仲間、等々のようなものである。機能的代表は、階級や地位や富による代表とは区別される必要がある。いくつかの場合には、その二つのグループが行動を共にすることがあるとしてもである。…（中略）…。経済グループによる代表の目的は身分を代表することなのか、産業を代表することなのか、職業を代表することなのかという問いに対して、その事実と理論に適合するであろう単一の答えは得られていない。歴史的な分析は、明確な定義の難しさを増大させている」(Robson, W. A. (1931), "Functional Representation" in Seligman (ed.), E. R. A., *Encyclopaedia of the Social Sciences*, Vol. Six, The Macmillan Company, p. 518.)。

この言葉の訳語としては、例えば、村上啓夫訳（一九二九年）『世界大思想全集45　社会理論・社会改造の原理・社会学的国家概念と法律学的国家概念』春秋社では「機能的代表」と訳され、森川裕貫（二〇一一）「議会主義への失望から職能代表制への希望へ」『中国研究月報』第65巻第4号では「職能代表制」と訳されている。本書では、functionを基本的に「機能」と訳していることから、「機能的代表」とした。

[5] ここでのホールデーンが誰のことであるかは正確にはわからないが、時期から見て、R. B. Haldaneであろう。R・B・ホールデーンは、イギリスの政治家で、一八八五年以来自由党党員として下院議員を務め、一九〇五～一九一二年には陸相を務めている（『岩波　西洋人名辞典　増補版』参照）。

［6］ 第一次大戦後のパリ講和会議が想定されていると考えられる。ロイド・ジョージはイギリス首相として、ポアンカレ（Raymond Nicolas Landry Poincaré）はフランス第三共和政第九代大統領として、同会議に参加している（『ブリタニカ国際大百科事典』参照）。

第14章　日々の活動から自己創造されるものとしての法

Law as Self-Creating from the Daily Activities of Men

私は、現代における法の現実主義学派がなしつつある貢献について語ってきた。その貢献は、法学のみではなくわれわれの考え方すべてに対するものであった。今日の法学者が論じている同じ議論を考察すれば、われわれが本書において検討している論点とは何かがはっきりとしてくる。その論点とは、その内でより十全なる発展とより大きな豊かさに向かって、経験がよどみなく流れているような、そのような人生を紡ぎ出していくことにおいて、すべての人々の日々の経験が果たす役割とは何なのかということである。私は、法学において経済決定論がいかなる地位を占めるかに関する議論に言及したいと思う。この経済決定論が、もし、階級間コンフリクトの理論と同義であるという誤解を受けることがもう少し少なかったならば、この理論はより多くの支持を得ていたであろうと、私は思っている。誤解されてしまったことによって、人が生きていくということを階級闘争の観点から見ることのない人々は、しばしばこの経済決定論を完全に否定してしまっている。しかし、もし経済決定論を階級間コンフリクトの理論と同義とみなすならば、それは経済決定論をあまりにも狭く理解するものである。イギリスとアメリカのコモンローが異なる発展をした理由が、主として一世紀にわたるアメリカの開拓者時代の状況と農業関係者の利益によるものであることを否定するものは誰もいないだろう。だが、このような考え方も経済決定論なのである。私は、法律の歴史に対するこのような解釈について、いく人かの研究者が行っているようなところまで展開するつもりはない。また、私は、経済決定論の支持者は、法の発展における他の要因に対してあまり価値を見出さない傾向があるとも思っている。例えば、多くの法秩序にかかわる重要部分に関する判決を下すにあたって、階級闘争によって影響を受けたためではなく、「正義を擁護する」ために意図的に判決を下すことがある。だが、このように経済決定論が法の発展に果たす他の要因の価値を見出さないとはいえ、次のことは明確である。概して法とは、どの時点においても、その時点における諸々の利益のコンフリクトの舞台がどのようなものかを表してきたのである。法は、権力に従っているのである。

法が権力に従うということは、イギリス史の書物において十分明白に描かれている。イギリス史とは、すなわち、国王と裁判所の間の長きにわたる闘争や、産業上、ビジネス上の拡大についての歴史であり、イングランド法はこうしたコンフリクトに応答していたのである。アメリカにおいても、立法と裁判による判決はいずれも、金銭上の諸利益を反映してきた。主として、金銭上の利益が立法や判決に影響を与えてきたのである。イェーリングは、われわれが過去において法がいかに支配的な勢力に従ってきたか、その多くの例を示している。農場労働者の財産、商人の信用貸し、役人の特権に関する法に見られるように、法の歴史は、法が支配的勢力に従ってきたことを最も興味深く示している。加えて、イェーリングはわれわれに次のように語っている。

「神政国家は、他者の土地への侵害を単純な軽い罪とみなすのに、神への冒涜と偶像崇拝にはそれが死に値する罪であるという烙印を押す（モーゼの戒律）。これに対して、農業国家は、神を冒涜する者を最も軽い罰で処するのに、他者の土地への侵害には最も厳しい処罰をもって臨む（古代ローマ法）。商業国家は、偽造硬貨の発行を最も厳しく罰し、軍事国家は不服従と職務違反を最も厳しく罰する。独裁国家は上層部への反逆を、共和国は誰かが王権を得ようとすることを最も厳しく罰する。そして、これらの国家はすべて、以上のような点で厳格さを示すが、その厳格さは、それらの国家が他の罪を罰する態度とはまったく対照的なものである。要するに、国家と個人いずれであっても、自らに固有の存在状態を脅かされると感じるとき、これは法的な権利なのだという感情の反応が最も激しいものとなるのである」[1]。

したがって、法は社会的事実に応答しなければならないということが法の概念における革新であるとして語られるとき、われわれは少し困惑を覚える。というのは、法が社会的事実に応答しなければならないということについて言えば、過去において法がそうした応答をしてきたということをわれわれは目の当たりにしてきたし、現在においても法がそうした応答をし続けているということを目の当たりにしているからである。法は現在においても、製造業者協会や労働組合、鉄道会社、銀行、等々に対して、まさにそれらの権力が増大するのに比例した形で応答しつづけているのである。カードーゾは、裁判所が社会的価値を認識していく例を示している。すなわち、労働組合の活動に対して裁判所の態度が進展していくという例である。「前の世代が疑念を抱いたり、ましてや反感すら抱いたりするのは、次のような裁判官の判決のあり方に対する感情を反映している。すなわち、社会的価値の概念が変化していくとともに、これまでの裁判官の判決の内容を覆すような判決を裁判官が下す場合があるのである」。しかし、この裁判所の態度の変化は、主として社会的価値の概念が変化していくことによって生み出されたものではなく、労働組合が次第に権力を獲得してきたことによるのである。労働組合が力を失っている時期や領域があれば、それは、たいていは法的な決定において反映されてしまう。あるいは、われわれが「社会的価値の概念は変化していく」という考えをもつ限り、社会的価値の概念の変化は、権力の移行からも生じる。さらにまたカードーゾはわれわれに、「規則が契約と義務という前もって確立された概念から引き出されている場合、そうした規則は、正義の着実な行使の前に打破されてきた」と語る。このカードーゾの言葉は確かに、あまりにあいまいではあるが、契約というわれわれの考え方を変えていくように働く、多くの非常に具体的な事柄が存在してきたのも確かである。

しかし、われわれの多くは、今日では十分に現実主義者となっており、法が諸々の利益に従うという事実を受け入れていると私は思う。その事実を認めた後に、法律上の手続きや哲学的思考の問題の核心全体が姿を現すのである。その問題とはすなわち、ここで言われる諸々の利益が現時点の社会における最も力を持つ階級の利益なのではないかということである。もし、そうでないとしても、最も力の弱い階級の利益を考慮に入れるためには、いかなる方法があるのであろうか。

まず何よりも、法に関する考え方が、今や「利益」という考え方よりも進んだ段階に達していることに注意が向けられなければならない。利益という考え方は一九世紀の「意思」という考え方よりもはるかによいものではあるが、まだかなり主観的であり、抽象的な価値とか、目的とは事前に判断されるものだという考え方をいまだわずかに持っている。法については様々な解釈が存在する。まず、法の生物学的解釈が存在する。これは、法は、諸々の本能を調停することであると述べるものである。種が存続しようとすれば、こうした諸本能の調停が生じなければならないとするのである。次に、哲学的解釈が存在する。これは、法とは諸々の意思を調停することであると述べる（この哲学的解釈は法学の理論の中で最も広い領域に浸透している）。そしてさらに、経済学的解釈が存在する。これは、法は諸々の利益を調停することであると述べるものである。ただし、確かにこの学派がこれまでのところ語ってきたのは、諸利益を調停するということではなく諸利益を支配するということについてである。パウンドが、本能、意思、利益という言葉の代わりに、願望（desire）という言葉を用いるとき、これらの言葉は値打ちがなくなってくる。すなわち、「法秩序の問題は、人間の権利や願望や要求を、いかに調停したり、調和したり、妥協させるかという問題であり、また、いかに対立させたり（conflicting）共通部分を重ね合わせたりするかの問題である」。しかし、次の疑問が残っている。つまり、ここで言う調停の過程とはどのような過程であろうか、これらの様々な対立する願望の「価値」はどのようにして評価されるのだろうかという疑問である。諸欲求の価値の唯一の試金石がある。すなわち、それらの諸欲求が向き合っているとき、もしくはコンフリクトが存在するとき、その諸欲求の価値がわかるのである。ただし、ここでいうコンフリクトとは、建設的に把握されるコンフリクトである。それは、必ずしも調整、しかも単なる調整に帰するものとしてではなく、統合に向けての道を拓いていくものとしてのコンフリクトである。現代の心理学は、統合という概念を、その時々の反応が常に含んでいる「新しい何か」としてわれわれに示してきた。このことは、地主の権利と小作農の権利、いやむしろ、地主の願望と小作農の願望が満足のゆくように調停されうるのは新しい何かを通してのみであるということを意味している。その新しい何かとは、その地主と小作農の特定の状況についてわれわれが研究したとき明らかとなるにちがいないものである[2]。あらゆる諸々の利益に対して誠実に向き合うことは、人々をして、より広範な領域にわたる自分たちの利益を考慮させることになる。われわれが成功するかどうかは、目的を固守するわれわれの頑固さではなく、目的を見出していくわれわれの洞察力にかかっている。

私が以前の章で述べてきたように、こうしたことを認めている法理論が、今まさに現れてきつつある。そうした理論は、諸利益を闘わせて勝者には栄冠を与えるという発想に基礎をおくのではなく、諸利益を一つにまとめ上げていくことに基礎をおくものである。けれども、次のことに注意が向けられねばならない。これら二つの理論、つまり、諸利益を戦わせるものとして法を捉える理論と、諸利益を一つにまとめ上げていくものとして法を捉える理論は、双方ともに、コンフリクトを認識している。しかしながら、前者の理論においては、コンフリクトは常に一方の側の勝利に終わらなければならないのに対して、後者の理論においては、コンフリクトという考え方が依然として価値をもちながらもなお、前者の理論とは異なる理由から価値をもっている。すなわち、後者では、コンフリクトが裏に隠れた諸々の願望を表に表してくれるから価値があるのである。この表出（revealing）は、最も重要なことの一つである。というのは、このように表出される場合にのみ、それらの願望をまとめ上げうる何らかの方法、すなわち、戦い、その結果として征服するなどということをせずに済む何らかの方法を見出す機会が存在するからである。われわれがこのことを理解しない限り、つまり、われわれが諸々の願望をまとめ上げていく方法を探し出さない限りは、法は権力に従い続けるであろう。ホームズは、次のように言う。「疑わしいケースが現れるときにはいつでも、…（中略）…本当にわれわれの前に存在しているのは、二つの社会的願望の間のコンフリクトである。二つの社会的願望がそれぞれに自らの支配権の及ぼす範囲を広げようとし、そしてまた、双方ともその手段を見つけることができないでいるのである。社会的に問題となるのは、『コンフリクトが生じているその段階で、どちらの願望がより強いものであるか』ということである」。ホームズはこのように述べているが、ホームズが述べるような問題は、社会的な問題ではないであろう。社会的問題とは、次のことであると思われる。すなわち、双方の願望いずれもが満足を享受する可能性が生まれるように、コンフリクトを把握することは可能なのかということである。

法とコンフリクトとがいかなる関係にあるかという問題は、多くの研究者たちを惹きつけてきた。多くの者は、法の機能とはコンフリクトを減ずることであるとするリチャードの考え（『権利の概念の起源』*L'Origine de l'Idee de Droit*）に賛同している[1]。また、他の者たちは、「法はコンフリクトにおける力関係で決まり、勝者に報いるものである」とのアダムズの考えに賛同する。われわれは、コンフリクトを必ずしも勝者に報い、その相手をひれ伏せさせることを目的とするものとして理解するものではない。しかし、一方において、われわれは、コンフリクトを減ずることを求めるべきではない。なぜならば、コンフリクトを減ずることは、人生の価値を下げることだからである。法は、コンフリクトから生ずる。そうなのである。まさに建設的に捉えられたコンフリクトから、前進的な法（a progressive law）が生じてくるのである。コンフリクトとの関係の中で生まれてくる法のこのような問題について、さらに考えさせてほしい。ある研究者は、個々人の目的の一致が社会的目的を創り出し、それが法を引き起こすと、われわれに語る。しかし、そうした目的の一致を発見することは、社会的過程ではない。さらに、われわれは、法は常に戦いから生じるのであり、正義は勝つと教えられている。この考え方の全ての誤りは、ただ一つのことから来ている。すなわち、コンフリクトのもつ創造的な可能性を見落としているということである。われわれは平和でありつづけたいが、そのために争いを断念するということは望まない。この世は、平和と争いが交替交替に現れてくるというようなものではない。われわれは、生きていくということを多様な相異するものたちがお互いに向き合うことであり、それは避けられないことだとみなさなければならないし、この相異が向き合うという過程の中にあることを除いては、われわれにいかなる平和も存在しえないことを理解すべきである。生きるとは、相異するもの同士が向き合いつづけていくことである。したがって、われわれに平和を享受させるために、人生が相異の中断という意味で立ち止まってくれることなど一瞬たりともありえないのである。われわれが平和の意味を理解できるのは、ただコンフリクトの真の意味を理解することを通してのみである。われわれがそもそも存在しないものを探し続けているとすれば、それは、私には不幸なことのように思われる。われわれが生きることをあるがままの状態で受け容れることができるときにのみ、われわれは生きることにどのように対処すればよいのかを学ぶことができるのである。事前に何が権利かを想定し、そのために戦うとすれば、それは、事前に存在する目的のために働くことと同様の誤りを伴っている。というのは、そのことは、次のような問題を考慮に入れていないからである。すなわち、それは、生きるという決して途絶えることのない運動が、常に新しい「権利」と新しい「最終目的」をわれわれにもたらしてくれているということである。権利と目的とは、具体的な存在の絶え間のない相異から生まれてくる。必要性が発展していくとき、権利も発展していく。われわれが権利の起源と意味を理解した現在では、われわれが権利の理論を持ってはならないという理由はない。「権利の平等」というスローガンは、われわれがそのときどきに行われている事柄に照らして何が正しいかという観点から解釈するのでなければ、われわれにとっては何の価値も持たない。すなわち、われわれが行いたいと望むその事柄は、われわれの願望を表しているのである。かくして、われわれが社会のいわゆる「戦う集団」の中に見出さなければならないものは、率直に言うと、民衆が行いたいと望んでいるのは何なのかということである。このように考えることで、われわれは「意思の哲学」から逃れることができる。

　私は先の章で心理学を簡潔に述べようと試みてきたのであるが、その心理学は、意思の理論に関することで、どんな貢献を法学に対して与えることができるのだろうか。その行動過程の分析の中で、われわれが述べてきた心理学は、意思、願望、目的、思考は何らかの具体的な活動と結びついて識別されるということをわれわれに示してくれる。アリストテレス以来、われわれは、理性の法則と意思の法則という二元論をとってきた。そして、前世紀においては、この両者の戦いは、「統治者」の意思の理論による色合いを帯びている。しかし、われわれが理性と意思の関係を理解している以上、そして、一九世紀的な「統治者の意思」が廃止されてきた、あるいは廃止されつつある今、理性と意思の二元論も捨て去らねばならない。ある法学者は、意思と目的を区別しようとしている。その学者は、意思という活動を引き起こす「原因」となっているのが目的であるとわれわれに語る。目的はいつも、未来と関連している。「目的は未来の出来事についての考えである。意思はそうした未来の出来事についての考えを実現しようとするものである。…これは、観念化の力をもつ人間において可能となる」。しかし、われわれは、「目的の概念」の中に「道徳や法を創造する力」を見出すことはできない。目的は活動との関係性の中で発生的かつ前進的な観点から研究されるべきである。目的とは活動の一側面なのである。

　目的を意思に取って代わらせようと試みてきた政治科学また法科学の双方の研究者が存在する。だが、意思と目的をより深く理解することで、われわれは、意思と目的の間には何の敵対もないことを見出した。意思と目的をめぐる論争は、多くの形式を取っている。その一つはしばしば取り上げられるものであるが、法は意思と必要性のどちらに基づくのかというものである。あるいは、それは、フランス最高裁の長であるタノン（Tanon）が言うように、「『内部から自発的に生じてくる』ものと『外部的な因果関係』のどちらが法において優勢であるのか」という言葉で、それを言い表すこともできる。ここにおける問題は、明らかに意思についての誤った理解である。もしデュギィ（Duguit）が、法は民衆の意思と社会的状況のどちらに基づくのかを考慮するに際して混乱しているように見えるとすれば、それは意思についての誤解という同じ原因のためである。彼はより現代的な意味ではなく、そのより古い意味において意思を捉えている。政治についての最近の研究者は、われわれに次のように語っている。「国家は意思に基礎をおいている。しかし、その意思からゆくゆくは国家の意思が現れてくる。そのため、諸々の意思は、生き残るためにお互いに敵対し戦うことになるのである」。このように表現される限りは、否むしろ、このように表現されるからこそ、この考えは、必要以上に大きくなりすぎた心理学に基礎を置く時代遅れの理論である。「意思のコンフリクト」という考え方はいく人かの研究者が支持しているが、そうであるとしても、政治理論と法理論の双方から姿を消さなければならない。パウンドが、法は「意思」の主張、「意思」の調停を扱うということを否定するとき、彼はこう述べることによって「意思のコンフリクト」という古い法理論に見切りをつけているのである。彼は、人間の願望を扱いつづけている。人間の願望とは、具体的な活動に表れてくるものなのである。

政治学や法律学における現実主義学派が、生きていくことの本質的過程を理解しないようであれば、われわれからみれば、この学派は十分に現実的ではありえない。法には二つの役割があることが語られてきた。それは、交換（exchange）と連合（association）である。そして、交換は諸々の要求が相異していることに基づいており、連合は諸々の要求が同一であることに基づいていると語られてきたのである。しかし、要求の同一性が連合の基礎なのではない（もし、そうであったなら、われわれは連合を非常にわずかしか成功させえなかったであろう）。そうではなく、連合の基礎は、一方の要求と他方の要求を相互に調和させていくことである。メレディス[2]（Meredith）の愛の定義は、私が考えるに、あらゆる人間関係にとっての最も素晴らしい定義である。それは、「彼が求めるものと彼女が求めるものとが、手をたずさえて空から不意に現れた」というものである。それぞれが他方の要求を受け入れるということ、つまり、国と国が互いの要求を受け入れ、資本家と労働者が互いの要求を受け入れるということは、互いの要求が同一であるということとは大きく異なるものである。法がその最もすばらしい形でわれわれに奉仕してくれるとすれば、それは、私の要求とあなたの要求が共に満たされるということを法が示すときである。いやむしろ、法がこのことを超えて歩を進め、これらの諸々の要求の互恵的な関係性（reciprocal relation）を理解し、私の要求とあなたの要求が共にその状況に対して不可欠なものであることを理解するときである。いやむしろ、さらにこうしたことを超えて歩を進め、あなたの願望と私の願望が相互に補い合っていくことが必然的にさらなる何ものかへと、つまり、よりすばらしい要求やしたがってより大きな「正しさ・権利」へと導いてくれることを理解するときに、法はその最もすばらしい形でわれわれに奉仕してくれるのである。

それでは、法の目指すところは何なのだろう。この問いは、すべての法学文献で問われているものである。イェーリングは、法とは意思を保護する存在であり、権利を擁護する存在であるという一九世紀的な理論にまつわる哲学的で実践的な問題を抜け出し、法とは利益を守護する存在であるという考えをわれわれに提示する。イェーリングの考えは、ケーラーと同様、法の目指すところのものは「文化の進展とともに必要とされるものに応えていくこと」であるというものであり、またデュギィと同様、法はその機能において人を保護し、社会の相互依存性を保障するというものである。しかし、パウンドは、法の最終目的は人間の願望を満たすことだということをわれわれに示すことで、最新の心理学と同一線上で、法における現実主義学派を紹介している。現代の立法機関が作る規則、現代の裁判所が下す判決、そして、現代の行政官僚の作るルールは、願望に基づいたものである。われわれが、意思あるいは目的という言葉を人間活動として理解するまでは、意思あるいは目的を最重要視する考え方は、常に知性偏重の理論のままとどまることになろう。もし、巷で語られているように、人々が権威的な意思の階層という観点から考えるのを止めているならば、人々はまた、権威的な目的の階層という観点から考えることも止めなければならない。心理学と同様に、法学や政治学にとってのキーワードは願望である。しかし、この願望は、支配的な階級の願望でもありうるし、あるいはすべての階級、すべての人々の願望をまとめ上げたものでもありうる。選択するのはわれわれである。しかしながら、われわれは、法とは、願望を満足させるものであると同時に、新しい願望への道を切り開くものでもあることを忘れないようにしなければならない。法は前進を反映するものではないし、また前進を押し付けるものでもない。それにもかかわらず、法が前進を反映したり、逆に前進を押し付けるものと想定されていることがいかに多いかを観察することは、興味深いことである。しかし、法の目指すところは自由にすることであり、「エネルギーを解放すること」であると、私は信じている。私はここで、生理学的な表現を用いたいと思う。私は、法的な調整の中に、生理学的な「機能的調整」と同様の過程が見出されるのを大変うれしく思う。というのは、その時にわれわれは、あの浅はかな「観念論」という非難から免れるからである。法の崇高なる使命は、どこまでいっても、エネルギーの解放でなければならない。そのことによって、われわれを経験の新しいレベルへと導くことでなければならない。というのは、調和するということはすべて、社会的レベルを引き上げることに基づいて生ずるべきだからである。

われわれは、一九世紀における個人主義の考え方を再評価することができる。というのは、われわれは、個人主義の放棄を望んでいるわけではないからである。個の単位についての平等を要求する理論、つまり、「権利の平等」の理論は、われわれが考えてきたことの中に再びその居場所を見つける。しかし今ではその居場所は、願望を統合するという理論において見出されるのである。二世紀以上にわたって、個人主義は、何らかの形で影響力を維持してきた。法秩序が存在する最終目的は各人のために個人的自己主張を最大化することであるとする理論は、カントの意思の自由の理論の中に、その理論の支持と方向づけの両方を見出した。カントの理論は、個と全体の間に境界線を引き、「普遍的」法則を受容することによって、[3]「個の自由と全体の自由」を与えるという理論である。このように考えると、権利と自由についての観念は、完全に、意思についての観念から生じたものであった。各自の意思には、他者の意思について平等な自由を与えつつ、自由が与えられるべきであった。このことを保障することが、法秩序の機能であった。この点で法的な権利は、法の歴史においてしばしばそうであったように、哲学的な権利と混同されている。つまり、権利と法とが同義となっている。まさに、法が公式に自由と関係するようになるのは、どのようなときであるのか。それを語ることは困難である。だが、そのときに、法と倫理の結びつきは、法と政治の結びつきに身を委ねることになる。法と政治の結びつきは、一九世紀を通して社会的発展の非常に力強い要因となっていたものであった。自由という考えが法の最終目的であった。それは、その長所ゆえに政治に切望されたものだったからである。こうした個人主義の理論の難点が認めざるを得ないほど明らかなものとなったとき、われわれは、個（individual）という言葉から社会的（social）という言葉へと飛び移った。だが、個の意思の理論における危険性は、個という言葉にあったのではなく、意思という言葉にあった。意思についての現在のわれわれの理解、また、諸々の意思を統合するという理論あるいは諸々の活動を統合するという理論、コンフリクトはそれ自身が創造的なものとなりうるという考え、自由のより深い把握、こうしたものによって個という言葉は無事に復権していくであろう。前世紀に書かれた多くの著作では、個の意思は個の要求（needs）を保証するものとして捉えられている。もし、われわれが意思というものを、願望を抑制するものとして理解し、願望を具体的な願望や実際の行動に結び付いた願望に限定するならば、前世紀に書かれた著作の言っていることは今日でも正しい。

パウンドは、彼が関係性について書いてきた著作によって、この主題に多くの光を投げかけている。彼の考えのこの部分における意義は非常に大きいので、私は、彼自身の言葉を引用したいと思う。

「成熟したローマ制における中心的な考えは、意思を守ることであり、その意思されたことを首尾よく実現することである。…（中略）…対照的に、現代の法において中心的な考えとなっているのは、むしろ関係性である。…（中略）…古代ローマの研究者は、〔共同事業の〕あらゆる理論を展開する際、協力形成の法的な処理に従事している関係者の意思がどのようなものであるかという観点から展開している。…（中略）…われわれは、意思を語ることに代えて、協力関係や、また、法によってその関係に付着する権力や権利や義務について語る。…（中略）…古代ローマの研究者は、当事者に事業を行わせ、その事業によって当事者が意図していた効果について語る。われわれは、主人と召使いの関係性や、安全設備を備える義務とその危険性の想定に関する関係について語る。われわれは、当事者によって意図されていたものではなく、その関係の中に必然的に伴われているものについて考えるのである。抵当権とその抵当権設定者の場合を考えると、土地の販売におけるのと同様に、何が同意されたかを問うのではなく、その関係の中に必然的に伴うものは何かを問うのである。…（中略）…われわれは、次のことを主張してきた。すなわち、公益事業会社の義務は契約的なものではない。一九世紀に策定しようと取り組んできたような契約的なものではないのである。その代わりに、公益事業会社の義務は関係的なものとなっている。公的な義務は、同意から生じるものではない。公務員は選択に際して同意をするかもしれない。しかし、公的な義務は、その公務員が従事する召命から、そして、その結果として生じた公との関係性から生ずるのである。…（中略）…さらに重要なことは、雇用主と被雇用者の関係性の中で、義務と責任が雇用主に課せられるという立法上の発展である。このような立法上の発展があった理由は、雇用主がそのように意思していたからではなく、その関係の性質が、そのことを求めていたと思われるからである。英米法は、法的な権利は関係性に依存するという考えによって、いたるところに普及されてきているのである」(3)。

このパウンドの文章において、われわれは、現代の心理学によってわれわれにもたらされたものと調和するような、意思についての新しい考え方をもつことになる。というのは、このパウンドの文章の中で、意思と関係の間に存在するのは、ただ言葉上の区別のみだからである。その区別は、実際には、活動に必然的に伴う意思と、事前に存在する空虚な意思との間にある区別である。活動に必然的に伴う意思こそが事実上の意思（de facto will）であって、それは、かつての法的な意思に反するものである。パウンドが基礎的な理解として意思と関係性の相異について語るとき、彼は、状況に必然的に伴う事実上の意思と理論上の意思との相異について語っているのである。法の専門家が、今や、事実となる前の意思（ante-facto will）を非現実的なものとして理解していることは、重要なことである。法の専門家が、事実となる前の意思を非現実的なものと理解していることが主として心理学の影響によるものだとは私は思わない。心理学、政治学、経済学、そして法学における並行的な発展が、私には、最近の思想の発展の中では最も注目すべきことであり、興味深いことであると思われる。法的な考え方と心理的な考え方の間の類似を、われわれは既に示したものに加えて、パウンドの著作すべてにおいて見る。その最も重要な点を要約すると次の点が挙げられる。すなわち、彼の法の定義が人間の願望という用語を用いている点、彼が「事実上の願い（de facto wish）」という言葉をはっきりと用いているという点、そして、彼が関係について書いてきた著作すべてが「社会的利益」から空虚な抽象概念という不名誉に繋がる可能性を取り除いている点、である。彼が教えるこのような点は、次のような内容を私たちによく示してくれる。すなわち、法は権力に従うというルールが多くの場合厳密には適用されないということ、階級間の闘争がなぜ行きつくところまで行きつかないのかということについて存在する数多くの理由、そして現代の法律家の社会に対する奉仕がいかに素晴らしいかといったことに加えて、関係性という考えが封建的な法から受け継がれているということ、以上のことを示しているのである。パウンドは、封建的な法の影響が、基本的な思考方法や、法制度・法律問題を取り扱う方法を、現代の法制度に対してもたらしたということを示した。こうした方法は、現代における法のもつ個人主義をつねに和らげてきた。このようにして、関係性という考えは、法は権力に従うと考える風潮がもたらす多くの影響を緩解してきた。しかしながら、私は、パウンドはまだ一つの点について十分な主張を行っていないと考える。それは、法秩序、およびわれわれすべては、関係する要求を解釈するにあたって、関係している当事者の相対的な権力により影響されているという点である。権力のバランスが労働者の手に委ねられているような世の中の状況にあるときには、雇用主は、彼らに権力のバランスが委ねられている場合とはまったく異なる状況の解釈をする。その場合に、関係性に必然的に伴っている義務は、機械に安全装置をつけることや、より高い賃金の支払いなどを求めることになる。しかし、このように理解されると、われわれの生活すべてに対する法概念の影響が過大に評価されるわけにはいかない。あらゆる関係性がそれ自身の関係性によって影響を受けていることにも注目することが必要である。例えば、地主と借地人の関係は、われわれの生活のその他のすべてと関連している。つまり、建物取引についての状況や、不動産の現在価値、暖房設備等々と関連しているのである。われわれの産業や商業生活の状況が変化するとき、地主と借地人の関係性が変化し、彼らの「権利」が変化するのである。

この章を要約しよう。社会的過程は、願望の交織たるべきであって、最も力をもつ者の願望による支配たるべきではない。法の務めは、様々な願望がもっともっと実り豊かに交織していくような、そのような方法を見つけ出すのを支援することである。この考え方は、法秩序の機能は、個々が要求・主張する権利の範囲を定めることであるとする見解を退ける。心理的抑圧、政治的妥協は、それによって、人に自らが主張するという役割を放棄させる。このような心理的抑圧、政治的妥協と、法的な権利範囲の設定は、表裏一体の考え方である。社会科学は、願望の概念に基礎を置くべきであるが、そのときにわれわれは、多くの相互関係について理解するであろう。こうした相互関係は現在のところ、われわれが失ってしまっているものである。もし、現代心理学が、抑圧に代わって統合をもたらすのであれば、もし、健全な政治的著作が出版される結果、現代の政治において、多数派と同じくらい少数派のために席を設けたり、多数派を威圧的なものにするのではなく協働的なものとするのであれば、法秩序は、その問題とすべきことが、権利範囲を設定することではなく、統合を創り出すことであることもまた理解しなければならない。権利に基づく、自由の一九世紀的な考えは、次のようなものであった。すなわち、法秩序の機能は、すべての人が「可能な限り自由」になることができるように個人の自己主張の権利範囲を設定することであるとの考えだったのである。一九世紀の誤った個人主義に取って代わるものとして現れた社会的利益の考えにおいてもまた、いく人かの研究者によれば、法秩序の機能は個の権利に制限を設けることであるという同じ考えを伴っていた。しかし、今度は、法秩序の機能は、他の個々の利益としてあるのではなく、社会の利益の中で設定されるべきものであった。これらの意見は、どちらも、個々の利益をまとめ上げていくという概念に取って代えられなければならない。法は、諸々の利益をまとめ上げていく方法を見い出すべきである。法は、相互の独占的利益の領域を定めようとするものである。しかし、法は、独断的な宣言によってこうしたことを行うべきではない。諸々の利益を生み出すであろう活動を支え励ましていくことによってこれらのことがなされるべきである。こうした諸々の利益は、一つにまとめ上げられていくであろう。法は、単に調停すること（reconciliation）をはるかに超えたものを求めるべきである。法は、私たちの社会生活の大きな創造力の一つであるべきなのである。

［原注］

（1）　Rudolph von Jhering, *The Struggle for Law*（ルドルフ・フォン・イェーリング『法をめぐる闘争』）, pp. 48-49.

（2）　「新しい何か」という言葉が、自然発生的な発明を意味するのではなく、前進的統合を意味しているということは、既に説明されてきたところである。

（3）　*The Spirit of Law*（『コモンローの精神』）, pp. 20-31.

［訳注］

［1］　Gaston Richard による *L'Origine de L'Idee de Droit*。

［2］　年代的に考えると、ジョージ・メレディス（George Meredith）であろう。ジョージ・メレディスは、イギリスの小説家、詩人である。夏目漱石が大きな影響を受けたと言われている（『岩波　西洋人名辞典　増補版』参照）。

［3］　『カント事典』において、カントの「意志の自由」の問題が「普遍的法則」と関係づけられて、「意志の自律」の問題として、次のように説明されている。「定言命法は、「汝の格率が普遍的法則となることを、その格率を通じて汝が同時に意欲することができるような、そうした格率に従ってのみ行為せよ」と定式化されるが、しかし自らの格率が普遍的法則になることを意欲できるのは、意欲の主体である意志が、意欲の対象の諸性質に依存しないで、直接に自分自身に対して普遍的法則となることによる。これがカントの言う「意志の自律」であって、カントはこの意志の自律こそが「道徳性の最上の原理」であるとする」（『カント事典』弘文堂、一六頁）。その上で、「意志の自律は、意志の自由と不可分の関係にある」（同上、一七頁）としている。

第15章　実用主義法学の限界

The Limits of a Pragmatic Jurisprudence

もし経験とは相異する多様なものを向き合わせることであるとみなすならば、もしわれわれが、経験の問題は、個人的生活を維持しつつ社会的生活を充実させるために、そのような相異する多様なものを向き合わせて、それらをどのように活用していくかであるということを理解できるならば、われわれが経験について考えてきた歩みは、大きく前進したことになるだろう。この相異する多様なものを向き合わせるということの中にこそ、文明において得られるあらゆることの源がある。現代における裁判官は、彼らが裁判官の職服を与えられていることをもって、権利や正義についての判断力まで授けられているわけではない。われわれは、裁判官の「理性」なる言葉をよく聞く。しかし、われわれが信頼をおく、こうした理性とはいったい何なのか。グロティウス[1]とその支持者たちは、神学から法を解放した。しかし、彼らが提起する理性は、経験に内在するものではなかった。こうした法学者たちは、法がわれわれの文明の現在の要求に順応するべきか、あるいは理性に順応するべきかを問う。それは、法哲学における決定的な永遠の難問である。ただし、そうした法学者たちは、理性が知覚のレベルで育つものであることを理解していない。人間の理性については、もちろんその作用は間接的なものではあるが、何らかの人間の願望が人間の理性を生み出すのである。われわれは、理性という法廷に、自分の知覚したものを届けてそれについての判断を委ねるということはできない。なぜなら、理性とは知覚されたものから生み出されるからである。われわれが、裁判官の理性や直観力について語られるたびに思い起す必要があるのは、われわれの理性、われわれの直観力はそれ自身経験の産物であるということである。われわれの理性や直観力も、諸々の利益のコンフリクトから生まれてくるものである。すなわち、私が好む表現を用いるならば、それらは諸々の願望を向き合わせることから生じてくるものなのである。

さらに言うと、法秩序の標準と称されるもの、例えば、「相当の」配慮（"due" care）という標準、[2]受託者の「公正な」処理（"fair" conduct）という標準、公益事業会社によって提供されるべき「妥当な」施設（"reasonable" facilities）という標準、これらのものは、コミュニティーの標準である。すなわち、「相当の」、「公正な」、「妥当な」という言葉に対してわれわれが与える解釈は、多様な諸々の利益を向き合わせることから徐々に生み出されるものである。私は、法を権利や正義という考えに順応させて、正義を行使しようとする法学者の努力を軽視したいのではない。そうではなく、ただ権利や正義という考えはその起源をどこにもっているのかを理解したいだけなのである。考え（ideas）というものは、人間の経験の中で発展する。経験を離れたそれ自身の契機によって発展するのではない。法は、その「内的な力」によって発展していくのではない。法は、人間の経験の材料の一部である。理想（ideal）はすべて、願望から生じる。すなわち、人々の諸々の願望を編み合わせることから生ずるのである。もちろん、こうした諸々の願望は、人々の日々の活動の中で発展していくものである。経験がわれわれのあらゆる思想や理想の基礎であることに議論の余地はない。このことは、われわれが権利や正義というものに対して冷笑的態度をとる必要があるということを意味しているのではない。反対に、こうした経験についての理解は、権利や正義が確固とした客観的基盤をもっていることを示すのであり、権利や正義を実現していくことに対する責任は、われわれ一人一人すべてにかかっているということを示すものである。法学者の文献の中で、われわれは「論理的な理由」「倫理的な動機」という言葉を多く見かける。われわれは、こうした論理的な理由や倫理的な動機の存在を否定することができる。もう少し言うと、われわれが論理的な理由や倫理的な動機を組み立てることができるとすれば、それは、その価値を経験以外のものに依拠する何ものかでもって組み立てることになる。すなわち、われわれは、論理的な理由や倫理的な動機は、過去において存在した諸々の利益のコンフリクトから生じてくるものと理解することができるのである。「権利があるという確信」があるとすれば、それは、諸々の願望を確かに充足できると感じているということである。権利があるということは、われわれすべての願望を充足するということである。絶対的な権利が現れるとすれば、それは無限の願望充足の中においてのみである。

それゆえ、最近実際に語られているように、「法は、権利の原則を体現するものとして、倫理的性格をもっているがゆえに権威がある」と語られるとすれば、われわれは次のように答える。まず、法はまさに自らの願望が向き合っている中に身をおいている人々の活動すべての成果であるがゆえに、権威がある。そして、人々が願望を向き合わせれば、それは、同時に、われわれの倫理的な考え、政治的な制度、法的な機関をもたらすのである。われわれはこのように答えるものである。コミュニティー内の風習、法の倫理、裁判官の善悪の判断力、こうしたものは同一の過程によって形成されるものである。

しかしながら、われわれは、こうして定式化された経験は、再び別の形でわれわれに自然法をもたらすのではないか、と警告を受けることになる。[3] ただ、こうした警告を受けても、われわれがそのことをひどく恐れるということはない。実際に、現代心理学と現代法学が自然法に再び光を当てるに際して果たしてきた功績は、われわれが経験について考えてきたことすべてに対して寄与している。しかし、そこで述べられていることについて、論理学者や裁判官は、それを人間の抽象的な性質からの推論であると断言するが、現代心理学と現代法学の功績はそうしたこととは何の関係もない。現代心理学や現代法学の功績は、法は発展しつづけるものであるという考え方、経験とは定式化しつづけるものであるという考え方にある。こうした発展しつづける存在としての法、定式化しつづける存在としての経験に、あらゆる人々が寄与するのである。法は、定式化された経験の固定的な集まりではない。それは、定式化しつづけていく存在としての経験の活動である。われわれは、法をどのようなものであれ「固定的な集まり」とみなしている限り、法の正しい考えをもつことは決してないであろう。

しかし、今までのところ、われわれは、ただ物語の半分を考察してきたにすぎない。もし、われわれの日々の活動からわれわれの概念のすべてが生じるとすれば、これらの概念は、継続的に具体的な形でそれら自身を体現しつづけているということもまた正しいことになる。法学者の多くの文献は次のように仮定する。すなわち、法的な概念が状況に影響を与えることについて、そうしたことがどこまで許されるかを判断することが裁判官の役割だというのである。ただし、このような仮定は、等しく正しい次のような事実に注意を払っていない。すなわち、法は、その事案が裁判官の目の前に現れる以前に、すでにその状況に影響を与えてしまっているという事実である。事実が概念と無関係に生じ、事実が生じた後で概念に影響を与えるということはない。法律史の経済学的解釈論における一つの欠点は次の点である。すなわち、それがしばしば、正義を行使する裁判官の倫理論に反する形で主張されるということ、しかし、実際には、われわれの権利と正義の概念は、経済決定論がその注意を集中させている、あの諸利益のコンフリクトの中にすでに入り込んでいるということである。私は、権利とは願望から生じるものであると語ってきた。だが、次の点も等しく正しい。すなわち、われわれの権利の概念はわれわれの願望に影響を与える。しかし、それは、願望とは別の領域にある権利の概念が願望に影響を与えるのではない。私が強調したいのは、これらの権利と願望とは手をたずさえて発展していくものだということである。

　実用主義法学は、少々行きすぎている面がある。われわれは、実際のところ、「事前に準備された諸概念から推論するという方法」を捨て去りたい。しかし、われわれは、この事前に準備された諸概念自身は捨て去ることなく、こうした方法を捨てることができる。「事前に準備された諸概念から推論する」ということは実際、不可能である。人は、法の基礎を自分たちのその具体的な事案においている場合であっても、法学者の作った諸概念を破棄することはない。なぜなら、概念は、すでにある程度、われわれの目の前にある具体的な事案の中に入り込んでいるからである。アメリカのビジネス上の実践は、人類の歴史の初期には存在しなかった、特定の法学的な諸概念をわれわれにもたらしてきた。しかし、人類の歴史の初期の諸概念は、間違いなくわれわれのビジネス上の実践に影響を与えてきたのであり、その上で次に、われわれのビジネス上の実践が新たな諸概念をもたらすのである。ただし、「その上で次に」という表現は正確な表現ではない。法的な諸概念が経験に従うのではないし、経験が法的な諸概念に従うのではない。法的な概念と経験、両者はともに結びつけられている。ここにおいてわれわれは再び、第Ⅰ部で述べられたあの円環的反応の例を手にすることになる。もし人が、贈与や義務のような法的な考えを学び、ローマ法を通じてそれらの法的な考えの発展段階を過去にさかのぼって調べていくと、そこにおいて、法理は「捨て去られている」ものの、そのそれぞれの法理が思想の「次の」段階に対して何らかの貢献を果たしていることを見出す。ただし、それは、具体的な活動を通じて貢献しているのである。もし、現代において裁判官が契約の自由について前世紀の契約の自由とは異なる形で裁定するとすれば、もし個人が自分の健康について自己主張することへの国家側の統制領域が現在においてはさらに拡大されているとすれば、こうしたことは、次の点が理由なのではない。すなわち、その諸概念や具体的な状況を比較したときに、現代の法秩序が、前世紀の法秩序がもたらすものとは異なるものを生んでいるからではない。そうではなく、契約の自由を与える諸概念、国家統制を制約する諸概念が、その具体的な世界での運用を通じて他の諸概念になったから、現代における裁判官は契約の自由について異なる裁定をし、国家統制の領域が拡大されたのである。概念は、それ自身によって発展していくのではない。具体的な状況と混ざり合うことによって発展していくのである。一九世紀は法的な諸概念を変更のできない決定的なものとみなす傾向があった。それでいてその一方で、そうした法的諸概念が法的諸概念自体によって把握されることはなかった。法秩序は、法的な諸概念がその概念それ自体を部屋に鍵をかけて厳重に管理できていると考えてしまったために、見てみるがいい、概念はどこかに出かけてしまい、それらがそこで集めることができたはずのすべてのものを返して、無用の長物となった。

　このように考えると、法がある法理を「捨て去る」とき、法はその法理を一掃してしまうのではない。法が法理を一掃することはできないからである。その法理の根は、地面の下であまりに多くの方向に枝分かれして張り巡らされているために、法理を捨て去ることはできないのである。「その者の首をはねよ」は、『不思議の国のアリス』の女王が、シンプルな人生はかくあるべしと考えて発した言葉である[4]。実際、その言葉は、われわれにとっても人生をはるかにシンプルなものとしてくれる言葉であり、現代における裁判官にとってもそうであろう。ただしそれは、もしそれが可能ならばの話である。われわれに対して、法は抽象的な法理ではなく社会的事実に基礎づけられるべきだということが語られる。しかし、われわれは、法理に基づく法学を拒否して、事実に基づく法学を打ち立てたいわけではない。われわれは、諸法理と諸事実を一つにまとめ上げなければならない。タノンは、われわれは法と形而上学的な諸法理とを結びつける必要はないと語る。「なぜなら、そんなことをしてしまえば、われわれは観察と科学の王道から離れることになってしまうからである」。形而上学的な諸法理を認めた場合に、必然的に観察と科学の王道から離れてしまうかと言えば、それは必ずしもそうではない。われわれは、諸法理について、それが経験から切り離される場合を除けば、そうした諸法理を放棄したくはない。経験に基づいた方法を採れば、それはつねに諸法理に導いていくことになる。そして、そうした諸法理は、われわれが信頼をおくことのできる法理である。私は、先日、法哲学についての一章で「事実が支配すべきか、人の考えが支配すべきか」という一文を目にした。私が思うには、この文章は、事実と人の考えという二者の関係性がどのようなものであるかの理解に欠けていることを示すものである。ホームズは、われわれに法理というものの素晴らしい定義を与えてくれる。すなわち、それは、「具体的な諸事実の間に調和を感じさせるもの」という定義である。概念は事実に基礎づけられるべきである。固定化された論理的な構造によって統制されるべきではない。個々の心理で展開される概念は動態的にその思考が深められていく概念である。論理的な概念ではそうはならない。

しかし、概念重視の法学を弾劾し実践的な法や実用的な法を支持する文献を読んで、われわれが主として考えることは次のことである。すなわち、法学が実践的でなかったことがこれまであったのか、われわれのコモンロー史全体は何なのか、実用的な発展ではないのか、ということである。われわれが困るのは、法学者の多くの著作を読むに際して、われわれは、法律史と法理論を区別しなければならないということであり、この場合、一方を実用的であると考えると、もう一方は実用的でないと考えられてしまうということである。言い換えれば、おそらく、われわれの法理論は、それをわれわれの法律史と良好な関係の下で同じ屋根の下におくことができる場合に、とりわけ実用的なものとなってきたのである。そして、法学者がその法に対するニーズよりも法的な概念を優先させていると考えられている場合でも、その多くの場合において、法学者たちはニーズよりも概念を優先させるということを決してしていない。そうではなく、彼らは、彼らがニーズであると考えるものを促進するために特定の概念を用いているのである。その上、新しく生まれてくる法学的な一般概念が理論に適っていることはめったにない。新たな状況は、新たな一般概念を必要とし、そして、実際に、新たな一般概念を得てきた。ニーズはいつでもそのようにして新たな一般概念をもたらしてきたのである。

私は、「実用主義法学」に関する文献は、いくらかの思考上の混乱を示していると思う。カードーゾはわれわれにやや不正確な言葉で次のように語る。「うまく機能する規則は、公式の承認に対する権利証書をつくり出す」。ここにこそ実用主義法学がうまくいかない点がある。その場合、うまくいかないのは、それが実用主義（pragmatism）だからではない。それが十分に実用的（pragmatic）でないからである。もっと言うと、それが十分には経験に基づいていないからである。実用主義法学がうまくいかないのは、われわれがある規則がうまく機能すると言う場合そのまさに意味していることは、その問題全体の中の非常に扱いにくい事柄についてそのように言っているからである。規則がうまく機能するかしないかは、たいていそれが支配階級の利益に対して機能しているかどうかなのである。ここでの支配階級とは、目下のところの考慮すべき事柄すべてについて支配的な階級ということである。

「概念重視の法学」がまさに批判されている場合に、その批判の妥当性は、その法学の概念論に求められるのではなく、その機械的な考え方に求められてきた。機械的な考え方の中においてこそ、概念重視の法学に対する批判の妥当性が与えられるのである。われわれは先の章で、検証理論のもつ不十分さを指摘しておいた。検証理論のもつ不十分さを思い起すと、現代において裁判官が整理棚に行き、その事案に相応する解決策を探してくるなどということはできないことがわかる。単に機械的に考えるのであれば、こうしたことは可能である。しかし、創造的に考えたことのないいわゆるお偉方のような者には裁判官たる資格はない。イギリスやアメリカにおける法の発展は、もし裁判官が、いく人かの研究者によって示される分類法に夢中になっていたとすれば、実際にそうであったような、その寛大な威厳のある歴史によって彩られることはなかったであろう。われわれがイギリスやアメリカにおいて偉大な法学者を手にしてきたという事実があるのは、古い分類法が役に立たないとわかれば即座にその分類法の使用をやめるような人々をわれわれが得てきたということがその理由である。こうした人々は、人生を整理棚に押し付けようとはしない。むしろ、そうした人々は、法理・判例法・現在の経験を結合させ、そのことを通じて法を創造してきたのである。判例法とは、そのときどきにおいて組織化されるものとしての法理と、そのときどきにおいて解釈されるものとしての経験とを足したものである。ときどき、裁判官の能力は、明快さによって示されると考えられることがある。裁判官は、その明快さをもっているがゆえに、どんな特殊な事案もそれがどの項目に属するものであるかを知るというのである。実際にはこうしたこととは反対に、裁判官の能力は、その裁判官が類似性に対してどれほど熱心であるかよりも、相異性に対してどれほど熱心であるかによって、つまり、この事案が他のすべての事案とどこが異なるのかを正確に知ることのできる鋭さによって示されるものである。この相異性への熱心さと相異性に気づく鋭さがあってこそ、建設的に考えるということがその機会を得るのである。というのは、どんな状況においても、いつでも何かしら独自の事態が存在しているからである。この独自の事態は、既存の分類には収まりきらない領域であり、しかも決して無視されえない領域である。「過失の二つの事案が同じものであることはない。同じところがあったとしても、それは、そのような事案の一般的な特徴ではない。そうした事案に対して機械的に規則を適用することは適切ではあるが、その事案の特別な状況…こそが重要である。例えば、為替手形は、どの手形であっても、唯一無二と言えるものではない。これに対して、人間の営為のあらゆる場面は唯一無二の出来事である」[1]。ここが、実際の法秩序が社会学者のもつ考えを超越している部分である。社会学者の多くは、調整、つまり既に存在しているものの操作という古い考えを武器として用いる。これに対して、法秩序は、諸々の法理と個々の応用、つまり、個々の事案の独自性ゆえに不可避となる応用とを結びつけることによって、何かを操作する以上のものとなる。つまり、法秩序は何かを創造するのである。というのは、具体的な解決策はすべて、法理論の一部分となるからである。裁判官が正義と効用とを調和させるという至芸に挑もうとする場合にはいつでも、彼らは自分たちが苦境に陥っていると考えがちである。裁判官たちが実現しようとすべき課題は、正義という発想を拡張した、より大きな効用をつくり出すことである。次のことは確かである。「法体系」を一貫させるための営為がつねに存在する。しかし、これは、しばしば出来事が生じた後の営為である。つまり、具体的な事案の要求がうまく処理された後の営為なのである。われわれの歴史は、要求を処理し、その後で法的な正当化を探すという法の例であふれている。少年裁判所をつくるということは、イノベーションだったのであり、一般にも受け入れられるに至った。受け入れられるに至った理由は、その価値が明白だったからである。そして、少年裁判所が受け入れられ、設立された後で、未成年を管轄する衡平法裁判所の権力の範囲の中で、少年裁判所のための判例法が探し出されたのであった。

このように考えてきて、もしわれわれが現代法学のある傾向の中に「仮説の哲学（philosophy of hypothesis）」の何らかの手がかりがあることを知るとすれば、どうであろうか。現代法学は、「自然法」に反対を表明し、法とは先験的な真理であると考える理論に反対を表明しつつ、しかし、発展しつづける存在としての社会と対比するために、そうした社会と法を区別するものである。もしわれわれがこのような現代法学のある傾向の中に「仮説の哲学」の何らかの手がかりがあると知るとすれば、同時にわれわれは、裁判官の責任の意味がますます大きくなる中で、発展しつづける社会を協働的に創造していくことに関して法がどのような役割を果たすべきか、その大きな理解を見出すことになる。

だがしかし、裁判官がどんなに努力しても、この「役割」を超えて法を前進させることはできない。過去の標準と現在の標準は、政治家や裁判官によって結びつけられるのではない。ただ、人々の日々の諸活動が交わり合い相異すること、向き合い統合することの中でのみ結びつけられうるのである。根本的な法理と社会的な事実が豊かに結びつけられるとすれば、それは、人間の精神において生じるのではない。われわれは、その具体的な諸活動を通じて、知覚のレベルから概念のレベルへと上っていくのである。このようにして、われわれの「権利」の概念は発展していく。このようにして、法は発展していく。ホームズの一文を言い換えると次のようになる。すなわち、経験の中に法を見出すことは義務なのではない。ただそれが必然なのである。

　論理が要求するものと状況が要求するものとは、双方とも法秩序に重くのしかかる。われわれは、経済決定論を好まないときには、「理性」について語り、「権利と正義の意味」について語る。われわれは、「退屈な」概念論を公然と非難したいならば、諸々の事実について語る。そして、同じ人間が、そのときどきの気分に応じて、理性について語ったり事実について語ったりするかもしれない。パウンドは、こうした法学者たちの活動を二〇世紀法学の課題だと述べたのだが、私は、こうした法学者たちの活動に刺激を与えるよい方法として、法学者へこれら理性と事実の結びつきを示すこと以上のものは考えつかない。われわれが次のように理解すれば、法学者が語るような運命論は姿を消すだろうと私は思う。すなわち、(1) 法的な経験とすべての人々の経験とが結びつけられなければならないということ、(2) 概念と知覚されたもの、理性と事実は等しく、われわれの具体的な存在にその根をもっているということである。

　本章を要約しよう。実用主義が法学に過度に影響を及ぼしてきたことに関して言うと、こうした影響は乗り越えられねばならない。すなわち、概念重視の法学と実用主義の法学の間の論争は必要ないのだということを理解することによって乗り越えられる必要があるのである。結果に基づく法学が概念に基づく法学に取って代わることはできない（私は、本書の教訓を私自身の思考に応用してみたい。そして、実用主義か概念論のいずれかを捨て去るのではなく、両者を統合したい）。概念重視の法学への攻撃の多くは、概念が固定的な論理的構造の上に組み立てられるというよりもむしろ、個々の心理において発展していくものであるという理解に欠けていることを示している。ある法学者は、概念に基づく法学を認めない。なぜなら、彼は「生活上の事実に触れつづけていく決意を固めている」からである。しかし、生活それ自身はどの瞬間にも、概念と事実とを結びつけつづけている。そしてむしろ、法学者は、この過程、つまり、概念と事実とを結びつけつづけていく過程の方との接触をつづけていく必要がある。さらに言うと、法学者のうちのいく人かの人々は、「概念的な過程の作用が正当と認められる境界はどこであるか」を議論している。しかし、それは、過程を制限するという問題ではない。そうであれば、その過程が節度あるものであればよいということになる。そうではなく、この問題は、正当な過程を探し出すという問題である。概念は、具体的な日々の生で満ちている。そうした具体的な日々の生は、われわれが恐れる必要のないものである。われわれは、概念がどのように生じ、どのように用いられるべきかを理解しなければならない。ホームズは次のように語る。すなわち、われわれは、法の原則を取り上げ、それを過去にさかのぼって調べていき、その原則が生まれてきた理由を見出す必要がある、そして、その上で、その原則を、現在の考慮に入れるべき目的との意識的ではっきりとした関連性の中で作り変える必要がある、と語るのである。この自らの教えに従うことで、ホームズ自身はアメリカ人の思想と生活の向上に大いに貢献したのであり、アメリカ人は彼に対してこのことに関する借りがある。しかし、われわれが心にとどめておく必要もあることは、その過程のもう一つの部分をホームズはおそらくあまりにも当然のことだと考えて述べていないということである。法が目的に役立つものであるという考えは、物語の半分に過ぎない。法はこうして目的に役立つことによって、新たな目的を創造する。これこそが法の最も重要な機能である。法が単に目的に役立つだけである限り、もちろんそれはもしそのようなことが可能であるとすればの話であるが、その場合は、前進は存在しなかったであろう。法は、単にある状況に向き合う方法を示すだけではない。そのようにして法がある状況に向き合う方法を示せば、それは、それによって次の状況をテストするための判例法として残り、次の状況を作り出すことを促進するのである。法秩序の創造的活動は、それが生み出す法に限定されることはない。人は法学者のうちのいく人かの著作からそのように考えてしまうかもしれないが、そのようなことはないのである。法秩序の創造的活動は、こうした具体的な諸活動すべてのさらなる進展を手助けする。こうした具体的な活動はすべて、拡張し発展しながら、すぐに新たな法学者たちの活動を求める。そして、そのようにして生まれた法学者たちの新たな活動がさらにわれわれの生活領域を拡張し拡大していくのである。われわれは、法秩序のこの二重の機能を、とりわけ、商法の発展の中で知る。すなわち、われわれは、法秩序とは願望を満たし同時に新たな願望を創造する存在だということを知るのである。

［原注］

（1） Pound, *Interpretations of Legal History*（パウンド『法律史の解釈』）, p. 155.

［訳注］

［1］ グロティウス（Hugo Grotius）は、オランダの法学者、政治家である。一六二五年に発表した『戦争と平和の法』は、三十年戦争の惨禍を見て人類平和確立のために執筆したもので、国際法を合理主義的自然法によって基礎づけ、広汎な影響を与え、このため、彼は、近世国際法学の樹立者および近世自然法の祖と目されている（『岩波　西洋人名辞典　増補版』参照）。

［2］ “due diligence［care］”は、法律用語で、「相当の注意［配慮］」つまり「慎重な人がその情況のもとで払う程度の注意義務」を指す（『ジーニアス英和大辞典』大修館書店）。

［3］ 「自然法」について、M・ウェーバーは、多面的なさまざまな説明を与えているが、例えば次のように述べている。

「〈自然法〉は、あらゆる実定法から独立的な・実定法に優越して妥当する諸規範の総体であり、これらの自然法的諸規範は、人為的な法定立からその権威を授けられるのではなく、逆に、人為的な法定立の拘束力が、自然法によってはじめて正当化されるのである。換言すれば、自然法的諸規範というのは、正当的な立法者によって生み出されたということによってではなく、それ自身の内在的な諸性質によって正当的であるような規範である」（M・ウェーバー（世良晃志郎訳）『法社会学』創文社、四八六頁）。

［4］ ルイス・キャロル『不思議の国のアリス』の「8　女王様のクロケーの会」に、何かあると「こやつの首をはねろ」とわめく女王様が登場する（ルイス・キャロル（脇明子訳）『不思議の国のアリス』岩波書店）。

第16章　法の創造的な領域

The Creative Area of Law

ハーバード大学法学部長のパウンドは、法は人間が意識的に形成するものであると信じており、二〇世紀思想の最もうまい言い回しである「努力の効力（efficacy of effort）」という言葉をしばしば用いる。しかし、この言葉はすぐさま次のような疑問を生む。すなわち、「努力とは、誰のなす努力のことなのか」ということである。人は、この「努力の効力」という言葉が法学者から発せられているがゆえに、法廷にだけ向けられた標語であると考えるが、もう少し考えてみると、その標語から法形成におけるわれわれすべての者の役割が浮かび上がってくるであろう。

もし、われわれが産業に身をおいているとすれば、その際に認識しておかなければならないことは、われわれは諸々の製品を製造したり人間関係の調整をしているだけではないということである。そうではなく、その製品を製造したり人間関係を調整する過程の中で、そしてそうした過程を通じて、われわれは法の形成を促進しつづけているのである。われわれはいつでも、労使関係に法がどのような影響を及ぼすかを考えているが、法に対して労使関係がどのような影響を及ぼすかはあまり考えない傾向にある。今日、法は、法的な諸概念に基礎をおくべきものではなく、社会的事実にその基礎をおくべきであるということが再三再四語られる。だが、もし法が社会的事実にその基礎をおくべきものであるとすれば、そのときには、企業の社長たちや現代の新たに現れてきた「産業カウンセラー」[1]も社会的事実を考慮に入れるべきだということになる。製紙工場の製造管理者が木から最終製品がつくられるまでの過程を理解しているのと同じように、産業カウンセラーは、八時間労働の要求の根拠となっている社会的事実が法の一部となっていく過程を理解するべきである。もしこの過程が理解されるならば、そのときには、産業カウンセラーは、産業を促進しているだけでなく、より公正な法体系を創造することも促進していることになる。法は、人生の根本にある相互作用を反映したものであるべきである。しかし、私は、産業について力説する必要はない。ほとんどすべての関係性において、われわれは法の形成を促進しつづけている。

もしあなたが自分の家主に何か要求をするなら、こうしたことはやがては、家主・賃借人関係の法に寄与することになるかもしれない。マサチューセッツの「緊急立法」は、賃貸料がますます値上がりする中で、賃借人から繰返される要求、つまり「われわれが別の住まいを見つけるまでここに留まってはいけないのか」という要求から生じた。あなたが、もしあなたのお手伝いに対してあなたへの異議を唱える規則をつくるとすると、こうしたことは、主人と使用人についての法に影響を与えるかもしれない。もしあなたが隣人と口論をするなら、こうしたことは財産法であるなら、こうしたことは離婚法に影響を与えるかもしれない。われわれの行動の多くは、裁判官の判決や議会の立法化と同じくらい、法の形成に直接的に寄与しているのである。法は、人間関係に関わっている。私の人生は、その一瞬一瞬が、人間関係の問題なのであり、私がこうした人間関係へ対処するその仕方が法の構築に寄与しているのである。

法秩序は、自らの機能を、「わがままさや個人的な気ぐれを減じようと努め、そのために、理性の原理に従って正義を行使し要求を満たし社会的利益を保障しようと努める」機能であるとみなすかもしれない。しかし、法秩序は独力で、こうしたことのすべてをすることはできない。法秩序は、独力で「意思」に対処することはできない。(1)われわれは非常に複雑な社会的過程をもっており、法秩序はそうした社会的過程を構成する一つの要素である。法秩序が世の中を見守ることはないし、その必要性が生じるときに新たな規範や原理を提供することはない。知覚されたものこそが過程にしたがって次第に規範となるのであり、法秩序はそうした過程の一部である。法秩序は、この過程の一部としての役割を果たす多くの機会を有している。例えば、衡平法と自然法への訴えを通じて、(2)また、解釈が用いられることによって、こうした役割を果たす機会を有しているのである。しかし、この法秩序が果たしている役割はいつでも単に部分であるということは明確に理解されている必要がある。

解釈について取り上げてみよう。いく人かの研究者がわれわれに語るように、もし法的な規範が存在せず、それによって裁判官が特定の事案についてその裁判官には正義と思われることを行うことのできないでいる場合、その裁判官は、解釈によってそうした規範を案出する。すなわち、こうした解釈は、正当なテクニックなのであり、それによって新たなニーズがうまく処理されていくのである。ただ、解釈が裁判官のテクニックであるということもまさにその通りなのであるが、しかし、その特定の事案自体が、そしておそらくこうした事案の生成に資する何百にも枝分かれしている非常に複雑な状況のすべてがしばしば解釈を生成してきたのである。あたかも、熟した果実が摘み取られるのを待っているように、事案自体やそれに資する状況は、満を持して解釈されるのを待っているのである。しかしながら、次のことも正しい。解釈をつくり出すためには、人間の器が必要である。解釈を理解するための洞察力と、解釈を言明するための勇気が必要なのである。いつでもこの二つの資質が人間の器をつくり出すのである。

衡平法と自然法という概念に関する限り、そして、裁判官がその創造的な一般化を行うために利用可能なその他の考え方に関する限り、これらの考え方が主としてコミュニティーによって進化してきたということは、よりいっそう明らかでさえある。その上、言い争いがある場合はほとんど、そこにおいてつくり出されるべき調整は、一つでは済まない。たくさんの調整をつくり出す必要があるのである。法秩序は、たくさんの調整すべてに注意を払うということがまったくできない。もし法秩序が多数派の意見を示すならば、われわれは、われわれ自身のために、少数派の意見を探し出さねばならない。すなわち、法廷におけるほとんどすべての裁決において、法的な調整は他の多くの調整に導くが、ただし、それは単に、法的な調整によって可能な範囲で導くに過ぎないのである。

ここまで、われわれは、法創造においてすべての人々が果たす役割について長々と論じ、また、「努力」とは法学者の努力だけを意味するのではないと主張し、また、法を形成するに際しての法学の力には限界があることを受け入れてきたが、しかし、こうしたことによって、われわれは、法秩序の価値を減じようとしているのではない。反対に、われわれは、法秩序の機能を拡張し、法秩序の責任を増大させ、法秩序の尊厳を強化しようとしているのである。このように述べるのは、われわれは、法秩序の理性と直観が、社会的観点からする法発展の最も重要な要素であるとは認めていないがゆえに、今までのところ、こうした発展に法秩序の理性と直観が寄与しているということを過大評価することはできないからである。

だが、法は、社会的な法の発展という活動に対して、その外側に立とうとすることは決してあってはならない。こうした社会的な法の発展という活動に対して、法は、法律制定、裁判の判決、法学理論によって寄与しつづけている。「創造的な法学」の可能性を強調することと同じくらい、「創造的な法学」の限界を認識することが重要である。ケーラーは、法は文明の既存の価値を維持するものと考えたが、それだけでなく、法は文明の新しい価値を創造するものとも考えた。しかし、法は、文明の新しい価値の創造を促進するのである。法はいつでも、社会的過程の部分であるとみなされなければならない。ケーラーは、法を自己発展していく存在とみなすという誤りをした。人間の経験こそが自己発展していくのであり、法は人間の経験の一部である。ここには大変な相異がある。ケーラーの知識偏重主義は、ときに彼の思想に不幸な先入観をもたらす。これに対して、パウンドは観念論と経験論の接合を行っており、このことがパウンドの思想に非常に大きな価値を与えているようである。その上、パウンドは、「創造的活動」という表現を用いている。この言葉は、彼の近著に頻繁に出てくるものである。それは、過去との決別に導く理論の採用をわれわれに強制することなく、一九世紀後半の法学の停滞からわれわれを逃れさせてくれる。というのは、パウンドは、いたるところで、法の漸進的な発展について語り、法の性急なる革新について語ることはないからである。

一八世紀の法学的な思想は、個の権利を説いた。自由が合言葉であった一九世紀には、自由の理論が権利の理論に加えられ、すべての個人が、その「権利」として最大限の自由を与えられるべきであるとされた。二〇世紀において、われわれは、社会的という言葉に満ちた法学関連の文献を数多く見出す。この社会的という概念は、個の権利の理論における有害なものを中和する存在として非常に価値がある。その一方で、しかし、今日の法学の前進的な思想におけるもっとも興味深い傾向は、個と社会を区別しているということではない。そうではなく、論理的に前提条件をおくことを放棄しているということである。これは、具体的状況のあらゆる側面を考察していくということを支持するものであり、その意図は、単なる関係性の調整ではない。その意図は、人々が結合する様式を創造すること、つまり、人間の標準的な活動の一部として、自己調整しつづけていく活動のますますの可能性を提供するであろうような、人々の結合の様式を創造することである。このことは、次の認識を必然的に伴っている。すなわち、コンフリクトは不健全なものではないということ、法秩序は社会の不正を正すためにのみ存在しているのではないということ、そうではなく、多様性があることは、つまり思考、感情、利益が多様であることは普通のことであるということ、こうした多様性が破壊的なものではなく、豊かなものとなるかどうかは主として法秩序次第であるということである。

法秩序は、単に均衡を回復すべきものではないし、「バランス」を見出すべきものでもない。法秩序は、コンフリクト解決に寄与すべきなのであり、そのコンフリクトがより大きな理解に導き、より包括的な活動に導くような形で寄与すべきなのである。すぐれた裁判官は、状況に対して規則や判例を「当てはめる」ことはしない。そうした裁判官は、規則と判例と状況から創造をするのである。その裁判官は何を創造するのだろうか。新しい規則だろうか、それとも新しい判例だろうか。そうした裁判官が創造するものはおそらく、こうしたものよりももっと重要なものである。すなわち、諸々の状況が将来において、さらなる可能性をもち、より包括的な理解が得られ、より広く公正な関係性をもつ豊かなものとなることを可能とするのである。法秩序が行う素晴らしいこと、われわれが法秩序が社会に対して行うもっとも重要な貢献と考えるものは、経験の流出を防ぐということである。おそらく、法に関するもっとも広くいきわたった誤信は、法の主たる目的は平和と秩序の維持だという考えである。正義を行使するということは、言い争いを整然と廃棄していくことではない。正義の行使とは、嘘偽りなく、あの社会的過程の一部でなければならない。社会的過程は、人々の前進にとって意味のある、なお一層の諸活動を絶えず生み出すものである。このように考えたとき、われわれは、「法は論理的に発展していく」というかつての表現（それ自身は、悪用されることがなければ、よい表現である）をますます免れるであろうし、法は個々の心理において発展していくということをますます理解するに至るであろう。このようにして、法秩序の機能は、経験が発展していく中で他の諸機能と交わり、混ざり合っていく。法は、運動レベルにおいて、人々の日々の交流から、具体的な「コンフリクト」から創造される。「法と秩序」ではなく、コンフリクトを創造的なものとすることこそが、われわれの生を構成する他のあらゆる諸活動と同様、法の役割でなければならない。われわれは皆、創造的なコンフリクトの過程を理解しなければならないし、こうした過程を信じなければならない。われわれが信じなければならないのは、「事実」をもっている専門家ではないし、「理性」をもっている裁判官ではないし、「意思」をもっている市民ではない。信じなければならないのは、これらのうちのどれか一つではない。その全体的な過程を信じなければならないのである。それは、専門家も裁判官も市民も、それぞれの人々は具体的な諸活動の中にその役割をもっており、そうした具体的な諸活動には、事実、理性、意思のすべてが複雑に絡み合っているからである。

　このことをもう少し別の角度から説明すると、多くの人は法を「必要悪」と考える。つまり、法は、すべての「哀れな人間」における邪悪さゆえに存在するというのである。この理論は、法秩序の建設的な領域を制限するものであり、社会の発展にとっては有害なものである。この理論は、しばしば、自由の制約という言葉によって表現される。しかしながら、われわれは、法は自由を制約し規制するものではなく、自由が機能する領域をますます幅広いものとすることによって、われわれの自由を増大させるものだということを知っている。森の中にポツンといる私は、理論上の自由を有している。しかし、私がまさに自由を有していると言えるのは、より幅広い関係性の中で、より意義深い関係性の中で、ますます豊かな反応を得うる可能性を拡張することによって、何かを行う自由、何かを行ってさらに何かを行う自由を有する場合のみである。関係性の中にある人々は、自由を失っているのではない。そうではなく、関係性の中にあることによって、自由を得ているのである。われわれは試行錯誤しながら、自由は、それが効力をもつ領域を区切ることによって得られるのではないということを発見してきた。一九世紀に流行した自由の考えを支持する人々の問題点は、彼らがその理論に対して誤った名前をつけたということである。彼らは、自由を維持したり、拡張しようとしていたのではない。強制を減じようとしていたのである。強制を減じるということは、自由を拡張することと同じではない。結果として、一九世紀という時代はこのことを理解していなかったし、政治も法もこのことを黙認した。さらに言うと、一九世紀の自由は、政治科学、法科学いずれにおいても、その自由なるものの存在がそもそも前提とされていたのであり、具体的な活動を通じて獲得され、維持される自由ではなかった。今日のわれわれが手にする心理学によって与えられている自由は、一般原理としての自由ではなく、何らかのことを行うための自由である。それは、生得的な自由ではなく、何らかのことを行うことを通じて実現される自由である。法学の概念は、それが抽象的な自由を求める要求に基づいている場合には、健全なものとは言えない。われわれの現在の心理学とかつての哲学の双方によって示されているように、機械論と自由意思が交わる場がどこであるかを知るとき、人は、法学理論の中のどこに自由が存在しうるかを理解する。諸々の願望を統合するという考え方は、自由の概念と不自由の概念を総合する。自由と諸々の願望のコンフリクトとが、同じ世界の中の別々の過程によって共に存在しうると考えることは難しい。このように考えてきたとき、われわれは、法秩序の創造的な活動の場がどこであるかを知る。法秩序が与える影響は、いつでも大部分は、未来に対してである。法秩序がなすことは、現在存在するものを記録するということより以上のことである。これからの何ごとかを生じさせていくというところにこそ法秩序の役割があるのである。

さらに見ていくと、法的な裁決は、諸々の言い争いに「決着をつける」ものではない。決着は、生活の中でつけられる必要がある。そして、この生活の中で決着をつけるということに、法は寄与しなければならない。法的な裁決は最終的なものであるという考えは、われわれが放棄しなければならない考えである。法的な裁決は、何らかの物事の始まりであって、終わりではない。法は、特定の勢力に対して「権限を組織すること」でもって支援を与えるべきだと語られてきた。法は、こうしたもの以下であるか以上であるかはともかく、何らかのことを為すべきである。法は、人々が社会の他の人々との権威ある関係性を発展させるように、その人々の利益を手助けするべきである。ここでの権威とは、支配する権威ではなく、統合する権威である。法は、命令とは異なる何ものかである。法の強制的な性質は、そのもっとも表層的な側面である。法は、「意思の専断的命令」ではないし、「正しさの原則」ではない。われわれは、法の機能を次のように考える。それはまず、われわれが次のような説を受け入れることを前提とする。すなわち、二つの異なった利益が互いに向き合っているとき、そこでの課題は、それらの利益が相互に排他的であるという判断をする前に、つまり、どちらの利益に優先権があるかの争いが避けられないという判断をする前に、それらの利益を統合しようとすることだとする説である。もしわれわれがこの説を受け入れるならば、そのときには法秩序に対して、この統合するという課題がますます課せられることになる。だが、このことは、法的な文献に見られる例の考えに同意することを意味しているのではない。すなわち、法的な文献は、その中で、われわれに対して、この世に生きるということは、一致することのない諸々の利益、反目する諸々の意思で満ちているという考えを提供し、法はこの相反する目的で錯綜したものすべてを引き受けてそこに必要な調整をつくり出そうとするものだという考えを提供する。この法的な文献の考えに同意しないのは次の理由による。すなわち、あの例の進化しつづけていく活動が諸々の願望を向き合わせていき、そして、そうした活動が、その活動自身の中で、これらの諸願望が調和する可能性を発展させていくからである。法秩序はこうした可能性に対する活路を開くものである。

要するに、法の創造的な活動が可能となるとすれば、それは、法が人生に従っているからであって、人生が法に従っているからではない。このように述べることは逆説ではない。

一九世紀の法学と経済学における停滞は、部分的に同じ原因のせいであるということに気づくとすれば、それは興味深いことである。労働と資本が自動的に供給されるとする「古典的」経済学者の言明を取り上げてみよう。この言明からは、あらゆる面で比類ない固定性をもった賃金基金理論が成長してきた[3]。それは、すなわち、どんな産業部門においても、もし賃金が「高すぎる」ならば、資本は自動的にそうした高賃金はやめるであろうし、したがって、賃金は低下するであろうと考え、もし賃金が「低すぎる」ならば、同じように自然なる経済法則の情け深い作用によって自動的に賃金は上昇するだろうと考える。その経済法則が情け深いのは、それが「自然の」法則だからである。もちろん、すぐさま発見されたように、この理論では次のことが見過ごされていた。すなわち、もし労働者が意識的に自分の利益を追求しなかったならば、その労働者は自らの利益を失うということであり、したがって「不当に低い」賃金が自動的に是正されることはないということである。不当に安い賃金が自動的に是正されることがないのは、労働は、自らを新たな状況に適応させる傾向があり、こうして状況は「自動的に」ますます悪化していくからである。労働と資本は現実に、ある水準を見出すであろうが、水準はますます下がっていくであろう。要するに、「経済法則」に従うことは、労働の地位を低下させることにまっすぐ向かわせるものであり、したがって、経済的な前進の遅滞へと向かわせるものであり、かくして、資本と労働双方のために利用可能な基金の減少へと向かわせるものである。このような事態に至ってしまう理由は、こうした基金は、固定的なものではなく、弾力的なものであり、真の意味で、個人の心理的な諸力の産物だからである。

経済と法についての領域、政治やわれわれの人間関係すべてについての領域は、それらが創造的に活動していく機会を目指して日々より大きく成長している。それは、われわれがその可能性を認識しているからであり、その根本的な真理を認識しているからである。根本的な真理とは、すなわち、われわれは、法に従っているのではない、法を形成しているのだということである。

本章において、私がその主題の一側面だけを強調しつづけているということは明らかである。法の創造的な領域をより十分に考察しようとすれば、例えば、人は、近年ますます権力が与えられるようになっている行政委員会を考察するだろう。[4] 私は、ここでは単に、第Ⅰ部の基本的な点の一つの例証として、そのことに言及したい。すなわち、変わりつづけていく活動（a varying activity）と変わりつづけていく活動との関係づけ、および、そうした関係づけによって価値の向上が創出されるという点である。州際通商法、連邦取引法、関税法が施行されるに至ったとき、こうした法は何らかの要因が変わりつづけていくがゆえにつくられたものであり、それらの処理において幅広い自由裁量権が用いられる必要があるということが見出されたのであった。すなわち、法は何かを変えることはできないがゆえに、われわれは、何かを変えうる行政委員会を設置するのである。ここに至って、われわれは明確に、われわれが、進化しつづけていく状況と呼んできたものについて理解する。すなわち、それは、変わりつづけていく活動と、行政委員会による様々な解釈の可能性を通じて実際上変化しつづけていく法との交織である。われわれは、創造的な経験の基礎は円環的反応であるということを見出してきた。われわれがこのことを知りうるものとして、絶え間ない法の形成史以上のものはない。そして、行政委員会の中に、円環的反応の非常にすばらしい例があるのを見る。それは、これらの委員会によって行われるものとしての法の制定と、その法制定の対象となっている活動との円環的反応である。私が見てきたあらゆるレベル、あらゆる領域で、私は円環的反応が生きるということの根本的な活動であることを見出す。

法に関するこれまでの章を要約しよう。法は、諸目的の間でどの目的がよいのかを判断することはできないし、それらの多様な諸価値を示すことはできないし、諸利益の正しさを保証することもできない。法の務めは、人々の次のような活動様式に対して十全な機会を与えることである。すなわち、この活動様式は、そこから、諸々のことを統合する目的が生ずる可能性をもつものである。そして、そのような統合する目的は、その目的それ自身の正しさを保証することになる。法の機能は、単に諸々の利益を保護することではない。法の機能は、われわれが自分たちの利益を理解し、そうした利益を広げ、深めるために、われわれを手助けすることである。法は、人の生を「守る」ことは決してできない。それは、人の生に存するたくさんの活動の中に、正当な地位を見出すことができるだけである。法を人生の包括的な過程の外に位置づける理論はどんなものも、まさに法を人生の過程の外に位置づけるというそのことによって、その理論自身に災いをもたらす。たとえ、法の務めが調整であるとしても、法が専断的に調整について宣言してうまくいくことは決してなかった。法は、調停が姿を現わすための活路を開くことができただけである。法は本質的に、強制する力ではない。いやむしろ、法は、厳密に考えると、あらゆる人生の過程と同様、法それ自身の中に、その命令をもっているのである。権威や権力は、あの人間の相互活動を通じて発展せられており、そうした相互活動によって、法も創造されている。権威や権力とは、こうした相互活動が命ずるものである。法は、多くの場合、強制する力とみなされるべきものではない。法は、社会の他のメンバーを犠牲にして、既定の勢力を手助けするものたるべきでないのと同様、単にそのような正当な理由のない侵害から他のメンバーを保護するだけのものたるべきでもない。法は、現代の世の最も強力な力の一つであり、そのような積極的でない役割を承諾すべきではない。次のことは正しい。すなわち、法は、障害を取り除き、自由な働きを与えるために存在するのである。しかし、法は、もっとはるかに積極的な機能を有している。レッセフェール（laisser-faire= 為すことを放っておくこと＝自由放任主義）ではなく、「フェールマーサ（faire-marcher= 前進すべく為すこと）」こそがその標語とならねばならない。われわれは、次のように考える場合には、創造的な法学が生まれる多くの機会が失われてきた。すなわち、他者に干渉する場合を除けば、その人がしたいと思うときにそれをすることができると考え、また、法の主たる機能はある行為が干渉であるか否かの境界線を引くことであるべきだと考える場合である。しかし、こうした時代は過去のものである。

法秩序の創造的な一般概念は、具体的な事案の切迫した事態において見出されるものであり、それが法の進化に寄与するのである。しかし、法秩序は、単に、社会的価値の管理人なのではないし、社会的事実の説明者なのではない。法秩序は、社会秩序の不可欠な部分であり、あらゆる人々に対して、より豊かな生を共に創造していく存在である。私が望んできたのは、「民衆の意思」が群集の誘導された現象とみなされるべきではないということ、「民衆の意思」は単なる「専門家」に対する「同意」たるべきではないということを示すことであり、同様に、法は、議会や裁判官のいずれかの産物とみなされるべきではないということを示すことである。専門家や裁判官を舞台に上げる前に、われわれは人生それ自身を引き受けねばならない。その場合、われわれは、われわれの具体的な存在が絶え間なく交織していくことの中に、「法の威厳」の基盤を見出すであろう。

[原注]

（1）さらに、われわれは、法秩序、つまりその特定の伝統や教育、協会を構成しているメンバーの個人的な先入観や偏見をいつでも考慮に入れていなければならない。

[訳注]

[1]『産業カウンセリング入門　改訂版』によると、カウンセリングの発祥の地はアメリカで、それは職業指導の分野から始まったものであり、フランク・パーソンズ（F. Parsons）が、一九〇八年にボストン市に職業指導局を開設し、適材適所の指導を行う担当者を「カウンセラー」と呼んだとされている。「それ以来、カウンセラーの役割はアメリカの社会にしだいに浸透し、「職業カウンセリング」が発展していった」（松溪一言・中澤次郎・松原達哉・楡木満生編（二〇〇七）『産業カウンセリング入門　改訂版―産業カウンセラーになりたい人のために―』日本文化科学社、四頁）。産業カウンセリングは、歴史的には、一九二〇年代のホーソン実験が原点とされている（同上、五六頁）。なお、現代におけるアメリカでは、「産業カウンセリング」という名称ではなく、一九四〇年代より始まった「従業員援助制度（EAP）」という名称のもとに産業カウンセリングが展開されていると言う（同上、五七頁）。「産業カウンセラー」の登場は、ボストンに起源を求めることができる点からも、ボストンで生活していたフォレットには身近な出来事であったと考えられる。

[2]衡平法＝エクイティ（equity）とは、「広義では、衡平・正義、厳格法に関する道徳的衡平を意味するが、狭義では、イギリスにおいてコモン・ローの欠陥を補うべく発達・形成された法体系をいう。…（中略）…。コモン・ローに比して道徳的色彩が濃く柔軟性に富む」とされる（『新法学辞典』日本評論社、五九頁）。これに対して、自然法とは、「人為的で可変的な実定法に対して、人間の本性とか理性、神の意志や理性、事物の本性などに基づいて自然的に存立し普遍妥当性と不変性をもつ法のこと」とされる（『新法学辞典』日本評論社、四四三頁）。

[3]賃金基金説とは、『経済学辞典　第二版』（岩波書店）によると次のように説明される（ただし、『経済学辞典　第二版』は“wage-fund theory”の説明）。

「マルサスに端を発し、J・S・ミルやマカロックを経て、J・S・ミルによって定式化された学説で、賃金は、労働の需給、すなわち直接に労働の購買に支出される流動資本と、雇われて働く労働者人口との比率によって定まるが、この意味の資本つまり賃金基金は、貯蓄と富の進歩とともに増大するものの、ある一定の時には一つのあらかじめ決定された額であり、したがって各人の賃金の大きさはもっぱらこの一定額の除数すなわち労働者人口数に依存する、と主張する。この説が賃金基金として実質的に考えているのは、生活資料とりわけ食料であって、これを賃金の基礎におきかつ固定した量とみるのは、ナポレオン戦争および大陸封鎖という時代的背景にもとづくが、さらにこの説がマルサスの人口対食料という問題提起を労働対資本とおきかえ、産児制限奨励論ないし労働組合無用論をみちびき出したのは、１８２０年代以降の社会問題の登場に対応するものであった」（九〇二頁）。

［4］　行政委員会（administrative commission）は、『新法学辞典』（日本評論社）では次のように説明されている。

「一般行政機構から相対的に独立して行政的規制その他の権限をもつ合議制機関。独立規制委員会ということもある。通常、規制を制定する準立法的機能と裁決を行う準司法的機能とを有している。アメリカで発達した制度で、資本主義経済の発展に伴う企業組織・労働組織の独占拡大、市民生活の複雑化などによって引き起こされる諸問題を処理するために設けられた」（一八七頁）。

第17章　同一方向に向かって発展する心理学と法学

Parallel Developments in Psychology and Law

私が語ってきたのは、今日のわれわれの思想界における最も興味深いことは心理学、倫理学、法学、そして政治学が同一方向に向かって発展していることだと思う、ということである。例えば、ある思想界の人たちから、行動主義を法律体系に適用する必要があるという話を耳にすることがある。そのような意見に対しては、われわれは、法に携わる人々が、あえて行動主義を法に「適用」することを強く迫る必要はないと答えることにしている。なぜならば、法に携わる人々は、すでに、今日の思想界の他の専門分野と同じくらいに行動主義的な思考傾向を示しているからである。例えば、証言分析について取り上げてみよう。証言分析が、行為の意図を見出すという問題である時には、裁判官と陪審員は、行為の意図を見出そうとして、その人の心の中をのぞこうとはしない。彼らは、問題となっている当の行為を、その前後の行為と比較し、それによってその人の意図に関して何を推論しうるか知ろうとするのである。もちろん、その人が自分の行為について語るということ、それを語る語り方、そしてそれを語るときの表現の仕方等々は、彼の行動の一部である。たとえば行動主義者は、時としてこの点を見逃すことがあるかもしれないが、法廷が見逃すことは決してない。さらにまた、法がどのような働きをしているか、法は実際に何を為しているかという事実をみれば、現代の法が行動主義的な傾向を示しているということが分かる。例えば、契約の法的な諸概念は、以前は、契約している当事者の意思という概念に基づいていた。今や、われわれが問うのは、その契約が為していることは何かということである。法的な責任論全体は、今や、問題となっている当該の活動（*activity*）に関係づけられる。さらに言うと、約束が交わされる場合、それがいわゆる「抽象的な約束」、つまり、客観的な論拠を示しえないような約束であるならば、裁判所はそれを認めたがらないということをわれわれは知っている。ここには、行動によって、つまり、お金の支払いがあるとか、あるいは契約者が合意の下に行動を始めたというような事実によって、その意図が確かに存在していたことを検証したいという願望が存在している。このような検証をすることで、「現実に」意図のあったことが示され、拘束力のある関係性があったという仮定が可能となる。こうしたことは、「過失に対する通常の原則を単なる不注意な発言に適用することを裁判所は認めたがらないことや、商売人の話の進め方についての理論や、口頭での中傷は責任が限定されるということ」と同じ問題と考えることができる。人は、容易にこのような例証を拡大することができる。今日の法の全体的傾向は、法的な処置に対しては客観的な根拠を求めるようになっているのである。まさに次のような事実をみれば、健全な客観性を重視する傾向に向かいつつあることがわかる。すなわち、法に携わる人々は、権利や判例や専門的細目にかかわる狭隘なる法律尊重主義的な視点を離れて、個別に現れてきた具体的な状況そのものにますます直接に対峙しようとしている。そして、また、法律に携わる人々は、事実を調査することに代えて巧みな推論で物事を判断することがますます少なくなっているのである。こうした法律尊重主義を放棄しつつあるという事実や巧みな推論が減りつつあるという事実は、健全な客観性に向かいつつある傾向を示している。ビジネスにおいては、同意を拘束力のあるものにしようとする試みが常に行われている。だが、もし、その試みが単に知性偏重のものであるならば、最も厳しい同意は実行されることはないというのが、われわれの共通した経験となっているところである。

法が行動主義的傾向を既にもっているということについてさらに言うと、法の起源のいくつかのものは、明確に行動主義的なものであったと思われる。例えば、初期のローマ法では、上述のような知性偏重の同意に対して、その不履行をめぐる争いをしようとしても、起訴はできなかった。しかし、そうした争いが暴行にまでいたる場合には、法廷が動くよう求められた。財産の所有に関する争いを法が認めるのは、家宅侵入や柵が破られる等々が結果として生じるためであって、こうしたことよりも抽象的に物事を考えた結果ではないのである。さらにまた、ヒンズーの法では、何かを借りた者は「債務」を負う者ではない。そうではなく、何かを借りた者は、貸した者の所有する財産を、貸した者に与えずにおくがゆえに、この点から見て、泥棒と位置づけられるのである。

行動主義の適用を過度に強調してしまう危険性が常に存

在しているのは確かである。今日の客観性を重視する傾向は、大体においては価値あることであるが、それは、心理学においていると同時に法学においても危険性を有しているし、同時に法学においても危険性を有している。すなわち、心理学において客観性を重視する傾向は、われわれの感覚やわれわれの実験室の計器がわれわれにもたらさないものについては、そのすべてを無視するよう要求する。また、法において客観性を重視する傾向は、次のような、われわれの責任意識を減じるべきでない場合にも、ときに責任意識を減じてしまう。すなわち、それは、道徳的な義務がますますあいまいなものとなりつつあり、それにもかかわらず、他方では、そうした曖昧なる道徳的な義務が、人による操作の可能な領域を単に節操のない領域に変えてしまうときである。皮相的な思想家から見ると、法の客観性を重視する傾向には、実に多くの危険が潜んでいる。パウンドはこのことを理解しており、彼の著書『法哲学』（*Philosophy of Law*）の最後のページでは、約束について法的に守らせることのできる領域を拡張するよう強く訴え、かの正しい誠意（good faith）についてわれわれに語る。[1]すなわち、正しい誠意こそが、法に携わる人々と素人とが等しく、人々の誠実さ（integrity）にとって本質的とみなすものであり、この正しい誠意という考え方が法律上の技術の中でもっと十分に認識されるべきだということである。しかもそれは、「意思」の理論に回帰することなく、また、再び法に主観的なものを注入することなく、受け入れられるべきものなのである。パウンドの著書は、このことがどのように為されるべきかをわれわれに語ることなく終わっているが、しかし、そのことがいかになされるかは、「正しい誠意」が意味するものについての理解をわれわれが拡げることができるかどうかにかかっている。われわれが、正しい誠意という言葉を客観的な意味よりも主観的な意味をもつものとみなすときには、われわれは、一歩引いた考え方に引き返すことになる。ある人が私に何かを約束する。すると、事態が変化する。この場合、この人は約束したことを守るべきなのか。多くの人は、守るべきだと無条件に答える。しかし、人はここに存在する相異を見分けるべきである。無条件に約束を守るべきだとすれば、それは、人生をまったく機械的に生きることを意味するであろう。忠誠とは、ある一瞬にだけ、ある人にだけ、あるいはある一組の事態にだけ固執することではない。私の忠誠は、私が、あらゆる事態に対して、現在の事情が必然的にもたらすことすべてに対して、私の負うあらゆる義務が混ざり合ったものに対して、誠意をもち続けられるかどうかによって試されることになる。それ以外のものは、正しい誠意と言っても形式的なものである。それらは、おそらく、半分盲目的な正しい誠意であり、あるいは、時には臆病さの抜けない正しい誠意とさえ言える。確かに、私が主張している忠誠は、より大きな自己欺瞞のための機会、他者にますます危害を加えてしまう機会を許してしまうものではある。かつての理論のほうがまだ安全ではあった。しかし、われわれがより大きなもの、すなわち、精神的な向上、また個々人の前進や社会の前進を得るべく、そのためのより大きなリスクを引き受けることを厭わないのであれば、われわれは、私の主張する忠誠についての考えを受け入れるであろう。それは、われわれの側により多くの勇気を要求するだけではなく、より多くの知性を要求する。それは、われわれ自身の責任をより大きなものとし、法をより扱いにくいものとする。それでも私は、私の主張する忠誠についての考えがわれわれに強いる負担はすべて価値があると信じている。もちろん、われわれが約束するに際して、決して影響を与えるべきではない事態は数多く存在する。私は次のことを言おうとするものではない。すなわち、諸々の事情がわれわれの利益を実現するには困難なものであるとか、われわれの利益をますます小さくするものである場合であっても、諸事情が変わったのであるから、約束を守る義務への強制性を少なくするべきだと言おうとしているのではない。約束を守るということがもはやわれわれにとって利益にならない場合にこそ、約束を守るということの中に、まったく議論の余地のない正義がしばしば存在するのである。しかし、こうしたことのすべてを理解しても、次のことの正しさは変わらない。すなわち、こうしたことは、つねに、そうであるのではないし、正しい誠意は最終的には、その豊かさと現実を反映した、存在そのものに対する忠誠を意味しなければならないということである。心理学と法学、そして倫理学が、ここにおいて交わるということは意義深いことである。

しかしながら、もし、われわれが、心理学を法に「適用する」ことを望むのではないとしても、それでもなお、近年の心理学上の思考の発展が、ある法学上の思考傾向を補強しているということは、非常に興味深い。簡単に要約すれば、そのことは、われわれに次のことを示している。つまり、第一にそれは、目的の概念を示す。それは、目的は活動に必然的に伴うものであり、活動より前のどこかに存在しているものではないということを示すものである。第二に、心理学上の思考の発展は、「機能的な調整」の概念、あるいは統合という考え方を示す。それは、「権利の調整」という古い法律尊重主義的な考え方よりも、むしろ、諸々の願望の調和という近年の法学の考え方を支持している。そして、第三に、心理学上の思考の発展は、利益と意思との関係性についてのより明確な理解をわれわれに示すし、また、事実存在している意思という考え方をわれわれに示すことによって、法は諸々の意思が対立したものであるという考えと、法は諸々の利益を保障するものであるという考えとをめぐる論争を調停することに寄与している。そして、この問題とほとんど同程度の重要性をもつもの、つまり、法は意識的に発展するという理論と無意識的に発展するという理論とを調停するという、もう一つの調停にも寄与している。このように述べるのは、心理学上の思考の発展は、法秩序が行う意図的な努力をわれわれが信じなければならないということを示す一方で、そうした法秩序の意図的な努力は、人々のあの相互活動をもたらすよう方向づけられねばならないということを示すからである。人々のあの相互活動からこそ、正しさと法の両方の意味における権利が現れてくるのである。もし、法が、人々が相互に作用し合うという人生の様態を表に表したものであるとすれば、分別のある男性や女性は、具体的な生活の中で、人々が相互に作用し合う様態を確立しなければならない。その様態の中から、成文化された法が表に現れてくるであろう。今日の法学における論争は、法が意識的に発展するものか、無意識的に発展するものかという争いであるべきではない。法を機械的なものと捉える理論と、法は発展しつづけていくとする理論との間の争いであるべきである。「動態的な心理学（dynamic psychology）」と「創造的な法学（creative jurisprudence）」は、同一の根拠に立っているのである。

【訳注】

［1］「パウンドは十九世紀法学における実証主義および決定論を「法学的悲観主義」であるとして批判し、法の進化における道徳的・理想的要因の創造的役割を強調した」とされる（楊日然（一九六七）「オリヴァ・ウェンデル・ホームズとロスコー・パウンド――プラグマティズム法学の史的背景――」『法哲学年報』一九六六年号、一三〇頁）。

第18章　結論：喚起としての経験

Conclusion: Experience as Evocation

思索家たちが次々とコンフリクトを取り除く何らかの方法を見つけ出そうとしている。倫理学者たちは、コンフリクトの除去は人間性を改変することによって実現されるであろうと期待している。事実発見（fact-finding）を自分たちのスローガンだと考えてきた政治学者たちは、事実こそが争いに決着をつけるものだとわれわれに語る。経済学者たちは、資本と労働の闘争が終息する方法を探し続けている。国際関係に関する多くの研究者たちは、国家間のコンフリクトを取り除きたいと思っている。一部の生物学者たちは、群棲する動物のよく知られている例のように、コンフリクトをなくし、平和に調和をもって共生していくことがわれわれには可能なのだと語る。もっとも、こうした生物学者たちは、次の事実を無視しているように思える。すなわち、われわれの多くは、平和的な世界に惹かれている人でさえ、蟻やビーバーのように、つまり単なる生物・動物として生きたいわけではないのである。

しかし、他方で、弱肉強食理論をわれわれに示す生物学者もいる。コンフリクトは、世界の構造の中に組み込まれており、世界は血と汗で塗り固められていると語る社会学者もいる。私は、コンフリクトをなくしたい人と、コンフリクトを有益とみなしそれを保持したい人の双方の間にも、ある一点において、ときおりわずかな考え方の混乱があるように思える。コンフリクトを取り除くということによって人々が意味していることは、たいていの場合、多様性を取り除くということである。それにもかかわらず、次の点がきわめて重要である。すなわち、コンフリクトを取り除くということと多様性を取り除くということとは同一のものと考えられるべきではない。われわれは、コンフリクトをなくしたいかもしれないが、多様性を取り除くことはできないのである。われわれは人が生きるということ、そのありのままの姿に向き合い、そして、多様性は生きていく上での最も本質的な特徴だということを理解しなければならない。私は相異を恐れる人を知っている。その人は、相異性に対する恐れが強いために、夕食をとっている最中も彼の都合のよい話題が出てくるかどうかに怯えているように見えるほどである。だから、彼はいつでもすぐにテーマを変えていく。しかし、相異性を恐れることは、生きること自身を恐れることである。コンフリクトが生じたとき、それを、相容れないものという破壊的なものが発生したと考える必要は必ずしもなく、正常な過程なのだと考えることは可能である。社会的に価値を有する諸々の相異性が、この正常な過程によってその相異性を表すのは、関係するあらゆるものを豊かにするためなのである。議論の最も大きな価値の一つは、議論がもつその「表に出す」という性質にある。つまり、議論されるべき本当の論点が表に出てくるのであり、そして、このことによって、問題解決に向けた調和の可能性が出てくるのである。雇用者と従業員の間に生じてくる新たなコンフリクトはたいてい、均衡をかき乱すというよりも、実際には、安定化に向かう機会であることの方が多い。コンフリクトという言葉に対してわれわれが言外にイメージする倫理的な意味合いは不適切であり、明断に考えていく場合の障害となる。われわれは、化学的性質のコンフリクトをとがめようとは思わない。社会的コンフリクトについても、われわれがそれを、よいか悪いかではなく、単純に事実として見ることができれば、われわれの思索は長足の進歩を遂げるはずである。生物、動物、人間、社会あらゆるレベルにおいて、生きるという運動は、エネルギーの解放を通じて進展していく。心理学は、この解放と、心理学が統合と呼ぶものとが同一の過程であることをわれわれに示してくれる。社会的コンフリクトが建設的なものとなるのは、それがこの統合という正常な過程に従うときである。すなわち、エネルギーの解放が統合というまったく同一の運動によって自らを一段高いレベルに引き上げるときなのである。

私が本書で示そうとしてきたことは、社会的過程は、次のいずれかの過程として考えられるということである。すなわち、諸々の願望が対立しており、その戦いがあって、一方が他方を支配して勝利するような過程か、あるいは、諸々の願望と向き合い、統合していくような過程かである。前者では、双方とも自由がないという結果に陥る。敗者は勝者に束縛され、勝者はこのようにして生成された誤った状況に束縛されるからである。つまりいずれの側も束縛される。後者の、諸々の願望と向き合い統合していく過程では、双方が自由になるという結果をもたらす。そして、この世における全体的な力（total power）を増大させ、あるいは受容力を増大させることになる。人類の向上、伸張、成長、前進の核にあるのは、反対物と向き合うこと、そして反対物をしっかり把握することである。統合は、人が生きていく上において船全体を支える竜骨のようなものであり、また方向性を示す舵のようなものである。[1]すなわち、統合は、人生のあらゆる場面を組み立てる土台となるものであり、あらゆる活動を導くものなのである。この思想を、われわれは社会研究に従事する際に、いつでももっていなければならない。というのは、われわれは、生（life）の尽きることのない源泉が存在するということを信じ、新たな力は絶えず湧き上がってくることを信じているからである。どんな経験もその活力の試金石は、次の点にある。すなわち、経験自らが生み出していく相異性を、一つの生き生きした、生成し続けていく活動へとまとめ上げていく力がその経験にあるかどうかなのである。われわれは、豊かに多様性をもつ経験を探し求めている。すなわち、あらゆる相異性が他者を強化し、補強するような経験である。精神と精神の相互浸透を通じて、相異性は、より充実した生の中で保持され、その効果が高められ、そして調和されることになる。このより充実した生こそがまさに経験の成果である。各々の相異性は永遠にその相異性を残す。それは、各々の相異性によって、より大なる活動が豊かなものとなり、それがひるがえって、今度はその相異性を強化するからである。共に創造し続けていく（co-creating）という活動こそが民主主義の核であり、市民たるものの本質であり、世界市民たるものの条件である。

われわれは、経験の中に実在（reality）を探し求めている。われわれは、補償の王国（the realm of compensatory）を建設することには与しないようにしよう。[2]確かに、補償の王国は公平である。しかし、それは一種の監獄でもあるのである。これに対して、経験とは厳しいものである。しかし、われわれは、経験がもたらす贈り物の方を主張する。なぜなら、たとえわれわれがその経験という石を踏んづけて自らの足が血だらけになるとしても、経験がもたらす贈り物は本物（real）だからである。われわれは、日々の経験を何らかのものへと変換することで前進的な向上を得ようとしている。それでは、何へと変換するのだろうか。概念的な画であろうか。そうではない。日々の経験は、概念的な画ではなく、精神的な確信へと昇華される必要がある。経験は、われわれを導くことができ、そしてわれわれを守ることもできる。愚かな者とは、実は、経験という炎に油を注ごうとしない人たちのことである。

結論を述べよう。経験の本質とはすなわち、関係性の法則であり、それは、相互を自由にしつづけていくこと（reciprocal freeing）である。ここにこそ、「人間精神の堅固な基礎と実質（the rock and the substance of the human spirit）」がある。相互を自由にし続けていくということは、刺激と反応の真理、すなわち喚起（evocation）である。われわれは、この偉大な未知なるものにすべての根をもっており、ここにこそ、人間性（humanity）の無限の可能性があるのである。そして、この人間性の無限の可能性は、一方の他方に対する作用およびその反作用によって喚起され、目に見える形で引き出され、召喚される。あらゆる人間の交流は、他方からのそれぞれの作用と反作用によって、以前には想像だにしなかった新たな形態を喚起するべきである。そして、喚起ではないあらゆる交流は避けられるべきなのである。解放（release）は、すなわち喚起である。それは解放による喚起とも、喚起による解放とも言える。いずれにしても、この解放、あるいは喚起は、森羅万象、この世の根本的な法則である。何らかの社会的過程が妥当性を有するかどうかの試金石は、この解放や喚起が、あるものと別のものの間で、資本と労働の間で、国と国の間で、それぞれ生じているかどうかである。それは、労使の調停者、法律専門家、政治家にとっても同様に試金石でなければならない。あらゆる人間結合の可能性を高めるかどうかは、人間精神のエネルギーを自由なものとすることができるかどうかにかかっている。

　人生に向き合おうとせず、人生を回避しようとするならば、どんな改革もうまくはいかない。私は、専門家やリーダーが多様性を圧倒してしまう幸せの国（あるいは不幸せの国）は存在しないと信じる。私は、代替的経験がわれわれ自身の経験の代わりをつとめることができる暗黒の国も存在しないと信じる[3]。私は、過去にも未来にも黄金時代は存在しないということを知っている。しかし、人間ならではの努力の可能性、いわば規律ある努力の可能性、そして、アングロサクソンの意味における誠実さの真理、さらに、アメーバとその餌から人間と人間に至るまでの関係性の本質、これらは次の点にあると私は信じている。すなわち、それらは、エネルギーの解放、すなわち、一方が他方から新しい力を喚起することあるいは引き出すこと[4]にあると私は信じているのである。

　このエネルギーの解放、新しい力の喚起こそが経験の本質である。これこそが経験がわれわれに課している課題なのである。

【訳注】

［1］　竜骨（keel）とは、「船底の中心線を船首から船尾まで貫通する、船の背骨にあたる材」である（『広辞苑　第5版』）。

ここでは、いわば生きていく上での「屋台骨」「支柱」の意味でこの言葉が使われている。

[2]　この点については、第10章を参照のこと。第10章において、「均衡化のための補填（compensatory equalization）」の問題が指摘されている。

[3]　代替的経験（vicarious experience）とは、第1章、第2章で説明されているように、専門家が提供する「事実」、および法律の専門家が与える「客観的目的」のことである。いずれもその人自身の経験ではない。

[4]　原文は、callinyとなっている。ここでは、callingの誤植と考え、「引き出すこと」としている。

訳者あとがき

メアリー・パーカー・フォレットの代表作である*Creative Experience*, 1924（『創造的経験』）の翻訳をやっとの思いで終えることができた。二〇一七年の現在から数えると、この著作が出版されてすでに九三年を経過しており、約一世紀前に書かれたのが本書ということになる。フォレットの著作は数多くあり、それぞれがすでに翻訳されロングセラーをつづけている。しかし、主著である*Creative Experience*, 1924だけが完訳されずに現在に至っている。これまでいく人かの人が本書の翻訳を手掛けてきたものの単行本としていまだ出版されていない。今回、本書の翻訳に際しては、これらの方々の訳を参考にさせていただいた。完訳にまで至りえたのは、これまで本書の翻訳に挑んでこられたこれらの方々の努力の結晶である。

フォレットの主著『創造的経験』は約一世紀前に書かれたものである。しかし、一世紀前の著作とは思えぬほどフォレットの思想、哲学は斬新かつ鋭利である。フォレットの著作は論文集を含めて数多くあるが、本書*Creative Experience*（『創造的経験』）ほどフォレットの社会科学方法論、思想、哲学を体系的かつ詳細に論じた著作はない。名著である。このような名著の翻訳の機会を与えてくださった恩師三戸公先生に衷心より感謝申し上げたい。

ところで、フォレットの『創造的経験』の翻訳書がいま出版されることについては、偶然というべきか、フォレットの声とでも言うべきか、まことに時宜にかなった出版になったという思いがある。世界が政治的かつ社会的に深刻な混迷状態に陥ったいまだからこそ、本書を多くの方に読んでいただだきたい思いでいっぱいである。

その理由は大きくは二つある。一つは、国の内外を問わず、現在吹き荒れている民主主義の危険さ、おぞましさに対するフォレットの警鐘である。現在、アメリカだけでなく、イギリス、欧州、そして日本、韓国など、民主主義を標榜する先進諸国は、衆愚政治の落とし穴に陥っている。フォレットはアソシエーション（人間結合）の一つである政治の領域で、民衆の意思を反映させるといわれる民主主義とは一体何であるのかを、その根本から問い直す。民主主義とは民衆の意思を反映させた政治機構だとされている。しかし、それは一人一票という有権者の合意をとりつけることなのか、民衆の代表を送り込めばこと足れりとする代表制が民主主義なのか。フォレットは、そもそも個人の意思、人びとの意思、組織の意思、さらには国家の意思とは果たしてどのようにして形成されるのかを問うのである。先進諸国では劇場型政治というポピュリズムが横行している。相手勢力を悪役と見立て、自らを庶民の味方とし、単純なキャッチフレーズで民衆の関心をあおる。善か悪かの二者択一の選択を民衆にせまるという単純な政治手法である。フォレットは、こうした政治手法を群集方式（crowd methods）と名づけ、民主主義という形式はとっていても、民衆の思考判断を停止させてしまう危険なアソシエーションのあり方であると説く。個々人がいだく願望や価値が十分に活かされ、それが同時に組織や社会、国家の前進につながるアソシエーションのあり方、組織の原理とは何かを問うのがフォレットの『創造的経験』である。

フォレットの名著『創造的経験』を、いまだからこそ読んでいただきたいいま一つの理由は、現在の科学、とりわけ社会科学のあり方に対する彼女の警鐘である。私は、十数年前、北九州市立大学の専門職大学院（ＭＢＡ）＝ビジネス・スクールの設立にかかわってきた。その経験から、現在のわが国のマネジメント教育はあまりにもアングロサクソン型のビジネス教育に偏りすぎており、真のリーダー育成には程遠くなっていると痛感してきた。現在のビジネス教育の理論前提は、近代合理主義に基づく分析科学、数量分析が主流をしめており、組織、社会を要素・部分に分解・分類し、概念化する「科学（science）」による教育を標榜してきた。しかし、リーマンショックで露呈したように、人間とは何か、人間社会のあり方とは何かを問うことなく、要素に分解し数値化した指標による戦略経営を追求する、なりふりかまわぬ株式価値至上主義は、現在まで主流を占めてきたマネジメント理論の限界を示している。あまりにも細分化された科学、数量分析に陥ってしまった近代マネジメント理論の限界、危険性を克服する新たな組織論の提唱をしているのが、フォレットの『創造的経験』である。すでに一世紀前に、現代人の思考様式の限界、近代社会科学の理論枠組みの狭隘さの危険性について警鐘を鳴らし、人間の学としての組織論を理論的かつ実践的に提示していったのがフォレットの『創造的経験』である。現代マネジメント理論の泰斗の一人であるヘンリー・ミンツバーグはフォレットを評して次のように言う。

私は不思議に思う。なぜなら、われわれは、われわれのなかで最も思慮の足りない人々、つまりウォールストリートの神童と思われているはずの人々が、いまだに大きな影響力をもつ世界に住んでいるからである。そこでは、ほとんど経験のないＭＢＡがいまだに命令や管理を行うために高給与をほしいままにしており、さらにビジネス・スクールの学問は、「便宜主義」、とりわけ「信頼」を明確に切り捨てるような「悪知恵を使った私的利益の追求」に基づく理論に魅惑されている。これらの未熟で、否定的で、原子論的な世界観を、「企業においては誰もが、企業の成功に責任を持つべきである」とか、「われわれ自身の役割は全体の部分ではなく、ある意味で全体である」とか、あるいは「人々は協働精神によって自分の仕事を他の人の仕事に適合させることを学ぶ」と論じた女性の見解と比較して欲しい。（『Ｍ・Ｐ・フォレット：管理の予言者』二四一―二四二頁）

ミンツバーグの指摘は、わが国のビジネス教育の現況にもあてはまる。フォレットの『創造的経験』は、マネジメントに携わろうとする人たちにとって必読の名著と言ってよい。

「訳者あとがき」を書くにあたって、フォレットが本書『創造的経験』を著した意図ないし目的は何かを述べておく必要があろう。フォレットはずばり一言でこの書の目的を次のように言う。

本書の目的は、個人の高邁なる品性（integrity）を最大限に保持することが、同時に社会的前進（social progress）を伴うものになるにはどうすればよいのか、その方法を探し求めることである。

フォレットが『創造的経験』を著した意図・目的は明白であり、言ってみれば単純、明快である。極論すれば、『創造的経験』なる著書でフォレットが明らかにしようとする新たなアソシエーション（人間結合）のあり方、人間協働のあり方、組織の原理とは次のようなものである。いかにすれば個々人に備わったそれぞれの個性、相異性（difference）、多様性（diversity）が拒絶され、無視されるのではなく、逆に個々人の相異性、多様性を大切にし、維持させることが、全体としての組織、社会のさらなる前進・発展につながっていく、そうした組織原理を見出そうというのがフォレット『創造的経験』の主題である。フォレットは、「創造的経験（creative experience）」に基づく組織原理こそがそれであり、一言で言うと「統合（integration）」という組織原理を実践していくことであると結論づける。フォレットの『創造的経験』の第I部のタイトルが、フォレットの説く個人のインテグリティを最大限に保持することが、個人の成長につながり、組織、社会の前進・発展につながるという組織原理を象徴的に表している。フォレットの第I部のタイトルは「自己維持と自己成長過程としての経験」（Experience as Self-Sustaining and Self-Renewing Process）となっている。

以上、フォレットによる本書の目的・意図を紹介してきたが、かならずしもフォレットの深みにまでは達してはいない。詳細は、本書を直に読んでいただければ幸いである。

最後に、メアリー・パーカー・フォレットの『創造的経験』を齋藤・西村・山下の三者で共訳にいたった経緯を述べさせていただきたい。今回、やっとの思いで、フォレットによる第三の著作 *Creative Experience*, 1924（『創造的経験』）の翻訳を終えることができた。私が *Creative Experience* の翻訳に取り組みはじめたのは、おそらく二〇〇六年頃である。すでに十年もの長い年月が経過したことになる。翻訳に取り組んだきっかけは、「監訳者の辞」でふれておられるように、恩師である三戸公先生から、フォレットの *Creative Experience* を訳してみないかというお話があったからである。このお話があった頃、私はフォレットにとり組んでみたいという思いがあった。理由はこうである。当時、北九州市立大学での私の学部ゼミ生であった松永美紗子君が、大学院に進学し、修士論文のテーマとしてフォレット理論に取り組んでみたいと言う。そこで、フォレットの *The New State* の訳書が出版されて間もない頃であったので、原書もとりよせ、一緒に読み込んでいった。フォレットの文章自体は難解である。内容は目からうろこの感を何度も抱かせる深みのあるものであった。印象に残っているのは、彼女の説く“new individualism”（「新たな個人主義」）である。経営学の対象は、多数の人間協働によるアソシエーションである。当然のことながら組織のなかの個人をどう捉えるかでマネジメントの捉え方も変わってくる。欧米の社会科学の前提となる「人間観」には西欧的なエゴを前提とした“individualism”が色濃く反映されている。しかし、フォレットはエゴを中心とした「個人主義」という思想には限界があり、現実を説明しきれるものではないと説く。個人は一人孤立して存在しているわけではない。また個人の特性（異質性）も他の個人、さらにはその集まりである全体との関係性のなかから生まれてくると捉える。まさに「新たな個人主義」の人間観である。この説明は、現実の組織、団体、地域社会などを捉える場合に動態的に捉えることを可能にする。このように、私は、フォレット理論は、これまでの経営学の前提である近代合理主義とは異なる視点を具えた理論であり、二一世紀の社会科学を先取りした理論であると感じていた。丁度、その頃、三戸先生からフォレットの *Creative Experience* の翻訳のお話があったのである。うれしかった。やりがいのある仕事だなと喜んでお引き受けした次第である。

当時、同じ北九州大学経済学部に在籍されていた上田鷲教授から *Creative Experience* のコピーを譲り受け、いざ取り組まんとしたが、如何せん *Creative Experience* の内容はきわめて難解であり、一人で取り組んだのでは時間がいくらあっても足りないと思われた。そこで、私は、英語に精通する米永正敏教授（久留米高等専門学校）と、既にフォレットの *The New State* を一緒に勉強していた西村香織准教授（当時、折尾愛真短期大学、現在、九州産業大学）を誘って、翻訳に取りかかることにした。

上田教授から譲り受けた *Creative Experience* のコピーは多数の書き込み等があり、これから翻訳を進めていく上では若干の支障があった。そこで、米永教授は、*Creative Experience* を新たにコピーして丁寧に製本されたものを三部用意して、提供してくれた。新たに製本された書き込みのない英文コピーはありがたかった。ただ、残念なことに、高専での仕事の忙しさと、まだ新幹線も開通しておらず久留米から北九州まではあまりに遠かったことから、米永教授はその後、研究会には参加できなくなってしまった。実に残念である。英語の専門家が共訳者にいれば難解なフォレットの文章の理解がもっと深まったであろう。

私は、西村准教授と二人で翻訳を開始した。西村准教授にまず素訳をしてもらい、それを私が原文と照らし合わせながら、訳しなおしていくという作業であった。西村准教授は、粘り強くコツコツと取り組んでくれた。ただ、*Creative Experience* のあまりの難解さに作業は遅々として進まなかった。ひとまず、第Ⅰ部と最終の第18章だけを訳出しての出版を目指すこととして、翻訳を進めていった。

この間、北九州市で経営コンサルト会社を自ら経営しながら、北九州市立大学大学院で私のゼミに所属していた福島浅次郎さんには、随時研究会に参加してもらい、訳が日本語として読めるものであるか、また実務家としての観点からサジェスチョンをもらった。フォレットの解釈をめぐり、研究会はつねに緊張感を伴うものとなったが、そんな中でも福島さんはいつも場を和ませるのに一役買ってくれていた。

また、北九州市立大学経済学部で同僚であった浦野恭平教授も、時に応じて研究会に参加し、貴重な意見をいただくことができた。経営学を専門領域とする研究者からの率直な意見は難解なフォレット理論を解きほぐすのに大いに役立った。

私は、二〇一一年三月に三五年間勤めた北九州市立大学を定年で退官し、同年四月からは九州国際大学に赴任して、西村准教授と翻訳作業を続けた。幸運にも、二〇一二年の夏には、その年に北九州市立大学に赴任した山下剛准教授が翻訳に参加してくれることになった。山下准教授はマズローの研究者であり、ドラッカー思想やフォレット思想にも関心を持っていたので共訳者としては有力なメンバーの参加である。この山下准教授の参加で、翻訳作業は一気に進むことになった。緻密なスケジュール管理、翻訳の下準備など細部にわたりＰＤＣＡサイクルによる翻訳作業がはじまったのである。いま思えば、山下准教授の参加がなければ、今回の翻訳作業はもっと時間のかかったものになったであろう。

その後は、ほぼ隔週、多いときには毎週、黒崎の九州国際大学サテライトキャンパスで研究会を開き、二〇一三年も暮れになっていよいよ第Ⅰ部の訳が揃いかけた。そのとき、三戸公先生から新たなご提案があった。第Ⅱ部も一緒に訳出して出版してはどうかということであった。それまで第Ⅰ部にかかった年月を考えると、途方もないことであった。しかし、確かに、*Creative Experience* は、第Ⅰ部だけではあまりに抽象的すぎる著作であり、第Ⅱ部の訳も必要なことは明らかだった。

かくして、第Ⅱ部にとりかかり、三年半を経た今、ようやく *Creative Experience* の全訳が出来上がったのである。実に長い道のりであった。共訳者である西村香織准教授、山下剛准教授のお二人の翻訳に対する真摯な骨身を惜しまぬ努力に深く感謝したい。

なお、「訳者あとがき」にどうしても心からお礼の言葉を述べさせていただきたい方々がいる。私が、一九七六（昭和五一）年に北九州市立大学（旧北九州大学）に三〇歳で赴任した折、故中谷哲郎学長、故浦野平三教授には一方ならぬお世話になった。大学教員は、若いうちに研究に専念できる時間がとれないと一人前の研究者になれないと、授業コマ数を減らしてくれたり、大学行政の事務業務を自ら引き受けてくれたりと、若手研究者を育てるべく様々な御配慮をいただいたことは忘れることができない。いまの若手教員には信じられないほど牧歌的で、コミュニティーが連綿と活きていた古き良き時代に研究者として育てていただいた。現在、無事、大学教員として定年を迎え、フォレットの翻訳作業を終えることができたのは今は亡き両先生のお陰であると、深く感謝している。

また、大学生時代からの親友であり、ともに大学院で三戸公教授の門下生となり、職を得たのも同じ北九州市立大学という兄弟以上の友であった故晴山英夫教授にも是非この翻訳書を読んでもらいたかった。半世紀にわたり、友として、同僚としてともに学問を語り、ドラッカー、フォレットを語ってきた彼とこの『創造的経験』を今語り合えれば、どれほど至福であろうか。

翻訳を終えるにあたり、読者諸賢にお願いしたいことがある。われわれ三人で名著 *Creative Experience* を非力ながら全訳することができた。しかし、フォレットの文章は内容の深さだけでなく、英文自体も極めて難しい。訳者三人で悩み、議論し、何度も訳語を変更し直すことで、やっと今回の訳業を終えることができた。しかし、読者の中には、訳語はこうしたほうが的確かつわかりやすくなると気づかれた方もおられよう。そうした場合、読者諸賢に遠慮なくご教示いただきたい。フォレットの言葉を借りれば、訳者と読者との「円環的」反応がよりフォレットの神髄に迫る訳書に高められると信じている。

最後に、この本を出版するにあたり、特別なご配慮をいただいた文眞堂前野隆社長・前野眞司出版部長他皆様には御礼の言葉もありません。ありがとうございました。

二〇一七年六月二三日

齋藤貞之

索　引

19, 36, 217-218, 235
生産的な生活（productive life）　5
政治（politics）　235
——家（statesman）　235
——的な多元論者（political pluralists）　226
——の過程（political process）　203, 206-207, 213, 224, 258
誠実さ（integrity）　57, 165, 171, 226, 300
道徳的な——と精神的な——（moral and spiritual integrity）　243
整理棚（pigeon-hole）　145, 149
責任（responsibility）　76, 95
前進（progress）　6, 167, 180, 228, 233, 249, 284
全体（性）（whole）　68, 104-105, 107-110, 119, 133, 193, 251
——活動（total activity）　114
——環境（total environment）　117, 131
——行動（total behavior）　90
——状況（total situation）　25, 66, 77, 89-90, 111, 114, 131, 157, 161, 163, 194, 213
——と部分（part）　250
——の解体（breaking up wholes）　33, 172-173, 175
——のまとまり（whole-units）　110
——の理論（a doctrine of wholes）　102
人間の——（the whole man）　106
専門家（expert）　15-17, 20-22, 29-34, 37-40, 112, 207-208, 220, 234
——と民衆　223
相異（difference）　18-19, 170-171, 281, 304-305
——性の認識（differentiate）　33, 116, 172, 174
——性の理解（discriminate）　33, 78, 116, 172, 176
意見の——（difference of opinion）　51
創造（create）　56, 64, 151, 157
——過程（creating process）　127
——的活動（creative activity）　168
——的な態度（creative attitude）　217
増分（increment）　73, 127, 147, 215
ソーシャルワーカー（social worker）　113-114
存在（existence）　65

【タ】

代替的経験（vacarious experience）　15, 43
態度（attitude）　104
代表（representation）　237-243, 245-246, 248-249, 251-257
妥協（compromise）　1-2, 164, 170-171, 191
多元主義（pluralism）　232-234, 253
政治的——　227
正しい誠意（good faith）　300-301
多にして一なるもの（the One holding Many）　92
多様性（diversity）　17, 170, 180, 290, 303-304
知覚（perception）　22, 103-104, 153
——されたもの（percept）　154-155, 283, 287
概念の次元と——の次元　149
知性（intelligence）　176-177, 180, 301
——偏重（intellectualism）　237, 243, 249, 257
機械的な——（mechanical intelligence）　145
創造していく——（creating intelligence）　145
創造的——（creative intelligence）　170
倫理（ethics）と——　179
忠誠（loyalty）　179, 243-244, 247, 300-301
調整・適応・調節（adjust）　6-7, 126-127, 129-131, 133, 135-136, 138
前進的調整（progressive adjustment）　134-135
直観力（intuition）　275
同意（consent）　17, 150, 159, 203-205, 209, 211, 215, 224, 227, 229, 257
被治者の——（consent of the governed）　17, 118, 203
等価（equivalents）　2, 80
統合（integrate）　6, 40, 53-57, 59, 61, 64, 85-86, 98, 120-122, 124, 127, 138, 144-145, 154, 159, 164-166, 168-172, 180-181, 183-184, 191, 194, 242, 245-246, 264, 270, 273, 292, 301, 304-305
——しつづけていく願望（a integrating desire）　119
——しつづける活動（integrating activities）　258
——的行動（integrative behavior, integrated behavior）　7, 92, 94, 115
——の二段階的手法（dual method）　115-116
活動の——（integration of activities）　182, 183

前進的——（progressive integration）126, 139, 142, 155, 168, 205, 212, 230, 249, 252
人間の場合の——　131
統制（control）188, 191-192, 229, 258
統合的な——（integrated control）195
統治
——責任（government responsibility）257
健全な——（sound government）230

【ナ】

二元論（dualism）97, 151, 267
人間操作（manipulation）187
人間の器（greatness）288

【ハ】

パーソナリティ（personality）37, 105-106, 117
発展し続けていく生（unfolding life）159
発明（invention）126, 134, 165, 167-168
——と服従（submission）136
反応（response）66, 71-72, 75, 80, 129-130, 223, 247
刺激と——　69-70, 132
判例（precedent）43, 61, 281
比較（compare）172, 175
表出（revealing）265
服従（obedience）137, 226
複利の法則（the law of compound interest）73, 147
プラス価値（plus value）80, 85-86, 215
プラス自体の活動（activity-plus）74, 147
フロイト学派（Freaudian）123
分解（disintegration）184
分解・分析（analyze）111, 115, 172, 176
文明（civilization）289
変化（vary）77
法（law）43, 46, 53, 57, 61, 262-263, 265, 268-269, 273-274, 276-277, 279, 282-284, 286-287, 289-295, 298-299, 302
——学的な思想（juristic thought）289
——創造（creating law）288
——秩序（legal order）44-45, 61, 264, 274, 282, 284, 287-288, 290, 295, 302
——的な概念（legal conception）と経験　278
——の威厳（majesty of law）296
傍観者（onlooker）142
法則（the law）161
法理（principle）279
ホルトの公式（formula）79, 90, 99
本能（instincts）107

【マ】

まとまり（unit, unity）103, 154
漸進しつづけていく——（working unity）195
統合的——（integrative unity）102
まとめ上げていく力（the power of unifying）92
民衆の意思（will of the people）17, 32, 38, 119, 204-205, 207, 211, 214, 295
民衆の役割（place for people）41
専門家と——　38
民主主義（democracy）30, 39, 119, 187, 203, 207-208, 211, 214, 217, 220-222, 224, 228, 230-231, 233-234, 241, 305
目的（purpose）43-46, 61-62, 91-95, 97, 107, 226, 242, 250, 266-267, 269, 284, 294, 301
——と目的論（teleology）134
——論（teleology）44
客観的な——（objective purpose）43
もっともらしい理由づけ（rationalization）48, 123, 257

【ヤ】

有機体（organism）67, 81
抑圧（suppression）171

【ラ】

利益（interest）47, 167, 263-264, 274
統合的——（integrating interests）53
理性（reason）275, 283
リーダーシップ（leadership）240, 251-252
立法（legislation）56
理念（ideal）96
レッセフェール＝自由放任主義（laisser-faire）182
連邦主義（federalism）110, 118, 232

訳者紹介

齋藤 貞之（さいとう・さだゆき）

一九四五年　福岡県北九州市に生まれる
一九七六年　立教大学大学院経済学研究科博士課程単位取得退学
北九州市立大学経済学部教授、同マネジメント研究科長、九州国際大学経済学部特任教授を経て、現在、北九州市立大学名誉教授、夢追いサポートセンター理事長

著書　『変革期の郵政事業：課題と展望』（共著、日本評論社）、『経営学史学会年報第8輯　組織・管理研究の百年』（共著、文眞堂）、『はじめて学ぶ経営学―人物との対話―』（共著、ミネルヴァ書房）、他

論文　「危機の時代における経営学の課題と責任」（『経営学論集　第84集』）、「新たな経営行動―M・P・フォレットを通して」（『経営行動研究年報』第20号）、他

西村 香織（にしむら・かおり）

福岡県北九州市に生まれる
一九八五年　北九州市立大学大学院経営学研究科経営学修士課程修了
折尾愛真短期大学准教授を経て、現在、九州産業大学経営学部准教授

著書・訳書　『経営学史叢書Ⅳ　フォレット』（共著、文眞堂）、ロバート・L・マティス／ジョン・H・ジャクソン『人的資源管理のエッセンス』（共訳、中央経済社）、他

論文　「M・P・フォレット理論からみたアクティブ・ラーニング」（『龍谷大学経営学論集』Vol. 56 No. 2・3合併）、「M・P・フォレットにおける経験と統合―Creative Experienceを中心として―」（『経営学論集』第86集）、「M・P・フォレット経験論の管理論における意味」（『経営哲学論集（第31集）』第12巻第1号）、他

山下　剛（やました・つよし）

一九七四年　愛知県知多市に生まれる
二〇〇六年　名古屋大学大学院経済学研究科博士後期課程修了
高松大学専任講師を経て、現在、北九州市立大学経済学部准教授

著書　『はじめて学ぶ経営学―人物との対話―』（共著、ミネルヴァ書房）、『組織論から組織学へ』（共著、文眞堂）、『経営学史叢書Ⅳ　フォレット』（共著、文眞堂）、他

論文　「P・F・ドラッカーによるD・マグレガーY理論批判―〈組織目的と個人目的の統合〉を中心に―」（『日本経営学会誌』第14号）、「マズローの思想と方法」（『経営学史学会年報第19輯　経営学の思想と方法』文眞堂）、「マズロー自己実現論の経営学における意味―フロムの自由論の視点から―」（『商経論集』商経論集第50巻第1・2・3・4合併号）、他

監訳者紹介

三戸　公（みと・ただし）

一九二一年　山口県に生まれる

一九四九年　九州大学法文学部卒

現　　在　立教大学名誉教授・中京大学名誉教授　経済学博士

日本労務学会会長、経営哲学学会会長、経営学史学会会長を歴任。

著書　『装置工業論序説』（有斐閣、一九五七年）、『個別資本論序説』（森山書店、一九五九年）、『ドラッカー』（未来社、一九七一年）、『アメリカ経営思想批判』（未来社、一九七二年）、『官僚制―現代における論理と倫理』（未来社、一九七三年）、『大企業における所有と支配』（共著、未来社、一九七三年）、『公と私』（未来社、一九七六年、毎日出版文化賞受賞）、『人間の学としての経営学』（産能短大出版部、一九七七年）、『自由と必然―わが経営学の探求』（文眞堂、一九七八年）、『財産の終焉―組織社会の支配構造』（文眞堂、一九八二年、経営科学文献賞受賞）、『会社ってなんだ―日本人が一生すごす家』（カッパブックス版、一九八四年・文眞堂版、一九九一年）、『恥を捨てた日本人』（未来社、一九八七年）、『家の論理・1　日本的経営論序説』（文眞堂、一九九一年、経営科学文献賞受賞）、『家の論理・2　日本的経営の成立』（文眞堂、一九九一年、経営科学文献賞受賞）、『随伴的結果―管理の革命』（文眞堂、一九九四年）、『家としての日本社会』（有斐閣、一九九四年）、『新版・現代の学としての経営学』（文眞堂版、一九九七年）、『科学的管理の未来』（未来社、二〇〇〇年）、『管理とは何か―テイラー、フォレット、バーナード、ドラッカーを超えて』（文眞堂、二〇〇二年）、『ドラッカー、その思想』（文眞堂、二〇一一年、経営学史学会賞・経営哲学学会賞受賞）その他、著書・訳書多数。

創造的経験

二〇一七年七月二八日　第一版第一刷発行

検印省略

著　者　M・P・フォレット

監訳者　三　戸　　公

訳　者　齋　藤　貞　之

　　　　西　村　香　織

　　　　山　下　　剛

発行者　前　野　　隆

東京都新宿区早稲田鶴巻町五三三

発行所　株式会社　文　眞　堂

〒一六二―〇〇四一

電　話　〇三―三二〇二―八四八〇

ＦＡＸ　〇三―三二〇三―二六三八

振　替　〇〇一二〇―二―九六四三七番

印刷　モリモト印刷

製本　イマヰ製本所

---

http://www.bunshin-do.co.jp/

ISBN978-4-8309-4954-8　C3034